예이츠 서정시 전집
제3권 상상력

SNUPRESS 동서양의 고전 23

예이츠 서정시 전집 제3권 상상력

초판 1쇄 발행 2014년 2월 20일
초판 3쇄 발행 2025년 1월 30일

역주자 김상무

펴낸곳 서울대학교출판문화원
주소 08826 서울 관악구 관악로 1
도서주문 02-889-4424, 02-880-7995
홈페이지 www.snupress.com
페이스북 @snupress1947
인스타그램 @snupress
이메일 snubook@snu.ac.kr
출판등록 제15-3호

ISBN 978-89-521-1561-4 04840
978-89-521-1192-0 (세트)

SNUPRESS 동서양의 고전 23

예이츠 서정시 전집

제3권 상상력

김상무 역주

서울대학교출판문화원

The Collected Lyric Poems of W. B. Yeats Vol. 3

Translated and Annotated by Sangmoo Kim

예이츠 서정시 대역과 주석본을 내면서

이 책은 윌리엄 버틀러 예이츠W. B. Yeats의 서정시를 모아 번역하고 주석을 단 것이다. 맥밀란Macmillan 출판사의 1956년 판본을 주요 저본으로 하여, 여러 판본을 참조하였다.

예이츠는 직업적인 문인이다. 따라서 그의 문학 활동은 비교적 다양하게 펼쳐진다. 그가 남긴 것들 중 순수한 '창작물'은 시와 연극이 주종을 이루는데, 우리에게 알려지기로는 극작가 예이츠보다는 시인 예이츠가 앞선다.

그는 지금은 아일랜드 시인으로 무척 대접을 받지만, 생존 시에는 엄연한 영국 시인으로서 엘리엇T. S. Eliot과 함께 20세기 영국을 대표하는 세계적인 시인이었다. 하지만 그는 엘리엇보다 23년 앞서 태어난 사람이라 성장기가 달랐다. 따라서 그는 본인이 실토한 대로 최후의 낭만주의자가 되었다.

맥밀란 사의 예이츠 전집은 시 전집과 희곡 전집 두 권으로 되어 있다. 전자는 서정시와 극시를 한데 모은 것으로서, 거기에 수록된 서정시는 얼핏 보면 306편으로 보이지만, 그중에는 연작시가 여러 편 있고, 연작시를 구성하는 각 편마다 제목이 따로 붙어 있어 하나하나가 독립된 작품으로 거론된다. 그뿐만 아니라 색인에도 독립된 작품으로 기재되어 있다. 이러한 사실을 감안하면 작품 수는 모두 378편이라는 계산이 나온다.

예이츠의 선조는 이미 영국 식민지로 되어 있었던 아일랜드에 건너가 거기서 기반을 잡았고, 그 후손인 예이츠는 스스로 아일랜드 사람임을 자처하면서 아일랜드의 문예부흥 운동을 주도했고, 정치·문화 일반의 온갖 활동도 전개했다.

여기에 예이츠의 미묘한 입지가 있다. 그것은 혈통으로나 종교적으로 아일랜드의 토박이인 켈트인은 아니었다는 점이다. 그럼에도 그는 아일랜드의 전통적인 민족주의자들과는 틈이 있었지만 아일랜드인임을 자처했다. 이는 엘리엇과는 달리 그가 인간의 보편적인 상황을 다루기보다는 아일랜드에 관계되는 특수한 소재를 다룰 수밖에 없는 근거가 된다. 그렇다고 해서 예이츠는 아일랜드에만 국한되는 시인은 결코 아니다.

예이츠의 시를 크게 분류하면 아일랜드에 관계되는 것이 3분의 1쯤 된다. 물론 작품에 따라서는 복합적인 것이 있지만, 나머지를 갈라보면 사랑에 관한 작품들과 예이츠 특유의 상상력을 발휘한 시편들이 절반씩 된다.

이렇게 보면 예이츠는 '아일랜드의 시인', '사랑의 시인', '상상력의 시인'이라고 규정할 수 있다. 특히 예이츠 자신이 실토한 대로 시를 쓰다 보면 자기도 모르게 사랑이 끼어들어가 결국 사랑의 시가 되어 버린 경우가 많았던 것 같다. 이런 점을 감안해 보면 그는 주로 사랑을 노래한 시인으로 보아도 크게 틀리지 않을 만하다. 여기에는 끝끝내 이루지 못한 모드 곤Maud Gonne과의 사랑이 바탕에 깔려 있다고 하겠다.

예이츠가 우리나라에서 본격적으로 연구되기 시작한 시기는 아무래도 해방 후로 잡아야 할 것이다. 그동안 많은 연구와 번역도 이루어졌다. 그러나 아직도 번역의 결과물이 그다지 만족스럽다고 할 수는 없다.

필자의 경험으로는 한 시인을 이해하려 할 때, 그의 관심 대상, 즉 주제가 어디에 집중되어 있는가를 우선 살펴보는 것이 좋을 것 같다. 특히 예이츠의 경우를 보면 앞에서 말한 대로 아일랜드와 사랑, 상상력의 세 갈래로 나눌 수 있는데, 특히 이렇게 분류된 것을 이왕이면 창작연대순으로 읽어보는 것이 좋을 듯하다. 다행히도 예이츠의 경우, 창작연대가 거의 다 밝혀져 있다.

그러나 주제별로 분류한다는 것은 쉬운 일이 아니다. 엄격하게 분류한다는 말 자체에 어폐가 있을지 모른다. 그러니 소재를 참작하면서 주제별로 분류하는 것도 한 방법일 것이다. 역자는 이런 방법으로 예이츠의 시를 세 갈래로 분류해 보았다.

이 책에서 대역과 주석본을 구상하게 된 목적은 두 가지이다. 하나는 예이츠를 본격적으로 공부하려는 학생들에게 길잡이가 되어 주는 일이고, 또 하나는 일반 독자에게도 외국시가 친근하게 읽힐 수 있도록 하자는 것이다. 전자를 달성하기 위해서는 텍스트를 제시하고 번역을 대비시키면서 가급적 친절한 주석을 편리하게 활용할 수 있도록 해주어야 하고, 후자를 위해서는 번역시도 우리말 시와 마찬가지로 읽힐 수 있도록 해야 한다.

예이츠의 경우 비교적 많은 주석이 필요하다. 특히 고유명사가 많이 나오고, 역사와 주변인물에 관련된 언급도 많다. 다행히 10여 년 전에『예이츠 사전』이 나와서 많은 도움이 되었다. 그뿐만 아니라 최근의 몇몇 연구자들이 세시한 새로운 시각은 예이츠를 보는 눈을 넓혀 주었다. 이런 분들에 대한 고마움을 적어 놓아야 하리라. 그런데도 불구하고 다소간 오류가 있을 줄 안다. 꾸지람을 달게 받겠다.

위대한 시인들에게는 공통적인 일이지만, 예이츠만큼 시를 정성스럽게, 인내심을 가지고 다듬은 사람도 드물 것이다. 그는 이미 발표한 시조차 대부분 제목도 한두 차례 바꾸어 보고, 시 자체도 몇 번이고 손질한 경우가 많다. 그럴 수밖에 없는 것은 예이츠 시의 형식적 문제와도 결부된다. 그는 자유시를 일절 쓰지 않았다. 그는 일정한 연의 구성과 시행의 길이, 각운의 엄격한 구성 같은 전통적인 시 쓰기를 고집했기 때문이다.

예이츠의 이러한 시 쓰기는 시의 음악성과 관계가 있다. 그러나 우리말 번역에서 이런 점을 충족시킬 길이 없다. 고려할 점은 다만 우리 호흡에다 이를 어떻게 조절해 나갈 것인가 하는 것이다. 다시 말하면 번역을 낭독할 때의 우리 숨결을 고려해야 한다는 것이다.

까다롭게 구성된 이런 책의 출판을 기꺼이 맡아준 서울대학교출판문화원에 감사를 드린다. 또한 이 자리를 빌려서 물심양면으로 도와주고 격려해 주신 김진하 회장에게 진심으로 감사의 말씀을 드린다.

역주자 김상무

차례

2 역사 시편

3 예술과 가면의 시편

4 늙음과 지혜의 시편

일러두기

1 사용한 텍스트는 맥밀란Macmillan 사의 1956년도 판인『예이츠 시 전집』*The Collected Poems of W. B. Yeats*을 주요 저본으로 하고, 그 밖의 여러 판본을 참조하였다. 30여 년 전부터 같은 맥밀란 사가 내어놓기 시작한 방대한『예이츠 전집』*The Collected Works of W. B. Yeats*은 획기적인 것이지만, 역자는 그 시리즈의『시 전집』*The Poems*(1983, 1988)을 텍스트로 사용해야 할 특별한 이유를 발견하지 못했다. 몇 군데 어구와 그보다 많은 구두점 수정과, 네 개의 작품이 부록처럼 '추가시편'으로 밀려나 있을 뿐이기 때문이다. (추가시편은 100여 편이 넘지만 전문가에게만 필요한 자료들이라서 번역 대상이 되지 못한다.)

2 번역문의 인용부호 중 작은따옴표는 텍스트에서 대화부분으로 표시된 것을 그대로 옮긴 것이다. 텍스트에서 작은따옴표로 표시한 단어나, 대문자로 표기해 놓은 것도 작은따옴표로 표시하였다. 가령 텍스트에 Time으로 되어 있는 것을 '시간'으로 표기했다.

3 고유명사의 발음은 노먼 제퍼레스A. Norman Jeffares가 편집한『예이츠 시집』*Yeats's Poems* (Palgrave, 1996)의 부록에 수록된 로레토 토드Loreto Todd의 '발음: 시에 나타난 아일랜드어'Pronunciation: Irish Words in the Poems(pp. 699-705)를 참조하였다.
이 리스트에 없는 것들은『옥스퍼드 영어 레퍼런스 사전』*Oxford English Reference Dictionary*을 사용했다. 거기에도 없는 것들은『예이츠 사전』 등을 활용했으며, 기타 외국어 표기 등은 국립국어원 표기법을 따랐다.

4 주석은 번역과 관련하여 붙였다. 번역의 근거를 제시하기 위함이다. 주석은 가능한 한 많은 사람의 것을 활용했다. 그렇게 하다 보면 서로 엇갈리는 경우가 있어 혼란스러울 수도 있지만, 귀 기울여볼 만한 것도 있어 머리기가 이끼 있다.
주석의 출처는 모두 참고서적의 저자를 적시했지만 예이츠 자신의 책은 쉽게 판별되는 말로 대신했고, 약자를 활용한 예도 있다.
주석에다 출처를 밝혀놓지 않은 것은 일일이 밝힐 필요가 없을 정도로 보편적인 사항, 즉『예이츠 사전』, 그 밖에 어디서나 찾아볼 수 있는 그런 경우이다. 이런 경우에도 특별히 명시해 놓은 경우가 있는데, 이는 주목되는 점이 있기 때문이다.

5 텍스트 말미의 창작연대는 대니얼 올브라이트Daniel Albright가 편집하고 주석을 붙인 『예이츠 시집』에 제시된 것 중에서, 제퍼레스의 것(번역문 말미에 제시된 것)과 차이가 나는 것들이다. 올브라이트는 텍스트 말미에 창작연대(대괄호로 구분함)와 발표연대를 명시하여 대비시켜 놓았다. 그러나 대부분 제퍼레스와 일치한다.

6 본문의 행수 표기는 맥밀란 사의 판본 표기를 따랐다. 짧은 행 다음의 행은 앞 행의 길이만큼 들여쓰기 한 후, 앞 행과 한 행으로 간주하였다.

예이츠 서정시 전집
제3권 상상력

1

초자연 시편

The Indian upon God

I passed along the water's edge below the humid trees,
My spirit rocked in evening light, the rushes round my knees,
My spirit rocked in sleep and sighs; and saw the moorfowl pace
All dripping on a grassy slope, and saw them cease to chase
Each other round in circles, and heard the eldest speak:
Who holds the world between His bill and made us strong or weak
Is an undying moorfowl, and He lives beyond the sky.
The rains are from His dripping wing, the moonbeams from His eye.
I passed a little further on and heard a lotus talk:
Who made the world and ruleth it, He hangeth on a stalk,
For I am in His image made, and all this tinkling tide
Is but a sliding drop of rain between His petals wide.
A little way within the gloom a roebuck raised his eyes

- 원시종교와 연관시킨 완벽한 각운을 구사한 작품이다.(Vendler 91) / 주관적인 진리에 대한 생각, 즉 실체reality는 보는 사람의 눈에 있다는 예이츠의 강력한 신념 중의 하나를 드러낸 작품이다.(Unterecker 69-70) / 동물들이 신을 자기들과 같은 존재라고 상상하는 것은 맞는데, 인간은 인간보다는 어느 정도 다른 어떤 것을 가지고 신을 창조하려 했던 것은 잘못이라는 예이츠의 생각을 피력한 작품이다.(Ellmann 54) / 자연에 내재하는 영spirit에 대한 견해를 더욱 증진시킨 작품이다.(Gorski 44)
- 모든 존재가 조물주를 자기와 유사한 모습으로 생각하는 발상은 로버트 브라우닝Robert Browning(1812-1889)의 극적 독백dramatic monologue 형식의 작품「칼리반의 세티보스」Caliban upon Setebos(1864)와 관련이 있다. 여기서 칼리반은 칼리반 모습의 하느님을 창안해 내었다.(Albright 418)

신에 대한 인도 사람의 생각

나는 축축한 나무들이 서있는 그 밑의 물가를 따라 지나갔는데,
골풀들이 내 무릎에 감기고, 내 정신은 저녁 햇살에 흔들거렸다.
내 정신은 잠결에 한숨 쉬며 흔들댔다. 그리고 붉은 뇌조들이
온통 물방울을 떨어뜨리면서 풀이 우거진 비탈길을 걸어가다가,
서로 뒤따르기를 그만두고 여러 겹의 원형을 짓는 것을 보았고,
　가장 연로한 것이 이렇게 말하는 것을 들었다.
그의 부리로 이 세상을 장악하고 우리를 강하게도 약하게도
하시는 분은 불사의 붉은 뇌조, 그분은 하늘 저쪽에 사시네.
비는 물방울 떨어뜨리는 그분의 날개에서 오고, 달빛은 그분의
　눈에서 나오네.
나는 좀 더 나아갔다. 그리고 연꽃이 말하는 것을 들었다.
이 세상을 만들었고 다스리는 분, 그분은 줄기에 달려 계시네.
나는 그분 모습으로 창조되었고, 이 모든 찰랑거리는 물결은
그분의 넓은 꽃잎 사이로 미끄러져 떨어지는 빗방울일 뿐이네.
약간 떨어진 컴컴한 데서 수노루가 별빛 가득한 눈을 쳐들고
　말했다.

- 인간은 소우주라는 생각, 혹은 하느님의 모상image으로 창조된 인간이라는 생각을 식물과 동물로 확장시킨 작품이다.(Gorski 45)
- 이 시의 주제는 후기의「모히니 채터지」Mohini Chatterjee(1929)로 이어진다.(*NC* 7)
- 1행의 물은 이 작품에서 눈에 띄게 나온다. 이는 동물들이 제각기 물에 비친 자신의 모습을 조물주로 여기는 것과 관련된다.(Albright 418)
- 3행의 붉은 뇌조는 'moor-fowl'의 번역이다. 뜸부기rail의 한 종류이다.(Albright 418)

Brimful of starlight, and he said: *The Stamper of the Skies,*
He is a gentle roebuck; for how else, I pray, could He
Conceive a thing so sad and soft, a gentle thing like me?
I passed a little further on and heard a peacock say:
Who made the grass and made the worms and made my feathers gay,
He is a monstrous peacock, and He waveth all the night
His languid tail above us, lit with myriad spots of light.

'하늘을 짓밟는 자'이신 그분은 점잖은 수노루이시네.
왜냐하면 도대체 그분 말고는 어떻게 그렇게나 슬프고 온순한,
나처럼 점잖은 것을 잉태하실 수 있었겠어요?
나는 조금 더 지나갔다. 그리고 공작새가 말하는 것을 들었다.
풀과 벌레들을 만드시고 나의 깃털을 화려하게 만드신 그분은
거대한 공작새이지요.
그분은 우리 위에서 밤새도록 수많은 빛의 점으로
환하게 불 밝혀진, 느릿한 꼬리를 흔들고 계시잖아요.

1886

The Indian to His Love

The island dreams under the dawn
And great boughs drop tranquillity;
The peahens dance on a smooth lawn,
A parrot sways upon a tree,
Raging at his own image in the enamelled sea.

Here we will moor our lonely ship
And wander ever with woven hands,
Murmuring softly lip to lip,
Along the grass, along the sands,
Murmuring how far away are the unquiet lands:

How we alone of mortals are
Hid under quiet boughs apart,
While our love grows an Indian star,
A meteor of the burning heart,
One with the tide that gleams, the wings that gleam
    and dart,

- 원래의 제목은「인도의 노래」An Indian Song이다.(Albright 419)
- 연인과의 현실도피erotic refuge.(Albright 419)
- 3행의 춤추는 공작새 암컷들은 인도 시에 자주 나온다.(*NC* 8)

인도 사람이 그의 연인에게

섬은 여명 아래 꿈꾸고
커다란 가지들이 정적을 떨어뜨린다.
공작새 암컷들이 매끈한 잔디밭에서 춤추고,
앵무새는 나무 위에서 퍼덕거린다,
에나멜 바다에 비친 제 모습에 화가 나서.

우리 여기 외로운 배를 정박시켜
늘 손을 맞잡고 다닙시다,
입술과 입술로 부드럽게 속삭이며,
풀밭 따라, 모래사장 따라,
소란한 세상에서 얼마나 멀어졌는지 중얼대면서.

세상 사람들 중 우리만이 어떻게
외딴 조용한 나뭇가지 밑에 숨어 있을까.
그 사이 우리 사랑은 인도의 별이 되고,
불타는 가슴의 유성이 되어, 반짝이는 물결과
반짝반짝 날아가는 새들과 하나가 되지.

- 5행의 바다에 비친 제 모습에 화가 나는 것은 예이츠의 작품에 흔히 나오는 상징이다. 모든 생물은 늘 자신에게서 벗어나려 하고 인간의 창작 노력은 자신에게 반기를 들고 싸우는 자신과의 투쟁에서 비롯된다는 생각이 깔려 있다.(Albright 419)
- 14-15행의 물결과 … 하나가 되지는 별이 물결에 비쳐 하나가 된다는 것. 반사 주제reflection theme가 계속되고 있다.(Albright 419)

The heavy boughs, the burnished dove
That moans and sighs a hundred days:
How when we die our shades will rove,
When eve has hushed the feathered ways,
With vapoury footsole by the water's drowsy blaze.

[1886]

- 17행의 윤기나는 비둘기는 저녁 햇살을 받아 반들거리는 비둘기이다.(Unterecker 72)

묵직한 나뭇가지들, 석 달 열흘 신음하고
한숨지어 윤기나는 비둘기.
우리가 죽으면, 새가 나는 길을 저녁이 잠잠하게 했을 때,
우리 유령들은 졸리듯 번득이는 물가에서
어떻게 헤매고 다닐까, 안개 묻은 발바닥으로.

1886. 12. 발표

• 18행의 우리가 죽으면은 앵무새가 자기의 이미지를 보고 화가 나듯이, 연인들도 육신으로부터, 시끄러운 이 세상으로부터, 벗어나려고 한다는 것을 암시한다. (Albright 419)

Anashuya and Vijaya

A little Indian temple in the Golden Age. Around it a garden; around that the forest. Anashuya, the young priestess, kneeling within the temple.

Anashuya. Send peace on all the lands and flickering corn.—
O may tranquillity walk by his elbow
When wandering in the forest, if he love
No other.—Hear, and may the indolent flocks
Be plentiful.—And if he love another,
May panthers end him.—Hear, and load our king
With wisdom hour by hour.—May we two stand,
When we are dead, beyond the setting suns,
A little from the other shades apart,

- 원래의 제목은 '질투'Jealousy.(*NC* 5)
- 제목 중의 아나슈야Anashuya는 '자비심'charity을 뜻하는 힌두 이름. 여러 힌두신화에 나오는 엄격한 신앙심과 지극히 경건한 여인과 연관되는 이름이다.(Conner 8) / 예이츠가 고대 인도의 시극『샤쿤탈라』*Sakuntala* 중의 한 인물에서 따왔을 것이다.(*NC* 6) / 비자야Vijaya는 남자 이름. 베다Veda 신화의 주신 인드라Indra의 칼, 빛, 번갯불, 승리를 뜻한다. 그러나 여기서는 특정 인물을 지칭하는 것이 아니라 두 여자의 사랑을 받는 남자를 뜻한다. (Suzuki 228)

아나슈야와 비자야

황금시대의 인도의 한 작은 사원. 주변에는 정원, 그 둘레에는 숲. 젊은 여승인 아나슈야가 사원 안에 무릎을 꿇고 있다.

아나슈야. 온 나라와 하늘거리는 곡식에게 평화를 보내소서.—
그이가 다른 이를 사랑하지 않는다면, 그이가 숲 속을
유랑할 때,
오, 평온이 그의 팔꿈치 곁에서 걷게 하소서.—
들어 주소서, 그리고 한가로운 양떼들이 풍요롭기를.—
그리고 만약 그이가 다른 이를 사랑한다면,
표범들이 그를 끝장내게 하시고.—
들어 주소서, 그리고 우리 임금에게 매시간 지혜를
실어 주시고.—
우리가 죽으면, 해가 지는 그 너머에서 우리 두 사람이,
다른 망령들과는 좀 떨어진 곳에서,

- 짤막한 인도 연극 장면. 애초에는「질투」라는 제목이었다. 두 여자가 한 남자를 사랑하는 주제의 연극 첫 장면으로 의도된 작품이다. 두 여자(아나슈야와 비자야)는 각각 낮과 밤, 깨어 있음과 잠들어 있음을 말한다. 한쪽이 깨어 있으면 다른 쪽은 잠을 자고 있다. 이는 또한 두 영혼을 가진 한 사람을 말하기도 한다(예이츠의 말).(*NC* 6) / 양분된 이러한 사랑의 주제는 '반자아'anti-self의 이론에 영향을 끼쳤다.(Albright 417)『마지막 시편들』*Last Poems*에 아씨Lady와 시녀Chambermaid가 한 남자에 대한 사랑을 양분하여 전자가 마음을, 후자가 몸을 바치는 것을 다룬 일련의 시로 이어진다.(역자)
- 2, 3행은 아나슈야가 사랑에 빠져서 기도 중에 분심이 들어 연인을 생각하는 대목이다.(Albright 417)

With mingling hair, and play upon one lute.

Vijaya [*entering and throwing a lily at her*]. Hail! hail, my
Anashuya.

Anashuya. No: be still.
I, priestess of this temple, offer up
Prayers for the land.

Vijaya. I will wait here, Amrita.

Anashuya. By mighty Brahma's ever-rustling robe,
Who is Amrita? Sorrow of all sorrows!
Another fills your mind.

Vijaya. My mother's name.

Anashuya [*sings, coming out of the temple*].
A sad, sad thought went by me slowly:

- 10행의 머리칼을 뒤섞는다는 것은 죽은 뒤에는 두 연인이 서로 상대방에게 용해되어 들어간다는 것이다.(Albright 417)
- 13행의 암리타Amrita는 힌두어의 여성 이름. 불로불사의 음료, 생명의 물을 의미한다.(Conner 8)

머리칼을 뒤섞으며 한 류트를 연주하게 하소서.

비자야. 〔사원에 들어와 백합 한 송이 던져 주며〕 반갑소! 반가워!
나의 아나슈야.

아나슈야. 아니, 조용히 하세요.
나, 이 사원의 여승은 이 나라를 위해
기도를 바치고 있습니다.

비자야. 나 여기 기다리겠소, 암리타.

아나슈야. 능하신 브라마의 영원히 나부끼는 법의에 맹세컨대,
암리타가 누구지요? 모든 슬픔 중의 슬픔이여!
딴 사람이 당신 마음을 채우고 있군요.

비자야. 어머니 이름이오.

아나슈야. 〔사원에서 나오면서 노래한다.〕
한 가닥 슬픈, 슬픈 생각이 천천히 스쳐갔네.

• 14행의 브라마Brahma는 인도신화의 최고 신.(*NC* 6) / 메루Meru 산(수미산)에 사는 우주의 창조주.(Albright 417) / 힌두교 3대 신의 하나.(Suzuki 24) / 브라마는 힌두교 3위 신의 창조주. 나중에 세 갈래로 갈라져 창조는 브라마, 보존은 비슈누Vishnu, 파괴는 시바Siva가 주관한다.(Conner 18)

Sigh, O you little stars! O sigh and shake your blue apparel!
The sad, sad thought has gone from me now wholly:
Sing, O you little stars! O sing and raise your rapturous carol
To mighty Brahma, he who made you many as the sands,
And laid you on the gates of evening with his quiet hands.
[*Sits down on the steps of the temple.*]
Vijaya, I have brought my evening rice;
The sun has laid his chin on the grey wood,
Weary, with all his poppies gathered round him.

Vijaya. The hour when Kama, full of sleepy laughter,
Rises, and showers abroad his fragrant arrows,
Piercing the twilight with their murmuring barbs.

Anashuya. See how the sacred old flamingoes come,
Painting with shadow all the marble steps:
Aged and wise, they seek their wonted perches
Within the temple, devious walking, made
To wander by their melancholy minds.

- 24행의 양귀비꽃들은 붉은색이어서 석양 빛과 관련되고, 그 유액인 아편과 관련시키면 피곤함을 쫓는 방편으로 해석될 것이다.
- 26행의 카마Kama는 인도의 큐피드Cupid. 사랑의 신 에로스Eros에 해당한다.(*NC* 6; Albright 417) / 님프들을 대동하고 다니는 아름다운 소년. 사랑의 활시위를 맨 사탕수수 활을 가지고 다닌다. 다섯 개의 화살 끝에는 사랑을 일깨우는 각각 다른 꽃이 달린 화살촉이 있다.(Conner 99)

한숨 쉬어라, 오 너희 작은 별들이여! 오 한숨 쉬고 너희
　　푸른 의상을 흔들어라!
슬픈 그 생각은 이제 모두 나에게서 사라졌네.
노래하라, 오 너희 작은 별들이여! 오 너희들의 열광적인
　　찬미가를
능하신 브라마께 노래를 바치기를. 너희들 모래처럼 많게
　　만드시고,
조용한 손으로 저녁의 문간에다 너희를 눕히신 그분께.

〔사원의 계단에 앉는다.〕

비자야, 나는 저녁 공양을 가지고 왔어요.
해가 지쳐서 그의 주변에 양귀비꽃들을 모아 놓고,
회색 숲에다 턱을 고이고 있군요.

비자야. 카마가 졸음 겨운 웃음을 가득 머금고 자리에서 일어나,
웅얼거리는 미늘로 어둠을 뚫으면서
향기로운 화살을 퍼부을 시간이지요.

아나슈야. 저 성스러운 늙은 홍학들이 대리석 계단에다
그늘로 색깔을 입히면서 오는 광경을 보세요.
나이 들어 현명해진 그들은 그들의 우울한 마음에서
떠돌아다니게 되어, 꾸불꾸불 걸으며,
사원 안에다 그들의 익숙한 횃대를 구하는 거지요.

Yon tall one eyes my supper; chase him away,
Far, far away. I named him after you.
He is a famous fisher; hour by hour
He ruffles with his bill the minnowed streams.
Ah! there he snaps my rice. I told you so.
Now cuff him off. He's off! A kiss for you,
Because you saved my rice. Have you no thanks?

Vijaya [*sings*]. *Sing you of her, O first few stars,*
Whom Brahma, touching with his finger, praises, for you hold
The van of wandering quiet; ere you be too calm and old,
Sing, turning in your cars,
Sing, till you raise your hands and sigh, and from your
carheads peer,
With all your whirling hair, and drop many an azure tear.

Anashuya. What know the pilots of the stars of tears?

Vijaya. Their faces are all worn, and in their eyes
Flashes the fire of sadness, for they see

- 41행의 별들에게 그녀에 대한 노래를 해달라고 청하는 것은 별들이 인간의 삶에 공감하고 심지어 인간의 삶을 반영하기 때문이다.(Albright 417)
- 42행의 유랑하는 정적의 수레는 두 연인이 피차 상대방의 정적을 별들에게 청하는 것과 부합한다.(Albright 417)

저기 키 큰 놈이 내 저녁 공양에 눈독 들여요. 쫓아내요,
멀리, 멀리. 나는 당신 이름 따라 그놈 이름 지었어요.
그놈은 이름 있는 고기잡이지요. 시시각각
잔챙이들의 시냇물을 부리로 출렁대게 해요.
아! 저기 그놈이 내 공양 밥을 집어가요. 그런다고 그랬지요.
지금 쫓아내 줘요. 나갔어요! 당신에게 키스해 줄게요.
내 공양 밥을 구해 주었으니까요. 인사 안 받겠어요?

비자야. 〔노래한다.〕 오, 초저녁 몇몇 별들이여, 그녀 노래를 하세요.
그대들은 유랑하는 정적靜寂의 수레를 가지고 있으니까,
브라마가 손가락으로 만지며 그대들을 찬양하는 거지요.
그대들이 너무 차분하고 늙기 전에, 그대들의 수레 안에서 빙빙 돌면서 노래해요.
노래하세요, 그대가 손을 들어 한숨 쉬고, 훨훨 펄럭이는 머리로,
수레 앞쪽에서 내다보고, 많은 하늘빛의 눈물을 흘릴 때까지.

아나슈야. 눈물짓는 별들의 인솔자들은 무얼 알고 있을까요?

비자야. 그들의 얼굴들은 모두 수척하오. 그리고 그들의 눈에는 슬픔의 불길이 번득이지. 왜냐하면 그들은 '북방 세계' 모두를

The icicles that famish all the North,
Where men lie frozen in the glimmering snow;
And in the flaming forests cower the lion
And lioness, with all their whimpering cubs;
And, ever pacing on the verge of things,
The phantom, Beauty, in a mist of tears;
While we alone have round us woven woods,
And feel the softness of each other's hand,
Amrita, while—

Anashuya [*going away from him*].
Ah me! you love another,
[*Bursting into tears.*]
And may some sudden dreadful ill befall her!

Vijaya. I loved another; now I love no other.
Among the mouldering of ancient woods
You live, and on the village border she,
With her old father the blind wood-cutter;
I saw her standing in her door but now.

Anashuya. Vijaya, swear to love her never more.

- 56행의 무성하게 얽힌 숲은 두 연인이 험한 세상과는 격리된 일종의 고요한 섬에 살고 있음을 말한다.(Albright 417)

굶주리게 하는 고드름들을 보고 있으니까.
거기에는 번쩍거리는 눈 속에 사람들이 얼어 죽어 있소.
그리고 불타오르는 숲 속에서는 수사자와 암사자가
낑낑대는 새끼들과 함께 웅크리고 있소.
그리고 '아름다움'이라는 환영이 사물의 주변에서
눈물의 안개 속에 여전히 서성대는데,
우리만이 무성하게 얽힌 숲을 주변에 가지고 있고,
서로서로의 손길의 부드러움을 느낀다오,
암리타,—

아나슈야. 〔그 자리를 뜨면서〕
아니! 당신은 딴 사람을 사랑하고 있군요.
〔눈물을 왈칵 쏟으며〕
제발 그녀가 갑자기 어떤 끔찍한 병에 걸리기를!

비자야. 나는 딴 사람을 사랑했지만 지금은 그렇지 않소.
당신은 천 년 숲 속의 기름진 땅에 살고 있고,
그녀는 마을 변두리에서 눈먼 나무꾼,
늙은 아버지와 같이 살고 있소.
나는 그녀 집 문간에 그녀가 서있는 것을 보았소, 바로 지금
말이오.

아나슈야. 비자야, 그녀를 다시는 사랑하지 않겠다고 맹세해요.

Vijaya. Ay, ay.

Anashuya. Swear by the parents of the gods,
Dread oath, who dwell on sacred Himalay,
On the far Golden Peak; enormous shapes,
Who still were old when the great sea was young;
On their vast faces mystery and dreams;
Their hair along the mountains rolled and filled
From year to year by the unnumbered nests
Of aweless birds, and round their stirless feet
The joyous flocks of deer and antelope,
Who never hear the unforgiving hound.
Swear!

Vijaya. By the parents of the gods, I swear.

Anashuya [*sings*]. *I have forgiven, O new star!*
Maybe you have not heard of us, you have come forth so newly,
You hunter of the fields afar!
Ah, you will know my loved one by his hunter's arrows truly,
Shoot on him shafts of quietness, that he may ever keep

• 67행의 '황금 봉우리'Golden Peak는 히말라야 산맥 북쪽의 성스러운 산. 예이츠는 수미산(Mount Meru)과 연관시켰을지 모른다.(Albright 417)

비자야. 그럼, 물론이오.

아나슈야. 무서운 서약을 하세요,
신들의 조상들을 두고. 그들은 저 멀리 '황금 봉우리' 위,
거룩한 히말라야에 계셔요. 큰 바다가 젊었을 때도
여전히 늙었던 어마어마한 규모의 형체들이죠.
그들의 넓은 얼굴에는 신비함과 꿈들이 서려 있어요.
그들의 머리카락은 산을 따라 흘러내려,
해마다 겁 없는 새들의 무수한 둥지들로 가득하고,
움쩍 않는 그들의 발치 주변에는
기뻐 날뛰는 사슴과 영양 떼들로 가득 차있지요.
그들은 사정없는 사냥개 소리를 듣지 못해요.
맹세하세요!

비자야. 신들의 조상들을 두고 맹세하오.

아나슈야. (노래한다.) 나는 용서했어요, 오, 새로 나온 별이여!
당신은 우리 이야기 듣지 못했겠지요, 이제 막 나오셨으니,
저 멀리 들판에서 사냥하시는 당신!
아, 당신은 그의 화살을 보시고 내 연인을 꼭 알아보실 거예요.
그에게 정적의 화살을 쏘아 주세요. 그이가 혼자 웃음을
지으며,

A lonely laughter, and may kiss his hands to me in sleep.

Farewell, Vijaya. Nay, no word, no word;
I, priestess of this temple, offer up
Prayers for the land.

[*Vijaya goes.*]

O Brahma, guard in sleep
The merry lambs and the complacent kine,
The flies below the leaves, and the young mice
In the tree roots, and all the sacred flocks
Of red flamingoes; and my love, Vijaya;
And may no restless fay with fidget finger
Trouble his sleeping: give him dreams of me.

1889

여느 때처럼 잠 속에서 두 손에 키스해서 내게 보내 주도록.

비자야, 안녕. 아니, 말은 하지 마세요, 하지 마세요.
이 사원의 여승인 나는 이 나라를 위해
기도를 바칩니다.

〔비자야 퇴장〕

오 브라마여, 잠 속에서도 지켜 주소서.
명랑한 양들과 배불리 먹고 자족하는 암소,
잎사귀 밑의 날벌레들, 그리고 나무뿌리 속 어린 쥐들,
붉은 홍학들의 모든 성스러운 무리와, 그리고 내 사랑 비자야.
안달하는 손가락을 가진 안절부절 못하는 요정이
그이의 잠자리를 어지럽히지 않게 하시고,
그에게 내 꿈 꾸게 하소서.

1887 작, 1895 발표

• 91행의 내 꿈 꾸게 하소서는 꿈에 본 아나슈야가 진짜 암리타가 될 것이기 때문이다.(Albright 418)

The Rose of Battle

Rose of all Roses, Rose of all the World!
The tall thought-woven sails, that flap unfurled
Above the tide of hours, trouble the air,
And God's bell buoyed to be the water's care;
While hushed from fear, or loud with hope, a band
With blown, spray-dabbled hair gather at hand.
Turn if you may from battles never done,
I call, as they go by me one by one,
Danger no refuge holds, and war no peace,
For him who hears love sing and never cease,
Beside her clean-swept hearth, her quiet shade:
But gather all for whom no love hath made
A woven silence, or but came to cast
A song into the air, and singing passed

- 발표 당시의 제목은 「그들은 싸움하러 나갔으나 늘 지고 말았다」They went forth to the Battle but they always Fell였다.(*NC* 28)
- 환상의 세계인 「평화의 장미」The Rose in Peace와는 상반된 갈등의 현실세계를 그리고 있다.(Unterecker 79)
- 운명에 대한 인간의 투쟁은 늘 패배로 종결되리라는 것. 욕망과 만족 사이의 비극적인 불균형을 말하고 있다.(Albright 435)
- 1행의 '모든 장미들 중의 장미', '모든 세상의 장미'는 아일랜드의 대중적인 민요와 환상시(aisling)의 전통에 사랑과 애국심이 결합한 것이다.(Cullingford 60-61)

전투의 장미

'모든 장미들 중의 장미'여, '모든 세상의 장미'여!
인간의 상념이 짜서 만든 높다란 돛들이
시간의 조수 위에 펄럭이며 대기를 어지럽히고,
바다를 안전하게 하는 신의 종소리를 어지럽힌다.
물보라에 젖은, 흩날리는 머리의 한 무리가
공포에 질리거나 희망에 들떠 소란스레 모여든다.
전쟁 경험이 전혀 없는 자는 마음대로 돌아가시오.
나는 외친다, 내 곁을 그들이 하나하나 지나갈 때마다.
깔끔하게 청소한 연인의 벽난로, 그녀의 얌전한 그림자 옆에서
멈출 줄 모르고 그녀 노래를 듣는 사람에게는
위험을 피할 피난처가 없고, 전쟁이란 평화를 보장하지 않소.
하지만 침묵을 꾸며대는 그런 연인이 없는 자나,
오직 하늘 향해 노래하러 왔다가, 노래를 마치고는
창백한 여명을 보고 싱긋 웃었던 자는 모두 모이시오.

- 4행의 종소리는 30분마다 시간을 알리는 배의 종소리. 신의 종소리는 마지막 종소리, 특히 자정의 종소리로서 죽음, 즉 영원의 접근에 대한 신호이다.(Albright 435)
- 5행의 한 무리는 환상적인 한 무리의 후렴들. 공격적인 것에 대한 가르침을 제공한다.(Albright 435)
- 10행의 그녀 노래를 듣는 사람은 가정적이며 일상적 즐거움을 수용하는 사람이다. 그런 사람은 인생이란 끊임없는 갈등이라는 것을 모르는 사람이다.(Albright 435)

To smile on the pale dawn; and gather you
Who have sought more than is in rain or dew,
Or in the sun and moon, or on the earth,
Or sighs amid the wandering, starry mirth,
Or comes in laughter from the sea's sad lips,
And wage God's battles in the long grey ships.
The sad, the lonely, the insatiable,
To these Old Night shall all her mystery tell;
God's bell has claimed them by the little cry
Of their sad hearts, that may not live nor die.

Rose of all Roses, Rose of all the World!
You, too, have come where the dim tides are hurled
Upon the wharves of sorrow, and heard ring
The bell that calls us on; the sweet far thing.
Beauty grown sad with its eternity
Made you of us, and of the dim grey sea.
Our long ships loose thought-woven sails and wait,
For God has bid them share an equal fate;
And when at last, defeated in His wars,

- 21행의 많은 사람들은 12-20행에서 말하는 사람들이다.(Albright 435)
- 22행의 '만고의 밤'은 'Old Night'의 번역. 밤은 여성이며, 암흑이다.(역자)

또한 비를 맞거나 이슬 속에, 혹은 햇빛과 달빛 속에,
혹은 지상에서 존재 그 이상을 추구해온 자들이나,
혹은 방랑하는 별의 환희 속에서 한숨짓거나,
혹은 바다의 슬픈 입술로부터 웃으며 돌아오는,
그 이상의 것을 추구해온 자들은 여기 모여,
긴 회색빛 배를 타고 신의 전쟁들을 치르시오.
슬프고, 고독하고, 갈증을 채우지 못한 많은 사람들,
그런 분들에겐 '만고의 밤'이 그녀의 신비를 죄다 말해 주리라.
신의 종소리는 그들의 슬픈 가슴들의 작은 외침으로
그들을 불러낸 것이오, 죽을지도 살지도 모르는 그늘을.

'모든 장미들 중의 장미'여, '모든 세상의 장미'여!
당신 또한 희미한 조수가 철썩이는 슬픔의 선착장에 찾아와
우리를 부르는 종소리가 울리는 것을 들었소,
멀리서 들리는 아름다운 소리를.
영원과 더불어 슬픔으로 성장한 아름다움이
우리와 그리고 희미한 회색 바다로써 당신을 만들었던 것이오.
우리의 긴 배들은 상념이 짜서 만든 돛들을 풀고 기다립니다,
왜냐하면 신은 배들에게 같은 운명을 갖도록 했으니까요.
그리고 마침내 '그분'이 전쟁에서 패배하여,

• 29행의 영원과 더불어 슬픔으로 성장한 아름다움은 인류와 함께 고통받는 장미. 인간이 장미를 우러러보듯, 장미는 인간을 굽어본다. 한편 장미는 동정녀 마리아처럼 인간과 하느님 사이의 중재역을 하지만, 또 한편으로는 인간을 유혹하여 사랑에 빠지는 세속적인 여신이기도 하나.(Albright 435-436)

They have gone down under the same white stars,
We shall no longer hear the little cry
Of our sad hearts, that may not live nor die.

그들도 같은 흰 별들 아래로 가라앉아 버리고 말 때,
우리는 살아남지도 죽지도 못할 우리의
슬픈 가슴들의 작은 외침을 더는 듣지 못할 것이오.

1892 발표

To His Heart, Bidding It Have No Fear

Be you still, be you still, trembling heart;
Remember the wisdom out of the old days:
Him who trembles before the flame and the flood,
And the winds that blow through the starry ways,
Let the starry winds and the flame and the flood
Cover over and hide, for he has no part
With the lonely, majestical multitude.

- 자연의 위력적인 세력과 함께하도록 용기를 불러일으키는 기도이다.(Albright 463)
- 2행의 옛 시절의 지혜는 고대 아일랜드의 신비스러운 지혜이다.(역자)

두려워하지 말라고 마음에 당부하다

벌벌 떠는 심장이여, 진정하세요, 진정하세요.
옛 시절의 지혜를 기억하세요.
번갯불과 홍수 그리고 별 길 따라 부는 바람 앞에
벌벌 떠는 그 사람을
별 길 바람과 번갯불과 홍수가
뒤덮어 감춰버리게 해요. 왜냐하면 그는
고독하고 위엄 있는 무리들과 함께할 거리가 없으니까.

1896. 11. 발표

- 3행의 번갯불과 홍수는 '황금여명회'Hermetic Order of the Golden Dawn의 입문 의식에 나오는 말이다. / 번갯불과 홍수와 길과 바람은 각각 화수지풍火水地風에 해당하는 자연의 4대 원소이다.(Ellmann 31)
- 7행의 고독하고 위엄 있는 무리들은 고대 아일랜드 사람들인 듯하다.(역자)

The Moods

Time drops in decay,
Like a candle burnt out,
And the mountains and woods
Have their day, have their day;
What one in the rout
Of the fire-born moods
Has fallen away?

- 제목의 기분Moods은 '마음의 상태'a state of mind. 이는 정서와 이념을 내포한다. 기분은 이성적인 능력으로 생성되는 것이 아니라 상상력에 의해 형성된다.(Ellmann 16-17) / 기분은 자아 외부에 존재하는 감정, 오래 유지하는 정서적·정신적인 존재의 상태.(O'Neill 105) / 기분은 단순히 변덕스러운 것이 아니라, 지구 그 자체보다도 더 영원한 신들이라는 것이다.(Albright 455)
- 예이츠는 동명의 한 쪽 분량의 짧은 산문인「The Moods」(1895)(*Essays and Introductions* 195)에서 'moods'는 가장 강렬한 정서라고 규정하였다. 그것은 우리 내부에 존재하는 것이 아니라, 우리 자신의 바깥에 존재하는 것으로서, '절대자'Ruller of All의 일꾼이며 심부름꾼이다. 절대자로부터 방출되는 영감이라는 것이다.(*NC* 46; Albright 454-455) / 이 교리는 'Rosa Alchemica'(1896)에서 발전되었다. 거기서 예이츠는 'moods'는 세상의 모든 위대한 변화에 작용하는데, 그 이유는 마술가나 예술가가 마음이 내키면 그것을 부를 수 있듯이, 'moods'는 마술가나 예술가의 마음에서 자신들을 불러내어 세상에다 그것을 쏟아 내기 때문이라고 하였다. 이렇게 하여 위대한 모든 일들이 이루어졌고, 제국들이 그들의 경계선을 이동하게 한 것이라고 주장하였다.(*Mythologies* 285)
- 이 작품은「세계령」Anima Mundi의 X부 끝에 수록되어 있다.(*Mythologies* 357; 역자)
- 육신 속에 눈에 보이지 않는 영혼이 들어 있듯이 문학작품 속에 강렬한 정감情感 혹은 정조情調가 내재한다는 것이다.

기분

타버린 촛불처럼
시간이 썩어 떨어지고,
산과 숲은 그들의 때,
그들의 한때가 있다.
불에서 탄생된 기분들의
소란한 무리 중에서
어느 것이 떨어져 나갔는가?

1893. 8. 발표

- 전반과 후반은 역설paradox이다.(Rosenthal 8)
- 1-4행은 시간과 자연의 덧없음을 말하고 있다.(Vendler 100)
- 1-2행은 산문「핸러핸의 죽음」The Death of Hanrahan(1896)에 등장하는 미친 노파가 '너와 너의 모든 종족, 짐승과 물고기와 새들의 종족은 거의 다 타버린 촛불처럼 뚝뚝 떨어져 죽는다. 그러나 나는 큰 소리로 웃는다. 나는 젊었으니까.'라는 구절을 참조.(Albright 455)
- 2행의 시간time과 4행의 때day는 일시적인 개념(추상)이다.(Unterecker 36)
- 3행의 산과 숲은 변화하는 자연물이다.(Unterecker 36)
- 5-7행은 1-4행과는 대조적으로 'moods'의 영원성을 찬양하는 것에 의문을 제기하고 있다.(Vendler 100) / 5-7행은 수사적인 의문문이다. 따라서 부정적인 답이 예상된다.(Rosenthal 8-9)
- 5행의 불에서 탄생된 기분들은 예이츠가「세계령」의 X부에서 말하는 '불의 상태' 즉, 시간의 종말에 영혼이 도달하게 될 안식과 영원한 순수의 상태이다. '시간은 종식되고 영혼은 정신적인 육신 혹은 찬란한 육신의 옷을 걸치고 기억되는 모든 일들과 기억의 영원한 소유를 가능케 하는 온갖 충동을 한순간에 명상한다. 그런 상태만이 살아 있는 것이고 나머지는 모두 환상인데, 거기서 모든 열정이 나오고, … 육신의 바로 그 뜨거운 열기가 나온다.'(*Mythologies* 357; Albright 455)

The Dawn

I would be ignorant as the dawn
That has looked down
On that old queen measuring a town
With the pin of a brooch,
Or on the withered men that saw
From their pedantic Babylon
The careless planets in their courses,
The stars fade out where the moon comes,
And took their tablets and did sums;
I would be ignorant as the dawn
That merely stood, rocking the glittering coach

- 황량한 지혜로부터 더 무지하고 상상력이 풍부한 인간상을 그리고 있다.(Albright 569)
- 2행의 브로치의 핀을 가지고는 그 옛날 여왕(4행)(*NC* 151; Conner 54)이 망토의 핀을 가지고 궁전 터(요새)를 잡아 표시한 데서 나온 말이다.
  에번Emain은 고대 아일랜드의 세 왕 중에 한 왕의 딸이다. 당시 세 왕이 7년씩 교대로 통치하기로 하였으나, 에번의 아버지가 일찍 죽어 그녀가 아버지 대신에 왕권을 주장하자, 남은 두 왕 중 하나와 그의 아들들이 반기를 들어 싸움이 벌어졌다. 이 와중에 반기를 든 왕이 죽고, 그녀는 왕권을 확보한 뒤 남은 한 왕과 결혼하여 그녀의 왕권을 반대했던 왕의 아들들을 모두 궁전 요새를 축조하는 데 노예로 부렸다. 그때 도읍 터를 정하고 측량하는 데 그녀의 금목걸이(브로치)를 사용했다는 일화에서 'pin'(eo)과 'neck'(muin)이 합쳐진 'neckpin' 혹은 'brooch'의 뜻으로 도읍 이름이 'Emain'으로 되었다.(Conner 54)
- 3행의 한 도시는 고대 얼스터Ulster의 수도. 여왕 에번Emain의 이름을 따서 에번 바하Emain Macha, 혹은 아마Armagh라고 불린 도시이다. 구릉지에 있었다.(Conner 54; Suzuki 70)
- 4행의 그 옛날 여왕은 에번Emain. 휴 로우Hugh Roe의 딸이다.(*NC* 151)

여명

나는 여명처럼 무심히 살고 싶다,
브로치의 핀을 가지고
한 도시의 크기를 재는
그 옛날 여왕을 내려다본 여명처럼,
혹은 현학적인 바빌로니아 땅에서 수척한 사람들이
궤도에서 벗어나 멋대로 운행하는 행성들과,
달이 나타나는 곳에서 별들이 사라지는 것을 보고,
그들의 서판들을 꺼내 계산했던 장면을
내려다본 여명처럼.
나는 여명처럼 무심히 살고 싶다,
구름 덮인 말의 어깨 위에서

- 5행의 현학적인 바빌로니아는 점성학이 발달한 것을 말한다. 예이츠의 역사 이론에 의하면 500년, 1000년, 2,000년을 주기로 상상력과 미에 대한 욕구가 지배하는 주관적인 시대와 지성과 진리에 대한 욕구가 지배하는 객관적인 시대가 교차하는데, 주관적인 시대(c. 2200-538 B.C.)를 호메로스의 그리스시대 이전으로, 객관적인 시대를 수학과 천문학을 발달시킨 바빌로니아의 시대로 규정한 것을 말한다.(Albright 570)
- 6행의 멋대로 운행하는 행성들은 그들의 궤도에 저항하는 별들이다.(Albright 570)
- 11-12행은 지상에서 벌어지고 있는 일에 무관심한 여명의 초자연적인 자세를 말한다.(역자) / 이 모습은 여명의 여신 에오스Eos를 연상시킨다. 고전신화에서 에오스는 헬리오스Helios(태양)의 누이이다. 그녀는 오빠와 함께 번쩍이는 두 필의 말이 끄는 전차를 몰고 다녔다. 이렇게 보면 이 전차를 태양이라고 보는 주석(*NC* 151)은 초점이 조금 빗나간 것으로 여겨진다.(역자)

Above the cloudy shoulders of the horses;
I would be—for no knowledge is worth a straw—
Ignorant and wanton as the dawn.

1916

번쩍이는 마차를 흔들어대면서 단지 서있기만 했던 여명처럼.
—왜냐하면 지식은 지푸라기만 한 가치도 없으니까—
나는 여명처럼 무심히 그리고 내키는 대로 살고 싶다.

1914. 6. 20.

- 12행의 번쩍이는 마차는 태양. 포이보스Phoebus의 전차이다.

A Meditation in Time of War

For one throb of the artery,
While on that old grey stone I sat
Under the old wind-broken tree,
I knew that One is animate,
Mankind inanimate phantasy.

1920

- 우리의 행동과 열정은 우리 자신의 것이 아니라, 지상의 것이 아닌 위력의 대리 행위라는 「기분」The Moods의 교리를 극단적으로 발전시킨 작품이다.(Albright 627)
- 우주의 신Godhead-cosmos과의 일체감을 말하는 시이다.(Thurley 104)
- 1행의 숨을 헐떡이는은 'wind-broken'의 번역이다. 이 말은 'broken-winded'의 뜻이다.
- 3행의 동맥이 한 번 뛰는 동안은 블레이크의 『밀턴』*Milton*에서 '동맥 한 번 뛰는 시간보다 짧은 시간은 그 길이와 가치에서 육천 년과 맞먹는다.'(28〔30〕: 62ff)라는 말을 참고할 것.(Albright 627)

전쟁 시기의 한 명상

숨을 헐떡이는 고목 아래
내가 오래된 회색 돌 위에 앉아 있을 때
동맥이 한 번 뛰는 동안,
나는 '절대적인 한 존재'가 살아 있고
인류는 혼이 빠진 환상이라는 걸 알았다.

1914. 11. 9.

- 4행의 '절대적인 한 존재'는 'One'의 번역이다. / 이러한 존재에 대한 순간적인 체험담은 『켈트의 여명』*The Celtic Twilight*(1893) 중「한 목소리」A Voice에 체험담으로 적혀 있다. 그 내용은 화자가 어느 습지 주변을 산책하고 있을 때 단 1초 동안에 갑자기 기독교적인 신비주의의 뿌리를 느꼈다는 것이다. 화자는 자신이 허약하다는 생각, 또 멀기는 하지만 가까운 어딘가의 위대한 인간적인 존재에 자기가 의존하고 있다는 생각이 자신을 휩쓸었다고 말한다.(*Mythologies* 68; Albright 627)
- 5행의 혼이 빠진은 'inanimate'를 'spiritless'의 뜻으로 번역한 것이다. / 알았다는 것은 우주와의 일체감에 대한 환희의 체험이 아니라 환희의 인식행위라는 뜻이다.(Thurley 105) / 이 구절은「기분」의 5행의 주를 참조할 것.(역자)

To Be Carved on a Stone at Thoor Ballylee

I, the poet William Yeats,
With old mill boards and sea-green slates,
And smithy work from the Gort forge,
Restored this tower for my wife George;
And may these characters remain
When all is ruin once again.

1921

• 제목의 돌은 정문 앞에 있었던 돌이다(예이츠의 말).(*NC* 209) / 부인에게 밸릴리 탑Thoor Ballylee을 결혼선물로 바친다는 내용의 시이다.(Harris 97) / 앞문 옆에 있는 큰 돌에다 새겨 넣을 예정으로 쓴 것이다.(Albright 627)

밸릴리 탑 돌에 새길 글

나 시인 윌리엄 예이츠는
제분소의 헌 판자와 녹색 바닷빛 점판암과
거르트 마을 대장간의 작업으로
아내 조지를 위하여 이 탑을 수리했다.
또다시 모두 폐허로 화하더라도
이 글자들은 그대로 남아 있기를.

1918. 5 - 7.

- 2-4행은 실제로 헌 제분소의 것을 사들여 재활용하고 그 동네 인부들을 동원했다. (Albright 627)
- 3행의 거르트 마을Gort은 밸릴리 탑에서 4마일 거리에 있는 마을이다.(*NC* 210)
- 4행의 조지는 예이츠 부인. 결혼 전의 이름은 'Bertha Georgie Hyde-Lees'.(*NC* 210)
- 5행의 또다시 모두 폐허로 화하더라도는 실제로 예이츠 일가는 이 탑에서 1929년 여름을 마지막으로 보냈고, 그가 죽은 뒤 탑은 오랫동안 방치되어 있었다.(*NC* 210)

A Prayer on Going into My House

God grant a blessing on this tower and cottage
And on my heirs, if all remain unspoiled,
No table or chair or stool not simple enough
For shepherd lads in Galilee; and grant
That I myself for portions of the year
May handle nothing and set eyes on nothing
But what the great and passionate have used
Throughout so many varying centuries
We take it for the norm; yet should I dream
Sinbad the sailor's brought a painted chest,
Or image, from beyond the Loadstone Mountain,
That dream is a norm; and should some limb of the Devil

- 밸릴리 탑을 명상의 표상으로 삼겠다는 생각을 표명한 작품이다.(Harris 108)
- 다른 기도문과 마찬가지로 기독교 신자처럼 거의 무릎을 꿇다시피 하였다.(Albright 589)
- 1행의 이 탑과 오두막은 예이츠가 1917년에 사들인 노르만 시대에 축조된 옛 탑 밸릴리 탑Thoor Ballylee과 부속 건물인 오두막 두 채이다.(*NC* 172)
- 2행에 언급된 가재도구는 그 지역의 장인이 그 지역의 느릅나무로 만든 것이다. 따라서 투박하다.(*NC* 172)
- 3행의 갈릴리의 젊은 목자들은 그리스도 탄생에 대한 목자들의 믿음을 말한다. 켈트족의 농부 같은 순진함은 그의 첫째 모델이 되었다.(Harris 108)
- 5행의 연중 머무는 기간은 매년 여름철. 예이츠는 그런 목적으로 이 탑을 사들였다.(*NC* 172)
- 6행의 위대하고 열정적인 분들은 과거에 이 탑을 이용한 사람들이다.(역자)

집에 들어갈 때 드리는 기도

하느님께서 이 탑과 오두막, 그리고 저희 자식들을 축복하소서,
만약 투박한 식탁이나 의자나, 걸상,
이 모든 것들이 갈릴리의 젊은 목자들에게
심상치 않을 만큼 훼손되지 않고 그대로 남아 있다면.
그리고 제가 연중 머무는 동안 저 자신은
위대하고 열정적인 분들이
우리가 규범으로 삼을 만큼 줄곧
변하하는 그 많은 세월 내내 사용해온 것 외에는
아무것도 손대지 않게, 아무것에도 눈 팔지 않게 하소서.
하지만 항해사 신드바드가 로드스톤 산 너머에서 가지고 온
도색한 궤짝이나 이미지를 제가 꿈꾼다면,
그런 꿈도 규범이 됩니다.

- 7행의 규범은 'norm'의 번역이다. 기준, 원리, 전범의 뜻이다. 예이츠는 이 말을 원래의 플라톤적인 의미, 즉 'pattern, type, model'의 뜻으로 사용하였다. 그는 탑과 가구들을 하나의 상징으로 만들어 이상과 현실적인 사물들을 연결하려 했다.(Unterecker 148)
- 8행의 사용해온 것은 밸릴리 탑이다.(역자)
- 10행의 항해사 신드바드는『아라비안 나이트』*Arabian Nights* 중 동명의 이야기의 주인공. 바그다드의 부잣집 아들. 신드바드를 동원한 것은 예이츠의 어린 시절 슬라이고 해변의 체험과 신드바드의 해변을 관련시킨 것이다.(Harris 109) / 로드스톤 산Loadstone Mountain은 자철광 산. 신드바드가 여섯 번째 항해 중 난파해서 상륙한 산이다. 그 산은 자석의 힘으로 지나가는 배를 끌어당겨 난파시켰다.(*NC* 172)
- 11행의 이미지는 탐구 대상, 즉 분열의 통합이다.(Harris 109)
- 12행의 규범의 내용은 상상적인 사물, 즉 신드바드의 '채색된 상자'나 '이미지'에 대한 꿈이다. 이는 두 번째의 규범이다.(Unterecker 149)

Destroy the view by cutting down an ash
That shades the road, or setting up a cottage
Planned in a government office, shorten his life,
Manacle his soul upon the Red Sea bottom.

1918

- 13-16행은 장차 등장할지도 모를 실용적인 인간에 대한 저주이다.(Unterecker 149)
- 13행의 마귀의 손은 아일랜드에서 흔히 쓰는 말이다.(*NC* 172)

그리고 만약 마귀의 손이
길 위에 그늘을 드리우는 물푸레나무를 자르거나,
정부 계획의 집이 들어서게 하여 경관을 해친다면,
그의 수명을 단축시키시고, 그 영혼을 홍해 밑바닥에 묶어 주소서.

1918

• 16행의 영혼을 홍해 밑바닥에 묶어 둔다는 것은『구약성서』의『출애굽기』와 관련된 언급이다.

The Tower

I

What shall I do with this absurdity—
O heart, O troubled heart—this caricature,
Decrepit age that has been tied to me
As to a dog's tail?
Never had I more
Excited, passionate, fantastical
Imagination, nor an ear and eye
That more expected the impossible—
No, not in boyhood when with rod and fly,

- 제목의 탑은 1917년 6월에 사들인 밸릴리 탑을 말한다. 자서전적인 요소가 많은 작품으로, 예이츠가 60세 때 쓴 시이다. 그는 이 탑을 자기 작품의 영원한 상징으로 삼으려 했는데, 아일랜드 신화의 뿌리가 되는 이 탑이 그의 예술 이론의 바탕이라고 생각했다.(Unterecker 177) / 노르만 정복시대에 건립된 이 탑은 예이츠 자신의 표상emblem이며 시의 주제는 늙음이다.(Lynch 10)
- 「비잔티움으로의 항해」Sailing to Byzantium에서처럼 나이를 극복하는 어떤 존재를 추구하되, '황금의 새' 같은 비자연의 예술품으로의 변신이 아니라 자신의 자연적인 존재가 상상력에 의해서 일상적인 삶에서 벗어나지 않고도 그런 존재로 변모될 수 있다는 신념을 피력한 시이다. 그런 의미에서 얼굴과 마스크가 거의 일치되는 작품이다. 예이츠는 이러한 자신의 상징인 이 탑을 일종의 문화재로서 후손들에게 전하고자 했다.(Albright 632)
- 예술은 현실도피가 아니라 현실의 표현으로 간주된다는 것이다.(Albright 651)
- 두 아일랜드Anglo-Irish의 자랑스러운 유산을 결합하면서 과거의 땅에서 자신의 신화를 어떻게 서서히 뿌리 내리게 했던가를 밝히는 작품이다.(Whitaker 194)

탑

I

어찌할까, 나는 이런 엉터리 수작을—
오 심장이여, 오 어지러운 심장이여—
개꼬리에 붙어 있듯 내게 달라붙은
만화 같은 무기력한 이 늙음을?
                                        나는 이보다 더
가슴 벅차고, 강렬하고, 신기한 상상력이나,
믿을 수 없는 일들을 생각해낸
귀와 눈을 가진 적이 없었는데—
아니, 소년시절, 플라이 낚싯대나

- I부는 1년 뒤에 쓴 「비잔티움으로의 항해」에서 다루게 되는 늙음의 주제를 다룬다.(Unterecker 174) / 망가지는 육신과 왕성한 상상력을 대비시키면서 시 창작은 노인에게 적합하지 못하므로 상상력을 철학 쪽으로 향하게 하려 하고 있다.(Albright 632)
- 1-4행은「비잔티움으로의 항해」보다 더 강렬한 목소리이다.(Rosenthal 220) / 굴욕적인 늙음에 대한 가장 강렬한 표현이다.(Thurley 169)
- 2행의 심장은 예이츠의 후기 시에 중요한 기관으로 등장한다. 한때는 심장을 제거하려고도 했지만(「비잔티움으로의 항해」), 나중에는 심장을 모든 시 주제의 현주소로 여기며 만족해야 하겠다고 말하기도 했다(「서커스단 동물들의 탈주」).(Albright 633)
- 4-7행은 그의 정신적인 상황을 말한다.(Lynch 11) / 육신은 늙었지만 젊을 때보다 감각은 더욱 예리해지고 상상력은 더 왕성해짐을 말하고 있다.(Harris 185) / 노령인 블레이크의 편지 구절에 공감한 내용이다.(Albright 633)
- 8행의 플라이 낚싯대는 워즈워스William Wordsworth(1770-1850)의 『시곡』*The Prelude*(1850, I: 485)에 낚싯대에 대한 매혹을 말한 것이 있다.(Albright 833)

Or the humbler worm, I climbed Ben Bulben's back
And had the livelong summer day to spend.
It seems that I must bid the Muse go pack,
Choose Plato and Plotinus for a friend
Until imagination, ear and eye,
Can be content with argument and deal
In abstract things; or be derided by
A sort of battered kettle at the heel.

- 9행의 불벤 산Ben Bulben은 슬라이고 북쪽에 있는 유서 깊은 산이다.
- 11-14행은 늙음에 대한 치유는 지적인 추구라는 것.(Jeffares 233) / 상상력이 너무 왕성하기 때문에 엄격한 지적 통제가 필요하다고 말하고 있다.(Lynch 11)
- 11행의 뮤즈에게 짐을 싸라 고하고의 이유는 감각적인 노래를 할 수 없기 때문이다. 이는 늙음의 수용을 뜻한다.(Thurley 169)

그보다 추한 미끼를 들고 불벤 산 등성이에 올라
긴긴 여름날을 보내던 그때도 이렇지는 않았다.
나는 이제 뮤즈에게 짐을 싸라 고하고,
플라톤과 플로티노스를 친구로 택해야 할 것 같다.
그리하여 상상력과 귀와 눈이 이치를 따지는 데 만족하고
추상적인 사물에 관계할 수 있도록.
그러지 못하면 발뒤꿈치의
망가진 주전자 같은 것의 조롱을 받는다.

- 12행의 플라톤Plato(c. 427-347 B.C.)의 천상계 영혼과 지상계 육체라는 개념은 예이츠의 사상에 크게 영향을 끼쳤다. 죽음과 삶, 죽은 자의 영혼이 부활 재생을 기다리는 영계Hades, 개체의 구체적이고 개별적인 기억을 벗어나 존재하는 기억, 개체의 초월 또는 개체의 근원이 된 원형이 되는 이 세상의 숨결 또는 '세계령'Spiritus Mundi 등의 어려운 문제는 플라톤의 사상으로 사색하였다.(Suzuki 174) / 예이츠는 이보다 앞서 「달의 제상」The Phases of the Moon 14행에서 자신을 플라톤주의자에 비유한 바 있다.(Albright 634) / 플로티노스Plotinos(204-270)는 신플라톤 학파의 철학자. 영혼을 육체로부터 해방해 근원적인 존재인 '하나의 존재'에 합일시킬 것을 역설하였다.(Suzuki 176) / 예이츠는 두 그리스 철학자를 육신을 배척하고 냉혹한 추상을 사랑하는 사람들이라고 생각하였다.(Albright 634)
- 16행의 망가진 주전자 같은 것은 4행의 무기력한 늙음을 가리킨다.(Unterecker 174)

II

I pace upon the battlements and stare
On the foundations of a house, or where
Tree, like a sooty finger, starts from the earth;
And send imagination forth
Under the day's declining beam, and call
Images and memories
From ruin or from ancient trees,
For I would ask a question of them all.

Beyond that ridge lived Mrs. French, and once
When every silver candlestick or sconce
Lit up the dark mahogany and the wine,
A serving-man, that could divine
That most respected lady's every wish,

- II부는 탑 주변에 관련된 이야기이다.(Unterecker 174) / 최고조에 달했던 화려한 상상력을 가장 잘 상징하는 앵글로 아이리시적인 유산Anglo-Irish heritage의 측면들을 드러내고 있다.(Whitaker 198) / 주된 모티브는 인간의 불합리한 행위이다.(Thurley 170)
- II부는 이런저런 일화의 나열이지만 하나하나가 다 예이츠가 처했던 곤경의 표현이다. 여기서는 I부와는 달리 상상력이 인간의 무능과 비참함, 궁핍과 좌절에서 힘을 얻는다. 늙음이 시인 자격을 박탈하는 것이 아니라 오히려 시인의 자격을 향상시킨다. 따라서 가난을 풍요로 전환하고 젊은이나 늙은이나 죽은 자들을 떠받쳐 주는 능력은 추상적인 이성이 아니라 상상력이라는 것이다.(Albright 632)

II

나는 탑의 옥상 흉벽 안쪽을 거닐면서
집의 터전이나, 검정 묻힌 손가락 같은 나무가
솟아난 땅을 내려다본다.
그리고 하루해가 기우는 저녁 햇살 아래로
상상력을 내보내고,
폐허나 고목들로부터
이미지와 기억들을 불러낸다.
왜냐하면 나는 그들 모두에게 물어보고 싶으니까.

저 능선 너머 프렌치 부인이 살았지.
한번은 은촛대나 벽면 초꽂이 모두가
마호가니 식탁과 포도주를 밝혔을 때,
가장 존경받는 그 부인의 온갖 소망을
점칠 수 있었던 하인이

- 1행의 흉벽은 이 탑의 옥상에 축조되어 있다. 애초의 축조 목적은 치안이나 군사적인 것이었다. 따라서 이 탑은 밸릴리 성Ballylee Castle으로 알려져 왔다. 예이츠가 사들인 뒤에 밸릴리 탑Thoor Ballylee이라고 명명한 것이다.
- 9-16행의 프렌치 부인Mrs. French과 관련된 이야기는 그 지역의 전설이다. 그녀는 18세기 인물이다.
- 9행의 저 능선 너머는 첫 번째 일화의 무대가 가장 먼 곳임을 말한다. 그다음은 19행의 바위 낮은 저 지역, 43행의 근처 농가 어딘가, 64행의 이 집, 이렇게 네 가지 일화를 먼 데서부터 가까운 곳으로 그 무대를 옮기고 있다.(Albright 634)

Ran and with the garden shears
Clipped an insolent farmer's ears
And brought them in a little covered dish.

Some few remembered still when I was young
A peasant girl commended by a song,
Who'd lived somewhere upon that rocky place,
And praised the colour of her face,
And had the greater joy in praising her,
Remembering that, if walked she there,
Farmers jostled at the fair
So great a glory did the song confer.

And certain men, being maddened by those rhymes,
Or else by toasting her a score of times,
Rose from the table and declared it right
To test their fancy by their sight;
But they mistook the brightness of the moon

- 15행의 그 부인을 화나게 한 사람은 데니스 보드킨Dennis Bodkin이다.
- 17-32행에 걸친 일화의 주인공은 그 지역에 살았던 메리 하인즈Mary Hynes라는 아름다운 시골 아가씨이다. 예이츠가 여러 노인으로부터 그녀에 관한 노래를 들은 것을 산문으로 쓴 때(1900)보다 60년 전(1840년?)에 젊은 나이로 죽었다고 한다. / 메리 하인즈는 19세기의 맹인인 게일어 시인 앤서니 래프터리Anthony Raftery(1779-1835)가 찬양한 농부 신분의 헬레네에 해당하는 사람이다.(Cullingford 65)

정원용 가위를 가지고 달려가
무례한 한 농부의 두 귀를 잘라 작은 접시에 담고
그 위에다 무얼 덮어씌워 가져왔지.

내가 젊었을 때 몇몇 사람은 여전히 기억했다,
노래로 칭찬받은 한 농부 소녀를.
그녀는 바위 많은 저 지역 어디엔가 살았었다지.
그들은 그녀의 얼굴빛을 찬양했으며,
그녀를 찬양하는 데 더욱 큰 기쁨을 얻었다지.
그녀가 장이 서는 날 시장 길 걸어가면,
농부들이 밀치락달치락 몰려들었다는 걸 기억하면서.
그 노래가 장날 축제에 크나큰 영광을 제공했기에.

그리고 어떤 사람들은 그 노랫가락에 미치거나,
그녀를 위하여 스무 번이나 건배하다 미쳐서,
자리에서 일어나, 그들의 상상을
육안으로 시험하는 것이 좋겠다고 공언했지.
그렇지만 그들은 밝은 달빛을

- 18행의 노래는 그 여자를 찬양하는 노래이다.(역사)
- 19행의 바위 많은 저 지역은 그 근방이 석회석 지대임을 말한다.
- 29-30행의 달빛을 햇빛으로 착각한 것은 환상illusion과 현실reality을 혼동한 것이다.
  38-39행을 참조할 것.(Albright 635)

For the prosaic light of day—
Music had driven their wits astray
And one was drowned in the great bog of Cloone.

Strange, but the man who made the song was blind;
Yet, now I have considered it, I find
That nothing strange; the tragedy began
With Homer that was a blind man,
And Helen has all living hearts betrayed.
O may the moon and sunlight seem
One inextricable beam,
For if I triumph I must make men mad.

And I myself created Hanrahan

- 30행의 일상적인은 'prosaic'의 번역이다. 「실의에 빠져 쓰게 된 시」Lines written in Dejection의 '멍청한 태양'timid sun과 비교해 보면, 석양과 관련 있는 이 작품에서는 햇빛이 혼동되거나 사라지고 있다. II부 4행, 103-4행, 그리고 III부의 72행을 참조할 것.(Albright 635)
- 33행에서 말하는 노래를 만든 이는 맹인 방랑시인 앤서니 래프터리이다.
- 37행의 헬레네는 모드 곤의 상징. 메리 하인즈는 헬레네와 닮았다. 맹인 시인 래프터리와 메리, 맹인인 호메로스와 헬레네의 관계에서 예이츠와 모드 곤의 관계로 발전되었다. / 헬레네는 … 배반했지는 예이츠 자신도 피해자라고 말하는 것. 하지만 이 말은 자기는 모드 곤의 피해자라는 은근한 암시이다.(Harris 189)
- 38-39행의 달빛과 햇빛이 … 되어다오는 환상illusion과 현실reality을 구분할 수 없게 한다는 것이다. 이는 래프터리와 마찬가지로 자기도 독자를 제정신이 아닌 미친 상태로 만들어 보고 싶다는 것(40행). 즉 래프터리와 같은 훌륭한 시인이 되었으면 하는 것이다.(Albright 636) / 예이츠는 예술에서 달과 태양의 결합을 상상한다고 했다.(Albright 636) / 영감을 불러일으키기 위해 해와 달의 연금술적인 결합alchemical union을 염원하고 있다.(Gorski 171)

대낮의 일상적인 햇빛으로 착각했고—
음악이 그들의 생각을 빛나가게 했지—
그리하여 한 사람은 클룬의 큰 늪에 빠져 죽었네.

이상한 일은, 노래를 만든 이가 맹인이었다는 것.
하지만, 지금 내가 생각해 보건대,
그건 이상한 일이 아니야.
그런 비극은 맹인인 호메로스로부터 시작된 것이고,
헬레네는 살아 있는 모든 사람의 심장을 배반했지.
오, 달빛과 햇빛이 하나의 빛이 되어
구분할 수 없는 것으로 되어 다오,
내가 성공하면 내가 사람들을 미치게 해야 하니까.

그리하여 나는 직접 핸러핸을 창조하여

- 40행의 내가 성공하면은 'If I triumph'의 번역이다. 래프터리나 호메로스 같은 훌륭한 시인처럼 성공한다면의 뜻이다. / 사람들을 미치게 한다는 것은 사람들을 일깨우고Inspire, 변모시킨다transform는 것이다.(Gorski 171)
- 41행의 핸러핸Hanrahan은 예이츠가 창조한 상상적인 시인이다. 1897년에 발표한『붉은 머리 핸러핸 이야기』*Stories of Red Hanrahan*(1907 개작)의 주인공이다. 애초에는 지방순회 교사였다가 요정 여왕을 만나 생활이 엉망이 되고 반미치광이 시인이 되었다. 환상적인 여자들을 알아보는 사람이지만, 여자들의 유혹에는 실패자이고, 늙음을 저주하는 사람이다.(Albright 636)
- 41-56행의 일화는 첫 번째 것으로서 핸러핸과 그의 연인 메리 라벨Mary Lavelle과 관련된 얘기 중의 하나이다.

And drove him drunk or sober through the dawn
From somewhere in the neighbouring cottages.
Caught by an old man's juggleries
He stumbled, tumbled, fumbled to and fro
And had but broken knees for hire
And horrible splendour of desire;
I thought it all out twenty years ago:

Good fellows shuffled cards in an old bawn;
And when that ancient ruffian's turn was on
He so bewitched the cards under his thumb
That all but the one card became
A pack of hounds and not a pack of cards,
And that he changed into a hare.
Hanrahan rose in frenzy there
And followed up those baying creatures towards—

- 44행의 한 늙은이는 50행의 그 늙은 녀석을 말한다.(Albright 636) / 뛰쳐나갔고는 린치Lynch를 참고하여 원문 'hire'를 번역한 것이다. 그는 'His hire for his journey'라는 말을 하고 있다.(Lynch 18)
- 47행의 무릎만 다쳤을 뿐은『붉은 머리 핸러핸 이야기』에서는 심한 발의 통증과 뼈가 굳은 것으로 기술되어 있다.(역자)
- 49행의 헛간은 'bawn'의 번역이다. 'barn'의 오식으로 보기도 한다. 'bawn'은 헛간, 마구간, 울타리가 있는 목초지를 의미할 때도 있다. 보통 방어용 울타리가 있다.(O'Neill 143)

술에 취했건 취하지 않았건 간에 새벽에
그를 근처 농가 어딘가에서 몰아내었지.
그는 한 늙은이의 요술에 걸려 뛰쳐나갔고,
비틀대고, 넘어지고, 이리저리 더듬거리다가
가공할 욕망의 화려함으로 인하여
무릎만 다쳤을 뿐이었고.
나는 이십 년 전에 그 모든 것을 생각해냈지.

선량한 녀석들이 낡은 헛간에서 카드를 쳤지.
그런데 그 늙은 녀석의 차례가 되었을 때
그는 엄지손가락 밑으로 카드에 마술을 부려
하나 빼고는 카드 모두를 카드가 아닌,
한 떼의 사냥개로 만들었고,
그 하나는 산토끼로 변신시켰지.
핸러핸은 그 자리에서 미친 듯 일어나
짖어대는 그것들 따라 어디론가 갔지—

- 50행의 그 늙은 녀석은「붉은 머리 핸러핸」Red Hanrahan에 나오는 요사스런 늙은 마술사.(Albright 636)
- 50-54행은 노인이 재빨리 카드를 섞어 펼칠 때, 맨 먼저 꺼낸 카드가 산토끼가 되고, 그다음에는 잇달아 사냥개가 되어, 산토끼가 재빨리 도망치자 사냥개들이 산토끼를 뒤따라 헛간 안을 맴돌다가, 산토끼가 바깥으로 튀어 나가자 사냥개들이 우르르 따라나갈 때, 노인이 따라가라고 재촉하는 바람에 핸러핸이 따라간 이야기이다.
- 56행에서 핸러핸이 뒤따라 나간 것은 프렌치 부인 하인의 짓이나 크룬 늪에 빠져 죽은 농부와 마찬가지이다.(Thurley 171)

O towards I have forgotten what—enough!
I must recall a man that neither love
Nor music nor an enemy's clipped ear
Could, he was so harried, cheer;
A figure that has grown so fabulous
There's not a neighbour left to say
When he finished his dog's day:
An ancient bankrupt master of this house.

Before that ruin came, for centuries,
Rough men-at-arms, cross-gartered to the knees
Or shod in iron, climbed the narrow stairs,
And certain men-at-arms there were
Whose images, in the Great Memory stored,
Come with loud cry and panting breast
To break upon a sleeper's rest
While their great wooden dice beat on the board.

As I would question all, come all who can;

- 57행에서 밝히지 않은 핸러핸의 행방은 요정 여왕의 거처로 가게 된 것을 말한다. (Albright 636)
- 59행의 한 사람은 100년 전쯤 이 탑에서 살다가 파산했다는 그 늙은이.

오, 어디로 갔는지 난 잊어버렸다—이쯤이면 되겠지!
나는 사랑이나 음악이나 원수의 잘려진 귀도
신이 나게 할 수 없었던 한 사람을
회상하지 않으면 안 된다. 그만큼 시달린 사람.
그가 그 나름의 일생을 마쳤을 때
워낙 전설적인 인물이 되었으니,
이웃 사람치고 아무도 얘기하지 않는 사람 없지.
파산한 이 집의 옛 주인 말이다.

그런 파탄이 일어나기 전 수백 년 동안에는
무릎까지 십자걸이 각반을 하거나 철갑 신을 신은
거친 무사들이 좁은 계단으로 기어올랐고,
또 이런 무사들도 있었다는데,
'거대한 기억' 속에 그들은 이런 모습으로 들어 있단다.
아우성과 헐떡이는 숨소리와 더불어 나타나
잠든 사람들의 안락한 수면을 방해하고
큼직한 나무 주사위들로 탁자를 쳤다고.

내가 온갖 것 다 묻고 싶으니 올 수 있는 자 모두 와요.

- 65-72행까지의 유령들의 주사위 놀이는 예이츠가 침실로 쓰던 방에서 벌어졌다고 한다.
- 69행의 거대한 기억Great Memory은 세계령Spiritus Mundi을 말할 것이다. 이런 모습은 그들의 유령을 말한다.

Come old, necessitous, half-mounted man;
And bring beauty's blind rambling celebrant;
The red man the juggler sent
Through God-forsaken meadows; Mrs. French,
Gifted with so fine an ear;
The man drowned in a bog's mire,
When mocking Muses chose the country wench.

Did all old men and women, rich and poor,
Who trod upon these rocks or passed this door,
Whether in public or in secret rage
As I do now against old age?
But I have found an answer in those eyes
That are impatient to be gone;
Go therefore; but leave Hanrahan,
For I need all his mighty memories.

Old lecher with a love on every wind,

- 74행의 궁핍하여 … 분은 파산했던 탑의 소유자.
- 75행의 유랑하는 미의 눈먼 사제는 맹인 시인 래프터리.
- 77행의 빨간 머리 사내는 핸러핸.
- 78행의 멋진 귀는 데니스 보드킨의 귀.
- 79행의 시골 처녀는 메리 하인즈.
- 81-84행은 긍정적인 답이 기대되는 수사적인 의문문이다.(Rosenthal 222) / 이 대목은 이 시의 중심적인 문제이다. 그 지역의 전설을 섭렵한 뒤에 화자는 자신의 운명으로 되돌아가는데, 즉 자신의 늙음 문제로 되돌아가고 있다.(Albright 638)

늙고 궁핍하여, 말을 얻어 탈 수 없었던 분도 와요.
그리고 유랑하는 미의 눈먼 사제를 모시고 와요.
요술쟁이가 신의 버림 받은 초원으로 쫓아 보낸
빨간 머리 사내도 모시고 와요.
그렇게나 멋진 귀를 선물받은 프렌치 부인도.
장난치는 뮤즈들이 시골 처녀를 선택했을 때,
늪의 진창에 빠져 죽은 그 사나이도.

돌투성이 이 땅 위로 걸어갔거나 이 문을 지나갔던,
부유하고 가난한 모든 늙은 남녀들이
공적으로선 사적으로건 이처럼 분노했던가
지금 내가 그러하듯 늙음에 대해?
그렇지만 사라지고 싶어 안달하는
저 눈빛 속에서 나는 답을 얻었지요.
그러니까 돌아가요. 그렇지만 핸러핸은 놔둬요.
왜냐하면 나는 그의 엄청난 기억들이 필요하니까.

바람이 불 때마다 연인과 함께한 호색가여,

- 87행의 핸러핸은 놔둬요라고 말하는 것은 I부에서 말한 플라톤과 플로티노스 대신 시인인 핸러핸을 택하겠다는 말이다.(Albright 638)
- 89행의 호색가여는 'old lecher'의 번역이다. 로젠탈의 견해(Rosenthal 224)를 참고한 것이다. / 그 사람은 핸러핸이다.(O'Neill 144) / 여기서 예이츠는 핸러핸을 자신의 'alter ego'(제2의 나)로 그리고 있다. 예이츠 자신의 희극적·비극적인 거울의 이미지이다. 항상 열망하지만 결코 성공하지 못하는 위인으로 절대 포기하지 않는 인물이다. (Rosenthal 221, 229)

Bring up out of that deep considering mind
All that you have discovered in the grave,
For it is certain that you have
Reckoned up every unforeknown, unseeing
Plunge, lured by a softening eye,
Or by a touch or a sigh,
Into the labyrinth of another's being;

Does the imagination dwell the most
Upon a woman won or woman lost?
If on the lost, admit you turned aside
From a great labyrinth out of pride,
Cowardice, some silly over-subtle thought
Or anything called conscience once;

- 95-96행은 여자관계 행각을 잘 정리한 것을 말한다. 『비전』에 의하면 사후 영혼의 여정 중 한 단계는 '과거를 다시 꿈꾸는 과정'Dreaming Back인데, 이는 생전에 있었던 사건 강도의 순서대로 다시 사는 것을 말한다. 그 목적은 고락을 죄다 소진하기 위한 것이다.(*Vision* 1937, 226) 따라서 예이츠는 핸러핸이 자신의 여자관계에 대한 기억들을 잘 정리하고 있으리라고 상상한 것이다.(Albright 638)
- 95행의 미궁은 사랑의 은유.(Rosenthal 225) / 알 수 없는, 신비스러운, 그러나 아름답고 매혹적인, 뒤얽힌 복잡한 것을 암시한다.(Albright 638)
- 97-98행에서 상상력이 가장 많이 머무는 곳을 따지는 것은 핸러핸과 예이츠의 상상력이 잃어버린 여인의 지배를 받아 작동되기 때문이다. 전자는 에흐트거Echtge, 후자는 모드 곤. 『비전』에 의하면 예이츠 자신의 달의 상에 속하는 사람의 운명은 '상실'Loss이다(*Vision* 1937, 141).(Albright 638)
- 98행의 잃어버린 여인은 모드 곤을 말한다.(O'Neill 144)

사려 깊은 그 마음으로부터
무덤에서 발견한 모든 걸 가지고 나와요.
왜냐하면 당신은, 부드러운 시선이나 촉감,
혹은 한숨 소리에 매혹되어,
전에는 알려지지 않은, 유례 없는
타인의 존재의 미궁 속에 뛰어든 사실을
일일이 잘 정리한 것은 확실하니까.

상상력이 가장 많이 머무는 곳은
쟁취한 여인인가, 잃어버린 여인인가?
만약 잃어버린 여인이라면,
당신이 엄청난 미궁으로부터 비켜선 것은
자부심과 소심함, 어리석고 과민한 어떤 생각,
혹은 한때 양심이라 불렸던 그런 것 때문임을 인정하세요.

- 100-102행은 모드 곤과의 첫 만남 후 9년째 되는 1898년 12월, 다시 만난 예이츠와 그녀 사이에 오간 대화 내용을 배경으로 하고 있다. 예이츠가 그녀에게 처음 구혼했을 때 이미 그녀는 프랑스인과의 사이에 아들을 낳았을 때였고, 이때는 첫아이가 일찍 죽는 바람에 둘째 아이를 가졌을 때이다. 그녀가 1898년 말 더블린을 떠나기 전날 밤 예이츠가 애매하게 또 결혼 얘기를 꺼냈을 때, 그녀는 '아니, 그건 나한테는 불가능한 것 같아요.' 하고 두 손을 불끈 쥐고는, '난 육신의 사랑이 무서워, 겁이 나요.'라고 대답했다. 이것이 곧 예이츠에게는 강요된 그들 사이의 정신적인 결혼의 시작이 되었다. 이런 일이 있고 나서 예이츠는 3년간 사랑의 시를 전혀 쓰지 못했다.(Hassett 76-77)
- 100행의 엄청난 미궁은 여자의 성기를 암시한다.(Cullingford 64) / 당신이 … 비켜선 것은 모드 곤과의 사랑에서 예이츠가 물러난 것을 말한다.(Thurley 171)

And that if memory recur, the sun's

Under eclipse and the day blotted out.

- 103행의 기억을 특정 기억이 아닌 것처럼 쓴 것은 기억 자체의 작용과 관련된 고통을 말하기 위함이다.(O'Neill 144)

또한 기억이 되풀이되면, 해는 일식 아래
낮이 깜깜해진다는 사실도 인정하세요.

- 103-104행은 예이츠 자신이 아폴로적인 시인이라고 고백했지만, 모드 곤을 생각하기만 하면 슬그머니 무너짐을 말한다.(Thurley 172) / 빛의 소멸에 대한 강박관념은 맹인 시인 래프터리를 떠올리게 한다. 즉, 상상력이 앞이 캄캄한 데서 시작되고 그 자리에서 동결된다는 것.(Albright 639)

III

It is time that I wrote my will;
I choose upstanding men
That climb the streams until
The fountain leap, and at dawn
Drop their cast at the side
Of dripping stone; I declare
They shall inherit my pride,
The pride of people that were
Bound neither to Cause nor to State,
Neither to slaves that were spat on,
Nor to the tyrants that spat,
The people of Burke and of Grattan
That gave, though free to refuse—
Pride, like that of the morn,

- III부는 예이츠의 긍지와 신념이 나타나 있다.(Unterecker 176)
- 1행의 유서를 써야 한다는 것은 죽음을 수용함을 말한다.(Harris 193)
- 2-6행의 낚시꾼들은「낚시꾼」The Fisherman 31-34행 참조.(Albright 639) / 낚시꾼은 예이츠가 말하는 귀족으로, 미와 완벽에 대한 불굴의 탐구자이다.(Harris 194)
- 6행의 꼿꼿이 서있는 낚시꾼들은 상상적인 상속자들이다.(O'Neill 145)
- 8-11행은 예이츠 자신의 정체성이 영국계 아일랜드 국민the Anglo-Irish이라는 것이다.(Thurley 172) / 여기서 말하는 긍지는「한 아일랜드 비행사의 죽음 예견」An Irish Airman Foresees his Death에서 말한 바 있는 언사이다.(Albright 639)

III

지금은 내가 유서를 써야 할 시간.
내가 선택하는 사람들은
물이 솟아나는 데까지 시냇물 따라 올라가,
물방울이 떨어지는 바위 옆에서
새벽에 낚싯대를 드리우고
꼿꼿이 서있는 사람들.
나는 선언한다, 그들이 나의 긍지를 계승하리라고.
'대의명분'이나 '국가'나,
침 뱉을 대상의 노예나,
침 뱉는 폭군들에게
얽매이지 않았던 사람들의 긍지를,
버크와 그래턴의 민중들이 주었던,
주지 않겠다고 마음대로 거부할 수도 있었던 그 긍지를—
햇빛이 확 퍼질 때의

- 12행의 버크Edmund Burke(1729-1797)는 아일랜드 정치학자, 저술가이자 영국 하원의원이다. 미국에 대한 과세와 인도 식민지 정책에 반대하는 많은 명연설을 남겼다. 그래턴Henry Grattan(1746-1820)은 프로테스탄트계 출신 정치가로서 아일랜드 의회의 독립, 무역의 자유, 영국과의 연합 반대, 가톨릭 신도 해방을 위해서 싸웠다. 1782년에 쟁취한 아일랜드의 자유의회는 그 지도자의 이름을 따서 '그래턴 의회'라고 불렸다. 예이츠는 그를 아일랜드가 배출한 현대의 영웅이라고 지칭하였다. 예이츠가 아일랜드의 상원의원이었을 때 아일랜드는 버크, 그래턴, 스위프트, 에밋, 파넬의 혈통을 이어받은 민족이라고 자랑스럽게 연설한 적이 있다.

When the headlong light is loose,
Or that of the fabulous horn,
Or that of the sudden shower
When all streams are dry,
Or that of the hour
When the swan must fix his eye
Upon a fading gleam,
Float out upon a long
Last reach of glittering stream
And there sing his last song.
And I declare my faith:
I mock Plotinus' thought
And cry in Plato's teeth,
Death and life were not
Till man made up the whole,
Made lock, stock and barrel

- 16행의 전설 같은 풍요의 뿔은 그리스 신화의 'Horn of Plenty'. 크로노스Chronos의 손에서 벗어난 제우스가 크레타 섬에서 크레타 왕국 공주들의 손에 의해 산양의 젖으로 양육되어, 제우스가 이들에게 그 보답으로 그 산양의 뿔을 하나 뽑아준 것. 제우스는 원하는 것은 무엇이든지 그 뿔로 얻을 수 있다고 약속하였다.
- 19-24행에 그려진 백조의 '최후의 노래'는 최후 낭만주의자의 노래이며 사라져가는 문명의 상징이다.(Henn 136)

아침 나절의 긍지 같은 것,
혹은 전설 같은 풍요의 뿔의 긍지,
혹은 모든 강물이 마를 때,
갑자기 쏟아지는 소나기의 긍지,
혹은 백조가 사라져가는 약한 빛에다
시선을 고정시키고,
반짝이는 강물의 긴 끝자락으로
둥둥 떠내려가,
최후의 노래를 부르고 마는
그 시간의 긍지.
그리고 나는 나의 신념을 선언한다.
나는 플로티노스의 사상을 조롱하고
플라톤을 큰 소리로 나무란다.
죽음과 삶은 존재하지 않았다,
인간이 그의 씁쓸한 영혼을 가지고
전체를 만들어 내고,

- 26-27행의 플로티노스와 플라톤에 관한 언급은 I부 12행의 언급과는 어긋나게 보이지만 바로 이것이 I부와 III부를 밀접하게 연결시키고 있다. 그것은 다음 구절의 복잡한 사상의 통합에 대한 언급과 관련된다.(Jeffares 233) / 두 사람을 배격하는 대목이다. 예이츠는 추상이 아니고 상상력의 가치를 확인했기 때문에 이 작품은 플라톤적인 관념론으로부터 점점 더 구체적인 인간의 창조적인 에너지의 철저한 구현 쪽으로 나아감을 말하고 있다. 「통계」Statics 1행의 플라톤주의자들에 대한 저주와 비교할 것.(Albright 640)
- 28-32행은 유물론적인 영국의 공리주의를 배격한 아일랜드의 철학자 버클리George Berkeley(1685-1753)의 사상과 일치한다.(Freyer 97)

Out of his bitter soul,
Aye, sun and moon and star, all,
And further add to that
That, being dead, we rise,
Dream and so create
Translunar Paradise.
I have prepared my peace
With learned Italian things
And the proud stones of Greece,
Poet's imaginings
And memories of love,
Memories of the words of women,
All those things whereof
Man makes a superhuman
Mirror-resembling dream.

As at the loophole there
The daws chatter and scream,

- 29-32행의 인간이 세상을 만들었다는 것은 드루이드들의 신앙이다. 씁쓸한 영혼으로 세상을 만들었다는 것은 고통이 창조력의 원동력이라는 것. 웅대하면서도 궁핍한 꿈들의 절정을 말하고 있다.(Albright 640)
- 31행의 모조리 다는 'lock, stock and barrel'의 번역. 이 셋은 총의 세 부분이다.
- 34행의 부활은 'rise'의 번역. 그리스도의 부활을 끌어왔다.(O'Neill 147)
- 35행의 천상낙원의 원문은 'Translunar Paradise'. 달의 통제를 벗어난 낙원이라는 뜻이다. 'translunar'의 뜻은 'visionary, insubstantial'이다.(O'Neill 146)

모조리 다 만들어낼 때까지는,
그럼, 태양과 달과 별, 모두 만들어낼 때까지는.
그리고 거기에다 이렇게 덧붙인다,
우리는 죽으니까 부활하고, 꿈을 꾸고,
그래서 '천상낙원'을
창조한다는 신념을.
나는 내 마음의 평화를 준비해 왔다,
이탈리아의 해박한 지적 사물들과
그리스의 늠름한 석조물들,
시인의 상상적인 것들과
사랑의 기억들,
여인들 말의 기억들,
인간이 초인적인 거울 같은
꿈을 만드는 소재가 되는
그 모든 것들을 가지고서.

흉장胸牆의 총구멍에서 흔히 그렇듯이
갈까마귀들이 재잘대고 소리 지르고,

- 38행의 이탈리아의 해박한 지적 사물들은 단테, 카스틸리오네Castiglione, 이탈리아 화가 들과 조각가들에 대한 예이츠의 관심을 말한다. 이러한 관심은 이탈리아 방문이 계기가 되었다.
- 39행의 그리스의 늠름한 석조물들은 대영박물관을 통해서 접하게 된 것이다.
- 43-44행의 인간이 초인적인 거울 같은 꿈을 만드는 작업은 서구의 예술, 건축술, 철학, 그리고 시가 다 함께 인류의 방대한 이미지를 구축한다는 것이다. 작은 규모로는 이 시 작품이 시인의 이미지를 만들어 내듯이.(Albright 641)
- 47-48행의 갈까마귀들이 둥지를 만드는 행위는 한 종족 전체가 나서서 문명을 건설하는 것과 같은 일이다.

And drop twigs layer upon layer.
When they have mounted up,
The mother bird will rest
On their hollow top,
And so warm her wild nest.

I leave both faith and pride
To young upstanding men
Climbing the mountain-side,
That under bursting dawn
They may drop a fly;
Being of that metal made
Till it was broken by
This sedentary trade.

Now shall I make my soul,
Compelling it to study
In a learned school
Till the wreck of body,
Slow decay of blood,

- 52행의 보금자리는 절망에 대한 자기 보호의 정신적인 보금자리의 은유이다. 불가피한 것에 대비한 자기 방어 구축으로서 초월에 이르는 중간 귀착지이다.(Rosenthal 226-227)
- 59행의 앉아서 작업하는 이런 일은 시를 쓰는 일이다.(O'Neill 146)
- 61-75행은 초월로 위장된 애가.(Rosenthal 227) 이 대목은 이 작품이 완성된 뒤(아마 1926년)에 추가한 것이다.

나무 잔가지들을 차곡차곡 쌓는다.
그들이 다 쌓아올렸을 때,
어미 새가 그들의 움푹한
둥지 위에 올라앉아,
엉성한 보금자리를 훈훈하게 하는 법.

나는 동이 트는 새벽녘에
플라이 낚시를 드리우려고
산기슭으로 올라가는
꼿꼿한 젊은이들에게
신념과 긍지를 맡긴다.
그런 금속으로 만들어진지라
앉아서 작업하는 이런 일로
그게 망가질 때까지.

이제 나는 학문의 전당에서
내 영혼이 공부하게 하여
죽음에 대비하리다.
육신이 붕괴되고,
서서히 피가 썩어,

- 61행의 학문의 전당은 'learned school'의 번역이다.
- 63행의 죽음에 대비는 'make my soul'의 번역이다. 이 말은 아일랜드에서는 보통 'prepare for death'의 표현으로 쓰인다. '죽음을 예상하고 내 영혼을 형성시키다'의 뜻이다.(Albright 641) / 죽음에 대비하리다는 I부 서두(1-4행)의 '무기력한 늙음을' '어찌할 것인가?'에 대한 응답이다.(Lynch 13)

Testy delirium
Or dull decrepitude,
Or what worse evil come—
The death of friends, or death
Of every brilliant eye
That made a catch in the breath—
Seem but the clouds of the sky
When the horizon fades;
Or a bird's sleepy cry
Among the deepening shades.

1927

- 73행의 하늘의 구름은 죽은 자들의 영혼이 기억들을 정리하여 어떤 형태를 만드는 것과 유사한 것이다.(Albright 642)

급히 혼수상태에 빠지거나
멍청하게 노쇠하고 말 때까지.
그게 아니면 설상가상 불운이 찾아와—
친구들이 죽거나,
숨 막히게 했던
모든 초롱초롱한 시선이 죽어 버릴 때까지—
이건 지평선이 사라질 때의
하늘의 구름들에 지나지 않는 것 같아.
혹은 깊어지는 그늘 사이에서 지저귀는
졸리운 새소리에 불과한 것 같아.

1925. 10. 7.

• 75행의 졸리운 새소리는 24행의 백조의 노래와 47행의 어미 갈까마귀의 지저귀는 소리의 두 가지 요소가 들어 있는 소리이다.(Albright 642)

Oil and Blood

In tombs of gold and lapis lazuli
Bodies of holy men and women exude
Miraculous oil, odour of violet.

But under heavy loads of trampled clay
Lie bodies of the vampires full of blood;
Their shrouds are bloody and their lips are wet.

[December 1927] 1929

- 스페인의 카르멜 수도원의 창설자인 산타 테레사St Teresa(1515-1582)에 관한 시. 그녀는 신비체험을 한 신비사상가로 1622년에 시성되었다.(Conner 183) / 스페인의 세비야Seville에서 완성한 작품이다.(Hone 395) / 두 가지의 죽음 이미지를 대비시킨 작품이다.(Rosenthal 308)
- 1913-1916년에 많이 쓴 에즈라 파운드Ezra Pound 류의 최소한의 언어를 사용한 단시. 전집에 나란히 7편이 수록되어 있다.「피와 달」Blood and the Moon을 단순화한 작품이다.(Albright 705)
- 1-3행은 육신이 영원한 예술품으로 변모된 것.(Albright 705)

성유와 피

금과 유리 항아리의 무덤들 속에서
거룩한 남자와 여자들의 시신들이
기적의 기름을 침출하고 제비꽃 향기를 낸다.

그러나 다져진 흙의 무게 밑에서는
흉건한 피의 흡혈귀 시신들이 누워 있다.
수의들은 피투성이, 입술들은 젖어 있다.

1927. 12, 1928, 1929

- 3행의 제비꽃 향기는 예이츠가 읽은 산타 테레사 전기를 토대로 한 서술이다. 그 전기에는 19세기 중엽 무덤을 발굴했을 때, 시신이 말짱하고, 생존 시와 같았으며, 몸에서는 향기로운 기적의 기름(성유)이 스며 나와 똑같은 향기를 풍겼다고 한다. 예이츠가 무어T. Surge Moore에게 보낸 편지에는 '제비꽃 향기'라는 말이 있다.(*NC* 276) / 무덤이 발굴된 것은 9개월 뒤라고 한다.(Conner 183)
- 4-6행은 문명은 인간의 피에 의해 양육된다는 이론을 기괴한 흡혈귀로 표현한 것이다.(Albright 705)
- 4행의 다져진 흙의 무게는 지구 자체. 힘의 상징이다. 반면에 1-3행에 서술된 거룩한 사람들은 달의 지혜를 향하여 탑에 올라간 사람들이다.(Unterecker 207)
- 5행의 흡혈귀에 대한 것은 『드라큘라』*Dracula*를 읽은 사실과 연관될 것이다.(*NC* 276)

Mohini Chatterjee

I asked if I should pray,
But the Brahmin said,
'Pray for nothing, say
Every night in bed,
"I have been a king,
I have been a slave,
Nor is there anything,
Fool, rascal, knave,
That I have not been,
And yet upon my breast
A myriad heads have lain." '

That he might set at rest
A boy's turbulent days
Mohini Chatterjee

• 제목의 모히니 채터지Babu Mohini Chatterjee(1858-1936)는 1884년 헬레나 블라바츠키Helena Blavatsky(1831-1891)와 함께 영국에 건너온 벵골 출신 브라만Brahmin. 1885년 혹은 1886년 더블린의 '헤르메스 협회'Hermetic Society의 초청으로 '신지학, 윤회전생, 신비주의, 금욕생활'을 주제로 강연하였다.(*NC* 292) 예이츠는 당시 21세였다. 이를 계기로 하여 예이츠가 막연하게 품고 있었던 드루이드 승려들의 기독교 이전 아일랜드의 전통과 인도 사상을 통합하게 되었다.

모히니 채터지

나는 내가 기도해야 하는지 물었다.
그러나 브라만은 이렇게 말했다.
‘소원을 내걸고 기도하지 말고,
매일 밤 잠자리에 들어 이렇게 말하시오.
‘나는 왕이었고,
노예였어요.
나는 바보, 깡패, 악당,
내가 전생에서
아니었던 게 없어요.
그렇지만 내 가슴 위에는
수없이 많은 머리들이 누웠지요.’라고.’

한 소년의 어지러운 나날을
편안하게 하기 위해서
모히니 채터지는

- 창작 연대가 『시 전집』에는 1928년으로 기록되어 있으나, 1929년 1월 23일에서 2월 9일 사이라고 하였다.(*NC* 292) / 실제로 있었던 일을 예이츠가 40년 뒤에 쓴 것이나, 기도문에 관한 서술부분은 맹인이 된 채터지에게 그의 딸이 낭독해 주었다고 한다.(Tuohy 36)
- 1행에서 말하는 기도는 기독교의 하느님God에게 바치는 것이 아니다. 자신의 깊은 자아나 어떤 다이몬daimon 또는 다이몬의 집단을 불러내고 있을지 모른다.(Ellmann xviii)
- 5-6행은 「퍼거스와 드루이드」Fergus and the Druid의 35-36행에 유사한 구절이 있다. (Albright 717)

Spoke these, or words like these.
I add in commentary,
'Old lovers yet may have
All that time denied—
Grave is heaped on grave
That they be satisfied—
Over the blackened earth
The old troops parade,
Birth is heaped on birth
That such cannonade
May thunder time away,
Birth-hour and death-hour meet,
Or, as great sages say,
Men dance on deathless feet.'

[23 January - 9 February 1929] 1929

- 16행 이하에 펼치는 내 나름의 주석은 모히니 채터지의 생각을 뒤집는 예이츠의 생각이다. 즉, 영원이란 초월이 아니라 현실세계의 연장이라는 것.(Snukal 35) / 채터지는 인간이 왕이 되기도 하고 노예가 되기도 하기 때문에 초연, 비활동, 무관심, 세속적 야심의 허망함을 얘기했으나, 예이츠는 반대로 동경과 꾸준한 노력의 가치를 주장하고 집요한 열정이 윤회의 바퀴를 몰고 가는 용수철 역할을 한다고 하였다.(Albright 716-717)

이런 말을, 아니 이와 같은 말을 했다.
나는 여기에다 내 나름의 주석을 보탠다.
'옛 연인들은 그래도
시간이 거부했던 모든 걸 가지게 될지 모른다—
무덤 위에 무덤이 쌓여
그들이 만족할지 모른다—
시커멓게 된 땅 위에
옛 군대가 행진하고,
탄생 위에 탄생이 수북이 쌓여
그런 연속적인 포격이 천둥 쳐
시간을 멀리 쫓아버릴지 모르고,
탄생의 시간과 죽음의 시간이 만나거나,
위대한 현자들이 말하듯,
인간들이 죽지 않는 발로 춤을 출지 모른다.'

1928

- 21-22행의 시커멓게 된 땅 위에 옛 군대가 행진하고는 죽었지만 죽지 않은 자들the deathless death을 암시한다.(Whitaker 261)
- 22-25행은 군사적인 이미지를 탄생의 은유로 만든 것이다.(Ellmann 268)
- 28행은「1919년」Nineteen Hundred and Nineteen의 II부 9행의 '모든 인간은 무용수'라는 것과 비교할 것.(Albright 717)

Veronica's Napkin

The Heavenly Circuit; Berenice's Hair;
Tent-pole of Eden; the tent's drapery;
Symbolical glory of the earth and air!
The Father and His angelic hierarchy
That made the magnitude and glory there
Stood in the circuit of a needle's eye.

- 「단편적인 생각들」Fragments과 마찬가지로 역사에 대한 예이츠의 비전이 담긴 격언시.(Whitaker 101)
- 제목의 베로니카의 수건은 예수가 십자가를 지고 형장으로 올라갔을 때, 베로니카가 준 수건으로 예수가 피 흘리는 얼굴을 닦고 돌려준 수건. 그 수건에 예수의 얼굴 모습이 찍혔다고 전해진다.(*NC* 276) / 그 수건은 바티칸 베드로 성당의 14처 기도장의 6처에 보존되어 왔으나, 지금은 그 흔적이 거의 지워지고 없다고 한다. / 베로니카의 수건은 자행된 폭력과 인간적인 신의 사랑의 기적적인 이미지이다.(Whitaker 103)
- 이 시는 두 가지 종류의 종교, 예술 혹은 사상을 다룬다. 하나는 삶의 초월을 토대로 하고, 또 하나는 삶의 참여를 토대로 한다. 천체의 운행은 전자에 속하고, 베로니카의 수건은 후자에 속한다.(Ellmann 266)
- 하느님의 장엄한 모습(1연)과 하느님의 초라한 모습(2연)을 대조시킨 시이다. 전자는 영혼the Soul이, 후자는 자아the Self가 욕구하는 것이다.(Albright 705)
- 1행의 천국의 운행The Heavenly Circuit은 플로티노스Plotinos의 글 제목으로 쓰인 말이다. 그에 의하면 하느님은 완전한 원의 중심이다. 천사들은 그 주위를 돌고 행성들은 하느님과 적당한 거리에 고정되어 있다. 인간의 영혼은 적당한 거리에서 하느님 주위를 돌고 있지만, 그분과 함께할 수는 없다.(*NC* 276)

베로니카의 수건

'천국의 운행', '베레니케의 머리카락 (별자리)',
에덴의 천막 기둥, 그 천막 휘장,
땅과 하늘의 상징적인 영광!
거기에 웅장함과 영광을 만든
성부와 그의 천사들의 계급 조직이
바늘귀의 순회 속에 정중하게 서있었다.

- 1행의 베레니케의 머리카락Berenice's Hair은 별자리 이름이다(Coma Berenices). / 베레니케는 키레네Cyrene 왕의 딸이다(기원전 221년 사망). 우여곡절 끝에 그녀는 기원전 247년에 이집트 왕 프톨레마이오스 3세와 결혼하고, 왕이 시리아를 원정할 때 그의 안전을 위해 자신의 머리카락 한 타래를 주었다. 이를 계기로 왕은 그녀의 이름을 따서 성좌 하나를 'Berenice's Curls'라고 명명했다. 전설에 의하면 그 머리카락이 사라졌는데, 그것이 별자리가 되었다고 한다.(*NC* 277) / 예이츠가 「그녀의 꿈」Her Dream에서 '베레니케의 불타는 머리카락'이라는 말을 사용하여 낭만적인 사랑의 상징으로 쓴 것이 있다.(*NC* 277) / 베레니케의 머리카락이 저질러진 폭력과 인간적인 사랑의 영원한 기적적인 이미지가 된 데 반하여, 베로니카의 수건은 폭력과 신의 사랑이 인간적이 되는 기적적인 이미지가 되었다.(Whitaker 103)
- 2행의 에덴의 천막 기둥과 천막 휘장은 유대교적이면서도 이교적인 나무. 즉, 낙원의 천막 기둥이면서 동시에 북구 신화의 우주 나무, 북극성, 지구의 회전축을 말한다. 이는 7행의 다른 기둥과 대비되고 있다.(Whitaker 102) / 천막 기둥은 북극성으로 뻗치는 지구의 축이다.(Albright 705)
- 6행의 바늘귀의 이미지는 무한이라는 것은 무한히 큰 것과 무한히 작은 것으로도 표현될 수 있다는 신념에서 나온 것이다. 나중에 「초자연의 노래들」Supernatural Songs 중 XI부의 제목으로도 사용되었다.(Ellmann 266) / 바늘귀의 순회는 1행의 빙빙 도는 천국과 대비되는 말이다. / 바늘귀의 순회를 소우주권이라고 하면 빙빙 도는 천국은 대우주권이다.(Unterecker 208)

Some found a different pole, and where it stood
A pattern on a napkin dipped in blood.

1932

- 2연(7-8행)은 추악하고 비참한 지상의 이미지. 막연한 성적인 뜻을 내포하고 있다.(Rosenthal 308)

어떤 사람들은 다른 기둥을 발견했다. 그리고 거기에
피에 젖은 천에 무늬가 그려진 것을 발견했다.

1929

- 7행의 다른 기둥은 예수의 십자가이다.(*NC* 277; Albright 706) / 이는 2행의 '에덴의 천막 기둥'과는 대비되는 기둥이다.(Unterecker 208)

The Mother of God

The threefold terror of love; a fallen flare
Through the hollow of an ear;
Wings beating about the room;
The terror of all terrors that I bore
The Heavens in my womb.

Had I not found content among the shows
Every common woman knows,
Chimney corner, garden walk,
Or rocky cistern where we tread the clothes
And gather all the talk?

What is this flesh I purchased with my pains,
This fallen star my milk sustains,
This love that makes my heart's blood stop

- 책을 통해 읽은 비잔티움의 성모 마리아 수태고지 모자이크 그림들의 기억을 토대로 한 작품이다.(Unterecker 220) / 수태고지에 의하여 아기를 낳은 마리아(여인)의 심정을 다룬 작품이다.(Henn 256) / 마리아가 보통 여자 중에서 선택된 사람으로 그려진 작품이다.(Cullingford 163, 231)
- 1행의 세 겹의 사랑의 공포는 2행, 3행, 4-5행에 언급된 것이다.(역자)

하느님의 어머니

세 겹의 사랑의 공포,
귓구멍 속으로 떨어진 불꽃,
방 주변에 펄럭이는 날개들,
내 자궁 속에 천국을 잉태했다는
공포 중의 공포.

보통 여인들 다 알고 있는 것들에서
나는 만족을 발견하지 않았던가,
난롯가, 정원의 산책길,
혹은 우리가 빨래하면서 온갖 얘기 듣는
돌 많은 물 고인 도랑에서?

고통을 주고 구입한 이 살덩어리,
내 젖이 키우는, 땅에 떨어진 이 별,
내 심장의 피를 멎게 하거나 뼛속에

- 2행의 떨어진 불꽃은 떨어진 별. 수태고지의 모자이크 그림은 별과 동정녀의 귀 사이에 선이 그려져 있다. 이는 별이 떨어진 것을 의미하고, 그녀가 귀를 통해 수태고지를 들은 것을 의미한다. 그 별이 아기가 되었다.(Unterecker 220)
- 4행의 자궁 속에 천국은 소우주의 이미지이다.「베로니카의 수건」Vernica's Napkin의 예 참고.(Albright 722)
- 5행의 공포는 또 하나의 마리아 관련 작품「지혜」Wisdom 18-19행에 나온다. 여기서는 아기 예수가 어머니의 젖가슴에서 공포를 몰아내고 있다.(Albright 722)

Or strikes a sudden chill into my bones
And bids my hair stand up?

[3 - 12 September 1931] 1932

갑작스레 한기를 떠밀어, 머리카락
쭈뼛하게 하는 이 사랑은 무엇이람?

1931. 9. 12.

Gratitude to the Unknown Instructors

What they undertook to do
They brought to pass;
All things hang like a drop of dew
Upon a blade of grass.

• 제목의 이름 모를 스승들은 예이츠에게『비전』의 원리를 가르쳐준 사람들이다. (Albright 728)

이름 모를 스승들에게 감사함

그들은 해내었다,
그들이 착수했던 일을.
만물은 한낱 풀잎의
이슬방울처럼 매달려 있다.

연대 미상, 1932 발표

- 1행의 그들은 제목에서 말하는 인사들이다. 즉,『비전』을 쓰도록 영감을 준 사람들이다.『비전』(1937), p. 8 참조.(*NC* 305) / 처음에는 그의 부인에게 자동기술自動記述을 하게 해주고 나중에는 그녀의 입을 통해서 말해준 혼령들을 가리킨다.(Unterecker 224)
- 4행의 이슬방울은 '현자의 돌'the philosopher's stone의 이미지인 소우주이다. 예이츠는 30년 전에 '풀잎은 그 끝에다 우주를 매고 있다.'라고 말한 적이 있다.(Whitaker 76)

Supernatural Songs

I

Ribh at the Tomb of Baile and Aillinn

- 초자연의 노래들은 12부로 구성된 연작시의 제목이다. 자연과 초자연의 결합 고리를 다시 생각해 본 작품들이다.(Unterecker 246) / 예이츠 자신의 취향에 더 맞는 기독교 교회상을 상상하고 있다.(Albright 758) / 열정적인 형이상학 시이다.(Hone 441) / 로렌스의 영향도 받은 작품이다. 마지막 XII부를 빼고는 1934년 여름에 받은 회춘수술Steinach operation 이후의 작품들이다. 예이츠 자신의 목소리가 들린다.(Bloom 408)
- 양립할 수 없는 황홀한 에너지의 두 근원인 금욕생활과 리브가 말하는 성생활을 팽팽하게 보존하는 것이 신의 세계로부터 동물에 이르기까지의 모든 차원에서 절실하다는 것을 말하는 작품이다.(Vendler 324) / 「비잔티움」Byzantium에서는 초자연을 순수성과 불꽃에 일치시키고 자연을 성적인 것과 물에다 일치시키고 있으나, 여기서는 초자연적인 존재들이 지상보다도 더 성을 즐기는 선정성을 보여준다. '아래 것은 위의 것과 같다'The Things below are as the things above라는 유명한 고대 이집트의 헤르메스 트리메기스토스Hermes Trismegistus의 말을 활용하여 초자연의 세계를 성적인 것으로 전개한 작품이다.(Albright 758)
- VI부를 중심축으로 하여 전반부(I-V)에서는 리브Ribh가 화자, 후반부(VI-XII)에서는 리브는 물러서 있다.(Vendler 319)
- I부 제목의 볼려Baile와 올린Aillinn은 아일랜드 전설에 나오는 두 연인의 이름이다. 사랑의 신인 엥거스Aengus가 두 사람에게 상대방이 죽었다고 거짓으로 알려주어, 두 사람은 상심한 나머지 따로따로 죽어 황금 고리에 연결된 백조가 되었다. 볼려의 무덤에는 주목이 자라났고, 올린의 무덤에는 사과나무가 자라났다. 『볼려와 올린』*Baille and Aillin*(1903) 참조.(*NC* 352; Conner 6, 12-13)
- 볼려는 '붉은 가지 기사단'the Red Branch 소속 기사이다. 이야기 솜씨가 있어 '꿀 입'Honey Mouth이라는 별명을 가졌다. 쿠훌린Cuchulain이 파도와 싸우다가 죽은 장소인 '볼려 해변'Baile's Strand은 볼려와 올린이 만나기로 한 장소이다. 현재의 라우스Louth 주 던도크Dundalk 근처 해변이다.(Conner 12-13; Suzuki 16)

초자연의 노래들

I

볼려와 올린 무덤에서의 리브

- 올린은 렌스터Leinster 지역의 왕인 루이Lugaidh의 딸이다. 얼스터Ulster의 전사 볼려와 사랑에 빠지지만, 당시 두 지역은 적대관계라서, 그들은 로미오와 줄리엣과 같은 처지에 놓이게 된다. 겡서스의 제약으로 두 사람이 잇달아 죽고 저승에 가서야 결합하였다. 두 지역의 시인들이 무덤에서 자란 나무로 명판을 만들어 이들의 비련을 '오곰'Ogham 문자로 새겨 놓았다.(Conner 6; Suzuki 8)
- 리브Ribh는 성 패트릭이 아일랜드에서 기독교를 전파하기 이전에 이집트에서 건너와 아일랜드 사람들에게 기독교를 전했다는 이집트 은자 역의 가공적인 인물이다. 그는 삼위일체에 대한 철저한 사상이 없었던 초대교회 시절의 인물로서, 기독교 이전의 사상을 반영하고 있다. 리브는 최초의 수도원 창설자로 전해지는 이집트의 성 안토니우스St Anthony(251-356)를 암시한다.(Conner 158; Suzuki 184-185) / 리브는 예이츠가 창조한, 예술가를 상징하는 많은 인물 중의 하나이다.(Ellmann 281-282) / 리브는 예이츠가 창조한 어헌Aherne과 로바티즈Robartes의 뒤를 이어받은 인물이다. 성인이면서 초기 기독교를 비판하는 사람이다. 연인과 금욕주의자의 갈등에 대한 예이츠의 마지막 대변자이다.(Henn 48, 50) / 리브는 예이츠가 상상하는 아일랜드의 원시세계를 구현하는 인물로 창조된 사람이다.(Vendler 336) / 리브는 동과 서, 달과 해, 의지Will와 창조정신Creative Mind을 아우르는 인물이다. 예이츠는 이 작품에서 자신의 대변자로 활용하고 있다.(Whitaker 112) / 리브는 기독교를 거부하는 회의적인 은둔자로서, 마치 예이츠인 것처럼 진술하고 있다.(Rosenthal 324)
- I부는 아흔 살이 된 리브가 깜깜한 밤에 전설적인 연인 볼려와 올린의 무덤 위에 그들의 영적 결합의 빛이 내리비치는 아래에서 자신의 거룩한 책(27행)을 읽고 있는 장면이다.(Bloom 408) / 인도의 성자 같은 은둔자의 설화를 바탕으로 하여 거기에다 볼려와 올린의 아일랜드 신화를 결합한 작품이다.(Cullingford 250)

Because you have found me in the pitch-dark night
With open book you ask me what I do.
Mark and digest my tale, carry it afar
To those that never saw this tonsured head
Nor heard this voice that ninety years have cracked.
Of Baile and Aillinn you need not speak,
All know their tale, all know what leaf and twig,
What juncture of the apple and the yew,
Surmount their bones; but speak what none have heard.

The miracle that gave them such a death
Transfigured to pure substance what had once
Been bone and sinew; when such bodies join
There is no touching here, nor touching there,
Nor straining joy, but whole is joined to whole;
For the intercourse of angels is a light
Where for its moment both seem lost, consumed.

- 1행의 내가는 리브.(*NC* 352) / 책은『성경』보다는『비전』 같은 책.(Ellmann 281) / 칠흑 같은 밤에 책을 읽을 수 있게 해주는 '빛'은 16행과 24-27행에 자세히 나온다.(역자)
- 2행의 당신은 보통사람.(Unterecker 246)
- 7-8행의 무덤 위의 상황은「세 그루 장미 나무」Three Bushes의 마지막 대목을 참조할 것.(Albright 759)
- 8행의 사과나무와 주목의 관계는『성경』에 나오는 사과나무와 이방인의 주목처럼 서로 얽혀 있음을 암시한다.(Unterecker 247)

내가 칠흑 같은 밤에 책을 펼쳐 놓고 있는 걸
당신이 보았기에 내가 무얼 하는지 묻는데,
내 얘기를 잘 듣고 소화해서, 사방으로 전하세요,
이렇게 삭발한 머리를 보지 못했거나
아흔 해나 딱딱거린 이 말을 전혀 듣지 못한 자들에게요.
볼러와 올린에 관해서는 당신이 말할 필요가 없어요.
그들의 얘기는 모르는 자 없고, 그들의 유해 위에
어떤 나뭇잎과 가지가 뒤덮고, 사과나무와 주목의 상황이 어떤지는
다 알 테니, 그 대신 아무도 들어본 적 없는 얘기를 해줘요.

그들에게 그런 죽음을 제공한 기적은
한때 뼈와 심줄이었던 것을 순수한 것으로 변모시킨 것이지요.
그런 육신들이 결합할 때는
여기저기 어디에도 촉감은 없고, 짜릿한 희열도 없어요.
하지만 전체와 전체가 결합된 거지요.
왜냐하면 천사들의 성적 결합은 그 순간
너와 내가 없어지고 불타는 하나의 빛이 되니까요.

- 10-16행은 죽음을 통한 두 사람의 결합을 말하고 있다.(Gorski 132) / 혼령의 성적 결합의 가능성은 예이츠 자신이 밝힌 대로 과학자 스베덴보리Swedenborg의 경험에 근원을 두고 있을 것이다.(*NC* 352; Bloom 408) / 여기서 천사들(15행)은 두 혼령이다. 그들이 만나 결합하면 불길이 확 타오른다(16행). 이는 육체적인 인간의 사랑이 천사의 사랑으로 변모됨을 말한다.(Rosenthal 326)
- 15행의 천사들의 성적 결합은『메브 여왕의 노년』*The Old Age of Queen Maeve*(1903) 143-144행 '두 연인은 부드러운 불로 이루어진 육신을 가지고 공중에 나타났다'와 비교.(Albright 759)
- 16행의 빛은 남녀, 사랑과 죽음, 육신과 영혼, 인간과 신 등의 상반된 것들의 해결을 계시한다. 이러한 완전한 성지는 비극에 의하여 순화되어야 도달할 수 있다.(Whitaker 113)

Here in the pitch-dark atmosphere above
The trembling of the apple and the yew,
Here on the anniversary of their death,
The anniversary of their first embrace,
Those lovers, purified by tragedy,
Hurry into each other's arms; these eyes,
By water, herb and solitary prayer
Made aquiline, are open to that light.
Though somewhat broken by the leaves, that light
Lies in a circle on the grass; therein
I turn the pages of my holy book.

1934

- 19행의 죽은 기일은 볼려와 올린은 해마다 그들의 기일에 사랑을 나누는데, 아일랜드에서 '기념일'anniversary은 거의 죽은 날짜에 적용되는 말이다.(Cullingford 250)
- 26행의 원은 마술적인 불길이 만든 것으로서, 연인이 달성한 완전한 조화를 말한다.(*NC* 352) / 그러나 25행에서 나뭇잎에 가리어 살짝 이지러져 있다는 것은, 리브가 그가 찬양하는 경험과는 약간의 거리가 있어서, 완전하지 못한 삶이 이상적인 이미지를 흐리게 하고 있음을 말한다.(Ellmann 282)

여기 사과나무와 주목이 흔들거리는
저 위의 칠흑 같은 대기 속에,
여기 그들이 죽은 기일,
그들의 첫 포옹의 기념일에
비극으로 깨끗해진 그 연인들은
서둘러 상대방의 팔 안에 뛰어들어요.
나의 이 두 눈은 물과 약초와 홀로 바치는 기도로
독수리 눈이 되어 그 빛을 환히 볼 수 있어요.
나뭇잎에 가리어 살짝 이지러져 있지만,
그 빛은 풀 위에 원을 그려요.
나는 그 빛 속에서 거룩한 책장을 넘기고 있지요.

1934. 7. 24.

- 26행은 그 빛이 다른 사람에게는 보이지 않고, 오직 리브의 눈에만 보인다는 것이다.(Vendler 326)
- 27행의 거룩한 책장은『볼려와 올린』*Baille and Aillin* 195-197행에서 말하는 사랑의 이야기가 적힌 사과나무와 주목의 얇은 판자들을 참조할 것.(Albright 759)

II

Ribh Denounces Patrick

An abstract Greek absurdity has crazed the man—
Recall that masculine Trinity. Man, woman, child (a daughter
    or a son),
That's how all natural or supernatural stories run.

Natural and supernatural with the self-same ring are wed.
As man, as beast, as an ephemeral fly begets, Godhead begets
    Godhead,
For things below are copies, the Great Smaragdine Tablet said.

- 「리브는 옛 신학을 선호한다」Ribh Prefers an Older Theology가 애초의 제목이다. 여기서 다루는 것은 하느님이 하나인가, 셋인가, 그리고 삼위일체의 신은 성적인가 아닌가 하는 것이다.(Vendler 328) / 기독교의 삼위일체설을 우습게 보는 리브의 비전. 모든 신화는 인간의 세계와 마찬가지로 아버지, 어머니, 아들로 구성되어야 한다는 것. 따라서 성모 마리아는 추상적인 생각이라는 주장이다.(Ellmann 282) / 비기독교적인 계시적 주문이다.(Rosenthal 326) / 신의 자연화를 시도한 내용의 작품이다. 같은 것의 무한한 반복행위에서 구해줄 신의 완전한 사랑에 대해 암시조차 하지 않고 종결되고 있다.(Bloom 409-410) / 초자연의 생식방식과 자연의 생식방식을 대비하고, 자연의 끊임없는 증식행위는 사랑이 완전하지 못하기 때문이라는 것.(Albright 760)
- 1-3행은 기독교의 남성 중심 삼위일체론에 대한 비판을 담고 있다. 리브의 주장은 자연법칙에 근거해야 한다는 것.(Gorski 155) / 기독교의 삼위일체론은 그리스의 추상적인 논리와 마찬가지이다. 성을 중심으로 하는 그의 '성스러운 책'의 비전과는 상반된다는 것이다.(Rosenthal 327)

II

리브가 패트릭을 비난하다

추상적인 그리스의 부조리가 그 사람을 미치게 했다—
저 남성적 삼위일체를 철회하라. 남자, 여자, 아이 (딸이거나 아들),
그것이 자연이나 초자연의 얘기 모두가 전개되는 방식이지.

자연과 초자연은 아주 똑같은 고리로 결합되느니라.
인간과 짐승과 하루살이가 후손을 보듯이, 신이 신을 낳는
  법이거늘.
'대 스머랙딘 명판'이 말했듯이, 아래 것들은 모조품들이니까.

- 1행의 그리스의 부조리는 패트릭이 아일랜드에 들여온, 하느님에 대한 순전히 남성적이고 이상야릇한 그리스의 개념(심지어 동성애적인 개념)을 말한다. 즉, 2행의 남성적 삼위일체론을 말한다.(Vendler 328) / 남성적 삼위일체론은 그리스철학을 바탕으로 한 그리스도교 최초의 교부철학자들이 만든 이론이다.(Albright 760) / 그 사람은 패트릭이다.(Albright 760)
- 2행 후반부에서 3행까지는 고대의 자연신학을 주장하는 대목이다.(Bloom 409)
- 4-9행의 핵심은 우리가 자식을 낳는 것은 우리의 사랑이 불완전하기 때문이라는 것. 예이츠가 신이 이런 논리를 말한 일이 있다.(Hone 442)
- 4행은 자연과 초자연이 결합한 지상의 공동체를 말하고 있다.(Harris 19)
- 6행이 대 스머랙딘 명판Great Smaragdine Tablet은 고대 이집트의 신인 도드Thoth가 그리스의 신 헤르메스와 동일시된 '헤르메스 트리메기스토스'가 만들었다는 명판. '에메랄드 판'Emerald Tablet라고도 한다. 중세 라틴어로 표기된 초자연적인 신비주의occultism의 명판이다. 1541년에 이집트에서 만들어졌다고도 한다. 대우주와 소우주의 상호관계를 보여 주는 이 사상은 중세 연금술에 큰 영향을 끼쳤다. 그 핵심은 '위와 아래는 같다'As above, so below라는 것. 즉, 천상의 것들과 지상의 것들은 일치한다는 것이다.(Conner 174; Suzuki 203-204) / 리브가 이 명판을 인용한 것은 신학이 즐겨 활용하는 자료에 대한 예이츠의 패러디.(Vendler 329)

Yet all must copy copies, all increase their kind;
When the conflagration of their passion sinks, damped by the body or the mind,
That juggling nature mounts, her coil in their embraces twined.

The mirror-scaled serpent is multiplicity,
But all that run in couples, on earth, in flood or air, share God that is but three,
And could beget or bear themselves could they but love as He.

1934

- 7-9행은 인간적인 사랑에 대해 서술하고 있다. 삼위일체인 신은 셋뿐인 반면에 지상의 인간이 수없이 불어나는 이유는, 인간의 사랑은 영육의 결합이 지속적인 것이 되지 못하고 어느 한쪽으로 기울어지기 때문이다. 따라서 신과 같은 완전한 결합을 추구하느라 끊임없이 자식을 생산하게 된다는 것이다.(Ellmann 282)
- 8행의 열정의 불길이 사그라질 때는 아기가 생기는 것은 오르가슴이 불완전한 결과라는 말이다. 만약 열정이 완전하면 결함이 있는 모사품을 증식시키지 않고 우리 자신을 재생시킬 것이다.(Albright 761)
- 9행의 올라탄다는 'mount'의 번역이다. 동물의 수컷이 암컷 엉덩이에 올라타는 행위이다.(역자)

하지만 모두가 모조품을 모사하여, 제 종족을 증가시켜야 한다.
육신이나 정신에 의해 눅눅해져서 열정의 불길이 사그라질 때,
저 요술적인 자연이 그들의 포옹에다 사리를 감고 올라탄다.

거울처럼 번쩍거리는 비늘로 덮인 뱀은 수없이 증식한다.
하지만 지상이나, 수중이나 공기 속에 짝지어 달리는 모든
것들은 셋뿐인 하느님과 같아서,
그분처럼 사랑할 수만 있다면 자신과 똑같은 자식을 가지거나
낳을 수 있으리라.

1934. 7.

- 10행의 거울처럼 번쩍거리는 비늘로 덮인은 'mirror-scaled'의 번역이다. 수없이 증식한다는 것은 'multiplicity'의 번역. / 그렇게 되는 것은 다음의 11-12행에서 말하듯이 인간이 완전한 사랑을 하기 위해서 계속 시행착오를 하기 때문이다.(Unterecker 247-248)
- 12행의 자식을 가지는 것은 'beget', 낳는 것은 'bear' 번역. 'beget'은 남자가 자식을 얻는다는 뜻이고, 'bear'는 여자가 회임한다는 뜻이다.(역자)

III

Ribh in Ecstasy

What matter that you understood no word!
Doubtless I spoke or sang what I had heard
In broken sentences. My soul had found
All happiness in its own cause or ground
Godhead on Godhead in sexual spasm begot
Godhead. Some shadow fell. My soul forgot
Those amorous cries that out of quiet come
And must the common round of day resume.

[1934] 1935

- 천상의 사랑의 교성을 엿들으며 대리 만족하는 처지에 놓인 리브.(Cullingford 255) / 리브가 I부에서 천상의 성애를 가지고 비전을 밝혀내고, II부에서 그것을 이론적으로 발전시킨 것을 III부에서는 적어도 한순간 참여하고 있다.(Albright 761)
- III부는 리브가 천상의 의식(황홀경)에 사로잡혔다가 이내 거기서 벗어난다는 내용이다.(Gorski 156-157)
- 1행의 당신은 I부 2행의 '당신'과 동일 인물.(Unterecker 248) / 당신은 독자이다.(Bloom 410) / 당신은 모드 곤일 것이다.(*NC* 354)
- 2행의 띄엄띄엄 말한다는 것은 리브의 말이 애매하다는 뜻이다.(Unterecker 248)

III

황홀경에 빠진 리브

당신은 내 말귀를 알아듣지 못하니 어쩐 일인가!
틀림없이 들은 것을 띄엄띄엄 말하거나 노래했건만.
내 영혼은 모든 행복을 그 자체의 원인이나
근거 속에 발견한 것이지요.
성적인 발작으로 신이 신에게 신을 낳게 했거든.
어떤 그림자가 내려와 뒤덮었어요.
내 영혼이 정적 속의 저 사랑의 교성들을 잊어버렸지.
그리하여 일상적인 나날을 이어가야 돼.

1934 말

- 3-4행은 리브의 영혼이 성스러운 것을 모방했다는 것이다.(Albright 761)
- 5행의 신은 'Godhead'의 번역이다. / 이 문장은 사이클을 만든다. 즉, 주어, 간접목적어, 목적어의 구조는 뱀이 제 꼬리를 입에 물고 있는 형상이다. 유사한 예는 「조각상들」The Statues의 22행 'Mirror on mirror mirrored.'이다.(Albright 761)
- 6행의 어떤 그림자는 비전을 보지 못하도록 방해하는 현실의 세계이다. 그 바람에 비전이 깨어져 현실세계로 돌아간다(6행).(Unterecker 248)
- 7행에서 말하는 저 사랑의 교성들은 천상에서 나는 천사들의 성적인 비명이다.(Unterecker 248) / 예이츠 자신의 감정이나 행복감을 나타낸다. 1934년의 회춘 수술과 관련된다.(*NC* 354)

IV

There

There all the barrel-hoops are knit,
There all the serpent-tails are bit,
There all the gyres converge in one,
There all the planets drop in the Sun.

1935

- 제목의 거기는『요한계시록』21-22장에 나오는 '거기'를 참조할 것. / 거기는 만물의 궁극적 형태의 이미지인 영역이다. 곧 태양. 신화적인 영역의 중요한 모든 것들, 즉 통의 테들(1행), 입에 꼬리를 문 뱀들(2행), 가이어들gyres(3행), 행성의 궤도들(4행)이 거기에 집결한다.(Unterecker 248) / 거기는 무질서한 현상을 초월하는 통합된 실체의 영역sphere이다.(Ellmann 152) / 거기는 예이츠가『비전』에서 말하는 'Sphere'이다.(Whitaker 118) / 거기는 예이츠의 영원, 달의 13상 혹은 마지막 영역Final Sphere, 하느님, 예술의 시간성을 초월한 순간, 리브가 체험한 황홀경이다.(Bloom 411)
- 예이츠의 종말론적인 경구이다. 서로 관련이 없는 이미지로 예이츠적인 종말론을 전개하고 있다.『요한계시록』(21: 25; 22: 3-5)의 종말론적인 언어로 된 종교론의 패러디이다.(Vendler 330-331) / 기독교의 종말론은『요한계시록』의 마지막 편인 21장과 22장에 있다. 거기에는 '마지막 심판'에 대한 언급(20: 11-15)이 있은 다음, '새 하늘과 새 땅'에 대한 서술(21: 1-8)에 이어, '새 예루살렘' 대목(21: 9-27) 중 25절에 '거기에는 밤이 없으므로 종일토록 성문이 닫히지 않습니다.'라는 말이 있다. 22장 3절에는 '그곳에는 더는 하느님의 저주를 받는 것이 없을 것입니다.' 하고, 5절에는 '다시는 밤이 없고 등불도 햇빛도 필요 없습니다. 주 하느님께서 그들의 빛이 되어 주실 것입니다.'라고 하고 있다.(Conner 33; 역자)

IV

거기에서는

거기에서는 모든 통의 테들이 짜인다.
거기에서는 모든 뱀의 꼬리들이 입에 물려 있다.
거기에서는 모든 가이어들이 하나에 수렴한다.
거기에서는 모든 유성遊星들이 태양에 떨어진다.

1934 말 - 1935 초

- 1-4행에 동원된 동사들(knit, bit, converge, drop)은 전략적으로 강조하기 위한 역동적이고 성적인 뜻을 가진 것들이다.(Whitaker 118) / 1행은 물질적인 것들, 2행은 신화적인 것, 3행은 역사적인 것, 4행은 이 모두가 확장되는 한계인 우주론적인 것을 말한다.(Vendler 330)
- 1행은 따로따로 된 시간의 통 널들barrel-staves이 눈에 보이지 않는 통 짜는 사람에 의해 영원한 형상으로 짜인다는 것.(Vendler 330) / 통의 테barrel-hoops는 문명의 얽힘barrel-hoops of civilization을 말한다.(Whitaker 117) / XII부의 메루Meru 산의 1행 참조.(*NC* 355) / 모든 통의 테들이 짜이는 곳은 우주의 투명한 모든 영역 교차점의 소박한 이미지이다.(Albright 762)
- 2행의 모든 뱀의 꼬리들이 입에 물려 있는 것은 '우로보로스'Ouroboros이다. 즉, 영원한 회귀eternal return의 상징이다.(Vendler 330) / '우로보로스'는 뱀이나 용이 자신의 꼬리를 물고 있는 고대의 우주 순환의 상징. 자신의 꼬리를 물고 먹는 형상은 항시 자신을 재창조하면서 영원히 지속되고 회귀되는 순환을 의미하고 소멸할 수 없는 사물의 원초적인 힘을 나타낸다.
- 3행의 모든 가이어들이 하나에 수렴된 것은 가이어 혹은 원추라는 것은 실은 하나의 영역이라서 한 가지 상징만 존재할 뿐이라는 것이다.(Albright 762) / 가이어에 대해서는 「가이어들」Gyres 주해 참조.
- 4행의 모든 유성들이 태양에 떨어진다는 것은「만령절의 밤」All Souls' Night 55-56행에 영혼이 훨훨 날아나니다가 태양에 돌진히는 대목 참조.(Albright 762) / 태양은 궁극적인 에너지 원源이다.(Vendler 330)

V

Ribh Considers Christian Love Insufficient

Why should I seek for love or study it?
It is of God and passes human wit.
I study hatred with great diligence,
For that's a passion in my own control,
A sort of besom that can clear the soul
Of everything that is not mind or sense.

Why do I hate man, woman or event?
That is a light my jealous soul has sent.
From terror and deception freed it can

- 「리브가 패트릭을 비난하다」Ribh Denounces Patrick의 자매편이다.(Gorski 157)
- 기독교적인 사랑을 비판하고 그 대신 증오를 내세워, 그것이 인간의 영혼을 하느님에게 인도할 수 있는 열정이라고 보증하고, 존재의 밑바닥인 암흑세계에 도달하여 거기서 벌어지는 성스러운 결합을 서술한다.(Gorski 157)
- 예이츠의 부인이 1933년 10월 17일에 자동기술한 구절 하나를 바탕으로 진척시킨 작품이다. 그때 예이츠는 전달자Communicator로부터 '하느님을 증오하라'는 말을 들었다.(Ellmann 283)
- XII부의 「메루 산」Meru과 함께 이 연작시의 정점을 이루는 시. 예이츠 자신의 증오감에 대한 변명임과 동시에, 그의 종교가 절충적인 성격을 띠고, 융Carl Jung이나 로렌스D. H. Lawrence처럼 개인적인 성격의 것임을 보여 주는 시이다.(Bloom 411-412)

V

리브가 기독교적인 사랑은 불충분하다고 생각하다

왜 나는 사랑을 추구하거나 혹은 연구해야 하는가?
사랑은 신에 관한 것이고 인간의 지각을 벗어난다.
나는 증오를 열심히 연구한다.
그것은 내가 마음대로 할 수 있는 열정,
정신이나 감각이 아닌 모든 것을 영혼으로부터
말끔히 청소할 수 있는 일종의 싸리비니까.

왜 나는 남자나 여자, 혹은 사건을 증오하는가?
증오는 질투하는 내 영혼이 보내준 빛이거든.
영혼이 폭력과 기만으로부터 자유롭게 되면,

- 비기독교적인 계시적 주문이다.(Rosenthal 326) / 기독교 사랑 신학의 패러디이다.(Vendler 331) / 리브의 부정적 신학을 제시하고 있다. 즉, 신의 사랑을 거부하는 것이 아니라, 신의 사랑에 대한 인간의 관념들과 신의 사랑의 접근방식을 권장한다고 하고 나서는 모든 기구를 거부하고 있다.(Cullingford 258)
- 3행의 증오에 대한 연구는 영혼을 깨끗이 하고, 주관성subjectivity을 향하는 새로운 출발점에 도착하기 위한 것이다.(Bloom 412) / 증오는 두 단계이다. 첫째는 이 세상의 것들에 대한 증오이다. 이는 사자死者의 정화의 전제가 되는 영혼의 초탈을 말한다. 그다음은 하느님에 대한 증오, 더 정확한 표현으로는, 하느님에 대한 자신의 개념에 대한 증오이다. 그 이유는 모든 이미지는 이미지가 없는 진리에 입힌 허상이기 때문이다.(Albright 763)
- 4행의 리브의 주장은『갈보리』*Calvary*(1920)의 유다Judas를 떠올리게 한다.(Albright 763)
- 5-6행의 논리는 스위프트Jonathan Swift의 예에서 배운 것이다.(Unterecker 249)

Discover impurities, can show at last
How soul may walk when all such things are past,
How soul could walk before such things began.

Then my delivered soul herself shall learn
A darker knowledge and in hatred turn
From every thought of God mankind has had.
Thought is a garment and the soul's a bride
That cannot in that trash and tinsel hide:
Hatred of God may bring the soul to God.

At stroke of midnight soul cannot endure
A bodily or mental furniture.

- 11-12행의 그런 것들과 그런 게는 창조 이후의 타락들을 말한다.(Bloom 413; Vendler 331-332) / 10행의 불순한 것들을 가리킨다.(역자)
- 13-15행은 인간이 썩은 육신corrupt flesh에서 태어났기 때문에 신에 대한 지식이 정확하지 못하므로, 인간의 생각에서 만들어낸 하느님에 대한 관념은 어떤 것이든 증오해야 함을 말한다.(Unterecker 249)
- 13행의 더 어두운 지식은 'a darker knowledge'의 번역이다. / 어두운 지식은 정확하지 못한 현 단계의 지식을 말한다.(Unterecker 249)
- 15행의 벗어나리라는 원문의 미래조동사 'shall'이 종교적인 예언의 의미를 가지고 있다는 견해(Vendler 332)에 따라 번역한 것이다.
- 16-17행은 잘못된 생각의 더러운 것을 영혼의 옷으로 삼을 수는 없다는 말이다. (Unterecker 249)
- 16행의 생각은 의상이라는 말은 신을 설명하려는 어떤 은유도 헛된 것이라는 말이다.(Albright 763)
- 18행의 인도하게 되리는 조동사 'may'가 희망을 뜻한다는 벤들러Vendler의 해석(332)을 따라 번역한 것이다.

마침내 영혼이 불순한 것들을 찾아내어 보여줄 수 있지.
그런 것들이 모두 사라지면 영혼이 어떻게 걷게 될지를,
그런 게 생기기 전엔 어떻게 걸을 수 있었던가를 보여줄 수 있지.

그러면 구원받은 내 영혼은 더 어두운 지식을 학습하고,
증오감 속에서 인류가 품어 왔던
하느님에 대한 온갖 생각에서 벗어나리라.
생각은 의상이고 영혼은 신부인데,
영혼을 그런 쓰레기와 허울 좋은 것들 속에 감출 수 없다.
하느님에 대한 증오가 영혼을 하느님에게 인도하게 되리.

자정을 알리는 종이 울릴 때 영혼은
육체적이거나 정신적인 장식물로 버틸 수 없다.

- 19-24행은 암흑 속에서의 성스러운 결합이다.(Gorski 157) / 19-24행은 죽음의 시간인 자정이 되면 영혼은 나신이 되고 '주님'은 그녀(영혼)를 신부로 맞아들여 그녀에게 시각(22행)과 지식(23행)과 힘(24행)을 제공한다는 것. 즉, 성적 결합을 이루는 것을 말한다.(Cullingford 258)
- 19행의 자정을 알리는 종은 영혼의 성스러운 결혼과 진정한 생명력으로 진입하는 죽음을 알리는 종이다.(Whitaker 115) / 19행의 자정을 알리는 종은「비잔티움」Byzantium의 그것과 유사한 결정적인 순간이다. 이때 영혼은 증오를 통해서 육신과 하느님에 대한 온갖 생각을 깨끗하게 한다.(Unterecker 249)
- 20행은 어느 쪽으로도 버틸 수 없다는 것이다. 즉, 둘 다 벗어던지고 나신이 되어야 한다는 것이다.(Vendler 332; Cullingford 258)
- 21-24행은 수사적인 의문문이다. 리브의 영혼의 승리로도 볼 수 있으나 패배로도 볼 수 있다.(Bloom 414) / 21-24행은 예상되는 영혼의 미래이다. 감탄문 형식은 기독교적인 사랑에 대한 리브의 난폭한 비난의 일부라는 것을 말한다. 후반부 'till'이 이끄는 절의 동사가 가정법 동사라는 점에 유의할 것.(Vendler 332-333) / 21-24행은 '주님' 앞에서 영혼의 완전한 굴복을 말한다.(Cullingford 258)

What can she take until her Master give!
Where can she look until He make the show!
What can she know until He bid her know!
How can she live till in her blood He live!

- 21행의 주님은 'Master'의 번역이다. / 21행의 주님이 주시는 것은 그의 정자이다.(Cullingford 258)
- 22행의 그녀는 영혼을 가리킨다.(역자) / 22행의 모습을 드러내는 것은 발기된 그의 성기이다.(Cullingford 258) / 22행은 영혼과 하느님의 관계는 관조, 묵상contemplation의 관계라는 것이다.(역자)
- 23행의 알게 한다는 것은 성애적인 인식을 말한다.(Cullingford 258) / 23행의 영혼과 하느님의 관계는 인식론적인 합동epistemological coalescence에 접근됨을 말한다.

영혼은 주님이 주실 때까지 무엇을 받을 수 있을까!
그분이 모습을 드러낼 때까지 그녀는 어디를 바라볼까!
그분이 알게 할 때까지 그녀는 무엇을 알 수 있을까!
그녀 핏속에 그분이 사실 때까지 그녀는 어떻게 살 수 있을까!

1934

- 24행의 그녀 피는 처녀막의 파열에 의한 피이다. 심지어 그녀의 죽음의 피일 수도 있다.(Cullingford 258) / 24행은 영혼과 신이 하나의 상상력 속에 융합되지 못함을 말한다. 융합을 방해하는 것은 리브이다. 예이츠는 그노시스주의Gnosticism와 같은 생각을 하고 있다.(Bloom 414) / 24행은 영혼과 하느님과의 일치identity를 거의 성취한 관계를 나타내고 있다.(Vendler 333) / 24행은 인간에게 내려온 신이 인간 영혼의 핏속에 머물러 산다는 것이다.(Unterecker 249) / 24행은 리브가 하느님에 대한 모든 개념을 배격하지만, 여기서는 영혼이 하느님의 일종의 화신이 될 수 있다는 암시이다.(Albright 763)

VI

He and She

As the moon sidles up
Must she sidle up,
As trips the scared moon
Away must she trip:
'His light had struck me blind
Dared I stop.'

She sings as the moon sings:
'I am I, am I;

- 본 번역은 헬렌 벤들러Helen Vendler의 해석을 토대로 한 것이다.
- 제목의 그분은 앞 작품(V부)의 '그분' 즉 주님이다. 여기서는 태양. 그녀는 영혼이다.(Cullingford 259) / 그녀는 영혼 혹은 인류를 말한다. '그녀'는『비전』에서 마련해놓은 달의 변화 형태에 따라가야 한다.(Ellmann 283) / 그녀는 15상에 있는 영혼이다. 육신에서 정화된 영혼. 따라서 영혼은 '거룩한 달'(그분, He)을 적극 따라나선다.(Unterecker 249) / 제목의 그분과 그녀는 태양과 달, 남자와 여자, 하느님과 영혼의 관계이다.(Vendler 335)
- 앞의 V부 작품의 해독제. 영혼이 성에 의하여 자신이 소멸되는 것sexual obliteration을 거부하고 있다.(Cullingford 259) / 예이츠 자신이 자기의 중심적인 신화를 표현한 영혼에 관한 시라고 말한 시이다.(Jeffares 285; Unterecker 249) / 예이츠의 성적 결합의 '중심적인 신화'가 달이 차고 이지러지는 것으로 상징되는 근접성 여부로 표현되고 있다.(Vendler 334) / 여성의 변덕스러움과 고집에 관한 시이다. 실재와 허구가 혼합된 모드 곤과의 관계에 대한 기억을 적절하게 활용하여 쓴 작품이다. 도망치는 여인의 노래이다.(Bloom 414)

VI

그분과 그녀

달이 옆 걸음으로 올라감에 따라
그녀도 옆 걸음질로 올라가야 한다.
거룩한 달이 나들이함에 따라
그녀도 나들이하러 나서야 한다.
'감히 멈추어 서면
그분의 빛이 내 눈을 멀게 했어.'

달이 노래하듯 그녀가 노래한다.
'나는 나, 나야.

- 연작시의 경첩 구실을 하는 중심적인 시이다. 작품의 화자가 지금까지 화자인 리브도 아니고, 이후의 작품에 나오는 비개성적인 화자도 아닌 유일한 작품. 달로 분장한 여인moon-woman의 성적 관계의 즐거움과 위험에 관한 이야기를 불특정 화자가 인용하고 있다.(Vendler 319, 334)
- 1연(1-6행)은 영혼이 달을 따라 나들이를 하되 정지하지 않는다는 것. 그 이유는 정지하면 달(영혼)보다 강한 태양(주님)에 의하여 달(영혼)이 주눅이 들기 때문이다.(역자)
- 5-6행은 태양(즉 주님)의 빛을 회피하려는 영혼의 마음가짐. 이는 태양의 성적인 의도를 피하려는 것이다.(Cullingford 259)
- 2연(7-12행)은 달을 따라 부르는 영혼의 노래와 거기에 대하여 공감하는 우주의 만물.(역자)
- 8-10행의 여자의 노래는 도망치는 여성의 노래로서 여자의 변덕스러움을 나타내고 있다.(Bloom 414) / 8-10행의 그녀의 노래는 독립적인 존재의 선택이다.(역자)
- 8행의 나는 나, 나야는 성경에 나오는 야훼의 목소리 같은 표현이다. 『출애굽기』*Exodus* 3장 14절의 'I AM THAT I AM'(나는 있는 나다, 모세가 하느님의 이름을 물었을 때 하느님이 대답한 말) 참조.(Vendler 335; Albright 764)

The greater grows my light
The further that I fly.'
All creation shivers
With that sweet cry.

1934

- 10행의 도망쳐 날아가면은 'fly'의 번역이다. 여기서는 'fly'와 'flee'의 두 가지 뜻으로 쓰였다.(역자)

내 빛이 그만큼 더 커지는 거야,
멀리 도망쳐 날아가면 갈수록.'
아름다운 그 소리에
창조물이 모두 전율한다.

1934. 8. 25. 이전

- 11-12행은 달과 그녀의 황홀한 여행의 '아름다운 소리'가 모든 창조물을 황홀하게 한다는 것. 이는 V부 마지막 대목의 영혼과 신의 결합과 같은 신비로운 순간이다.(Unterecker 249) / 이 대목은 리브의 말(Bloom 414). / 익명의 화자의 선언이다.(Vendler 335)
- 12행의 전율한다는 것은 고통과 희열의 황홀인 균형을 말한다.(Whitaker 118)

VII

What Magic Drum?

He holds him from desire, all but stops his breathing lest
Primordial Motherhood forsake his limbs, the child no longer
rest,
Drinking joy as it were milk upon his breast.

- 「초자연의 노래」Supernatural Songs 후반부의 첫 번째 시이다.(Vendler 335)
- 제목의 마술적인 북소리는 어딘가 저 하늘 위에서 의식의 목적으로 치는 북소리. 거룩한 탄생을 암시한다.(Rosenthal 329)
- 「레다와 백조」Leda and the Swan나, 「재림」The Second Coming에서와 같이 동물(짐승)의 형태로 나타난 남성과 여인과의 결합을 다룬 것과 유사한 작품이다. 그러나 그 사이에서 태어난 아이가 장차 어떻게 될지는 아무런 말이 없다.(Ellmann 283) / 짐승 모습의 아버지가 자식을 찾아왔으나, 부정父情과 짐승 모습은 끔찍한 대조를 이루고, 마술적인 북소리는 불길함을 더하면서, 초자연적인 분위기를 만들고 있다.(Ellmann 283)
- 일부러 애매하게 쓴 시이다. 여러 가지 성적인 경련의 순간에 초점을 맞춘 시이다. 뱀이 이브에게 말을 걸었을 때의 에덴동산의 한순간을 묘사하면서 신이 스스로를 탄생시킨 순간을 그린 시이다. 자연과 초자연의 결합을 상징하는 시이다.(Unterecker 249-250) / 남성과 '원초적인 모성'과 아이가 등장하는 작품이다. 초자연의 노래가 아니라, 자연의 노래가 되었다.(Bloom 415) / 수수께끼 같은 시이다. 에덴동산을 환기하면서도 낙원 이전의 것으로 만드는 것 같다.(Rosenthal 329)
- 신의 성행위를 상상한 작품 같다. 대명사를 혼합시켜 참여자가 뚜렷하게 구분되지 않게 하고 있다. 신은 아버지이면서 어머니이며 동시에 아이인데, 성교와 자위행위와 핥기가 동시에 이루어지고 있다.(Albright 764) / 리브가 선언해온 신의 자가 출산을 이성신화異性神話로 연출한 작품이다. 패트릭의 남성적 삼위일체론을 반박하는 리브의 삼위일체론, 즉 남자, 여자, 아이라는 이교적인 신화를 대비시킨 첫 작품이다. (Vendler 335-336)

VII

무슨 마술적인 북소리인가?

그는 '원초적 모성'이 자신의 수족에서 빠져나가지 못하게,
욕망을 억제하면서 자신을 꼭 껴안고 거의 숨을 쉬지 않는다,
자기 가슴 위의 젖인 양 즐거움을 마시면서 아이가 가만히
　있도록.

- 1연(1-3행)은 남성이 아이를 끌어안고 있고, 모성은 남성을 포용하고 있는 기이한 애정 장면이다. 남성은 아이가 불안하지 않도록 욕망을 억제하고 있다.(Bloom 415) / 예이츠 자신이 신을 출산하는 신이라고 상상하는 장면을 리브가 목격하는 것으로 서술된 대목이다. 신은 부분적으로 짐승이자, 사람이자, 신성한 존재라서 자신의 몸에서 '원초적인 모성'을 낳아 끌어안고, 그렇게 해서 신성한 아기를 출산한다. 이 셋이 분리되지 않게 하려는 장면이다. 이는 원시적인 신성한 삼위일체론이다.(Vendler 336) / 등장인물이 몇인가에 대하여 비평가 사이에 의견이 일치하지 않는 대목이다. 즉 남자, 여자, 아이인가, 아니면 아버지와 아이인가가 문제인데 후자일 경우 주인공은 남성적인 욕망을 억제함으로써 '원초적인 모성'을 이룩한 사람이 된다.(Cullingford 256)
- 1행의 그he는 리브 자신일 것이다. 자신을 '나'라고 하지 않고 3인칭으로 대치한 것이다. 다음의 '원초적 모성'의 매체vehicle가 된다.(Whitaker 119) / '원초적 모성'은 'Primordial Motherhood'의 번역이다. / '원초적 모성'은 태곳적 수컷이 제 새끼를 핥아준 것을 말한다. 즉, 성의 분리가 되기 전, 수컷이 제 새끼와의 끈끈한 정을 암컷에게 빼앗길까봐 두려워하는 심정을 말한다.(Rosenthal 329-330)
- 2행의 욕망을 억제하면서는 남성적인 욕망을 억제하면서 모성을 성취한다는 것이다.(Cullingford 256) / 자신을은 'him'의 번역이다. 이는 태어날 아이를 가리키지 않는다. 'him'은 재귀목적어로서 'himself'의 대용이다.(Vendler 336, 412 note 13)
- 3행은 젖을 먹이는 남성. 이는 남성과 여성 범주를 교란한다.(Cullingford 183) / 아이는 장소불을 말한다.(Whitaker 119)

Through light-obliterating garden foliage what magic drum?
Down limb and breast or down that glimmering belly move his mouth and sinewy tongue.
What from the forest came? What beast has licked its young?

1935

• 2연(4-6행)은 자연의 마술적인 북소리에 의해 남성의 욕망이 발동되는 상황이다.(Bloom 415) / '원초적인 모성'의 젖가슴과 몸을 핥는 혀가 아기의 배를 핥아주고 생기를 불어넣는 장면이다.(Vendler 336)

빛을 가려 주는 정원의 나뭇잎 속에 무슨 마술적인 북소리인가?
그의 입과 질긴 혀가 팔과 가슴 아래로, 혹은 저 번쩍이는 배
　　아래로 움직인다.
숲에서 나온 건 무엇인가? 어떤 짐승이 제 새끼를 핥아 왔던가?

1934

- 4행의 나뭇잎에 가려진 빛은, 이 연작시 제I부의 마지막 장면, 즉 리브가 책을 읽고 있을 때 나뭇잎에 가려 약간 이지러진 초자연의 불빛과 대조되는 빛이다. 여기서는 불빛이 자연에 의해 완전히 차단되어 있다.(Bloom 415) / 마술적인 북소리는 가장 원시적인 형태의 음악이다.(Vendler 337)
- 5행의 저 번쩍이는 배는 뱀 같은 아이이다.(Bloom 415) / 5행은 성스러운 삼위일체적인 자가수정self-begetting 장면이다.(Vendler 336)
- 6행의 숲에서 나온 것은 인간natural man이다.(Bloom 415) / 제 새끼(또는 아이)를 핥는 행위는 무척 선정적이다.(Cullingford 257)

VIII

Whence Had They Come?

Eternity is passion, girl or boy
Cry at the onset of their sexual joy
'For ever and for ever'; then awake
Ignorant what Dramatis Personae spake;
A passion-driven exultant man sings out
Sentences that he has never thought;
The Flagellant lashes those submissive loins
Ignorant what that dramatist enjoins,
What master made the lash. Whence had they come,
The hand and lash that beat down frigid Rome?

- 제목의 그들은 4행의 '등장인물들'Dramatis Personae을 가리킨다.(Whitaker 114; Bloom 416) / 제목은 그들의 뿌리에 대한 물음이다. 그 답은 9행에서 말하듯 '그들'은 가학성 음란증과 육욕에서 왔다는 것.(Bloom 416)
- 리브가 체험한 순간적인 황홀경을 모두가 공유하고, 역사를 통해서 연출됨을 말한다.(Whitaker 114) / 「레다와 백조」Leda and the Swan에서 전개되는 양식을 주제로 하고 있다.(Bloom 416) / 우주의 성의 기원과 본질을 말하고 있다.(Rosenthal 326) / 인간의 성적인 반응은 초인의 손에 의해 좌우되고 인간의 성생활은 우리가 도무지 알 수 없는 분들의 손에 지배되어 있다는 것을 말하는 시이다.(Albright 765)
- 이 작품(VIII부)은 연작시에다 전적으로 결정론적인 역사를 등장시킨 작품이다. 예이츠는 여기서 인간이란 실은 꼭두각시라고 선언한다. 따라서 VI부의 '나는 나'라고 하는 달-여인-영혼과 VII부의 범신론적 삼위일체론의 자유의지는 VIII부의 결정론의 도전을 받게 된다.(Vendler 337)

VIII

그들은 어디서 왔던가?

영원이란 열정이다. 소녀나 소년은
'영원히, 영원히'라고 외친다,
그들의 성적인 쾌감이 들이닥칠 때.
그리고 깨어나면 등장인물들의 대사를 모른다.
열정에 쫓긴 신이 난 인간은
결코 생각지 못한 문장들을 노래해 낸다.
'광신도 고행자'는 순종밖에 모르는 엉덩이를 매질한다,
극작가 그분이 명하는 것이 무엇인지도,
어떤 장인이 그 매를 만들었는지도 모르면서.
틀에 박힌 로마를 두들긴 그 손과 매는 어디서 왔던가?

- 1-6행의 인간은 역사 속에서 영문도 모르고 맡은 바 배역을 연기할 뿐이다. 인간의 입을 통해서 나오는 말은 시대정신이 하는 말이라는 것.(Vendler 337)
- 4행의 등장인물들Dramatis Personae은 꼭두각시 조종자가 연출하는 연극 속의 눈에 보이지 않는 등장인물들이다.(Vendler 337) / 이들은 1행의 소녀나 소년이다.(역자)
- 7행의 광신도 고행자는 13-14세기경, 남 앞에서 자신을 매질하는 유럽의 광신도를 말한다. / 매는 남근과 관련되는 말이다.(Bloom 416)
- 8행의 극작가는 보이지 않는 극작가인 원동력the First Mover.(Vendler 337)
- 10-12행은 역사라는 연극을 통해서 연출된 예이다.(Whitaker 114)
- 10행의 로마를 두들긴 그 손과 매는 극작가인 원동력의 손과 매이다.(Vendler 337) / 고행자들의 신인 예수 그리스도.(Cullingford 260) / 로마를 초자연적인 모델로 훈련시킨 열정적인 군중이다.(Unterecker 250)

What sacred drama through her body heaved
When world-transforming Charlemagne was conceived?

1935

- 11-12행은 앞의 경우와는 달라서 성스러운 연극에 의한 탄생임을 말한다. 즉 샤를마뉴는 초자연적인 존재에 의해 탄생하였음을 말한다. 신이 레다와 마리아에게 내려왔듯이, 세상을 바꾸기 위해서 한 번 더 내려왔다는 말이다.(Unterecker 250) / 샤를마뉴 어머니의 오르가슴의 성스러운 연극에서 신성로마제국이 잉태되었음을 말한다.(Cullingford 260) / 샤를마뉴Charlemagne(로마인, 742-814)는 프랑크 왕국의 국왕이다. 800년경 로마황제가 되고, 나중에 신성로마제국 건설의 길을 열어, 게르만 민족을 통합하고 광대한 제국을 건설하였다. 역사의 대전환기를 만든 알렉산드로스 대왕과 대등한 역할을 한 인물이다. (Suzuki 34)

세상을 바꾸는 샤를마뉴가 잉태되었을 때
어떤 성스러운 연극이 로마의 육신을 통해 부풀었던가?

1934

- 12행의 로마는 휘터커의 풀이에 따른 'her'의 번역이다.(Whitaker 114) / 성스러운 연극은 신이 레다와 마리아에게 그렇게 하지 않으면 안 되었듯이, 인간의 운명을 바꾸어보려고 다시 내려와 연출한 것이다.(Unterecker 250)

IX

The Four Ages of Man

He with body waged a fight,
But body won; it walks upright.

Then he struggled with the heart;
Innocence and peace depart.

- 제목의 인간의 네 시대는 네 단계를 말한다. 이는 개인과 인류문명에 다 같이 적용된다(예이츠의 말).(*NC* 357) 네 단계는 땅, 물, 공기, 불로 되어 있다.

땅:	초기의 자연지배의 문명	(달의 제8상 이전)
물:	무장한 성性의 시대 및 십자군 프루아사르의 연대기Froissart's chronicles	(달의 제15상 이전)
공기:	르네상스에서 19세기 말까지	(달의 제22상 이전)
불:	증오에 의한 우리 문명의 정화	(달의 제1상 이전)

  이를 개인에 적용할 경우에는 다음과 같다.

땅:	내장	본능instinct	
물:	피, 섹스기관	열정passion	
공기:	폐	사상(지성)thought	
불:		영혼soul	(*NC* 357; Unterecker 251; Albright 766)

- 달의 28상을 넷으로 나누어 네 단계로 설정하고, 한 단계에서 다음 단계로의 변화를 상징하는 네 시대로 구분해서 약술한 시이다. 어린애 같은 참신함freshness이 젊은 열정youthful passion으로, 거기에 상응하는 사색과 명상speculation, 나이 들어 어린애로 되돌아갈 때 지혜wisdom로운 것으로 보이지만 실은 어리석음foolishness으로 나타나게 되는 인간의 순환적인 네 단계를 간략하게 서술한 시이다.(Harper 150-151)
- 부인 조지의 자동기술을 받아 그대로 쓴 작품이다. 일련의 전쟁을 원운동으로 그렸다.(Harper 151)

IX

인간의 네 시대

그는 육신과 싸움을 벌였지.
하지만 육신이 이겼네. 육신은 꼿꼿이 걷거든.

그러자 그는 심장과 다투었지.
순박함과 평화가 떠나버리네.

- 『비전』의 상징적인 설계를 극단으로 압축한 시이다. 『비전』(1937) 102쪽에 공표한 차트(Table of the Quarters)를 운문으로 표현하였다.(Albright 766)
- 인간의 성장 단계를 말하는 시이다. 앞의 시 VIII부에서 말한 예이츠의 예정론적인 역사의 '성스러운 연극' 다음에 이어지는 작품 IX, X, XI부는 모두 원시종교적인 신탁의 말씀들이다.(Vendler 338) / 즉, 개개인의 삶을 일련의 패배라고 보는 얘가이다. 역사를 패배의 끊임없는 반복이라고 보는「패배」What Was Lost의 내용과 유사하다.(Albright 793) / 모든 발전은 패배의 투쟁이며 죽음으로 이어져 새로운 모체matrix가 됨을 말하는 작품이다.(Whitaker 114) / 인류 패배의 기록이다. 신의 증오(V부)가 마침내 신의 승리로 되었다.(Unterecker 251) / 인간은 자신의 육신, 심장, 마음에게 패배당하고, 마침내는 신에게 패배한다는 요지이다.(Bloom 416)
- 1-6행은 인간의 예정된 행로를 드러낸다. 예정된 행로는 연속적인 패배를 맛보지만, 인간 의식의 확장이라는 견지에서 보면 승리라고 할 수 있다. 마지막 전쟁에서 역시 패배가 예정되어 있지만(7-8행), 인간은 죽으면서 마침내 자기 일생을 전체적으로 완성한 것이라고 인식하기 때문에 역설적으로 말하면 승리라고 볼 수 있지 않을까 싶다.(Vendler 338-339)
- 1-2행은 땅의 단계이다. 육신의 승리(*Vision* 1925, 35, 36). 젖먹이가 직립 보행하는 단계이다.(Vendler 338)
- 3-4행은 물의 단계. 심장의 승리(*Vision* 1925, 35, 36). 열정passion을 발견하는 단계이다.(Vendler 338)

Then he struggled with the mind;
His proud heart he left behind.

Now his wars on God begin;
At stroke of midnight God shall win.

1934

- 5-6행은 공기의 단계. 마음의 승리(*Vision* 1925, 35-36). 지적인 능력intellectual capacity을 획득하는 단계이다.(Vendler 338)
- 7-8행은 불의 단계. 영혼의 승리(*Vision* 1925, 35-36). / 멀리서 들리는 (신탁의) 소리이다.(Vendler 338)

그러자 그는 마음과 다투었지.
그는 우쭐대는 심장을 남겨 두었네.

이제 신에 대한 그의 전쟁들이 시작되는군.
자정의 종이 울리면 신이 승리하리라.

1934. 8. 6.

- 7행의 전쟁이란 그 자체가 애초부터 희망(승산)이 없다는 것. 그러나 싸움이란 승리보다는 정신적인 가치가 있다. 종국의 패배 속에 지혜가 숨어있다는 것을 암시한다.(Harper 151)
- 8행의 자정의 종이 울리면은 생의 종말을 암시한다. '자정의 종'은 V부 4연 1행에 나온 말이지만, 여기서는 V부에서 말하는 패배보다 파국적인 성격을 띤다.(Whitaker 115)

X

Conjunctions

If Jupiter and Saturn meet,
What a crop of mummy wheat!

The sword's a cross; thereon He died:
On breast of Mars the goddess sighed.

[August 1934] 1934

- 제목의 결합은 남성과 여성의 결합을 말한다. 그러나 I부의 볼려와 올린의 신화라든가, VI부의 해와 달의 관계나, VII부의 원초적인 부성과 모성의 포옹과는 달리, 원시적인 점성술 도해인 천궁도로 점을 친 결합이다.(Vendler 339)
- 앞의 VI부와 VII부의 두 작품과 마찬가지로 예정된 계획에다 인간의 삶을 갖다 맞춘 작품이다.(Vendler 340) / 이 연작시의 마지막 세 작품은『비전』의 설계 쪽으로 방향을 잡았다. 첫째, 역사적인 인물, 다음에 역사의 조류, 마지막에 역사적인 흐름의 의미에 적용시켰다.(Unterecker 252) / 앞의 작품과 마찬가지로『비전』의 신비사상에 집중한 작품이다.『비전』특유의 점성학에 의하면, 목성과 토성의 결합은 귀족적인, 폭력의 시대인 '대립의 시대'antithetical age의 신호이다. 이 시대가 현재의 길든 민주주의 시대인 기독교 시대를 대치하려고 했다. 그와 마찬가지로 화성과 금성의 결합은 '기본의 시대'primary age를 예고했다. 예이츠는 이러한 결합을 그의 두 자녀와 결부시켜 개인적인 의미로 해석하였다.(Albright 766)
- 예이츠가 자기 자녀에게서 발견되리라고 생각했던 상관관계를 토대로 한 작품이다.(Unterecker 252) / 예이츠의 두 자녀 천궁도에 근거한 작품이다.(Bloom 416) / 예이츠의 아들과 딸의 본성을 점성학으로 설명하면서, 인간 개개인 성격의 신비성을 거론하였다.(Vendler 339) / 예이츠의 두 자녀 천궁도의 고전적인 신화 사이에 기독교 지배의 시대를 끼워 넣은 줄거리이다.(Vendler 339)

X

결합

만약 목성과 토성이 만난다면
미라의 밀알 수확은 얼마나 될까!

칼은 십자가. 그분이 그 위에서 죽고,
여신이 화성의 가슴 위에서 한숨 쉬었네.

1934. 8. 25. 이전

- 1-2행은 목성과 토성이 연합된 문명의 성격을 말하고 있다. 예이츠의 아들 마이클의 성격과 연관된 진술이기도 하다. 마이클은 귀족적이고 이교도적이며, 주관적인 경험의 면모를 보여 주는데, 그는 늘 삶을 생각하는 타입이다.(Unterecker 252)
- 1행은 고전시대. 아들 마이클은 목성과 토성의 접촉으로 태어난 주관적인 대립antithetical 정신이다. 목성과 토성의 만남은 고전신화에서는 왕조의 싸움이 된다.(Vendler 339)
- 2행의 이집트 무덤에서 발견된 미라의 밀알은 적절한 물기가 주어졌을 때 발아하기 시작했다고 하는 전설을 근거로 하였다.(Vendler 339) / 이는 사라진 지 오래된 '대립의 시대'가 싹트려 하고 있다는 것.(Albright 767)
- 3-4행은 화성과 금성이 연합된 문명의 성격을 말하고 있다. 예이츠의 딸 앤의 성격과 연관된 진술이기도 하다. 앤은 민주적이고 기독교적이며, 객관적인 경험의 면모를 보여 주는데, 그녀는 늘 죽음을 생각하는 타입이다.(Unterecker 252)
- 3행은 기독교시대. 이 시대는 앞뒤의 두 범신론적인 고전시대 사이에서 그 흐름을 잠시 중단시킨 시대이다.(Vendler 339-340) / 칼은 십자가라는 말은 화성의 칼이 십자가로 변모되는 것이다. 이는 지나가고 있는 '기본적인 시대'를 상징한다.(Albright 767)
- 4행의 여신은 비너스Venus(금성). 화성과의 관계는 불륜, 화성과 금성은 고전주의 시대의 성적 접촉의 상징이다.(Vendler 339-340) / 4행은 고전시대. 앤은 화성과 금성의 접촉으로 태어난 객관적인 기본primary의 산물이다.(Vendler 339)

XI

A Needle's Eye

All the stream that's roaring by
Came out of a needle's eye;
Things unborn, things that are gone,
From needle's eye still goad it on.

1934

- 「거기에서는」There의 자매편.(Gorski 199)
- 제목은 바늘귀에 대한 예수의 말과, 모든 세계를 연결하는 실에 대한 우파니샤드의 사상에서 추출된 총체적인 은유이다. 이는 모든 사물에 예외 없이 적용되는 근원에 대한 궁극적인 신화이다.(Vendler 340) / 역사 흐름의 주제로 되돌아간 작품이다.(Unterecker 252)
- 천문학적인 거리에서 역사를 읽는 경구적인 4행시이다. 역사란 사건들 흐름의 중단 없는 우주의 움직임이라고 규정하고, 그 우렁찬 흐름 속 개개인의 삶은 거리가 너무 멀어 관찰될 수가 없다.(Vendler 340) / 신앙선언의 4행시이다.(Bloom 417)

XI

바늘귀

우렁찬 소리 내고 지나가는 모든 강물은
바늘귀에서 나왔다.
바늘귀로부터 태어나지 않은 것들,
거기에서 사라진 것들이, 여전히 바늘귀를 쑤셔댄다.

1934. 12. 발표

- 1-2행은 역사의 모든 것은 알 수 없는 근원의 미세한 점으로부터 확장되어가는 소리 나는 가이어가 됨을 말하고 있다.(Vendler 340-341)
- 1행의 강물은 모든 현상을 의미한다.(Bloom 417)
- 2행의 바늘귀는 짧은 시간, 동맥의 맥박에 해당하는 미시적인 공간이다.(Bloom 417) / 예이츠가 좋아하는 이미지의 하나이다.(Unterecker 252)
- 3-4행은 과거와 미래가 현재의 흐름을 몰고 간다는 것이다.(Vendler 341)

XII

Meru

Civilisation is hooped together, brought
Under a rule, under the semblance of peace
By manifold illusion; but man's life is thought,
And he, despite his terror, cannot cease
Ravening through century after century,
Ravening, raging, and uprooting that he may come
Into the desolation of reality:
Egypt and Greece, good-bye, and good-bye, Rome!
Hermits upon Mount Meru or Everest,
Caverned in night under the drifted snow,

- 제목의 메루 산Meru은 수미산. 티베트에 있는 산의 옛 이름이다. 힌두교의 성스러운 산이다. 지리적인 실제의 이름은 'Mount Kilas'. 메루 산의 세 봉우리에는 힌두교의 세 신인 브라마Brahma, 비슈누Vishnu, 시바Siva가 살고 있다고 알려졌다. 고대 인도의 우주관에서 세계의 중심이 되는 높은 산으로서 신성시되었다.(Conner 121-122)
- 리브의 고별사이다.(Whitaker 117)
- 『비전』의 틀을 역사 흐름의 의미에 적용하였다.(Unterecker 252)
- 다른 작품보다 먼저 썼고, 회춘수술 이전에 쓴 작품이지만,『초자연의 노래들』의 정점을 이루는 시이다.(Bloom 419)
- 셰익스피어적인 소네트이다. 문명의 연속적인 파괴를 일삼아온 서구와 금욕적인 힌두의 은자들로 대표되는 초연한 동양을 비교하였다. 힌두의 은자들은 이 연작시의 서두에 등장하는 아일랜드의 은자인 리브와 유사하기도 하고 다르기도 하다.(Vendler 319)

XII

메루 산

문명이란 여러 겹의 환상을 테에 감아,
하나의 법칙 아래, 사이비 평화 아래에 갖다 놓은 것.
하지만 인간의 삶이란 사유하는 것인데,
인간은 공포에도 불구하고,
황폐한 세상을 차지하기 위하여
약탈하고, 미쳐 날뛰고, 뿌리째 뽑으면서
수백 년 거듭거듭 약탈행위를 중지할 수 없다.
이집트와 그리스, 잘 가요, 그리고 로마도!
메루 산이나 에베레스트 산 위, 은자들은 알고 있네,
밤이면 뒤덮인 눈 밑 굴속에 은거하면서,

- II부에서 성자 패트릭 대신에 반삼위일체를 주장하는 리브를 내세웠듯이, 여기서는 성 패트릭 대신에 에베레스트의 수도승들을 내세웠다.(Vendler 344)
- 1-2행은 문명사회를 사이비로 간주하고 거부하고 있다.(Bloom 417) / 문명이란 신학적인 수사로 교묘하게 개발한 겹겹의 환상이 만들어낸 것이라고 규정하고 있다.(Rosenthal 327)
- 3-7행은 가장 무서운 세력을 가진 마음이 사이비 세계에 대한 꿈을 중단할 수 없음을 말하는 대목이다.(Bloom 417)
- 3행은 인간이 생각하는 동물이란 뜻이다.(Unterecker 253) / 그 생각들은 모두 몸에 걸치는 의상에 불과하다는 것이다. V부「리브가 기독교적인 사랑은 불충분하다고 생각하다」Ribh Considers Christian Love Insufficient의 16행 참조.(Albright 768)
- 5-7행은 약탈행위로 그려져 있지만, 인간의 지적 추구를 말한다.(Unterecker 253)

Or where that snow and winter's dreadful blast
Beat down upon their naked bodies, know
That day brings round the night, that before dawn
His glory and his monuments are gone.

1934

혹은 그 눈과 겨울의 무서운 강풍이
벌거벗은 그들의 육신을 내리치는 곳에서,
낮이 가면 밤이 오고, 동이 트기 전에
인간의 영광과 기념비들이 사라진다는 것을.

1933. 8 - 1934. 6.

- 13-14행은 인간 모험의 종말에 대한 동양 은둔자들의 인식을 말하고 있다.(Bloom 418)

2

역사 시편

The Magi

Now as at all times I can see in the mind's eye,
In their stiff, painted clothes, the pale unsatisfied ones
Appear and disappear in the blue depth of the sky
With all their ancient faces like rain-beaten stones,
And all their helms of silver hovering side by side,
And all their eyes still fixed, hoping to find once more,
Being by Calvary's turbulence unsatisfied,

- 제목의 동방박사 세 사람은 성서의『마태오복음』2장 1-12절에 나온다. / 제목의 동방박사들은 역사의 순환운동을 상징한다.「레다와 백조」Leda and the Swan와「재림」The Second Coming에서 더욱 뚜렷하게 드러내고 있다.(Unterecker 128-129) /「레다와 백조」,「재림」과 함께 예언적인 시이다. 초자연의 힘이 인간 역사에 개입하는 신호를 보여준다. 뚜렷한 언급이 없어 예언 시로서는 부족하다.(Gorski 116) / 동방박사들은 기적에다 적응시키려는 보편적인 인간의 의미로 확대된 상징이다.(Ellmann 68) / 각 역사시대의 이면에는 적대적인 성격의 시대가 등장할 기회를 엿보며 기다리느라 어른거린다는『비전』의 내용과 관련 있는 주제이다. 따라서 여기에 그려진 동방박사들은 전체 기독교 시대와 배치되는, 기독교의 정당성을 부정하는 듯이 보이는 사람들이다.(Albright 544)
- 그리스도의 탄생이 세상을 뒤바꾸는 가이어gyre의 종말과 새로운 가이어의 시작이라고 최초로 언급한 작품으로 보인다.(Henn 96) / 위대한 시인의 출현을 알리는 서시이다. 시의 주제는 홀림possession. 예이츠는 불가지론자였다. 그는 파넬Parnell 사건 때 아일랜드 가톨릭교회의 행적에서 기독교의 파괴적인 측면을 목격했다. 따라서 이 시는 제1차 세계대전의 발발로 진행된 반문명적인 잠재세력으로서의 기독교에 대한 예이츠의 반감을 암시하고 있다.(Thurley 73-74)
- 「인형들」The Dolls과 자매편이다. 발표 당시에는 한 작품의 I, II부였으나 따로 제목을 붙여 나누었다. 두 작품의 공통적인 주제는 우리 사이의 모든 생각은 인간의 삶과는 다른 어떤 것으로 굳어진다는 것이다.(Albright 544)

동방박사 세 사람

나는 지금 여느 때와 다름없이 볼 수 있다, 마음의 눈에,
불만에 찬 창백한 분들이 채색된 뻣뻣한 옷을 입고
깊은 창공에 나타났다 사라지는 모습들을.
비에 시달린 돌처럼 굳은 늙은 얼굴들,
공중에 가지런히 출렁이는 은빛 투구들,
갈보리의 소란이 못마땅하여, 짐승들의 거처에서의
감당할 수 없는 그 신비를 다시 한 번 발견할 희망을 갖고

- 1-5행은 에즈라 파운드가 이미지즘의 한 예로 거론한 대목이다.(Albright 545)
- 2행의 불만에 찬 창백한 분들은 'the pale unsatisfied ones'의 번역이다.
- 3행은 5행과 함께 군사적인 행진 양상이다.(Unterecker 128)
- 4행의 비에 시달린 돌은 동방박사들의 밑바탕에 깔린 이미지이다.(Thurley 94)
- 6행의 갈보리Calvary는 골고다Golgotha라고도 한다. 예수가 처형된 곳이다. / 갈보리의 소란이 못마땅한 것은 예수의 죽음이 보통사람의 죽음과 다르지 않았기 때문이다.(Ellmann 181) / 유대인들이 갈보리의 처형을 보고 예수는 한 인간에 지나지 않고 그리스도의 제자들은 주인을 잃어버린 개들과 마찬가지라고 보듯이, 동방박사들도 그런 죽음에 실망하고 더욱더 엄격한, 더욱더 능력 있는 신을 갈망하는 것을 말한다.(Ellmann 181; Albright 545) / 소란turbulence은 분열, 파괴의 힘을 암시하는 예이츠의 핵심적인 말이다.(Thurley 76) / 짐승은 2,000년 전의 예수 탄생과는 상반되는 다가오는 새로운 시대의 이미지이다. 「재림」 참조.
- 7행의 감당할 수 없는 그 신비는 「레다와 백조」에서 헬레네가 탄생하는 것과 유사한 상황이다. 그때 인간인 레다로서는 감당할 수 없었던 신비스러운 일이었다.(Raine 327) / 그 신비의 의미는 이전 시대의 고착된 것을 파괴하려는 신의 탄생. 즉, 객관적·도덕적인 법칙이 무의식의 사나운 본능으로 변화하는 것이다.(Albright 545)

The uncontrollable mystery on the bestial floor.

1914

여전히 한 곳에 시선을 고정한 그들의 눈들.

1913. 9. 20.

- 8행에서 말하는 시선을 고정하는 것은 이 시의 주제이다. 시선의 고정은 놀과 같은 집중과 함께 유동적인 분란과 인과관계에 있다.(Thurley 74-75)

A Song from *The Player Queen*

My mother dandled me and sang,
'How young it is, how young!'
And made a golden cradle
That on a willow swung.

'He went away,' my mother sang,
'When I was brought to bed,'
And all the while her needle pulled
The gold and silver thread.

She pulled the thread and bit the thread
And made a golden gown,
And wept because she had dreamt that I
Was born to wear a crown.

• 제목의 배우 여왕은 희곡『배우 여왕』*The Player Queen*(1922)을 말한다. 이 작품은 처녀가 아닌 매춘부의 소생을 내세운 반기독교적인 세태를 표상하는 상징극이다. /『배우 여왕』은 1907년부터 1922년까지 여러 차례 손질한 계시적인 소극이다. 기독교 시대를 대변하는 경건한, 그러나 허약한 여왕의 궁정을 방문한 유랑극단과 관련된 줄거리이다. 극단의 주도적인 여인 데시마Decima가 여왕의 가면을 쓰고 여왕을 대신하여 반란 군중을 진압하려고 나선다. 데시마는 여왕과는 반대로 성적으로 문란한 거센 성격의 잘생긴 여자이다. 노래는 처녀의 몸에서가 아니라 창녀의 몸에서 태어나는 반기독교적인 율법의 시작을 상징한다.(Albright 538)

『배우 여왕』에서 발췌한 노래

우리 엄마 날 어르며 노래했어요.
'어린 것아, 어린 것이!' 하고.
그리고 엄마는 금빛 요람을 만들어
버드나무에 달아놓고 흔들었어요.

'그이는 가버렸어, 내가 침대에 옮겨졌을 때.'
하고 엄마는 노래했어요.
그리고 내내 엄마 바늘은
금실 은실을 끌어냈지요.

엄마는 실을 끌어내고 이빨로 끊어
금빛 가운을 만들었어요.
그러고는 울었대요. 내가 왕관을 쓰려고
태어났다는 꿈을 꾸셨거든요.

• 8행의 금실 은실은 각각 해와 달에 연관된다. 「요정의 나라를 꿈꾼 사나이」The Man Who Dreamed of Faeryland 참조.(*NC* 119)

'When she was got,' my mother sang,
'I heard a sea-mew cry,
And saw a flake of the yellow foam
That dropped upon my thigh.'

How therefore could she help but braid
The gold into my hair,
And dream that I should carry
The golden top of care?

1914

- 14-16행은 갈매기를 동원하여 헬레네 탄생신화의 백조나 예수 탄생의 성령(비둘기)과 유사한 상황을 설정한 것이다.(Unterecker 124)
- 15행의 노란 거품 조각은 갈매기의 정액이 떨어진 것. 성모 마리아에게 내려진 성령의 비둘기를 패러디하였다.(Albright 538)

엄마는 노래했어요. '아기를 가졌을 때
난 갈매기 우는 소릴 들었고,
허벅지에 노란 거품 조각이
떨어진 걸 보았지.'라고.

그러니까 엄마는 내 머리에다
금실을 엮어 넣고는, 내가 금빛 머리를
뭣보다 소중하게 하고 다니리라는
꿈을 꾸는 수밖에 없었어요.

1914. 9.

- 20행의 꿈은 여왕의 위기를 구하기 위해서 여왕으로 위장한 그녀가 마침내 여왕의 지위에 오르게 됨으로써 실현되고 있다.

The Cat and the Moon

The cat went here and there
And the moon spun round like a top,
And the nearest kin of the moon,
The creeping cat, looked up.
Black Minnaloushe stared at the moon,
For, wander and wail as he would,
The pure cold light in the sky
Troubled his animal blood.
Minnaloushe runs in the grass
Lifting his delicate feet.
Do you dance, Minnaloushe, do you dance?

- 모드 곤과 이줄트가 한때 살았던 프랑스 노르망디에 잠시 머물면서 쓴 시이다. 그녀는 거기서 많은 애완동물을 길렀다.(*NC* 178)
- 고양이와 달의 유사점은 해가 진 뒤에 활동적이라는 점(야행성)과 다산多產, 그리고 특히 고양이의 동공 변화 폭이 큰 것이 달과 닮았다. 이집트에서는 고양이가 달의 상징으로 여신 이시스Isis에게 받들어졌다. / 예이츠는 고양이를 자아the self 또는 의지the will, 달을 의지의 동경 대상인 가면mask의 상징으로 삼았다.
- 1917년에 쓴 희곡『고양이와 달』*The Cat and the Moon*(1926년 애비 극장 초연)의 앞뒤에 붙인 서정시이다. 연극은 맹인이 절름발이 성인을 업고 다니는 이야기이다. 여기서 맹인은 자아(곧 육신), 성인은 반자아(곧 영혼)의 상징으로, 둘은 고양이와 달처럼 상반되면서도 통합되는 관계이다. 연극은 자아와 반자아가 하나로 된다는 줄거리이다. / 예이츠는 희곡 서문에서 고양이 눈동자가 달의 변화에 따라 움직이는 현상을 인간이 자신의 반대되는 인간상을 늘 추구하는 것과 같은 것으로 해석하고 고양이를 보통 사람, 달을 그가 항상 추구하는 반대되는 사람으로 생각하고 이 시를 썼다고 말하였다(예이츠의 말).(Albright 595-596)

고양이와 달

고양이가 이리저리 갔고,
달은 팽이처럼 빙빙 돌았다.
그리고 달의 가장 가까운 친척인
기어다니는 고양이는 쳐다보았다.
까만 미너루쉬는 달을 응시했다.
제멋대로 돌아다니고 울곤 했더라도,
하늘의 순수하고 차가운 빛이
동물적인 혈기를 어시럽게 했기 때문.
미너루쉬는 그의 예쁜 다리를 쳐들어
풀밭 속을 달음박질한다.
미너루쉬야, 춤추니, 춤을 추는 거야?

- 예이츠는 고양이가 수컷이지만 고양이 눈동자의 움직임을 자기 부인의 황홀한 감성과 연관시켰다.(Albright 596)
- 이 시는 달의 상 변화가 인간의 무의식적인 생활에 조수 같은 압력을 행사하는 내용을 담고 있는 작품이라고 볼 수 있을 것이다.(Albight 596)
- 1-4행, 17-28행은 예이츠가 민족문화의 통합은 달이 그의 한 세기를 돌 때까지는 남녀 소수의 어느 무리를 제외하고는 불가능이다는 주장을 뒷받침하는 예로 인용한 대목이다.(Albright 596)
- 3행의 달의 가장 가까운 친척은「실의에 빠져 쓰게 된 시」Lines Written in Dejection 1-2행에서 달을 검은 표범으로 표현한 구절을 참조할 것.(Albright 596)
- 5행의 미너루쉬Minnaloushe는 모드 곤이 키우는 페르시아 종의 검은 고양이 이름. 모드 곤과 산책했을 때 고양이가 따라와 풀밭을 헤집고 다닌 사실이 있다.(*NC* 178) / 이졸트 곤의 페르시아 고양이이다.(Albright 596)

When two close kindred meet,
What better than call a dance?
Maybe the moon may learn,
Tired of that courtly fashion,
A new dance turn.
Minnaloushe creeps through the grass
From moonlit place to place,
The sacred moon overhead
Has taken a new phase.
Does Minnaloushe know that his pupils
Will pass from change to change,
And that from round to crescent,
From crescent to round they range?
Minnaloushe creeps through the grass
Alone, important and wise,
And lifts to the changing moon
His changing eyes.

1918

가까운 두 친척이 만날 때
춤추자는 것보다 더 좋은 게 있을까?
궁중에 유행하는 양식에 질려
달은 아마 새로운 춤사위를
배울지도 모르지.
미너루쉬는 여기저기
달빛 어린 풀을 헤치며 기어다니고,
저 위의 거룩한 달은
새로운 모습을 취했다.
미너루쉬는 그의 동공 모양이
변하고 또 변하리라는 걸 알고 있을까?
둥글다가 초승달 모양으로,
초승달에서 둥글어지는 걸 알고 있을까?
미너루쉬는 혼자 풀을 헤치고,
젠체하며 똑똑한 척 기어간다.
그리고 변해가는 달을 향하여
변해가는 그의 눈을 치켜든다.

1917

• 16행의 배울지도 모르지라는 말은 고양이가 달에 영향을 끼칠지 모른다는 것. 혹은 그 반대 현상을 말하다.(Albright 596)

The Phases of the Moon

An old man cocked his ear upon a bridge;
He and his friend, their faces to the South,
Had trod the uneven road. Their boots were soiled,
Their Connemara cloth worn out of shape;
They had kept a steady pace as though their beds,
Despite a dwindling and late-risen moon,
Were distant still. An old man cocked his ear.

Aherne. What made that sound?

Robartes. A rat or water-hen
Splashed, or an otter slid into the stream.

- 제목은 변화하는 달의 스물여덟 가지 형상. 달의 형상은 우주와 인류, 개개인 역사의 단계를 상징한다.(Rosenthal 196)
- 『비전』(1925)의 기본적인 틀을 개개인의 역사에 초점을 맞추어 고도로 압축하여 설명한 작품이다.(Rosenthal 195-196) / 『비전』의 초판(1925)에 'The Wheel and the Phases of the Moon'이라는 제목으로 Book I의 서시로 활용했던 작품인데(3-8), 재판(1937)에는 현재의 제목으로 바꾸어 『비전』 전체의 서시 격으로 활용하였다(59-64).
- 부인의 자동기술에서 끌어낸 난해한 원리를 가지고 몇 달 동안 씨름한 뒤에 그것을 요약한 시이다.(Albright 589) / 밸릴리 탑에서 쓴 작품이다.(Ellmann 148) / 예언적인 수수께끼 같은 작품이다.(Henn 142) / 달의 변화와 관련된 원리를 풀이하는 대화체의 시이다. 등장인물 간의 논쟁 없이 진행되고 있다.(Vendler 254-255)
- 4행의 코니마라 천은 아일랜드 서부의 코니마라Connemara 산의 토속적인 피륙. 「낚시꾼」The Fisherman 4행에 나온다.(*NC* 152)

달의 제상諸相

한 노인이 다리 위에서 귀를 쫑긋했다.
남쪽으로 얼굴을 향한 그와 그의 친구는
고르지 못한 길을 뚜벅뚜벅 걸었다.
부츠는 흙투성이, 코니마라 천 옷은 제 꼴이 아니었다.
늦게 뜬 이울어가는 달에도 불구하고
그들은 잠잘 곳이 아직도 먼 듯
꾸준히 걸었다. 노인이 귀를 쫑긋했다.

어헌. 이게 무슨 소릴까요?

로바티즈.　　　　　　　　쥐나 쇠물닭이 첨벙거리거나,
　수달 놈이 냇물 속으로 미끄러져 들어갔겠지요.

• 8행의 등장인물 어헌과 로바티즈는 각각 오언 어헌Owen Aherne과 마이클 로바티즈Michael Robartes이다. 이들은 예이츠가 시 작품에 등장시킨 가공인물이다. 1897년에 발표한 세 이야기「도금 장미」Rosa Alchemica,「십계명 판」The Tables of the Law,「동방박사의 경배」The Adoration of the Magi에도 등장한다.(Rosenthal 195) / 이들은 예이츠의 상상 속에 오래 자리잡고 있었던 인물이다. 어헌은『비전』조판(1925)의 시문(xv-xxiii) 집필자로 되어 있고, 같은 책 9-11쪽의「네 왕족의 무도」The Dance of the Four Royal Persons의 집필자로도 나와 있다. 로바티즈는 어헌에 의하면, 예이츠와는 오랫동안 사이가 나빴으나 그가 아라비아에서 가지고 온 신비스러운 지혜, 곧 달의 운행 도표들에 대한 것을 같이 논의하기로 한 사람이다. 두 사람은 서로 정반대되는 인물이다. 어헌은 초승달의 가치를 대표하는 사람인 데 반하여, 로바티즈는 보름달의 가치를 대표하는 인물이다. 또한 어헌은 기독교적인 측면을 가지고 있는 데 반하여, 로바티즈는 이교적paganism이다.(Albright 590)

We are on the bridge; that shadow is the tower,
And the light proves that he is reading still.
He has found, after the manner of his kind,
Mere images; chosen this place to live in
Because, it may be, of the candle-light
From the far tower where Milton's Platonist
Sat late, or Shelley's visionary prince:
The lonely light that Samuel Palmer engraved,
An image of mysterious wisdom won by toil;
And now he seeks in book or manuscript
What he shall never find.

Aherne. Why should not you
Who know it all ring at his door, and speak
Just truth enough to show that his whole life
Will scarcely find for him a broken crust
Of all those truths that are your daily bread;
And when you have spoken take the roads again?

- 11행의 그 양반은 탑의 주인, 즉 시인 예이츠 자신, 「나는 너의 주」Ego Dominus Tuus의 일레Ille와 같은 인물이다.(Rosenthal 195)
- 12행은 로바티즈가 예이츠를 포함한 시인 일반을 경멸하는 표현이다.(Bloom 205)
- 14-15행은 밀턴Milton의 시 「명상하는 사람」Il Penseroso의 장면인 한밤중 높다란 외로운 탑에서 불을 켜 놓고 책을 읽는 사람의 모습(85-89)을 떠올리는 말이다.(Albright 591)
- 16행의 셸리의 왕자는 셸리Shelley의 「아타나제 왕자」Prince Athanase(1817)의 주인공. 그는 세상과 격리된 외로운 탑에서 젊은 나이에 희끗희끗해진 머리를 가지고 명상하는 사람이다.(Albright 591)

우리는 다리 위에 와있소. 저 시커먼 것이 그 탑이지요.
불빛을 보면 아직도 그 양반이 책 읽고 있는 거겠지.
저 양반은 자기 방식대로 오로지 이미지들만 찾아 왔지요.
여기서 살기로 작정했었는데, 아마
밀턴 같은 플라톤주의자가 밤늦게 앉아 있었던
먼 탑에서 비춰오는 촛불 때문이거나,
환상을 추구하는 셸리의 왕자 때문이겠지요.
사무엘 파머가 동판에다 새긴 그 고독한 불,
각고의 노력으로 얻은 신비로운 지혜의 이미지 말입니다.
그런데 지금 저 양반은 책이나 필사본에서는 설코 발견히지
　못할
그런 것을 찾고 있는 겁니다.

어헌.　　　　　　　　　　　　　그걸 다 아는 당신이
그의 문에 초인종을 눌러, 한평생 걸려도
당신의 그 모든 진실들의 일상적인 빵 부스러기도
제대로 발견하지 못하리라는 것을 충분히 보여 주도록
왜 사실대로 말을 해주지 않는지요?
얘기를 다 해주고 다시 길을 가도 되지 않겠습니까?

- 17행의 사무엘 파머Samuel Palmer(1805-1881)는 수채화가. 윌리엄 블레이크의 가장 열렬한 제자 중의 한 사람이다. 밀턴의 시집에 삽화를 그렸다.(*NC* 183)
- 19행은 책을 통한 연구에 대한 경멸감의 표현이다.(Albright 591) / 필사본은『비전』*A Vision*의 원고일 것이다.
- 23행의 제대로 발견하지 못하리라는 것은 만물의 기본구도.(Rosenthal 195)

Robartes. He wrote of me in that extravagant style
He had learnt from Pater, and to round his tale
Said I was dead; and dead I choose to be.

Aherne. Sing me the changes of the moon once more;
True song, though speech: 'mine author sung it me.'

Robartes. Twenty-and-eight the phases of the moon,
The full and the moon's dark and all the crescents,
Twenty-and-eight, and yet but six-and-twenty
The cradles that a man must needs be rocked in:
For there's no human life at the full or the dark.
From the first crescent to the half, the dream
But summons to adventure and the man
Is always happy like a bird or a beast;

- 26행의 페이터Walter Pater(1839-1894)는 르네상스 연구와 유려한 문체로 유명한 문인이다. 오스카 와일드Oscar Wilde 등 많은 문인에게 영향을 끼쳤다.(*NC* 175; Conner 144)
- 27행의 나에 관한 걸 썼어요는 예이츠가 쓴 위의 세 소설을 말한다.(Rosenthal 195)
- 28행의 내가 죽었다고 말한 것은 소설「도금 장미」Rosa Alchemica의 말미에 로바티즈가 비기독교적인 활동에 분개한 군중에 의해 살해되었다고 화자가 얘기한 것.(Albright 391)
- 31행의 달의 스물여덟 가지 상은『비전』에서 상세하게 서술되어 있다.(*NC* 175)
- 32행의 보름달은 15번째 상. 완전주관, 완전한 미의 상이다.(*NC* 175) / 달이 새까만 날은 'the moon's dark'의 번역으로, 달이 없는 초하룻날이다. 첫 번째 상으로 완전 객관을 의미한다. / 온갖 모양의 조각달들은 두 번째부터 8번째, 9번째부터 14번째, 16번째부터 22번째, 23번째부터 28번째 상이다.(*NC* 175)

로바티즈. 그 양반은 페이터로부터 배운 화려한 문체로
나에 관한 걸 썼어요. 그리고 얘기를 마무리하느라고
내가 죽었다고 말했어요. 그러니 나는 죽은 걸로 하지요.

어헌. 달의 변화 관련 노래를 한번 더 해보시지요, '내 창조주가
그걸 내게 노래해 주었지'를. 그건 언설이지만 진정한 노래지요.

로바티즈. 달은 스물여덟 가지 상相이 있네.
보름달과 달이 새까만 날과 온갖 모양의 조각달들.
스물여덟 가지, 그렇지만 인간이 꼭 흔들게 되는
요람은 스물여섯 가지뿐이네.
왜냐하면 만월이나 캄캄한 날은 인간의 삶이 없으니까.
첫 초승달부터 반달까지는,
오로지 꿈이 모험하도록 소환되어
인간은 늘 새나 짐승처럼 행복하다네.

- 34행의 스물여섯 가지뿐은 첫 번째와 15번째를 뺀 숫자이다.(*NC* 175)
- 35행의 만월이나 캄캄한 날은 극단의 상maximal phase으로서 영혼이 인간의 형상을 취하지 못하고, 부산한 화신으로부터 성령spirit이 일시적으로 해방되는 상을 말한다. 이렇게 두 극단적인 상을 인간과 관계가 없는 것으로 만드는 목적은 인간의 불완전함을 뚜렷하게 드러냄과 동시에, 초자연적인 생명에 가까운 인간의 존재라는 것을 말하기 위함이다.(Ellmann 157-158)
- 36행의 첫 초승달부터 반날까지는 제2상에서부터 제8상까지를 말한다.(*NC* 175)

But while the moon is rounding towards the full
He follows whatever whim's most difficult
Among whims not impossible, and though scarred,
As with the cat-o'-nine-tails of the mind,
His body moulded from within his body
Grows comelier. Eleven pass, and then
Athene takes Achilles by the hair,
Hector is in the dust, Nietzsche is born,
Because the hero's crescent is the twelfth.
And yet, twice born, twice buried, grow he must,
Before the full moon, helpless as a worm,
The thirteenth moon but sets the soul at war
In its own being, and when that war's begun
There is no muscle in the arm; and after,
Under the frenzy of the fourteenth moon,
The soul begins to tremble into stillness,
To die into the labyrinth of itself!

Aherne. Sing out the song; sing to the end, and sing
The strange reward of all that discipline.

- 39행의 둥글게 되는은 9번째 상부터 14번째 상까지의 상을 말한다.(*NC* 175)
- 40행의 변덕 중에 가장 어려운 변덕은 반자아, 즉 마스크Mask이다.(Albright 592) / 변덕은 삶에서와 마찬가지로 글쓰기의 어려움을 말한다.(Henn 109)
- 46행의 헥토르Hector는 트로이의 영웅. 그는 아킬레우스에게 살해되어 그의 전차 뒤에 묶여 끌려갔다.(Albright 593) / 니체Friedrich Nietzsche(1844-1900)는 철학자.

그러나 달이 만월까지 둥글게 되는 동안에
인간은 변덕 중에 가장 어려운 변덕일지라도,
불가능한 것은 아니니 따라가네.
상처를 입어도 마음의 아홉 가닥 끈의 채찍처럼
육신은 육신 안에서 주조되어 더 멋지게 성장하네.
열하나 지나가고, 그다음엔
여신 아테나가 아킬레우스의 머리카락을 잡고,
헥토르는 흙속에 끌려가고, 니체가 태어나네.
왜냐하면 영웅의 조각달은 열두 번째니까.
하지만 두 번 태어나, 두 번 묻히고,
만월이 되기 전 자라나야 돼, 어쩔 수 없이 벌레처럼.
열세 번째 달은 오로지
자신의 내부에서 영혼이 싸움질하게 하네.
그리고 전쟁이 시작되면 팔에는 근육이 없어지네.
그리고 그 뒤, 열네 번째 달의 열광 속에서
영혼은 떨다가 진정되기 시작해서,
영혼 자체의 미궁 속에 들어가 죽어버리네!

어헌. 노래를 마저 하세요. 끝까지 말이에요.
그리고 그 모든 수련의 신기한 보상을 노래하세요.

- 48행의 두 번은 만월(제15상)이 되기 전의 13번째와 14번째 상.(*NC* 176)
- 51행의 영혼이 싸움질하는 예는『비전』의 13번째 상에서 제시된 보들레르Baudelaire, 비어즐리Beardsley, 다우슨Ernest Dowson이다.(*NC* 176)
- 53행의 열네 번째 달의 열광에 속하는 예는 키츠John Keats, 조르조네Giorgione, 그리고 아름다운 여인들(헬레네, 모드 곤)이다.(*NC* 176)

Robartes. All thought becomes an image and the soul
Becomes a body: that body and that soul
Too perfect at the full to lie in a cradle,
Too lonely for the traffic of the world:
Body and soul cast out and cast away
Beyond the visible world.

Aherne. All dreams of the soul
End in a beautiful man's or woman's body.

Robartes. Have you not always known it?

Aherne. The song will have it
That those that we have loved got their longfingers
From death, and wounds, or on Sinai's top,
Or from some bloody whip in their own hands.
They ran from cradle to cradle till at last
Their beauty dropped out of the loneliness
Of body and soul.

• 58행의 모든 생각은 이미지가 되고는『비전』에 의하면, 만월일 때 마음과 상상력은 합쳐져, 영혼은 초연한, 완벽한 이미지들 외에는 아무것도 보지 않는 것을 말한다.(Albright 593)

로바티즈. 모든 생각은 이미지가 되고,
영혼은 육신이 되지요. 그 육신과 그 영혼이
너무 완벽해져 절정에 이르면 요람에 눕지 못하고,
너무나 고독해 세상과 교통할 수 없어요.
육신과 영혼은 가시적인 세계 너머로
쫓겨나 표류하지요.

어헌. 영혼의 모든 꿈들은
아름다운 남자나 여자의 육신 안에서 끝나는군요.

로바티즈. 평소에 그런 걸 몰랐단 말이에요?

어헌. 노래에 있잖아요,
우리가 사랑했던 사람들은 죽음과 상처에서,
혹은 시나이 산정에서, 혹은 자신들의 손에 쥔
피 묻은 채찍에서 그들의 긴 손가락들을 얻었다고.
그들은 요람에서 요람으로 뛰어다니다가
마침내 그들의 아름다움이 육신과 영혼의 고독에서
떨어져 나올 거라고.

- 67행의 시나이 산정은 이스라엘 민족을 이끌고 이집트를 탈출하여, 홍해를 건넌 모세가 시나이Sinai 반도의 높은 산정에서 하나님을 만나 십계명을 받은 곳이다.(*NC* 177)
- 68행의 긴 손가락들은 가운뎃손가락 혹은 가운데의 세 손가락.

Robartes. The lover's heart knows that.

Aherne. It must be that the terror in their eyes
Is memory or foreknowledge of the hour
When all is fed with light and heaven is bare.

Robartes. When the moon's full those creatures of the full
Are met on the waste hills by countrymen
Who shudder and hurry by: body and soul
Estranged amid the strangeness of themselves,
Caught up in contemplation, the mind's eye
Fixed upon images that once were thought;
For separate, perfect, and immovable
Images can break the solitude
Of lovely, satisfied, indifferent eyes.

And thereupon with aged, high-pitched voice

- 73행은 「첫사랑」First Love의 16-18행에서 말하는, 만월일 때 별의 신세처럼 상대적으로 빛을 상실해버리는 상황을 말한다.(Albright 593)
- 75행의 만월은 '일레'Ille처럼 인간이 자기 자신을 추구하여, 자신의 이미지를 더욱 세련되고 화려하게 구축해 나가는 역사진행의 절정에 이를 때를 가리킨다. 이때가 되면 인간은 걸음을 멈추고, 자신에 대한 무기력한 명상에 잠긴다. 역사적으로 이 시기를 '르네상스의 절정기'High Renaissance라고 한다. 그 뒤에는 사회가 기울어지고, 인간은 '히크'Hic처럼 세속세계를 추구하고, 단순한 사실주의realism로 향하게 된다.(Thurley 153-154)

로바티즈. 사랑하는 사람의 가슴은 그런 걸 알아요.

어헌. 그들의 눈에 드러나는 공포는
모두가 빛으로 가득한데 하늘이 텅 빈 때의
기억이나 예견이라는 것임에 틀림없겠군요.

로바티즈. 달이 꽉 차면 만월에 속한 사람들은
떨면서 서둘러 지나가는 시골 사람들과
황무지 산에서 마주치지요.
육신과 영혼은 피차 낯설어져 서먹서먹하게 되고,
마음의 눈은 깊은 생각에 사로잡혀,
한때 생각이 만들어 놓은 이미지들 위에 붙박히게 되지요.
왜냐하면 분리된, 완벽한, 굳어진 이미지들은
아름답고, 흐뭇한, 초연한 눈들의 고독을
길들일 수가 있으니까요.

그러자 탑 안에 있는 그 양반과

- 원문 텍스트 81행에서 *PR*은 서두를 'For perfected, completed,...'로, 107행에서는 첫 단어를 'But'으로 고쳐 놓았다.
- 84행의 탑 안에 있는 그 양반은 예이츠이다.(*NC* 177)

Aherne laughed, thinking of the man within,
His sleepless candle and laborious pen.

Robartes. And after that the crumbling of the moon.
The soul remembering its loneliness
Shudders in many cradles; all is changed,
It would be the world's servant, and as it serves,
Choosing whatever task's most difficult
Among tasks not impossible, it takes
Upon the body and upon the soul
The coarseness of the drudge.

Aherne. Before the full
It sought itself and afterwards the world.

Robartes. Because you are forgotten, half out of life,
And never wrote a book, your thought is clear.
Reformer, merchant, statesman, learned man,
Dutiful husband, honest wife by turn,
Cradle upon cradle, and all in flight and all

- 85행의 꺼질 줄 모르는 촛불과 공들여 쓰는 펜은 몽상가dream-wasted man의 이미지이다.(Thurley 153)
- 87행의 달이 허물어져 가는은 열여섯 번째 이후의 상이다. 즉, 16-22상과 23-28상.

꺼질 줄 모르는 촛불과 공들여 쓰는 펜을 생각하면서,
어헌이 늙은이의 높은 소리로 웃어댔다.

로바티즈. 그 뒤에는 달이 허물어져 가는 거죠.
고독을 기억하는 영혼은
많은 요람에서 전율하지요. 모든 게 달라졌어요.
영혼은 세속의 봉사자가 될 거예요. 그리고 봉사함에 따라
영혼은 불가능하지는 않은 과업 중에서
가장 어려운 과업이면 무엇이건 선택하지요.
영혼은 육신과 영혼에 조잡하고
힘겨운 일을 떠맡깁니다.

어헌. 만월이 되기 전에는
영혼이 자신을 추구했는데 그 뒤에는 세속세계를 추구했군요.

로바티즈. 당신은 세상에서 절반쯤 벗어나 잊혀지고,
책 한 권도 쓴 일이 없기 때문에, 당신 사상은 명정明淨하지요.
사회개혁가, 상인, 정치가, 학식 있는 자,
충실한 남편, 그에 못지않은 정직한 부인,
요람 위에 요람, 모두가 도망치고, 모두가 비뚤어지지요.

- 89-94행은 유럽의 인본주의 절정기에서 19세기의 개혁적 사실주의reformist realism로 진행되는 것을 말한다. 예이츠의 비위에는 맞지 않는 경향이다.(Thurley 154)
- 97행은 그리스도나 석가모니나 소크라테스가 책을 쓰지 않은 이유는 책을 쓰면 삶과 논리를 바꿔치기하기 때문이라는 예이츠의 말을 참조할 것.(Albright 594)

Deformed because there is no deformity
But saves us from a dream.

Aherne. And what of those
That the last servile crescent has set free?

Robartes. Because all dark, like those that are all light,
They are cast beyond the verge, and in a cloud,
Crying to one another like the bats;
And having no desire they cannot tell
What's good or bad, or what it is to triumph
At the perfection of one's own obedience;
And yet they speak what's blown into the mind;
Deformed beyond deformity, unformed,
Insipid as the dough before it is baked,
They change their bodies at a word.

Aherne. And then?

- 102행의 굽실거리는 그믐달은 제28상. 어릿광대의 상이다. 영혼은 바람에 날리는 지푸라기 같은 것이다.(Albright 594)
- 104-113행은『비전』에 보인 현대문명의 양상이다. 즉, 니체 사후의 사회개혁적인 사실주의가 양산한 박쥐 같은 군상들이다.(Thurley 154-155)
- 110행의 마음에 날아들어온 것은 매스컴의 영향을 받은 생각이다.(Thurley 155)

왜냐하면 꿈에서 우리를 구원하지 못하는
기형은 없으니까요.

어헌. 그리고 마지막에 굽실거리는 그믐달이
해방시켜준 자들에 대해서는 무슨 말씀을 하시겠어요?

로바티즈. 그들은 온통 빛뿐인 자들과 마찬가지로
온통 암흑천지니까, 수평선 너머로 추방되어,
구름 속에 들어가, 서로 쳐다보고 박쥐들처럼 울어대요.
그런데 욕망이 없기 때문에 그들은 무엇이 좋은지 나쁜지,
혹은 자신이 복종을 완벽하게 했을 때
우쭐대는 것이 무엇인지도 말할 줄 몰라요.
그러면서도 그들은 마음에 날아들어온 것을 말하지요.
더할 수 없이 기형화된 나머지, 형태를 갖추지 못하고,
불에 구워지기 전의 반죽처럼 물렁물렁하여,
일언지하에 그들은 몸통들을 바꾸어버려요.

어헌. 그다음에는요?

- 111-112행은 제1상의 상황이다. 마음은 선악이나 진실과 허위에 무관심하고, 육신은 반죽처럼 뭐가 뭔지 분화되어 있지 않은 상태를 말한다.(Albright 594)
- 112행의 구워지기 전의 반죽은 절반쯤 구워진 것으로서 현대의 대중교육에 의해 양산된 대중을 말한다.(Thurley 155)
- 113행은 이 시를 쓸 때 역사상 처음으로 선선이 문화 전반에 위력을 떨치게 된 현상을 말한다.(Thurley 155)

Robartes. When all the dough has been so kneaded up
  That it can take what form cook Nature fancies
  The first thin crescent is wheeled round once more.

Aherne. But the escape; the song's not finished yet.

Robartes. Hunchback and Saint and Fool are the last crescents.
  The burning bow that once could shoot an arrow
  Out of the up and down, the wagon-wheel
  Of beauty's cruelty and wisdom's chatter—
  Out of that raving tide—is drawn betwixt
  Deformity of body and of mind.

- 115행의 요리사인 '자연'은 분기의 경우, 하느님 속에 용해되어 버리지만, 1분기의 제2상에서 영혼이 다시 태어나면, 자신이 '자연' 속에 용해된 것을 발견하고 인간의 형태를 발견할 필요가 있게 된다.(Albright 594)
- 117행의 탈출 건은 빼고 하는 말씀은 로바티즈가 윤회의 수레바퀴에서 해탈하여 열반에 들어가는 얘기를 빼먹었다는 말이다. 다음 구절에서 로바티즈는 제1상에서 운 좋은 영혼이 윤회의 수레바퀴에서 벗어나 열반에 들어갈 수도 있으리라 암시하고 있다.(Albright 594)
- 118-123행은 달의 제27상(성인)에 관한 로바티즈의 알쏭달쏭한 서술이다. 성인은 역사의 큰 바퀴에서 벗어나는 듯한 암시가 있기 때문이다.(Bloom 205-206)

로바티즈. 모든 가루가 제대로 반죽되어
요리사인 '자연'이 구상하는 형태를 취할 수 있을 때,
최초의 가느다란 초승달이 한 번 더 도는군요.

어헌. 탈출 건은 빼고 하는 말씀. 노래가 아직 끝나진 않았지요.

로바티즈. '꼽추'와 '성자' 그리고 '광대'는 마지막 그믐달들이죠.
한때는 상승과 하강으로부터,
미인의 잔인함과 지혜의 재잘거림의 마차 바퀴로부터—
지 광란하는 조수로부터—
화살을 쏠 수 있었던 불타는 활이
육신과 정신의 기형 사이에서 당겨지고 있지요.

- 118행의 꼽추는 달의 제26상을 나타내는 전형적인 인물이다. 27상의 '성자'와는 대조적으로 야심에 불타는 인물이다. 정신적인 권위를 동경하지만, 육신의 결함으로 성취하지 못하고, 완전한 고립상태에서 야심을 이룬 과거의 인물을 머리에 그리면서 고통스럽게 살아가는 유형이다.(*NC* 179) / 성자는 제27상에 속하는 사람으로 야망을 버린 사람이다. 자신을 악인으로 간주하여 회개해야 한다고 생각하므로 가슴을 치고 비탄한다. 자신을 무로 화하게 하고 아무것도 행하지 않으며, 아무것도 생각하지 않는 것이 그의 즐거움이다.(*NC* 179) / 광대는 28상에 속하는 인물이다. 명민한 지력이 없고 자기 심신 외부의 존재를 인정하지 않는다. 바람에 나부끼는 나뭇잎 같은 존재이다.
- 119행의 상승과 하강은 27상의 아래인 28상의 '광대'와 27상의 위가 되는 26상의 '꼽추'를 가리킨다.(역자)
- 120행의 미인의 잔인함과 지혜의 재잘거림은 가장 절정기의 '대립'antithetical과 '기본'primary이다.(Albright 595)
- 122행의 화살을 쏠 수 있었던 불타는 활은 윤회에서 벗어나는 것이다.(Albright 594)
- 123행의 육신과 정신의 기형은 각각 제1분기와 제4분기를 말한다.(Albright 595)

Aherne. Were not our beds far off I'd ring the bell,
Stand under the rough roof-timbers of the hall
Beside the castle door, where all is stark
Austerity, a place set out for wisdom
That he will never find; I'd play a part;
He would never know me after all these years
But take me for some drunken countryman;
I'd stand and mutter there until he caught
'Hunchback and Saint and Fool,' and that they came
Under the three last crescents of the moon,
And then I'd stagger out. He'd crack his wits
Day after day, yet never find the meaning.

And then he laughed to think that what seemed hard
Should be so simple—a bat rose from the hazels
And circled round him with its squeaky cry,
The light in the tower window was put out.

[July 1918] 1919

- 128행의 나는 역할을 하나 할까라는 것은 어헌 자신이 예이츠의 상상력에 어떤 역할을 담당하는 한 인물이라고 상상해 보는 것. 그러나 그는 곧 그 생각을 철회한다.(Albright 595)
- 138행의 박쥐 한 마리가 날아올라는 제1상의 영혼을 박쥐에 비유한 106행의 직유를 말하는 것이다.(Albright 595)

어헌. 우리가 잠잘 곳이 멀지 않다면 나는 초인종을 누르고,
성문 옆 현관의 거친 지붕 서까래 밑에 서있을까 해요.
거기는 모든 게 더없이 엄격한 곳이고,
그 양반이 결코 발견하지 못할 지혜를 위해
마련한 곳인데, 나는 역할을 하나 할까 해요.
이렇게 세월이 지나갔으니 그 양반은 나를 알아보지 못하고
나를 어느 술 취한 시골양반이라고 착각할 거예요.
나는 그가 '꼽추와 성인과 광대'를 알아챌 때까지
거기 서서 중얼거릴 거예요. 그것도 그들 셋이
달의 마지막 세 그믐달 아래 나올 때까지 말이에요.
그러고 나면 나는 비틀비틀 물러나올 거예요.
나날이 그가 머리를 짜내겠지만 그 의미를 결코 발견하지 못해요.

그러자 그는 어렵게 보이는 것은 아주 쉬운 거라는
그런 생각을 하고 웃었다—개암나무들에서
박쥐 한 마리가 날아올라 날카로운 소리를 지르면서
그분 주위를 맴돌았고, 탑 창문의 불이 꺼졌다.

1918

• 139행의 창문의 불이 꺼진 장면은 환상적인 낭만주의 전통의 결말로서는 무척 격이 떨어진다.(Harris 106)

The Saint and the Hunchback

Hunchback. Stand up and lift your hand and bless
A man that finds great bitterness
In thinking of his lost renown.
A Roman Caesar is held down
Under this hump.

Saint. God tries each man
According to a different plan.
I shall not cease to bless because
I lay about me with the taws
That night and morning I may thrash
Greek Alexander from my flesh,
Augustus Caesar, and after these

- 꼽추와 성자는『비전』에서 각각 달의 제26상과 27상을 표상하는 전형적인 인물이다.(*NC* 179) / 꼽추는 야심에 불타지만 육신의 혹으로 방해받아 타인의 충동적인 야심에 질투하고, 야심을 달성한 과거의 인물들을 생각하며 고통스럽게 살면서 극단적으로 정신적 권위를 동경하는 사람이다. 더할 수 없이 고독한 인간이다. 그와 대조적으로 성자는 야망을 버린 자이다.(Suzuki 111) / 이 작품은 두 사람 다 비참한 인간임을 말하고 있다. 즉 성인은 영웅적인 자아가 완전히 억압될 수 없어서, 꼽추는 잠재된 능력의 영웅적인 자아가 실현될 수 없어서 비참하다는 것이다.(Albright 597)
- 영혼의 윤회인 '거대한 바퀴'The Great Wheel의 마지막 세 상(26, 27, 28상). 이 세 상 동안에는 영혼이 자신의 정체와 특수성을 상실하고 객관세계로 사라진다. 거기에서는 오직 물체만이 실체이다. 꿈이나 환상은 존재하지 않는 냉혹하고 엄격한 곳이다.(Albright 597)

성자와 꼽추

꼽추. 일어서서 손을 들어 축복해 주세요,
잃어버린 자신의 명성을 생각하면서
깊은 비탄에 잠긴 사람에게.
로마의 한 황제라도 이 혹 밑에서는
꼼짝 못해요.

성인. 하느님은 시련을 주십니다,
사람에 따라 각기 달리 말입니다.
나는 축복해 주길 그치지 않을 거예요.
나는 내 주변에 회초리를 놔두고 있거든요.
나는 밤이든 낮이든 내 육신으로부터
그리스의 알렉산드로스를,
아우구스투스 황제를 털어 내고,

- 4행의 혹은 부담, 짐.(Albright 598)
- 6행의 사람에 따라 각기 달리는 달의 28상에 대한 언급일 것이다.(역자)
- 8행의 회초리는 자작나무 회초리.
- 10행의 그리스의 알렉산드로스는 마케도니아의 알렉산드로스 3세, 곧, 알렉산드로스 대왕(356-323 B.C.)이다.(*NC* 180)
- 11행의 아우구스투스 황제Augustus Caesar(63 B.C.-14 A.D.)는 초대 로마 황제. 율리우스 카이사르의 양자(후계자)이다.(*NC* 180)

That great rogue Alcibiades.

Hunchback. To all that in your flesh have stood
And blessed, I give my gratitude,
Honoured by all in their degrees,
But most to Alcibiades.

1919

- 12행의 알키비아데스Alcibiades(450-404 B.C.)는 기원전 5세기 사람으로 아테네의 장군, 정치가이다. 소크라테스의 친구이자 제자였다. 명성과 부와 미를 갖춘 방약무인의 인간이었으며 세계를 마음대로 주무를 수 있다고 과신한 한없는 야심가였다. 소크라테스는 성자의 전형이지만, 알키비아데스는 전형적인 꼽추에 속한다고 예이츠는 생각했다.(Conner 6; Suzuki 8)

그다음엔 저 엄청난 악한 알키비아데스를 털어 내려고.

꼽추. 당신의 육신 속에서 견뎌낸
축복받은 모든 이에게 나는 감사하고,
지위에 따라 모두의 존경을 받았지만,
알키비아데스에게 가장 많이 감사합니다.

1918

- 14행은 꼽추가 아름다움에 매혹되어 있음을 말한다.(Albright 597)

The Second Coming

Turning and turning in the widening gyre
The falcon cannot hear the falconer;
Things fall apart; the centre cannot hold;
Mere anarchy is loosed upon the world,
The blood-dimmed tide is loosed, and everywhere
The ceremony of innocence is drowned;
The best lack all conviction, while the worst
Are full of passionate intensity.

Surely some revelation is at hand;

- 제목은『마태오복음』24장의 예수 재림과『요한계시록』의 짐승 출현을 융합한 것이다.(Ellmann 257) /「동방박사 세 사람」The Magi과「레다와 백조」Leda and the Swan와 함께 예언적인 시이다.(Gorski 116)
- 정통 기독교에 의하면 재림 이후에는 예수가 거룩하고 환희에 넘치는 왕국을 건설할 것이라고 하는데, 이 작품은 오히려 그런 행복한 희망을 뒤엎고 천 년 세월이 끝나면 적그리스도의 야만적인 신이 통치하여 그리스도와 대비되는 행동체계를 수립할 것이라고 예언하는 시이다. 따라서 제목은 기독교 신앙의 내용과는 다르다.(Albright 619-620) / 기독교 문명의 종말과 새로운 문명의 도래를 말하는 시이다. 그리스 문명의 탄생을 말하는「레다와 백조」및 기독교 문명의 출현과 그리스 문명의 종말을 말하는「한 희곡 작품에서 발췌한 두 편의 노래」Two Songs from a Play 참조.(역자)
- 달의 23상에 해당하는 과도기(1927년)와 관련되는 시이다.(Brooks *Modern* 178-179) /『비전』에 의하면 이 작품의 제작연대는 제22상(1875-1927)에 속한다. 이 시기는 제8상과 유사하다.(299)『비전』의 초판에 의하면 제8상은 내란의 시대, 제22상은 전쟁의 시대라고 하고, 이미 우리는 제23상에 진입하고 있다고 하였다.(210) / 제1차 세계대전(1914-1918)의 직접적인 반응으로 쓴 작품이다.(Albright 619)

재림

점점 넓어지는 소용돌이로 돌고 돌면서
매는 매잡이의 명령을 듣지 못한다.
사물들이 갈라진다. 중심이 구실을 못한다.
오직 무정부 상태만이 세상에 풀어헤쳐지고,
핏빛 조수가 범람하여,
도처에서 순결의 의식은 익사한다.
가장 선한 자들은 모두 신념을 잃고,
가장 악한 자들은 격정으로 가득 차 있다.

틀림없이 어떤 계시가 임박했다.

- 1행의 소용돌이는 'gyre'(예이츠가 '가이어'로 발음해달라고 요청)의 번역이다. 원추가 회전하듯 꼭지에서 나선으로 퍼지면서 회전하는 모양을 말한다. 「가이어들」Gyres 주해 참조.
- 2행은 인간의 정신은 전통과 지혜와 통제와 단절되고, 현 문명이 사라지고 주관적인 시대가 다가옴을 말하고 있다.(Henn 143) / 매는 인간, 현재의 문명을 나타내고, 매잡이는 그리스도를 말한다. 그리스도의 탄생은 2,000년간의 기독교 문명의 시작을 계시한 것이었다.(*NC* 203)
- 4행의 무정부는 러시아 혁명과 함께 아일랜드의 상황을 염두에 둔 것이다.(*NC* 204)
- 5-6행은 제1차 세계대전과 러시아 혁명 및 아일랜드 내전 등으로 피의 흐름이 기구를 물들임을 말한다.(Rosenthal 211)
- 6행의 순결의 의식은 정화하는 세례 의식.(Ellmann 259)
- 8행의 격정은 'passionate intensity'의 번역이다. 이 시기의 작품 중, 「솔로몬과 마녀」Solomon and the Witch 외에는 꺼려했던 감정이다.(Rosenthal 211)

Surely the Second Coming is at hand.
The Second Coming! Hardly are those words out
When a vast image out of *Spiritus Mundi*
Troubles my sight: somewhere in sands of the desert
A shape with lion body and the head of a man,
A gaze blank and pitiless as the sun,
Is moving its slow thighs, while all about it
Reel shadows of the indignant desert birds.
The darkness drops again; but now I know
That twenty centuries of stony sleep
Were vexed to nightmare by a rocking cradle,
And what rough beast, its hour come round at last,

- 10행의 '재림'은 『비전』에서 문명의 연속을 여러 차례 논하고 있음. 새로운 시대는 불합리한 힘의 시대일 것 같다.(*NC* 204)
- 12행의 '세계령'Spiritus Mundi은 '세계의 영혼'World's Soul이라는 말. 'Anima Mundi'라고도 한다. 그 내용은 이미지들의 보고라는 것. 그 이미지들은 인간이 만든 것이 아니라 초자연으로부터 인간에게 주어진 것이다.(Albright 621) / 개체를 초월하면서 개체의 근원이 되는 원형archetype이다. 「과거 삶의 한 이미지」An Image from a Past Life에서는 'the buried memory'로 말하기도 했다. 예이츠는 때로는 '대기억'The Great Memory이라고도 했다.(Suzuki 105-106) / 이러한 관념은 플라톤주의자이면서 카발라Cabala 사상을 수용한 신비주의 철학자인 헨리 모어Henry More(1614-1687)로부터 배운 것으로 보인다. 세계령 또는 세계영혼은 신성한 유아론으로서, 전지전능하고, 경험의 모든 객관적인 형태와 주관적인 형태가 내포되고 내포한 것을 말한다.(Lynch 85)

틀림없이 '재림'이 임박했다.
'재림!' 그 말이 나오자마자
'세계령'에서 거대한 한 이미지가 나타나
눈을 어지럽힌다. 사막의 모래밭 어딘가에
사자 몸뚱이와 사람 얼굴을 가진,
태양처럼 멍한 눈빛의 무자비한 형체 하나가
서서히 허벅지를 움직이고, 그 주변에는
분노에 찬 사막의 새들 그림자들이 빙글빙글 돈다.
다시 어둠이 깔린다. 그러나 이제 나는 알겠다,
돌처럼 잠들었던 스무 세기 세월이
흔들거리는 요람으로 악몽에 시달리고 있음을.
얼마나 사나운 짐승이 마침내 때를 만나 탄생하기 위해

- 14행의 스핑크스 같은 모습은 사람 같기도 하고 사람 같지 않기도 한 것이다.(O'Neill 135)
- 15행의 형체는 이집트의 스핑크스나 그와 비슷한 것.(Ellmann 259)
- 17행의 분노에 찬 사막의 새들은 불길한 맹금류.(*NC* 205) / 새로운 형체의 출현에 분노한 이들은 매와는 대조적으로 새로운 위협에 최소한으로 반응하지만 이들 역시 매와 마찬가지로 아무런 행동을 할 수 없다.(O'Neill 135) / 이들은 인간의 분노를 나타낸다.(Vendler 256)
- 19행의 스무 세기는 2,000년의 기독교 시대.(Albright 621)
- 20행의 흔들거리는 요람은 아기 예수를 가리킨다.(Thurley 121)
- 21-22행은 예이츠의 말에 의하면, 다음 문명은 동정녀의 자궁에서도 아니고, 시신이 없는 무덤에서도 아니고, 허공에서도 아니라, 우리 자신의 풍부한 경험에서 탄생하리라는 것이다.(Albright 622)
- 21행의 사나운 짐승의 출처로 볼 수 있는 것은 수없이 많다.(*NC* 205) / 블레이크와 니체의 사자들을 변모시킨 것이다.(Thurley 122)

Slouches towards Bethlehem to be born?

1920

베들레헴을 향해 어슬렁거리고 있는가?

1919. 1.

- 22행의 원문은 18행의 나는 알겠다의 목적어이면서 수사적인 의문문이다.(Lynch 70) / 이 두 가지를 한꺼번에 표현할 수가 없어서 수사적인 의문문에 충실했다. 다분히 감탄문 성격의 문장이기도 하다.(역자) / 베들레헴은 예수의 탄생지이다. 유아의 순진무구함과 모성애가 관련되는 땅이다. 따라서 여기에 짐승 같은 새로운 신이 탄생한다는 암시는 더욱 경악게 한다.(Ellmann 260) / 베들레헴행은 예수의 탄생지를 탈취하기 위함이라는 것이다.(O'Neill 135)

All Souls' Night

Epilogue to *A Vision*

Midnight has come, and the great Christ Church Bell
And many a lesser bell sound through the room;
And it is All Souls' Night,
And two long glasses brimmed with muscatel
Bubble upon the table. A ghost may come;
For it is a ghost's right,
His element is so fine
Being sharpened by his death,
To drink from the wine-breath
While our gross palates drink from the whole wine.

I need some mind that, if the cannon sound
From every quarter of the world, can stay

- 제목의 만령절의 밤은 만령절All Souls' Day인 11월 2일 밤. 이날 로마 가톨릭교회에서 연옥의 영혼을 위해 위령 기도를 바친다. 영국 성공회에서도 마찬가지이다. 한국 가톨릭교회에서는 이날을 '위령의 날'로 정하고 있다.(*NC* 263; Suzuki 9)
- 젊은 시절의 옛 친구들을 생각하면서 옥스퍼드에 머물렀을 때 쓴 작품이다.(Jeffares 226) / 플로렌스 파르Florence Farr 임종 때의 시(*The Earth & We*)에서 영감을 받고 쓴 작품이다.(Hassett 59-60) / 죽은 친구들을 추모하면서 살아 있는 인간의 불완전함에 대한 애도의 감정을 나타내고 있다.(Ellmann 176) 이 작품은 『비전』의 초판과 개정판에 공통의 발문으로 활용되고 있다.

만령절萬靈節의 밤

『비전』의 발문

자정이 왔다. 그리고 크라이스트 처치의 큰 종과
많은 작은 종들이 방안을 울린다.
때는 만령절의 밤.
머스컷 포도주를 잔뜩 따른 두 긴 유리잔이
테이블 위에 넘친다. 혼령이 찾아오리라.
왜냐하면 그건 혼령의 권리,
혼령은 죽음으로 말미암아
성분이 무척 민감한지라,
우리는 두꺼운 입천장으로 포도주를 몽땅 마시지만,
포도주의 숨결을 마시니까.

세계 각처에서 대포 소리가 울린다 하더라도
나는 미라가 수의에 싸여 있듯이

- 한 연을 10행으로 구성하여 만든 최초의 작품이다.(Vendler 69)
- 1행의 크라이스트 처치Christ Church는 옥스퍼드대학 기숙사 중 하나로 울시 추기경Cardinal Wolsey(c. 1473-1530)이 창립한 기숙학교(*NC* 263)이다. 1930년대 대표 시인 오든W. H. Auden의 모교이기도 하다.
- 4행의 머스컷 포도주는 유럽 산 머스컷 포도muscat로 만든 백포도주.
- 9행은 혼령의 능력은 인간을 능가함을 말한다. 즉 인간은 완전하지 못한 존재라는 것이다.(Ellmann 176)
- 12행의 미라와 수의의 관계는 영원과 시간의 관계이다.(Albright 689)

Wound in mind's pondering,
As mummies in the mummy-cloth are wound;
Because I have a marvellous thing to say,
A certain marvellous thing
None but the living mock,
Though not for sober ear;
It may be all that hear
Should laugh and weep an hour upon the clock.

Horton's the first I call. He loved strange thought
And knew that sweet extremity of pride
That's called platonic love,
And that to such a pitch of passion wrought
Nothing could bring him, when his lady died,
Anodyne for his love.
Words were but wasted breath;
One dear hope had he:
The inclemency
Of that or the next winter would be death.

- 18행의 엄청난 이야기는「솔로몬과 마녀」Solomon and the Witch의 13행 참조.
- 20행의 시계로는 시간의 제약 속에 있는 현실세계를 말한다.(역자)
- 21-80행(3-8연)에 걸쳐 차례차례 불러내는 죽은 세 친구는 공통적으로 저세상에 대한 신비스러운 생각에 사로잡혔던 사람들이다. 따라서 현세에서는 편하지 못했다. (Ellmann 174)

명상에 싸여 지낼 수 있는
어떤 마음이 필요하다.
왜냐하면 엄청난 얘깃거리가 있으니까.
멀쩡한 귀를 위한 것은 아니지만
산 자 외에는 아무도 조롱하지 못할
어떤 엄청난 이야기 말이다.
아마 듣는 자 모두가
시계로 딱 한 시간 웃고 울어야 하리라.

호튼은 내가 맨 먼저 부를 사람.
그는 신기한 사상을 좋아했고, 플라토닉 러브라는
그런 감미롭고 극단적인 자부심을 알았고,
그것도 열정의 그런 정점에 이르도록 만들어
그의 여인이 죽었을 때 사랑의 진통제로
그에게 갖다줄 수 있는 것은 아무것도 없었다.
말이란 호흡의 낭비에 지나지 않았다.
그가 품었던 하나의 소중한 소망은
그 해나 다음 해의 혹독한 겨울에
죽었으면 하는 것.

- 21행의 호턴William Thomas Horton(1864-1919)은 윌리엄 블레이크William Blake와 오브리 비어즐리Aubrey Beardsley 전통의 신비주의 주제의 삽화가, 『영혼의 길』*The Way of the Soul*(1910)의 저자이다.(*NC* 263)
- 25행의 그의 여인은 호턴이 50세 때부터 플라토닉 러브 관계에 있었던 미스 오드리 로크Miss Audrey Locke(1882-1916).(*NC* 263)

Two thoughts were so mixed up I could not tell
Whether of her or God he thought the most,
But think that his mind's eye,
When upward turned, on one sole image fell;
And that a slight companionable ghost,
Wild with divinity,
Had so lit up the whole
Immense miraculous house
The Bible promised us,
It seemed a gold-fish swimming in a bowl.

On Florence Emery I call the next,
Who finding the first wrinkles on a face
Admired and beautiful,
And knowing that the future would be vexed
With 'minished beauty, multiplied commonplace,
Preferred to teach a school

- 35행의 작은 영혼은 미스 로크Miss Locke의 혼령.
- 38행의 기적적인 거대한 저택은 하늘, 천국.(Ellmann 144)
- 39-40행의 어항 안의 금붕어는 예이츠가 당시 옥스퍼드에 머물렀을 때 딸을 위해 창가에 마련해 둔 금붕어 어항과 관련된다.(*NC* 264)

나는 말할 수 없으리라, 그의 두 가지 생각이 뒤섞여,
그가 가장 소중하게 여긴 것이 그녀인지 하느님인지를.
하지만, 그의 마음의 눈이 위로 향했을 때는,
한 가지 이미지에 집중했다고 생각할 수 있으리라.
또한 동반자로 있었던 작은 영혼이
잔뜩 신성을 띠고,
성서가 우리에게 약속했던
기적적인 거대한 저택 모두를 환하게 밝혀 주어서,
그것이 어항 안에 헤엄치는
금붕어처럼 보였다고 생각할 수 있으리라.

다음엔 플로렌스 에머리를 부른다.
그녀는 존경받고 아름다웠던 얼굴에
주름살 잡힌 것을 처음 발견하고,
아름다움이 줄어들고 진부함이 늘어나
미래는 고통스러우리라는 것을 알고,
이웃과 친구와는 동떨어진

• 41행의 플로렌스 에머리Florence Farr Emery(1860-1917)는 1884년 에드워드 에머리와 결혼, 4년 뒤 별거하고 10년 뒤(1895)에 이혼했다.(Hassett 37) / 런던의 대표적인 연극배우로서 1890년에 예이츠와 처음 만났다. '황금여명회'Hermetic Order of the Golden Dawn의 회원이다. 1894년 이후 예이츠의 연극에 출연, 프살테리움psaltry 반주로 시를 읊어 명성을 얻고 예이츠와 가까운 사이가 되었다. 1912년, 영국을 떠나 실론Ceylon(현 스리랑카)에 가서 불교 학교 교장에 취임(Hassett 55)하여 가르치다가 암으로 사망하였다. 「연주자들이 프살테리움과 자신에게 축복을 간구하다」The Players Ask for a Blessing on the Psaltries and on Themselves 주 참조.

Away from neighbour or friend,
Among dark skins, and there
Permit foul years to wear
Hidden from eyesight to the unnoticed end.

Before that end much had she ravelled out
From a discourse in figurative speech
By some learned Indian
On the soul's journey. How it is whirled about,
Wherever the orbit of the moon can reach,
Until it plunge into the sun;
And there, free and yet fast,
Being both Chance and Choice,
Forget its broken toys
And sink into its own delight at last.

And I call up MacGregor Mathers from the grave,
For in my first hard springtime we were friends,
Although of late estranged.

- 47행은 실론에 가서 가르친 일.(*NC* 265)
- 48행의 운수 사나운 세월은 1916년 12월 이후의 암 투병 생활을 말한다.(*NC* 265)
- 55행의 영혼이 태양 속으로 뛰어들기는「거기에서는」There의 4행 참조.(Albright 691)
- 57행의 기회와 선택의 존재는 인간이다. 양자의 일치는 절대자에게만 가능하다.

검은 피부들 사이에서 학생들을 가르치고,
거기서 운수 사나운 세월을
남의 눈에 띄지 않는 마지막까지
사람 눈을 피해서 숨어 지내기로 했다.

그녀는 그러한 마지막에 이르기 전에
어느 박식한 인도 사람의 영혼 여행에 관한
비유적인 말로부터 많은 것을 알아냈다.
달의 궤도가 도달할 수 있는 어디서든,
영혼이 태양 속으로 뛰어들기까지
영혼이 어떻게 휘날리게 되는가를,
그리고 거기서, '기회'와 '선택'의 존재로서,
자유롭게 그러면서도 신속하게
영혼의 부서진 장난감들을 망각하고
마침내 자신의 희열 속으로 빠져들어 간다는 것을.

그리고 나는 무덤에서 맥그리거 매더스를 불러낸다.
최근에 와선 소원해졌지만,
어려웠던 나의 첫 봄날에 우리는 친구였으니까.

- 61행의 맥그리거 매더스Samuel Liddell MacGregor Mathers(1854-1918)는 신비주의 연구자. 『베일을 벗은 카발라』*The Kabbalah Unveiled*(1887)를 출판하고 1888년 '황금여명회'를 조직한 인물로, 전쟁 직후 파리에서 사망했다. 종단 관계로 예이츠와 심하게 다툰 일이 있다.(*NC* 265)
- 62행의 두 사람의 사이가 벌어진 것은 '황금여명회'의 분열 시에 있었던 일이다. 맥그리거는 죽기 직전에 아는 사람 모두와 싸운(Unterecker 198) 괴짜였다.(Rosenthal 262)

I thought him half a lunatic, half knave,
And told him so, but friendship never ends;
And what if mind seem changed,
And it seem changed with the mind,
When thoughts rise up unbid
On generous things that he did
And I grow half contented to be blind!

He had much industry at setting out,
Much boisterous courage, before loneliness
Had driven him crazed;
For meditations upon unknown thought
Make human intercourse grow less and less;
They are neither paid nor praised.
But he'd object to the host,
The glass because my glass;
A ghost-lover he was
And may have grown more arrogant being a ghost.

But names are nothing. What matter who it be,
So that his elements have grown so fine
The fume of muscatel

- 70행의 눈이 멀었으니는 예이츠 자신이 한쪽 눈이 거의 실명하여 상대방의 결함에 대해 너그러워짐을 말한다.(Unterecker 198-199)

나는 그를 반쯤 미치광이, 반은 건달이라고 생각했고,
본인에게 그렇게 말했지만, 우정은 결코 끝장나지 않는다.
그리고 마음이 변한 것 같은들 어떠랴.
그가 베푼 후한 일들에 관한
생각들이 문득 솟아날 때
마음은 달라졌던 것 같다.
그리하여 나는 절반쯤 만족한다, 눈이 멀었으니!

그는 출발할 때 무척 부지런했고,
고독이 그를 미치게 하기 전에는
용기가 무척 뒤끓었다.
왜냐하면 미지의 사상에 대한 명상은
인간과의 접촉을 점점 줄어들게 하니까.
명상은 보상도 없고 칭찬도 없다.
하지만 그는 절대다수에게 반대하곤 했다.
왜냐하면 거울은 나의 거울이니까.
그는 혼령을 사랑하는 사람이었다.
그리고 혼령이 되었으니 더 오만해졌을지 모른다.

하지만 이름이란 무의미하다. 그게 누군들 상관있으랴.
그러니 그의 성분들은 무척 민감해져서
산 자가 포도주 전부를 마셔도 맛볼 수 없는

• 82-85행은 산 자는 죽은 자와 비교해볼 때 불완전하다는 말이다.(Ellmann 175)

Can give his sharpened palate ecstasy
No living man can drink from the whole wine.
I have mummy truths to tell
Whereat the living mock,
Though not for sober ear,
For maybe all that hear
Should laugh and weep an hour upon the clock.

Such thought—such thought have I that hold it tight
Till meditation master all its parts,
Nothing can stay my glance
Until that glance run in the world's despite
To where the damned have howled away their hearts,
And where the blessed dance;
Such thought, that in it bound
I need no other thing,
Wound in mind's wandering
As mummies in the mummy-cloth are wound.

[Oxford 1920] 1921

- 86행의 미라의 진실은 옛것의 진실과 미라와 관련된 진실이다.(Unterecker 198)

머스컷 포도주의 향기가
그의 예리한 입천장을 황홀하게 할 수 있다.
내게는 말할 미라의 진실이 있다.
정신 멀쩡한 자의 귀에는 아니지만
살아 있는 자는 그 얘기 듣고 조롱한다.
왜냐하면 아마 청중 모두가
시계로 딱 한 시간 웃고 울어야 할 테니까.

나는 그런 생각을—그런 생각을 견지해야 한다고
생각해 왔다, 명상이 모든 부분에 정통할 때까지.
아무것도 내 눈길을 멈추게 할 수 없다.
내 눈이 이 세상의 원한 속을 달려가
저주받은 자들이 그들의 심장을 집어던지고
축복받은 자들이 춤추는 곳으로 달려갈 때까지.
나는 그런 생각 속에 싸여 있으니
다른 것이 필요 없다.
미라들이 미라의 수의에 싸여 있듯이
마음의 유랑 속에 싸여 있어서.

1920. 11.

- 95-96행은 각각 지옥과 천국의 풍경이나.(Unterecker 198) / 예이츠 나름의 기독교적인 지옥과 천국을 말한다. 지상에서 각기 상상하는 내세에 따라 영혼이 거기서 살게 된다는 것이다.(Albright 692)

The Crazed Moon

Crazed through much child-bearing
The moon is staggering in the sky;
Moon-struck by the despairing
Glances of her wandering eye
We grope, and grope in vain,
For children born of her pain.

Children dazed or dead!
When she in all her virginal pride
First trod on the mountain's head

- 제목의 달은 여자이다.(Henn 186) 미친 것은 해산을 많이 했기 때문이다.
- 『비전』의 내용이 담겨 있는 시이다. 무질서, 폭력, 추악, 추상을 통과하는 달의 마지막 상들에 나타나는 현재의 문화현상을 말하는 우화이다.(Albright 709)
- 원한을 품은 휘그적 이념의 중산층과 역사상 위대했던 인물들을 대비시킨 작품 중의 하나이다. 『비전』에서 철저하게 다루어진 주제에 바탕을 두고 있다.(Unterecker 209)
- 1연(1-6행)은 현재의 상황이다.(Unterecker 210) / 재생에 대한 천 년의 모색이 결과적으로 유산流産된 아이들을 낳고 만 현재와 생명력이 넘쳤던 과거와의 역사적인 대조를 드러내 보이는 작품이다.(Whitaker 282)
- 1행의 달은 해산을 많이 해서는 달이 여자라는 것. 달은 태양, 행성, 별 들의 빛과 영향을 받아 그것들을 지구로 보내기 때문에 천체의 영향을 모두 수용하는 그릇 역할을 하는 천체의 아내이다. 그리고 지구는 달의 영향력을 가장 많이 받는 존재이다.(*NC* 283-284)

광기 들린 달

달은 해산을 많이 해서 미친 나머지,
하늘에서 비틀거리고 있다.
두리번거리는 달의 절망적인 눈길로 말미암아
우리는 발광하여
그녀의 진통으로 태어난 자식들을 찾아
더듬고 더듬거리지만 허탕치고 만다.

자식들은 멍청하거나 죽고 없네!
달이 온통 처녀다운 자부심으로
산 정상에 처음 뚜벅뚜벅 걸어 나왔을 때

- 2행에서 달이 비틀거리고 있다는 것은 달의 한 주기의 종말에 이른 상황. 그동안 별별 아이들을 다 낳았다.(Unterecker 209) / 달이 비틀거리고 있는 것은 생산과잉 탓이다. 객관적인 시대에 너무 많은 것을 개발하느라 힘이 소진된 상태라는 것.(Albright 709)
- 4행의 우리는 달의 한 주기의 종말인 가장 민주주의적인 시대의 산물. 우리가 발광하는 것은 두리번거리는 달(3행)을 바라볼 때의 필연적인 현상이다.(Unterecker 210)
- 5행의 그녀의 진통으로 태어난 자식들은 버크Burke, 골드스미스Goldsmith, 버클리Berkeley, 스위프트Swift이다.(Unterecker 210)
- 6행은 달이 낳은 위대한 자식들에게 접근할 수 없다는 것. 그들은 이미 죽었기 때문이다(7행).(Unterecker 210)
- 2연(7-12행)은 과거의 추억이다.(Unterecker 210) / 달의 처녀 시설.(Henn 186) / 한때 상상 속에 되살아난 젊은 시절의 아름다움이다.(Whitaker 282)
- 7-12행은 달의 처녀시설(1-8상)의 상황이다.(Unterecker 210)
- 8행의 처녀다운 자부심은 보름달을 가리킬 것이다. 물질세계와는 타협되지 않는 비전의 완벽한 상태이다.(Albright 709)

What stir ran through the countryside
Where every foot obeyed her glance!
What manhood led the dance!

Fly-catchers of the moon,
Our hands are blenched, our fingers seem
But slender needles of bone;
Blenched by that malicious dream
They are spread wide that each
May rend what comes in reach.

1932

- 3연(13-18행)은 현재의 상황이다.(Unterecker 210) / 바짝 마른 현재의 인간들은 절망이 희열의 한 형태임을 모른다. 이는 활기에 넘치던 과거에 대한 지나친 갈망 때문이라는 것이다.(Whitaker 282)
- 13행의 파리를 잡아먹고 사는 달은 'Fly-catchers of the moon'의 번역. 이는 그믐달에 가까운 하현下弦 소속 주민인 현대인을 가리킨다. 즉, 다음 행의 우리.(역자) / 「조각상들」The Statues 19행의 '파리 먹고 바짝 여윈 햄릿' 참조.(Albright 709)

어떤 감동이 산과 들을 휘저어 갔던가,
발길이 모두 그녀 눈짓에 복종했던 그곳!
얼마나 씩씩한 남성이 춤을 유도했던가!

파리를 잡아먹고 사는 달,
우리 손은 창백하고, 손가락들은
가느다란 바늘 같은 뼈에 불과하다.
그들은 저 사악한 꿈에 의해 창백해져
제 각기 손에 닿는 것이면 무엇이건
잡아 찢도록 벌어져 있구나.

1923. 4.

- 15행의 바늘 같은 뼈는 'needles of bone'의 번역이다. / 여윈 손가락을 지칭한다.(Unterecker 210) / 예이츠는 뼈만 앙상한 사람을 추상적인 사고와 연관시켰다.(Albright 710)
- 16행의 사악한 꿈은 평등 지향의 중산층적인 휘그의 이념. 중산층은 본질적으로 사악하다는 말이다.(Unterecker 210)

Leda and the Swan

A sudden blow: the great wings beating still
Above the staggering girl, her thighs caressed
By the dark webs, her nape caught in his bill,
He holds her helpless breast upon his breast.

How can those terrified vague fingers push
The feathered glory from her loosening thighs?
And how can body, laid in that white rush,
But feel the strange heart beating where it lies?

- 「동방박사 세 사람」The Magi과 「재림」The Second Coming처럼 예언적인 시이다.(Gorski 116)
- 남녀의 육체적 성적 결합이 영적인 달성의 수단이 됨을 암시하는 작품이다.(Gorski 124)
- 아일랜드의 내란으로 말미암은 정치적인 불안 속에서 1923년 9월에 쿨 파크에서 쓴 것이다. 세계정세와 관련된 아일랜드의 상황을 성찰하던 중 착상된 작품이다. 아일랜드 가톨릭교계와 많은 갈등을 일으킨 시이다.(Cullingford 142, 144)
- 제목의 레다Leda는 스파르타 왕 틴다레오스Tyndareus의 아내. 백조는 변신한 제우스. 레다가 에우로타스Eurotas 강에서 목욕하던 중, 백조로 변신한 제우스의 습격을 받아 두 개의 알을 낳았다. 그 하나에서 아가멤논의 부인이 될 클리타임네스트라Clytaimnestra가, 또 하나에서는 헬레네가 태어났다(둘 다 각각 한 알에서 남아와 쌍둥이로 태어났다고도 함). 예이츠는 신의 수태고지로 마리아의 몸에서 예수가 태어나 기독교 문명이 시작되었듯이 백조로 변신한 제우스의 행위로 레다의 몸에서 헬레네가 태어나 그리스 문명이 시작되었다고 보았다. 헬레네는 트로이 전쟁의 원인이 되었다.

레다와 백조

급습했다. 백조는 비틀거리는 여인 위에서 여전히
큼직한 날개를 퍼덕이며, 시커먼 물갈퀴로
그녀의 허벅지를 애무하고, 부리로 목덜미를 잡아,
꼼짝 못하는 그녀 젖가슴을 끌어안는다.

겁에 질린 엉거주춤한 손가락들이 슬그머니 벌어지는
허벅지로부터 깃털의 영광을 어찌 밀어낼 수 있으랴?
또한 저 흰 것의 습격으로 그 야릇한 심장의 박동을
눕혀진 육신이 감지하지 않을 수 있으랴?

- 『비전』에 의하면, 영웅시대를 시작하게 한 백조와 레다 사이의 일이 있었던 기원전 2,000년과 기원후 2,000년은 상응하는 해이다. 따라서 이 작품은「재림」과 유사성이 있다.(Albright 664) / 그리스 문명의 종말과 기독교 문명의 출현을 말하는 다음 작품「한 희곡 작품에서 발췌한 두 편의 노래」Two Songs from a Play와 기독교 문명의 종말과 새로운 문명의 출현을 말하는「재림」 참조.(역자)
- 역사의 전개를 다룬『비전』의 5장 '비둘기인가 백조인가'Dove or Swan의 서시로 인용한 시이다. / 셰익스피어 식의 전반부 8행과 페트라르카Petrarch 식의 후반부(6행)로 구성된 소네트 형식의 시이다.(Vendler 174)
- 1-8행은 제우스의 정력을 받아 레다가 헬레네를 잉태한 것을 말한다.(Vendler 176)
- 7행의 저 흰 것의 습격의 원문은 'that white rush', 'rush'를 물가에 자라나는 골풀로 보고 레다가 골풀 위에 눕혀진 것이라는 해석도 있으나, 여기서는 백조의 거친 행위로 번역하였다. 그렇게 단정할 수 있는 것은 엘만이 제시한 창작과정(Ellmann 177-178)에 근거한다. 그에 의하면 애초에는 전치사를 'in'으로 했다가 'on'으로 바꾸었고, 이 원고를 전면적으로 수정하여 1924년 8월에『투마로우』*Tomorrow* 지에 발표했을 때도 'on'이었다가, 1925년『비전』의 5장 '비둘기인가 백조인가'의 서두에 '레다'라는 제목으로 최종적으로 내놓았을 때는 'in'으로 낙착되었다. 'on'이라면 'rush'가 골풀이라는 식물임이 확실하다.(역자)

A shudder in the loins engenders there
The broken wall, the burning roof and tower
And Agamemnon dead.
Being so caught up,
So mastered by the brute blood of the air,
Did she put on his knowledge with his power
Before the indifferent beak could let her drop?

[18 September 1923] 1924

- 9-14행은 레다의 임신이 후세의 역사에 끼친 영향을 말한다.(Vendler 176)
- 9행의 엉덩이는 'loins'의 번역. 이 말은 '음부'의 뜻으로도 쓰인다. / 전율은 성적 오르가슴. 신과 인간이 하나로 결합한 상황.(Rosenthal 254)

엉덩이의 전율이 거기서
무너지는 성벽과, 불타는 지붕과 망루를 낳고,
아가멤논을 죽게 한다.
하늘의 잔인한 피에
그렇게 사로잡혀, 그렇게 정복당했으니,
그녀는 무관심해진 부리가 그녀를 놔주기 전에
그의 정력과 함께 그의 지식을 얻었던가?

1923. 9. 18.

- 10-11행은 이런 행위의 결과로 태어난 헬레네가 트로이 전쟁의 원인이 되었고, 그 여파로 아가멤논Agamemnon 장군이 살해당했음을 말한다. / 아가멤논은 동생인 메넬라우스Menelaus의 아내였던 헬레네가 트로이의 왕자 파리스Paris에 의해 유인(혹은 납치)되자, 그가 그리스군의 총사령관이 되어 바다를 건너갈 때 순풍을 빌면서 딸을 수장하였는데 그에 대한 분노가 클리타임네스트라Clytaimnestra로 하여금 정부(Aegisthus)를 맞아들이게 하였고, 남편이 10년 전쟁을 끝내고 돌아왔을 때 정부를 사주하여 그를 살해했다고 한다.(Conner 5)
- 14행의 정력은 제우스의 생물학적인 능력에 의한 레다의 임신.(Vendler 176) / 지식은 헬레네 때문에 야기될 트로이의 멸망이라는 미래의 비극에 대한 비전.(Vendler 176-177)

Two Songs from a Play

I

I saw a staring virgin stand
Where holy Dionysus died,
And tear the heart out of his side,
And lay the heart upon her hand
And bear that beating heart away;
And then did all the Muses sing
Of Magnus Annus at the spring,

- 역사의 순환 운동에 대한 명상을 집중적으로 보여준 작품. 마리아에게 고지한 예수 탄생과 2,000년의 기독교 문명의 역동적인 힘을 표현한 '제1의 탄생'The First Coming을 기록한 시.(Brooks *Modern* 182) / 그리스 문명의 탄생을 말하는「레다와 백조」Leda and the Swan 및 기독교 문명의 종말과 새로운 문명의 출현을 말하는「재림」The Second Coming 참조.(역자)
- 제목의 한 희곡 작품은 예수가 부활하여 처음으로 제자들 앞에 나타난 것을 소재로 한 희곡『부활』*The Resurrection*(1925, 1927 발표, 1932 수정)을 말한다. 이 작품은 예수의 죽음과 부활을 다루되, 디오니소스의 죽음과 재생의 재연인 것처럼 다루었다.(Ellmann 260) / 예수의 부활을 다루었으나 기독교적인 연극 작품은 아니다.(Rosenthal 247)
- 제목 중의 두 편의 노래는 코러스 역을 담당한 악사들의 노래이다. 십자가의 연극 자체보다『비전』의 순환적인 구조의 일부로 예수의 죽음과 부활을 활용하고 있다.(Rosenthal 247) / 첫 노래는 연극의 서시, 둘째 노래는 연극의 마무리로 쓰인 시이다.(Albright 659) / 두 노래는 절반씩으로 이루어진 하나의 노래이다. 전반부는 연극의 서두에, 후반부는 끝에 악사들이 불렀다.(Rosenthal 247)
- I부는 예언적인 것에서 출발하여 절망으로 종결된다.『황금가지』등의 문화인류학에 의존한 작품이다.(Rosenthal 247) / 술과 풍요의 그리스 신 디오니소스Dionysus의 신화와 그리스도의 죽음과 부활의 유사성을 제시하고 있다.(*NC* 241)

한 희곡 작품에서 발췌한 두 편의 노래

I

나는 보았다. 거룩한 디오니소스가 죽은 자리에
한 처녀가 눈을 반들거리고 서있다가,
그의 옆구리에서 심장을 꺼내어,
손에 받쳐 들고
박동하는 그것을 가져가는 걸.
그러자 봄이 되면 뮤즈들이 모두
'위대한 해'의 노래를 불렀다,

- 1연(1-8행)은 그리스 문명의 종말에 대한 예언이다.
- 1-5행은 디오니소스의 신화이다. 그는 인간인 페르세포네Persephone와 신인 제우스 사이에 태어난 아들이다. 제우스의 아내 헤라Hera의 질투로 말미암아 거인들의 손에 의해 갈가리 찢겨 살해되었으나 아테나 여신이 그의 심장을 끄집어내어 제우스에게 갖다주자, 제우스는 거인들을 죽이고는 그 심장을 삼켰다가 디오니소스를 다시 태어나게 하는데 이번에는 또 하나의 인간인 세멜레Semele의 몸에서 태어나게 하였다.
- 2행의 한 처녀는 아테나Athena 여신. 지혜, 예술, 공예, 전술의 여신이다. 아테나 여신은 눈이 맑거나 잿빛이다.(Ellmann 261) / 이 여자는 데메테르Demeter나 헤라Hera와 같은 측면도 있다.(Whitaker 104)
- 5-7행은『비전』254쪽에 인용된 구절이다. 춘분의 신비를 암시한다. 그때는 카이사르가 암살되고 예수가 처형된 때이다.(Albright 659)
- 7행의 위대한 해Magnus Annus는 대주년大周年. '플라톤의 해'Platonic Year라고도 한다. 플라톤의 해는 고대 그리스 천문학자 프톨레마이오스Ptolemaeos가 3만 6,000년의 주기를 플라톤의 해라고 명명한 데서 유래한다. 대주년은 천체가 회전하다가 모두가 제자리로 돌아오는 해를 말한다. 예이츠는 이 해에 신의 탄생과 죽음, 가령 디오니소스의 죽음과 예수의 탄생 같은 역사적 사건의 순환을 연관시켰다.(Suzuki 138; Conner 116)

As though God's death were but a play.

Another Troy must rise and set,
Another lineage feed the crow,
Another Argo's painted prow
Drive to a flashier bauble yet.
The Roman Empire stood appalled:
It dropped the reins of peace and war
When that fierce virgin and her Star
Out of the fabulous darkness called.

- 8행은 인간에게는 비극인 역사 관련 연극이 뮤즈들에게는 희극으로 간주된다는 것. 그들은 인간의 고통스러운 광경을 보고 심미적인 즐거움을 맛보기 때문이다.(Albright 660) / 뮤즈들의 놀이로 간주되는 것은 신의 죽음과 재생이 역사 순환의 한 부분이며, 해마다 되풀이되는 의식이기 때문이다.(Ellmann 261)
- 2연(9-16행)은 연극의 의미 제시.(Whitaker 104) 절망적인 상황이다.
- 9-12행은 베르길리우스의「제4전원시」Fourth Eclogue의 번안이다.(Henn 126; Jeffares 270; Ellmann 261)

신의 죽음이 한 편의 연극인 것처럼.

또 하나의 트로이가 기필코 떴다 지고,
또 하나의 혈통이 까마귀를 양육하고,
또 하나의 채색한 아르고호의 뱃머리가
그보다 더 번드레한 곳으로 달려간다.
로마제국이 깜짝 놀라 멈춰 섰다.
로마제국은 평화와 전쟁의 고삐를 놔버렸다,
저 강직한 동정녀와 그녀의 '별'이
전설 같은 암흑에서 소리쳤을 때.

1926

- 11행의 아르고호Argo는 영웅 이아손Jason이 원정대와 함께 '황금 양털'the Golden Fleece을 찾아 나섰을 때 타고 간 배이다.(Conner 9)
- 13행의 로마제국이 깜짝 놀라 멈춰 섰다는 것은 기독교 신자 600만이 6,000만 인구의 로마제국을 기독교로 개종시키고, 종국에 가서는 로마제국을 멸망케 함을 말한다. 이는 기본Gibbon의 사관. 예이츠도 같은 생각을 했다.(*NC* 243)
- 15행의 저 강직한 동정녀와 그녀의 '별'은 성모 마리아와 아기 예수. 지상에 떨어진 별로 간주한 것이다.(Albright 660)

II

In pity for man's darkening thought
He walked that room and issued thence
In Galilean turbulence;
The Babylonian starlight brought
A fabulous, formless darkness in;
Odour of blood when Christ was slain
Made all Platonic tolerance vain
And vain all Doric discipline.

Everything that man esteems
Endures a moment or a day.

- II부는 신적인 연극에서 인간적인 연극으로의 이행을 말하고 있다.(Whitaker 105) / 거대한 역사적인 주기와 인간 개체 경험의 작은 주기들의 유사성을 거론하면서, 크든 작든 어둠을 밝히는 것은 인간의 심장이라는 것이다.(Unterecker 186-187)
- 1, 2연의 창작 시기와 발표 시기는 다르나 나중에 하나로 묶은 시이다. 1연은 1926년 작, 1927년 발표했고, 2연은 1930년과 1931년 사이에 창작, 1931년에 발표한 것이다.(*NC* 238; Albright 259)
- 1연(1-8행)은 기독교가 그리스적인 문화의 가치들을 죽게 했다고 말하고 있다. (Rosenthal 249)
- 2행의 그는 예수.(Albright 661)
- 3행의 갈릴리인의 소동은 그리스도의 탄생에 대한 예이츠의 은유이다. 그의 지상의 삶은 기독교 문명 주기에 선행된 그리스 문명 주기를 종식시켰다.
- 4-5행은 새로운 문명이 대두함을 말하고 있다. 문은 달이 없는 '암흑'의 밤, 즉 달의 제1상이다. 이는 새로운 문명의 탄생 시기이다.(Brooks *Modern* 182)

II

어두워지는 인간의 생각을 가엾게 여기고
방을 거닐다 그는 거기서
갈릴리인의 소동으로 종결지었다.
바빌로니아의 별빛이
불가사의한, 형체 없는 암흑을 가져왔다.
그리스도가 살해되었을 때의 피의 향기가
플라톤적인 관용을 무력하게 했고,
도리아적인 모든 규율을 무위로 만들었다.

인간이 존중하는 모든 것은
한순간이나 하루밖에 버티지 못한다.

- 4행의 바빌로니아의 별빛은 '수학의 별빛'Mathematical Starlight이라고도 하는 바빌로니아의 점성학을 말한다.「여명」The Dawn 5-6행 참조.(Albright 661)
- 5행은 바빌로니아 점성가가 예언한 것이다. 예수가 죽은 날, 정오부터 숨을 거둔 세 시 사이에 온 땅에 어둠이 덮인 것을 말한다.
- 6-8행은 기독교의 출현이 이성과 질서를 바탕으로 한 그리스 문명의 종말을 초래했음을 말하고 있다.(역가)
- 7행의 플라톤적인 관용은 기독교 이전의 그리스 고전시대의 아테네의 철학과 건축의 성격을 말한다. 다음 8행이 스파르타적인 것과 대비시킨 것이다.(*NC* 244)
- 8행의 도리아적인 모든 규율은 스파르타의 군대 같은 규율을 말한다.(*NC* 244)
- 2연은 정세를 역전시키는 순전한 인간적인 과정에 대한 명상이다.(Whitaker 106) / 애초에는 없었던 대목이다.(Ellmann 262)
- 9-14행은 변화에 대한 애도이다.(Rosenthal 249)

Love's pleasure drives his love away,
The painter's brush consumes his dreams;
The herald's cry, the soldier's tread
Exhaust his glory and his might:
Whatever flames upon the night
Man's own resinous heart has fed.

1927, 1931

- 11행은「그녀의 불안」Her Anxiety 10-11행을 참고할 것.(Albright 661)
- 12행은 세상은 그림의 유파와 같아서 몇 년 지나면 어떤 기교도 수명을 다한다는 예이츠의 말을 참조할 것.(Albright 661)

사랑의 기쁨은 사랑을 몰아내고,
화가의 붓은 그의 꿈들을 태워버린다.
전령의 고함소리, 병사의 구보는
그의 영광과 그의 힘을 소진한다.
밤을 밝히는 불꽃들이 무엇이건
인간 자신의 기름진 심장이 지핀 것이다.

1926, 1930 - 1931

- 15-16행은 극 내용과는 조금 어긋나게 보인다.(Ellmann 262) / 불사조적인 불길의 신비스러운 근원에 대한 찬양이다.(Whitaker 106) / 인간의 유일한 자산은 스스로 창조하는 가치일 뿐임을 말하고 있다.(Rosenthal 249)
- 16행은 영광을 위해서 불태우는 것은 디오니소스의 심장이 아니라 인간의 심장이라는 것이다.(Albright 662)

Blood and the Moon

I

Blessed be this place,
More blessed still this tower;
A bloody, arrogant power
Rose out of the race
Uttering, mastering it,
Rose like these walls from these
Storm-beaten cottages—
In mockery I have set
A powerful emblem up,
And sing it rhyme upon rhyme
In mockery of a time
Half dead at the top.

- 제목의 피는 태양에 해당한다. 달과 상반되는 행동적인 힘의 상징이자 객관성objective 및 기본primary의 상징이다. 그 밖에 다양한 상징으로도 활용된다.(Brooks *Modern* 179-180)
- 감성의 통합unification of sensibility의 좋은 예이다.(Brooks *Modern* 181)
- 1927년 7월에 있었던 오히긴스Kevin O'Higgins의 암살 소식을 듣고 그 충격 속에서 쓴 두 편의 시 중 하나이다.(Hone 387) / 추상적인 정치 시라고 할 수 있다.(Vendler 86) / 지배적인 어조는 씁쓸한 예언적인 언설이다.(Rosenthal 305)
- I부는 밸릴리 탑에 대한 축복과 아일랜드의 상황에 대한 주문이다.(Henn 13)
- 1행의 이곳은 밸릴리 탑Thoor Ballylee.(*NC* 272)

피와 달

I

이곳에 축복이 있으라.
이 탑엔 더욱 축복이 있으라.
피의 늠름한 힘이
종족으로부터 솟아나, 중얼대며
종족을 다스리고,
폭풍우에 찢긴 이 초가들로부터
이렇게 성처럼 솟아올랐으니—
나는 내심 조롱할 뜻을 품고
강력한 상징을 올려 세워,
차곡차곡 글을 쌓아 노래한다,
꼭대기가 반쯤 죽은 한 시대를
조롱하면서.

- 3-7행은 아일랜드의 역사와 현시대에 대한 비판이다.(Rosenthal 305) / 달을 향하여 피가 솟아오름을 말한다. 피는 자아, 송속 혹은 주관성, 혹은 자연 생명의 상징이고, 달은 영혼, 혹은 객관성, 혹은 자연으로부터의 탈출을 상징한다.(Albright 700)
- 6행의 초가들은 이 탑의 부속 건물들이다. 1919년에 새로 지붕을 이었다.(*NC* 272)
- 11행의 꼭대기가 반쯤 죽은은 이 탑이 완전히 복구되지 못했음을 말한다. 방 하나는 비워두었고, 지붕은 원래의 설계대로 수리하지 못하고 콘크리트로 처리했다. 제대로 수리하지 못한 탑의 꼭대기는 한편으로는 현대인과 현대 국가들의 부패상을 말하고, 또 한편으로는 방해받을지라도 여전히 상승하는 인간의 창조적 욕구를 상징한다.(Ellmann 148; *NC* 272)

II

Alexandria's was a beacon tower, and Babylon's
An image of the moving heavens, a log-book of the sun's
    journey and the moon's;
And Shelley had his towers, thought's crowned powers he
    called them once.

I declare this tower is my symbol; I declare
This winding, gyring, spiring treadmill of a stair is my
    ancestral stair;
That Goldsmith and the Dean, Berkeley and Burke have
    travelled there.

Swift beating on his breast in sibylline frenzy blind

- II부는 위대한 영국계 아일랜드인을 거론하고 그들과 밸릴리 탑을 결합시켜 탑의 고귀한 위상을 말하고 있다.(Jeffares 248; Rosenthal 306) / 그들은 정신적인 조상이다.(Vendler 83) / 예이츠는 이들을 지나치게 찬양하고 있다.(Bloom 377)
- 1-3행은 밸릴리 탑의 위상. 알렉산드리아의 등대와 바빌로니아의 탑 및 셸리의 상상적인 탑과 같은 위상이라는 주장이다.(Rosenthal 306) / 알렉산드리아의 등대는 기원전 280년경 축조하였고, 바빌로니아의 탑은 천체 관측용이다.(Albright 700) 이 둘은 고대 세계의 7대 불가사의에 속한다.
- 3행의 셸리의 탑은 「셸리 시의 철학」The Philosophy of Shelley's Poetry에 언급되어 있다.(*NC* 273)
- 4-6행의 밸릴리 탑은 예이츠 자신의 투쟁의 실체이며, 18세기 위대한 영국계 아일랜드인 네 사람(버크, 골드스미스, 스위프트, 버클리)과 연결된다.(Rosenthal 306)

II

알렉산드리아의 탑은 등대였고, 바빌로니아의 것은
움직이는 천공天空의 이미지, 태양과 달의 운행일지.
그리고 셸리는 일찍이 사상의 힘의 왕관이라 이름 지은 탑들을 가졌다.

나는 이 탑을 나의 상징이라고 선언한다. 굽이굽이 돌아 올라가는,
나선형 계단. 나는 이를 내 조상의 계단이라고 선언한다.
저 골드스미스와 수석 사제, 버클리와 버크가 거기 올라갔다.

무당 같은 광란으로 무턱대고 마구 제 가슴을 쳤던 스위프트,

- 5행의 내 조상은 예이츠의 지적인 조상, 즉 앞의 네 사람이다. 다음 행에서 이어 거론하고 있다. 이들은 예이츠처럼 모두 영국계 아일랜드인으로서 아일랜드에서 자랐고, 네 사람 모두 더블린의 트리니티 대학Trinity College, Dublin 출신이다. / 네 사람이 계단에 올라갔다는 것이 실제로 있었던 일은 아니다.(역자)
- 6행의 골드스미스Oliver Goldsmith(1728-1774)는 아일랜드 중부지방 태생의 시인이자, 소설가이다. 수석 사제는 스위프트Jonathan Swift(1667-1745)로, 『걸리버 여행기』(1726)의 작가이다. 말년에 더블린의 성 패트릭 대성당St Patrick's Cathedral의 수석 사제(1713)로 있었다. 버클리George Berkeley(1685-1753)는 영국 국교회의 주교이자 철학자이다. 버크Edmund Burke(1729-1797)는 아일랜드 출신의 영국 보수주의 정치가. 예이츠는 이 세상을 비전이라고 맨 처음으로 말한 버클리와 국가를 한 그루의 나무라고 최초로 지칭한 버크가 현대 사상의 토대가 되었다고 보았다.
- 7행의 무턱대고 마구는 'blind'의 번역이다. 무엇을 수식하는지 모호하다고 지적되는 말이다.(Harris 217) / 그러나 역자는 'blind'를 부사로 처리해서 번역하였다.

Because the heart in his blood-sodden breast had dragged him down into mankind,
Goldsmith deliberately sipping at the honey-pot of his mind,

And haughtier-headed Burke that proved the State a tree,
That this unconquerable labyrinth of the birds, century after century,
Cast but dead leaves to mathematical equality;

And God-appointed Berkeley that proved all things a dream,
That this pragmatical, preposterous pig of a world, its farrow that so solid seem,
Must vanish on the instant if the mind but change its theme;

Saeva Indignatio and the labourer's hire,

- 8행은 『걸리버 여행기』 4권을 염두에 두고 쓴 듯하다.(Albright 701)
- 9행의 마음의 꿀단지는 골드스미스가 만든 잡지 『꿀벌』*The Bee*과 관련 있을 것이다.(*NC* 274)
- 10-12행은 버크에 관한 서술이다. 버크는 정치가, 사상가로서 영국 의회에 진출하여 조지 3세와 그의 신하들로부터의 의회 해방, 미국식민지 해방, 아일랜드 해방, 동인도회사의 부당한 통치로부터의 인도 해방, 프랑스혁명에 나타난 자코뱅당의 반유신론에 대한 반대 등 다섯 가지 대의명분을 위해서 헌신했다. 그는 아일랜드와의 자유무역 및 가톨릭 해방을 주장하다가 1780년에는 의회 진출에 실패하기도 했다.
- 12행의 수학적인 평등은 버크의 저서(『프랑스혁명에 즈음하여』*Reflections on the French Revolution*, 1790)에서 프랑스혁명 이념에 대한 그의 비판적인 시각을 암시한다고 추정된다.(역자)

피에 젖은 가슴 속의 심장이 그를 인간 세상으로 끌어내렸기 때문.
마음의 꿀단지에다 고이고이 입을 축인 골드스미스,

그리고 당당하게 고개 쳐든 버크, 국가를 나무로 규정하고,
세월이 지나가면 갈수록, 새들이 마음대로 할 수 없는 이 미궁이
수학적인 평등에다 죽은 나뭇잎만 뿌린다고 증명한 그 사람,

그리고 하느님이 지명한 버클리, 사물은 모두 꿈이니까,
실용적인 꼴불견의 돼지 같은 이 세상과 무척 튼튼한 듯한
　　새끼들은
생각만 바꾸면 즉각 틀림없이 사라질 거라 증명한 그 사람,

'지독한 분노'와 노동자의 임금문제,

- 13-15행은 버클리에 관한 서술이다. 그는 '존재는 지각되는 것'To be is to be perceived이라는 전제에서 이 세상은 하나의 비전이며, 일체는 감각의 관념이라고 보고, 경험에 근거한 실체의 존재를 부정하고 인간이 품는 관념의 원천은 하느님이라고 주장하였다. 그의 철학사상은 데카르트, 로크, 뉴턴으로 이어지는 합리주의적인 논리에 반기를 든 주관적인 관념론subjective idealism이라고 알려져 있다. 예이츠는 이 세 사람의 합리주의자들이 빼돌린 세상을 버클리가 되찾아왔다고 생각했다. 버클리는 아일랜드의 경제적인 발전과 정신적인 향상에도 헌신했다.
- 13행의 하느님이 지명한 버클리는 성직자의 신분임을 밝힌다.
- 14행의 실용적인 꼴불견의 돼지는 아일랜드 화폐수수 상원위원회 의장직을 맡았을 때의 경험에서 우러나온 말이다.(*NC* 275)
- 16-18행은 네 사람에 대하여 마무리하는 핵심적인 언급이다.(역자)
- 16행은 스위프트와 골드스미스에 대한 언급이다. / 지독한 분노는 스위프트의 라틴어 묘비명의 서두에서 따온 'Saeva Indignatio'의 번역이다. 예이츠는 그 묘비명을 번역한 「스위프트의 묘비명」Swift's Epitaph을 발표했다(1929).(*NC* 275) / 노동자의 임금문제 관계는 골드스미스의 주제이다.(Albright 703)

The strength that gives our blood and state magnanimity of its
own desire;
Everything that is not God consumed with intellectual fire.

• 17행의 힘은 버크가 가졌던 것이다.(Albright 703)

우리들의 피에 제공하는 그 힘과 국가의 관용적인 욕망,
지적인 불길로 태워버린 하느님이 아닌 모든 것.

- 18행의 지적인 불길은 버클리의 사상에 속한다.(Albright 703)

III

The purity of the unclouded moon
Has flung its arrowy shaft upon the floor.
Seven centuries have passed and it is pure,
The blood of innocence has left no stain.
There, on blood-saturated ground, have stood
Soldier, assassin, executioner,
Whether for daily pittance or in blind fear
Or out of abstract hatred, and shed blood,
But could not cast a single jet thereon.
Odour of blood on the ancestral stair!
And we that have shed none must gather there
And clamour in drunken frenzy for the moon.

- III부와 IV부는 대조적인 피와 달의 상징을 확연하게 드러낸다. 즉, 행동과 명상, 힘과 지혜, 젊은 문명과 늙은 문명의 대조이다.(Brooks *Modern* 180)
- III부는 보름달이 비친 밸릴리 탑의 정경과 이와 대조적인 탑의 어두운 역사를 말하고 있다.(Rosenthal 306-307) / 탑과 나선형 계단은 낭만주의가 발견한 수많은 상징의 표현이다.(Bloom 378)

III

구름에 덮이지 않은 순결한 달이
옥상 바닥에 빛 화살을 던졌다.
칠백 년이 지나도 그건 순결하다.
순수한 피는 때를 묻히지 않았다.
저기, 피가 함빡 젖은 땅 위에는
그날그날 먹을 것 때문이건, 맹목적인 공포감,
혹은 모호한 증오심에서건 간에
군인, 암살자, 사형집행인이 서있다가 피를 흘려 왔다.
하지만 옥상에서는 단 한 줄기의 피도 뿌릴 수 없었다.
조상들이 사용했던 계단 위에 피 냄새라니!
그러니 피를 흘리지 않은 우리는 거기에 모여
광란에 도취되어 달을 향해 외쳐대야 한다.

- 3-4행은 탑이 장검長劍의 날처럼 수백 년간 때 묻지 않았음을 말한다.(Henn 135)
- 3행의 칠백 년은 이 탑이 지어진 지 칠백 년이 된다는 것이다.
- 5-7행은 오히긴스Kevin O'Higgins 살해 등에 대한 언급이다.(Bloom 379)
- 10행은 오히긴스 암살에 대한 언급이다. 화자의 눈앞에 그의 모습이 떠올랐다.(Harris 218)
- 11행의 피를 흘리지 않은 우리는 힘이 넘치지도 않고 현명하지도 않은 현대인이다. 혈기가 제대로 왕성하지도 않고 제대로 미치지도 못한다는 것이다.(Albright 704)

IV

Upon the dusty, glittering windows cling,
And seem to cling upon the moonlit skies,
Tortoiseshell butterflies, peacock butterflies,
A couple of night-moths are on the wing.
Is every modern nation like the tower,
Half dead at the top? No matter what I said,
For wisdom is the property of the dead,
A something incompatible with life; and power,
Like everything that has the stain of blood,
A property of the living; but no stain
Can come upon the visage of the moon
When it has looked in glory from a cloud.

1928

- IV부는 III부의 연장이다. I부 말미의 '조롱'의 주제를 다시 거론하고 있다. 즉 힘과 자신감에 넘치는 인간의 광란을 달빛이 조롱하고 있다.(Rosenthal 307)
- 1-5행은 탑 옥상의 정경이다.(역자)
- 2-3행에 묘사된 나비들은 흙벽 옆의 옥탑방에 들어간 나비들이 유리 창문에 붙어있다가 죽은 것들이다.(*NC* 275) / 이는 살인적인 시대의 상징.(Rosenthal 307) / 죽은 나비들은 죽은 지혜의 나비들이다.(Bloom 380) / 2행의 나비들과 4행의 나방들은 번데기로부터 죽어 변신한 영혼의 옛 상징이다.(Albright 704)
- 5-6행의 꼭대기가 반쯤 죽은 탑은 밸릴리 탑의 실제 상황을 말한 것이다.(Albright 704) / 시인 자신의 늙음과 문명의 늙음을 상징한다.(Brooks *Modern* 181)
- 6행의 내가 무슨 말을 했든 상관없지라는 말은 II부에서 말한 18세기 선각자들에 대한 찬양을 씁쓸하게 철회하는 언사이다.(Bloom 380)

IV

먼지 낀 번들거리는 창문에
거북등나비, 공작나비들이 달빛 환한 하늘에
매달려 있는 듯, 붙어있고,
한 쌍의 밤 나방들이 날아다닌다.
모든 현대 국가는 꼭대기가 반쯤 죽은
탑과 같을까? 내가 무슨 말을 했든 상관없지,
왜냐하면 지혜란 죽은 자들의 자산이고,
삶과는 양립하기 어려운 것이니까.
그리고 힘이란 피의 흔적을 가진 모든 것처럼
살아 있는 자들의 자산이지. 하지만
달이 구름으로부터 영광스럽게 내다보았을 때
그의 얼굴에는 어떤 흔적도 있을 수 없다.

1927. 8.

- 7-8행은 지혜란 죽은 자들의 자산이고 그렇게 말할 수 있는 권리는 산 자의 권리라는 것이다.(Rosenthal 307) / 7행의 지혜는 힘(9행)과 함께 존재할 수 없다.(Ellmann 229)
- 9-10행은 산 자의 소유물은 오직 힘뿐이며, 그 외 딴 것이 있다면 피의 흔적을 소유하는 것이라는 말이다.(Rosenthal 307) / 9행의 힘은 지적인 힘intellectual power을 말한다. 그것은 지식knowledge이지 지혜wisdom가 아니다.(Bloom 378)
- 11-12행은 때묻지 않는 달의 영광을 찬양하고 있다.(Bloom 380) / 달이 여전히 인간이 지향할 수 있는 목표나 인간을 다스릴 수 있는 존재인지, 아니면 그의 영광은 오직 인간의 온갖 노력을 조롱하는 것인지에 대해서는 명확하지 않고 그 해답은 열려 있다. 시인 역시 살아 있는 존재라서 판단할 수 있을 만큼 현명하지 못하기 때문이다.(Albright 704)
- 11행의 달은 탑과 대조된다. 즉 명상적인 인간과 행동적인 인간의 대조이다.(Henn 174) / 여기서 달은 불변하는 완전함을 말한다.(Ellmann 169)

Wisdom

The true faith discovered was
When painted panel, statuary,
Glass-mosaic, window-glass,
Amended what was told awry
By some peasant gospeller;
Swept the sawdust from the floor
Of that working-carpenter.
Miracle had its playtime where
In damask clothed and on a seat
Chryselephantine, cedar-boarded,
His majestic Mother sat
Stitching at a purple hoarded
That He might be nobly breeched

- 서구 역사에 관한 시이다.(Whitaker 109)
- 그림을 소재로 한 작품 중의 하나이다. 더블린 국립 미술관에 전시된 작자 미상의 17세기 그림인데, 이 그림은 격이 떨어지는 것이라 한동안 창고 신세를 졌다가 다시 전시되었다. 원래의 작품명은 '수태고지'이다. 임신한 마리아와 천사가 그려져 있고 그녀 옆에는 바느질감이 들어 있는 바구니가 있다.(Henn 257-258)
- 성직자들이 공들여 만든 마리아와 예수 이미지와 임신과 아기의 자연스러운 모습을 대조시킨 작품이다. 「레다와 백조」Leda and the Swan에서와 마찬가지로 신적인 데 대한 인간적인 것, 성직자에 대비되는 농부와 평범한 여인을 앞세운 작품이다.(Cullingford 163)
- 그리스도의 실제 뿌리와 그를 미화한 예술작품을 대조시키고 있다.(Albright 673)
- 1행의 참된 신앙이라는 말은 아이러니이다.(Albright 673)

지혜

참된 신앙이 발견된 것은
화판의 그림, 조상,
유리 모자이크, 창문 유리가
어느 농부 복음서 저자가
잘못 말한 것을 고쳐 주고,
작업하는 저 목수의 마루로부터
톱밥을 쓸어내었을 때였다.
기적이 일어났다, 존귀한 그분의 '모친'이
다마스크 비단 옷을 입고,
금과 상아 장식의 삼목 의자에 앉아,
노아의 홍수도 결코 올라가지 못했던
별빛 빛나는 바빌로니아의 탑들에서
그분이 궁중의식 때 귀하게 입도록

- 4행의 농부 복음서 저자는 마태오Matthew, 마르코Mark, 루카Luke 혹은 요한John이다.(Albright 673)
- 6-7행과 9-10행은 비잔티움 교회가 노동자 계급 출신의 흔적을 없애버린 사실을 말한다.(Cullingford 163, 232)
- 6행의 목수는 마리아의 남편 요셉.(역자)
- 8행의 '모친'은 성모 마리아.(역자)
- 9-10행의 묘사는 그림의 것과는 관계가 없다.(Whitaker 110)
- 12행의 바빌로니아는 '기본'의 문명primary civilization. 레다Leda가 노대를 만든 '대립'antithetical의 그리스 문명 이전의 문명이다.(Albright 674)
- 13행의 그분은 'He'의 번역이다. 예수를 가리킨다.(*NC* 257)

In starry towers of Babylon
Noah's freshet never reached.
King Abundance got Him on
Innocence; and Wisdom He.
That cognomen sounded best
Considering what wild infancy
Drove horror from His Mother's breast.

- 16-20행은 종교적인 수사가 마리아의 육체적인 경험을 면밀하게 지우고 그것을 성화한 대목이다.(Cullingford 163)

오래 간직해둔 자줏빛 천으로
예복을 만들고 있었던 곳에서 말이다.
'풍요의 왕'이 그분을 '순진무구'에서 얻고,
그분은 '지혜'가 되었다.
설치던 젖먹이가 '어머니' 젖가슴으로부터
공포를 몰아낸 사실을 고려한다면
그 가문이 최고의 가문이라고 들렸다.

1927 발표

- 16-17행의 '풍요의 왕'King Abundance, '순진무구' 및 '지혜'와 그분은 각각 하느님 아버지, 성모 마리아, 그리스도이다.(Albright 674) / 따라서 16-17행은 성모 마리아를 통한 하느님의 아들 예수 그리스도의 탄생을 말한다.(*NC* 257)
- 19행의 마리아의 공포는 수태의 공포. 「하느님의 어머니」The Mother of God 1행의 '사랑의 세 겹의 공포'The threefold terror of love이다.(Cullingford 163) / 4-5행에서 말하는 '공포'이다.(Albright 674)

Fragments

I

Locke sank into a swoon;
The Garden died;
God took the spinning-jenny
Out of his side.

- 극도로 축소시킨 역사에 대한 비전의 격언시이다.(Whitaker 100)
- I부는 기계적인 논리에 의한 기독교 문명 주기의 종말 이미지.
- 1행의 로크John Locke(1632-1704)는 예이츠가 싫어했던 영국의 철학자이다. 인식론의 대가이자 정치사상가로서, 객관세계는 지성에 의해서만 인식 가능하다고 주장한 사람이다. 예이츠는 블레이크와 마찬가지로 이러한 추상적인 기계론에 반발하여, 로크를 데카르트 및 뉴턴과 함께 이 세상을 더럽힌 자라고 규정하였다.(*NC* 245) / 그는 르네상스 시대에 이룩한 통합된 의식unified consciousness(낙원)을 로크가 추상과 기계론으로 전환했다고 보았다.(Ellmann 263) / 그는 이 시에서 잘못된 기계적인 우주론의 창시자 역할을 하고 있다.(Albright 662)

단편적인 생각들

I

로크는 기절했다.
'낙원'은 죽었다.
하느님은 그의 옆구리에서
다축방적기를 꺼냈다.

- 2-4행은 이브가 태어난 『창세기』의 기록(2: 18-23)의 패러디이다. 즉, 아담의 옆구리에서 이브가 태어나 낙원을 잃게 되었듯이, 로크의 옆구리에서 산업혁명의 방적기가 태어나 기독교 문명의 낙원을 죽게 했다는 것이다.(*NC* 245)
- 3행의 하느님은 'God'. 우리나라의 경우, 개신교에서는 '하나님', 가톨릭에서는 하느님으로 통용되는데, 예이츠의 경우, 개신교 쪽과는 거리가 멀다고 생각되어 이렇게 표기했다.(역자)
- 4행의 다축방적기는 로크의 기계론적인 철학에 뒤따라 나온 산업혁명을 상징한다. 이는 혼자서 실 여러 가닥을 뽑을 수 있도록 고안된 방적기이다.(*NC* 245)

II

Where got I that truth?
Out of a medium's mouth,
Out of nothing it came,
Out of the forest loam,
Out of dark night where lay
The crowns of Nineveh.

1931

- II부는 I부에서의 주장이 허무맹랑한 개인적인 의견이 아님을 밝히고 있다.(Ellmann 264) / 이 시의 근원은 문헌적인 것이 아님을 말하였다.(Whitaker 101) / 시적인 영감과 통찰력의 성격을 거론하였다.(*NC* 245)
- 2-4행의 영매, 무의 세계, 숲 속의 양토와 6행의 암흑의 밤은 죽은 것들이 저장되어 텅 비어 있다가 재생되어 시적인 진실로 결실되는 곳이다. 이는 로크의 객관적 기계론에 맞선 예이츠의 지론이다.(Whitaker 101)

II

나는 그런 진실을 어디서 터득했을까?
그런 진실은 영매의 입에서,
무의 세계에서 나왔으며,
숲 속의 양토壤土에서,
니네베의 왕관들이 묻혔던
암흑의 밤에서 나왔던 거다.

1931?

- 3행의 무의 세계는「가이어들」The Gyres 22행의 '암흑 외 아무것도 없는 무의 세계'dark nothing를 참조할 것.(Albright 663)
- 5행의 니네베Nineveh는 기원전 1200년부터 고대 아시리아 제국의 수도. 티그리스 강 상류에 있었다. 기원전 705년부터 동방에서는 유례없이 번영했던 도시이다. 그러나 기원전 612년에 바빌로니아에 의해 폐허가 되었다. 19세기 중반에 유적이 발굴되었다.(Suzuki 155)

Why Should Not Old Men Be Mad?

Why should not old men be mad?
Some have known a likely lad
That had a sound fly-fisher's wrist
Turn to a drunken journalist;
A girl that knew all Dante once
Live to bear children to a dunce;
A Helen of social welfare dream,
Climb on a wagonette to scream.
Some think it a matter of course that chance
Should starve good men and bad advance,
That if their neighbours figured plain,
As though upon a lighted screen,
No single story would they find
Of an unbroken happy mind,
A finish worthy of the start.

- 역사는 진보하는 것이 아니라 흥망성쇠한다는 것을 천명한 작품이다.(Freyer 115) / 부당한 세상사에 대한 노인의 분통이 드러나 있다.(Rosenthal 353)
- 4행의 주정뱅이 언론인은 스밀리에R. M. Smyllie(1894-1954)를 암시한다. 그의 아버지는 『슬라이고 타임즈』*Sligo Times*의 편집인이었고, 스밀리에는 1934년부터 『아이리시 타임즈』*Irish Times*의 편집인으로 있었다.(*NC* 513)

노인들은 왜 발광하면 안 되는가?

노인들은 왜 발광하면 안 되는가?
사람들은 더러 보아 왔다,
플라이 낚시꾼의 건장한 팔을 가진
촉망되던 청년이 주정뱅이 언론인으로 변하고,
한때는 단테의 전부를 알던 소녀가
저능아와 살면서 자식들을 낳아 주고,
사회복지의 꿈을 가진 헬레네 같은 사람이
유람마차를 타고 아우성치는 것을.
사람들은 더러 당연시한다, 착한 자 굶기고
악한 자 받드는 것이 기회라는 사실을,
그리고 스크린 위에 비추어진 듯
이웃 사람들이 못생긴 얼굴로 등장하면,
그들은 처음이나 끝이나 마찬가지로
그칠 줄 모르는 행복한 얘깃거리를
여러 가지 발견하곤 한다는 사실을.

- 5행의 소녀는 이줄트 곤Iseult Gonne.(*NC* 513; Hassett 117)
- 6행의 저능아는 이줄트 곤의 남편 1902년생의 시인이자 소설가인 프랜시스 스튜어트Francis Stuart. 1920년에 이줄트 곤과 결혼했다(1968년에 재혼).(*NC* 514)
- 7행의 헬레네 같은 사람은 모드 곤, 혹은 마키에비츠Constance Markievicz를 염두에 두었을지도 모른다.(*NC* 514)

Young men know nothing of this sort,
Observant old men know it well;
And when they know what old books tell,
And that no better can be had,
Know why an old man should be mad.

1939

젊은이들은 이런 일을 전혀 알지 못한다.
눈치 빠른 노인들은 그걸 잘 안다.
그들이 옛날 책이 무얼 말하는가를 알고,
더 좋은 건 있을 수 없다는 것을 알 때,
한 노인이 왜 발광해야 하는가를 알아라.

1936. 1.

- 18-19행은 조너선 스위프트Jonathan Swift가 1704년에 발표한 『신구서적의 전쟁』*The Battle of the Books*에서 옛날 책이 현대의 것보다 낫다는 주장을 참고할 것.(Albright 805)

A Nativity

What woman hugs her infant there?
Another star has shot an ear.

What made the drapery glisten so?
Not a man but Delacroix.

What made the ceiling waterproof?
Landor's tarpaulin on the roof.

What brushes fly and moth aside?
Irving and his plume of pride.

- 그림을 소재로 한 작품 중의 하나이다. / 예이츠의 친구인 화가 리케츠Charles Ricketts의 작품과 관련되는 것 같은 작품이다.(Unterecker 286)
- 재림에 대한 교리문답식의 연속적인 질문으로 이루어진 시이다. 새로운 신의 탄생은 가장 화려한 극장 천재들의 손에 의해 무대가 장식되고, 대사가 작성되고, 연출되고 감독된 탄생신화이다.(Albright 837)
- 1-2행은 수태고지와 관련된다.(Henn 261)
- 2행의 또 하나의 별이 귀를 쏘았거든은 비잔티움의 수태고지 모자이크 그림에 별과 성모의 귀 사이에 줄이 그어져 있다는 예이츠의 기억에 바탕을 둔 것이다. 성모는 말씀을 듣고 잉태했다. 따라서 귀를 통해 별이 떨어져서 '말씀'이 태어나게 되었다.

어떤 탄생

어떤 여인이 거기서 제 아기를 껴안을까?
또 하나의 별이 귀를 쏘았거든.

무엇이 옷을 그렇게 번쩍이게 했던가?
딴 사람이 아닌 들라크루아였지.

무엇이 천장에 물이 새지 않게 했던가?
지붕 위에 덮은 랜도의 방수포였지.

무엇이 파리와 나방을 몰아내는가?
어빙과 그의 우쭐대는 자부심이지.

- 3-10행은 과격한 사람들과 관련된다. 이들은 달의 19-21상에 해당하는 인물들.(Henn 261)
- 4행의 들라크루아Delacroix(1798-1863)는 프랑스 낭만파의 대표적인 화가. 그를 동원한 것은 우렁찬 소리가 나는 이름이기 때문이다.(*NC* 422)
- 6행의 랜도Walter Savage Landor(1775-1864)는 영국 낭만주의 말기의 시인. 낭만적인 정서와 고전주의의 품격을 지닌 시를 썼다. 격렬한 성격의 소유자였다.
- 8행의 어빙Sir Henry Irving(1838-1905)은 영국의 유명한 연극배우. 예이츠가 10-11살 때 아버지를 따라 그가 출연한 <햄릿>을 관람하고 직접 만난 적이 있다. 그때 예이츠는 그의 늠름한 걸음걸이에 깊은 인상을 받았다.(Albright 837) / 우쭐대는 자부심은 'his plume of pride'의 번역이다. 이는 시시한 것들이 범접하지 못하게 함을 말한다.(역자)

What hurries out the knave and dolt?
Talma and his thunderbolt.

Why is the woman terror-struck?
Can there be mercy in that look?

1938

• 10행의 탈마Francois Joseph Talma(1763-1826)는 18-19세기에 파리 국립극장에서 비극의 명배우로 활약했다. / 벼락은 예이츠가 애비 극장의 배우 겸 감독인 프랭크 페이Frank Fay(1870-1931)를 두고 하늘에서 벼락을 불러 떨어지게 하는 탈마 계열에 속한다고 쓴 일이 있다.(Albright 838)

무엇이 건달과 멍청이를 후다닥 몰아내는가?
탈마와 그의 벼락 치는 소리지.

그 여인은 왜 겁을 집어먹었던가?
그런 모습에 자비가 있을 수 있는가?

1936. 8.

- 12행은 자비심과 인자함은 기독교시대와 연관되는 특징이지만 새롭게 태어나는 적그리스도는 자비로울 것 같지 않다는 것이다.(Albright 838)

The Great Day

Hurrah for revolution and more cannon shot!
A beggar upon horseback lashes a beggar upon foot.
Hurrah for revolution and cannon come again!
The beggars have changed places but the lash goes on.

1938

- 기독교의 지복천년Millenium을 신봉하지 않는 예이츠의 신념을 뒷받침하는 반계시적인 4행시이다. 1930년대의 예이츠는 서기 2,000년 이후에 닥칠 새로운 영웅시대에 대한 강한 예언과 현시대와 별로 다름없는 새로운 시대에 대한 예측과의 사이에서 우왕좌왕했으나, 더 신중하고, 더 체계적이고, 더 눈에 띄고, 더 자의식적인 그 무엇을 다시 만나게 되리라는 생각을 하게 된다. 이 작품은 그의 정치적인 핵심을 제공하는 단편적인 네 작품 중의 하나라고 실토한 바 있다. 나머지 세 작품은「파넬」Parnell,「패배」What was Lost,「박차」The Spur이다.(Albright 792)

위대한 날

혁명 만세 그리고 더 많은 축포를!
말을 탄 거지가 걸어가는 거지를 후려친다.
혁명 만세 그리고 다시 축포를 발사하라!
거지들이 자리를 바꾸었다. 그러나 매질은 계속된다.

1937. 1.

- 4행의 거지들이 자리를 바꾸었다. 그러나 매질은 계속된다는 서술은 1937년 데 발레라의 헌법에 의하여 세상이 뒤바뀌게 된 상황을 말한다. 가톨릭교회의 발언권이 득세하고 그에 따라 남성 중심 가부장제도가 강화되고, 여성의 지위는 위축되었다.(Cullingford 261)

The Old Stone Cross

A statesman is an easy man,
He tells his lies by rote;
A journalist makes up his lies
And takes you by the throat;
So stay at home and drink your beer
And let the neighbours vote,
Said the man in the golden breastplate
Under the old stone Cross.

Because this age and the next age
Engender in the ditch,
No man can know a happy man

- 제목의 옛 돌 십자가는 아일랜드의 유명한 문화유산이다.(Albright 796) / 땅에 매장된 영웅적인 인간의 입을 통해서 영웅시대의 부활을 예언하고 현실에 대한 부정적인 시각을 드러내면서 과거의 소리를 귀담아들을 것과 위대한 미래에 대해 생각할 것을 권유하고 있다.(Albright 795-796) / 정치가, 언론인, 음악이 모자란 배우 때문에 속이 상한 예이츠가 그들에게 가한 공격이다.(Jeffares 289)
- 1행의 정치가는 편리한 사람이라는 것은 정치가는 유랑 악사 같은 사람이라는 것이다. 「정치가의 휴일」The Statesman's Holiday 참조.(Albright 796)
- 3행은 실제로 있었던 일이다.(*NC* 395)

옛 돌 십자가

정치가는 편리한 사람,
그는 기계적으로 거짓말을 한다.
저널리스트도 거짓말을 만들어 내어
당신 멱살을 잡는다.
그러니까 집에 있다가 맥주나 마시고
이웃 사람들이 투표하게 놔둬요, 하고
　　황금빛 가슴받이 사내가 말했다,
　　옛 돌 '십자가' 아래에서.

이 시대와 다음 시대가
시궁창에서 빚어지기 때문에,
지나가는 어떤 녀석으로부터도

- 7-8행의 후렴은 드럼클리프Drumcliff와 로시즈Rosses 지역의 많은 유령 이야기 중 하나에서 착안해 만든 것이다. 예이츠에 의하면, 드럼클리프의 옛 공동묘지의 개암나무 십자가들 밑에 871년에 죽은 콘족Conn의 신앙심이 깊은 한 병사(Denadhach)가 누워 있는데, 얼마 전에 한 노파가 밤에 기도하러 교회에 들어갈 때 갑옷 입은 한 남자의 유령이 그녀에게 어디 가느냐고 묻더라는 것이다. 그 지역의 유식한 사람의 말은 이 유령이 그 공동묘지를 아직도 여전히 지키고 있다는 것.(*Mythologies* 92-93)
- 7행의 황금빛 가슴받이 사내는 오래된 돌 십자가 밑에 매장되어 있는 영웅적인 과거의 유령이다. 그 유령은 기사 복장을 하고 지하에서 내다보면서 세상의 움직임을 살피고 있다.(Unterecker 272)
- 9-10행은 새천년의 도래가 임박했다는 암시이다. 가이어의 회전이 바뀌기 직전에 무질서chaos한 시기가 있다.(Albright 796)
- 10행의 시궁창은 'ditch'의 번역이다.

From any passing wretch;
If Folly link with Elegance
No man knows which is which,
Said the man in the golden breastplate
Under the old stone Cross.

But actors lacking music
Do most excite my spleen,
They say it is more human
To shuffle, grunt and groan,
Not knowing what unearthly stuff
Rounds a mighty scene,
Said the man in the golden breastplate
Under the old stone Cross.

1938

- 11-12행은 과도기에는 새로운 가이어에 속하는 사람들을 식별하기가 어렵다는 말이다.(Albright 796)
- 17행의 음악이 결여된 배우 운운하는 것은 역사는 모두 연극이라는 것을 강조하기 위하여 화제를 정치에서 연극으로 돌린 것이다. 음악과 배우와의 관계는 예이츠가 사실주의 연극을 배격해온 것과 관련된다.(Albright 796)

행복한 사람을 알아낼 수 없다.
'어리석음'이 '우아함'과 연결되면,
뭐가 뭔지 아무도 모른다, 하고
　　황금빛 가슴받이 사내가 말했다,
　　옛 돌 '십자가' 아래에서.

그렇지만 음악이 곁여된 배우들이
내 비장함을 더할 수 없이 자극한다.
얼버무리고 투덜대고 신음하는 것이
더 인간적이라고 그들은 말한다,
시상의 것이 아닌 것이 위대한 장면을
마무리한다는 걸 모르고서, 하고
　　황금빛 가슴받이 사내가 말했다,
　　옛 돌 '십자가' 아래에서.

1937. 4 - 6.

- 19행은 예이츠 자신의 시 낭독 방법이다.(*NC* 395)
- 21-22행은 낭만주의 연극에 대한 진술이다.(역자) / 셰익스피어의 『태풍』*The Tempest* 4막 156-158행의 프로스페로Prospero의 대사 중, '우리는 꿈 위에 형성된 그런 것, 그리고 우리의 보잘것없는 일생은 한 번의 잠으로 마무리된다'를 참조할 것.(Albright 796)

3

예술과 가면의 시편

The Realists

Hope that you may understand!
What can books of men that wive
In a dragon-guarded land,
Paintings of the dolphin-drawn
Sea-nymphs in their pearly wagons
Do, but awake a hope to live
That had gone
With the dragons?

1912

- 상징주의 수법에 대한 옹호이다. 신화적인 환상의 활용을 정당화하고 있다.(Rosenthal 115) / 신화가 없으면 현실주의자들이 세상을 차지하겠지만, 그럴 수 없음을 말하고, 신화의 활성화만이 삶의 희망을 제공한다고 주장한다. 이는 다음으로 이어지는 짧은 두 시편의 토대가 되었다.(Unterecker 124) / 현실주의는 삶의 의지를 억압하는 반면에 낭만주의는 삶의 의지를 회복시킨다는 주제이다.(Albright 538) / 신화는 통합unity과 활력vitality의 능력을 회복시킨다.(Ellmann 108)
- 작품의 근원은 성 조지St. George의 전설들을 그린 그림이나, 이니쉬프리Innisfree 섬과 관련된 전설인 듯하다. 이니쉬프리의 전설은 섬의 한 나무 열매를 둘러싼 섬 주인의 딸과 그녀의 연인 및 섬을 지키는 용에 관한 것이다. 섬 주인 딸의 연인인 'Free'라는 젊은이가 열매 몇 개를 따달라는 부탁을 받고 용을 물리친 뒤 열매를 따서 먹어 보았는데, 그것 때문에 죽자, 그녀도 열매를 먹고 연인의 몸 위에 쓰러져 죽었다는 이야기이다.(*NC* 119)

현실주의자들

너희들이 내 말귀 알아들으리라 기대하겠지!
용이 지키는 땅에서,
돌고래가 끄는 진주 장식 마차들을 탄
바다 요정들의 그림들을 아내로 삼는
사내들의 책들이 할 수 있는 일은,
용과 더불어 사라진 희망을
일깨워 살리는 일 외에
무엇이겠는가?

1912. 12.

- 1행은 예이츠가 현실주의자들에게 그런 기대를 하지 않는다는 말이다.(Unterecker 124)
- 2행의 용이 지키는 땅은 검열이 행해지는 나라를 말한다.(Rosenthal 115)
- 3-5행은 신화를 활용하는 시인들의 작품들이다.(Unterecker 124)
- 5행의 사내들은 낭만주의자들을 말한다. 책들은 신화이다. 신화는 6-7행에서 희망을 일깨워 살리고 죽지 않게 하는 도구라고 하였다.(역자)

I

The Witch

Toil and grow rich,
What's that but to lie
With a foul witch
And after, drained dry,
To be brought
To the chamber where
Lies one long sought
With despair?

1914

- 제목의 마녀witch는 원고 상태에서는 암캐bitch로 되어 있다.(*NC* 120) / 마녀는 세속적으로 성공한 현실주의자들의 창녀이다.(Unterecker 124) / 앞의 시편과 마찬가지로 유물론, 사실주의(현실주의)의 목표와 이상주의적인 꿈의 성취를 대비시키고 있다.(Albright 539) / 성공에 대한 환멸을 드러낸 작품이다.(*NC* 120) / 돈에 집착하는 삶이 어떤 것인가를 성적인 혐오감의 은유를 동원하여 상상해본 것이다.(Rosenthal 115)

I

마녀

애써 부자가 되어 보렴.
그래 봤자 더러운 어느 마녀와
잠자리를 같이하고
그뒤, 정력을 다 빼고는,
오래 찾아다닌 어떤 분이
누워 있는 침실로
절망감과 더불어 인도되는 것 외에
도대체 무엇이겠는가?

1912. 5. 24.

- 1행의 부자 운운한 것은 예이츠의 경제적인 상황을 말한다. 1910년 이후에 나아지기 시작한 사실을 언급하였다.(*NC* 119)
- 5행의 오래 찾아다닌 어떤 분은 모드 곤에 대한 언급일 것이다. 가난한 예이츠는 처음에는 주눅이 들어 구혼하지 못했다.(*NC* 120)

II

The Peacock

What's riches to him
That has made a great peacock
With the pride of his eye?
The wind-beaten, stone-grey,
And desolate Three Rock
Would nourish his whim.
Live he or die
Amid wet rocks and heather,
His ghost will be gay
Adding feather to feather
For the pride of his eye.

1913 - 1914

- 제목의 공작새는 예술을 지칭한다.(Unterecker 124) / 거지 같은 예술가가 자유롭고 아름다운 세계의 즐거움에 도달한다는 내용의 작품이다.(Unterecker 124) / 앞의 작품 「마녀」The Witch 및 「천국으로 달려감」Running to Paradise과 함께 무소유를 권장하는 내용이다. 그중에서 무소유가 예술가에게 가장 뚜렷하게 이득을 준다는 취지의 작품이다.(Albright 539)
- 1행의 그의 눈의 자부심은 시인의 자부심이다.(Rosenthal 116) / 눈은 공작새 깃털의 눈 모양의 무늬를 가리킬 것이다.(역자)
- 2행의 위대한 공작새는 작품에 대한 작가의 자부심이 구현된 것이다.(Rosenthal 116)

II

공작새

그의 눈의 자부심을 가지고
위대한 공작새를 만든 그에게
재물이란 무엇인가?
바람에 시달린, 회색 돌 빛의
황량한 '세 바위'가
그의 변덕을 키우리라.
젖은 바위들과 헤더 사이에서
그가 살아 있거나 죽거나
그의 영靈은 흥겨워지리라,
그의 눈의 자부심을 위해
깃털을 하나하나 보태면서.

1914. 5. 발표

- 3행의 재물에 대한 경멸감은 「그레 록」The Grey Rock 55-56행 참조.

But never made a poorer song	하지만 더 묵직한 지갑을 갖기 위하여
That you might have a heavier purse,	결코 시시한 노래는 짓지 않았고,

- 4-9행은 인적이 드문 황량한 풍경일수록 더욱더 비전으로 인도해 준다는 것을 말한다.(Albright 539)
- 5행의 '세 바위'는 고유명사 'Three Rock'의 번역이다. 더블린 시를 내려다보고 있는 'Three Rock Mountain'을 말할 것이다.(*NC* 120)
- 9행의 그의 영은 시인의 상상력이다. 그가 죽은 뒤에도 기분이 날 때마다 새로운 깃털들을 계속 보태줄 것이라는 것.(Rosenthal 116)

A Coat

I made my song a coat
Covered with embroideries
Out of old mythologies
From heel to throat;
But the fools caught it,
Wore it in the world's eyes
As though they'd wrought it.
Song, let them take it,
For there's more enterprise
In walking naked.

1914

• 초기 시의 문체를 내버리겠다는 내용이다.(*NC* 127) / 시집『책임』*Responsibilities*의 마지막을 장식하는 작품. 예이츠적인 낭만주의의 종언을 선언하는 시이다.(Vendler 348) / 에즈라 파운드가 예이츠의 시에서 자신의 이론이 새로운 가락으로 나타난 것을 확인하고 크게 환영한 작품이다.(Albright 546)

외투

난 내 노래를 위해 외투를 만들었지,
옛 신화들로 수를 놓고
발뒤꿈치에서 목덜미까지
걸치게끔 했지.
하지만 바보들이 그걸 가지고 가서
저네들이 만든 양
사람들 보는 데서 입었네.
노래여, 그들이 가져가게 놔둬요.
벗고 다니면
기상이 더욱 넘쳐나니까.

1912

- 2행의 옛 신화들은 아일랜드의 전설들이다.(*NC* 127)
- 5행의 바보들은 'A. E.'의 몇몇 부하들. 'A. E.'는 조지 러셀George Russell(1867-1935)의 필명이다.(*NC* 127)
- 9행의 벗고 다니면은 '시의 너절한 장식품을 제거하면'이라는 말이다.(역자)

The Dolls

A doll in the doll-maker's house
Looks at the cradle and bawls:
'That is an insult to us.'
But the oldest of all the dolls,
Who had seen, being kept for show,
Generations of his sort,
Out-screams the whole shelf: 'Although
There's not a man can report
Evil of this place,
The man and the woman bring
Hither, to our disgrace,
A noisy and filthy thing.'
Hearing him groan and stretch
The doll-maker's wife is aware
Her husband has heard the wretch,
And crouched by the arm of his chair,

• 애초에는「동방박사 세 사람」The Magi의 자매편으로 발표된 작품이다. 동방박사 세 사람은 자연을 추구하는 책략, 그리고「인형들」은 자연을 거부하는 책략에 관련된다.(Albright 544-545) / 창조된 자(인형)가 창조주(주인) 위에 군림하는 반청교도적인 이념의 우의적인 시이다.(Rosenthal 119) / 인형이라는 예술작품은 인간이 만든 낡아빠진 도덕관념의 상징이다.(Rosenthal 119) / 자연과 예술을 대비시키고 있다.(Vendler 117)

인형들

인형 만드는 가게의 인형 하나가
아기 요람을 보고 법석을 떤다.
'저건 우리를 능멸하는 거야.'
그러나 전시용으로 장기간 보존되어
인형들의 여러 세대를 지켜보아온
인형 중에 가장 늙은 인형이 선반 전체에서
누구보다 큰 소리로 비명을 지른다.
'비록 이곳의 잘못을 알릴 수 있는 자
한 사람도 없지만,
우리에게는 창피하게도,
저 남자와 저 여자가 여기에
시끄럽고 더러운 걸 데리고 왔어.'
인형가게 안주인이 남편의 군소리와
기지개 켜는 소리를 듣고서
남편이 그 소리를 들은 줄 알고,
의자 팔걸이 옆에 쭈그리고 앉아,

- 3행의 저건은 가게 주인 부부의 아기이다.(Rosenthal 119)
- 12행의 시끄럽고 더러운 것은 인형이라는 예술품과 대비되는 우연하게 생긴 인간의 육신이다.(Unterecker 129)

She murmurs into his ear,
Head upon shoulder leant:
'My dear, my dear, O dear,
It was an accident.'

1914

- 19-20행은 부인이 아기 낳은 걸 부끄러워하면서 남편에게 변명하는 말이다. 이는 인간의 육체와 성을 무턱대고 죄악시하는 잘못된 시각을 반영한다.(Rosenthal 119)

어깨 위에 머리를 갖다 얹고
귀에다 대고 중얼거린다.
'여보, 여보, 오 여보,
그건 우연한 일이었어요.'

1913. 9. 20.

• 20행의 우연한 일은 계획에 없었던 임신을 말한다.(Albright 546) / 부인의 변명과 함께 인형 만드는 이는 자기의 성생활의 증거물인 시끄러운 아이들(자연)보다 자기가 만든 인형(예술) 편을 들게 된다.(Vendler 118)

Ego Dominus Tuus

Hic. On the grey sand beside the shallow stream
Under your old wind-beaten tower, where still
A lamp burns on beside the open book
That Michael Robartes left, you walk in the moon,
And, though you have passed the best of life, still trace,
Enthralled by the unconquerable delusion,
Magical shapes.

- 제목은 단테의『새로운 삶』*La Vita Nuova*에서 따온 말이다. 그 뜻은 영어로 'I, Thy Master'(나는 너의 주).(Rosenthal 194) / 예이츠는『말 없는 달 친구를 위하여』*Per Amica Silentia Lunae*(1917)의 전반부에서 이 작품에 대해 논평하면서 시인의 비전들은 자신의 것이 아니고, 어떤 무시무시한 낯선 매개체에 의한 것이라고 말하였다.(Albright 585)
- 1916-17년 겨울에 완성한 산문집『말 없는 달 친구를 위하여』의 서시로 발표한 것이다.(Jeffares 193) / 예이츠의 가장 위대한 작품은 못 되나, 가장 중심적이면서도 가장 말썽스러운 작품이다.(Bloom 204)
- 1909년 무렵에 창안한, 탄생 때의 '자아'self와 정반대되는 '반자아'anti-self에 대한 '가면'Mask 이론을 이상적으로 기술한 작품이다.(Albright 584) / 역사에 대한 비전의 절정에 이르러 더 복잡하게 전개된 상반된 존재의 대화이다. 더 완벽한 존재에 이르게 할지도 모를 반자아(혹은 그늘)에 대한 추구이다. 재생과 시간으로부터의 구출 의식이 은연중에 깔렸다.(Whitaker 67)
- 히크Hic와 일레Ille의 대화로 된 시이다. 히크는 객관성을 옹호하고, 일레는 주관성을 옹호한다. 발표 당시 더블린의 평은 '일레'가 예이츠라고 보는 것이 더 정확하다는 것이었다. 예이츠는 한 인간 내부에서 '자아'와 '반자아'의 충돌에 깊은 관심을 가졌다.(Jeffares 193) / 주로 '가면'Mask에 초점을 둔 시이다. 히크는 태양, 객관성을 말하고, 육신과 관련되며, 이미지가 아닌 자기 자신을 발견하려 하는 인간의 1차적인 표본primary specimen이다. 이와 대비되는 일레는 달, 주관성을 말하고, 영혼과 관련되며, 자신의 반대편인 '가면', 즉 이미지를 설정하여 자신의 진정한 성격을 발견하려는 인간을 말한다.(Unterecker 147)

나는 너의 주

히크. 당신은 잿빛 모래 위, 달빛 속에 거닐고 있군요,
바람에 시달린 당신의 옛 탑 밑 얕은 시냇물 가.
탑에는 마이클 로바티즈가 펼쳐 놓고 간 책 옆에서
여전히 램프가 불을 밝히고 있군요.
당신은 인생의 한창 시절을 지났지만,
여전히 감당할 수 없는 환상에 사로잡혀,
마술적인 형체들을 추적하시네요.

- 히크와 일레는 각각 라틴어로 '이 사람'This One과 '저 사람'That One의 뜻이다.(Rosenthal 192) / 일레는 예이츠 자신의 대변자이다.(Albright 585) / 히크는 과거의 예이츠. 즉, 비애에 젖은 내성적인 심정을 정서적으로 표현한 1890년대의 예이츠이다. 일레는 모더니스트가 된 예이츠, 즉 자신의 반대적 이미지를 '반자아'에 불러들인 강직한 면을 보여준 예이츠이다.(Vendler 251)
- 작품의 무대는 예이츠가 사들이기 전의 밸릴리 탑Thoor Ballylee 주변. 예이츠는 1900년부터 이 탑에 관심을 갖다가 1917년에 사들였다.(Lynch 9) / 밸릴리 탑을 최초로 언급한 시이다. 탑은 그의 시 작품의 상징이다. '각고 끝에 획득한 신비스러운 지혜의 이미지'.(Ellmann 148) / 밸릴리 탑을 계시의 땅으로 봉헌하고, '반자아'와 '역사의 큰 수레바퀴'the Great Wheel of History의 강론무대로 삼았다. 계시는 특정 공간과 불가분의 관계가 있다고 믿고, 이 터전을 가풍家風의 수호신genius의 공간으로 하는 작업에 착수한 것이다.(Harris 102)
- 2행에서 당신의 옛 탑이라고 했지만, 이는 소유의 뜻이 아니다. 이 말은 일레가 곧 예이츠를 지칭한다는 뜻을 내포하고 있다.(Albright 586)
- 3행의 마이클 로바티즈Michael Robartes는 가공인물. 환상적, 은둔자적, 철학적인 사색을 하는 예이츠의 분신. 「달의 제상」The Phases of the Moon, 「마이클 로바티즈의 이중적 비전」The Double Vision of Michael Robartes, 「마이클 로바티즈와 무희」Michael Robartes and the Dancer에 등장한다.(Conner 158-159) / 예이츠가 신비주의occultism의 스승으로 생각하는 사람.(Albright 586)
- 7행의 마술적인 형체들은 신비스러운 이미지들이다. 이는 자신의 '반자아'.(Thurley 146) / 마이클 로바티즈가 아라비아 사막에서 그전에 추적했던 형체들이다.(*NC* 167)

Ille. By the help of an image
I call to my own opposite, summon all
That I have handled least, least looked upon.

Hic. And I would find myself and not an image.

Ille. That is our modern hope, and by its light
We have lit upon the gentle, sensitive mind
And lost the old nonchalance of the hand;
Whether we have chosen chisel, pen or brush,
We are but critics, or but half create,
Timid, entangled, empty and abashed,
Lacking the countenance of our friends.

Hic. And yet
The chief imagination of Christendom,
Dante Alighieri, so utterly found himself

- 11-17행은 당시 예술의 일반적인 경향에 대한 '일레'의 비판이다. '우리'라는 말을 쓰고 있기 때문에 예이츠 자신도 포함된다.(Rosenthal 193)
- 12행의 그런 불빛 덕택은 중세와 르네상스의 영향을 말한다.(Albright 586)
- 15행의 비평가에 지나지 않는다는 것은 예이츠 자신이 훌륭한 비평가가 아니라는 말은 아니다.(O'Neill 130) / 비평을 최고의 예술이라고 간주한 오스카 와일드Oscar Wilde(1854-1900)와는 달리, 예이츠는 비평가를 상상력의 시신을 방부 처리하는 일종의 장의사라고 생각했다.(Albright 586) / 얼치기 창조는 'half create'의 번역이다. 이 말은 워즈워스William Wordsworth(1770-1850)의 시 「틴턴 애비」Tintern Abbey에 나오는 말이다.(Bloom 200)

일레.　　　　　　　　　나는 한 이미지의 도움을 받아
　자신에게 반대되는 것에 소리쳐, 내가 거의 다루지 못했던,
　거의 살펴보지 못했던 모든 것들을 불러내는 거지요.

히크. 그런데 나는 나 자신을 발견하고 싶지, 이미지는 아니에요.

일레. 그건 우리의 현대적인 소망이지요.
　우리는 그런 불빛 덕택에 온화한, 섬세한 마음을 밝혀온 반면
　초연한 옛날의 솜씨를 상실했어요.
　끌을 택했건 펜이나 붓을 택했건 간에,
　우리는 비평가에 지나지 않거나, 얼치기 창조밖에 하지 못해서,
　소심하고, 뒤얽히고, 속이 비고 겸연쩍어져,
　친구들의 지지도 받지 못하고 있어요.

히크.　　　　　　　　　　　　　　하지만
　기독교 세계의 대표적인 상상력의 소유자인
　단테 알리기에리는 아주 철저하게 자신을 발견하여

- 18-22행은 '히크'의 '자아' 시의 모델은 단테의 작품들임을 말한다.(Rosenthal 193)
- 19행의 단테 알리기에리Dante Alighieri(1265-1321)는 피렌체의 시인. 9세 때 몇 달 아래인 베아트리체Beatrice에게 매혹되었다. 그녀가 딴 사람과 결혼했지만 1290년에 죽자 정신적으로 심각한 위기를 맞았다. 그녀와의 정신적인 사랑이 『새로운 삶』*La Vita Nuova*(1292-1293)으로 결실을 맺었다. 1295년에 정계에 진출, 1302년의 정변으로 피렌체에서 추방되었다. 그 고난의 방랑 중에 『신곡』(1304-1321)을 썼다. 예이츠는 자기 자신과 마찬가지로 단테가 반자아를 동원한 시의 마스크를 활용한 위대한 시인이라고 간주하였다. 그리하여 예이츠는 자신과 마찬가지로 그를 이상적인 달의 17상에 위치시켰다.(Conner 43-44; Suzuki 54-55)

That he has made that hollow face of his
More plain to the mind's eye than any face
But that of Christ.

Ille. And did he find himself
Or was the hunger that had made it hollow
A hunger for the apple on the bough
Most out of reach? and is that spectral image
The man that Lapo and that Guido knew?
I think he fashioned from his opposite
An image that might have been a stony face
Staring upon a Bedouin's horse-hair roof
From doored and windowed cliff, or half upturned
Among the coarse grass and the camel-dung.
He set his chisel to the hardest stone.
Being mocked by Guido for his lecherous life,
Derided and deriding, driven out

- 22-25행의 '일레'의 질문은 완곡한 부정의 수사적인 의문문이다.(Thurley 147)
- 23행의 움푹하게 된 것은 반자아를 발견하려고 애쓰는 바람에 살이 빠진 자아의 모습이다.(Albright 596)
- 25행의 사과는 단테가 추구한 낙원의 상징이지만 도달할 수 없는 곳이다.(Harris 96)
- 26행의 라포Lapo Gianni(c.1270-1328)는 피렌체의 시인이자 단테의 친구이다.(*NC* 170) / 귀도Guido Cavalcanti(c.1255-1300)는 피렌체의 시인이자 철학자. 단테의 선배 시인이다. 단테가 그에게『새로운 삶』을 헌정하였다.
- 27행의 상반된 것에서 만들어진 것은 단테의 움푹한 얼굴은 그의 마스크라는 뜻이다.(Lynch 89)

그리스도의 얼굴 말고는 어느 누구의 것보다도
마음의 눈에 그의 그 푹 꺼진 얼굴을
더 선명하게 만들었어요.

일레.   그런데 그가 자신을 발견했는지,
혹은 움푹하게 만든 그 굶주림이
도저히 손에 닿을 수 없는 사과나무 가지에 달린
사과에 대한 갈망이었는지? 그리고 그 유령 같은 이미지가
라포가 알게 된, 귀도가 알게 된 그 사람인지?
내 생각엔 그의 상반된 것에서 만들어진 것으로 보여요.
문과 창문이 달려 있는 절벽이나
거친 풀과 낙타 똥 사이에 반쯤 노출된 벼랑에서
베두인 족의 말총 지붕을 빤히 내려다보는
돌 같은 얼굴이었을지 모르는 모습 말이죠.
그는 가장 단단한 돌에다 끌을 갖다 댔어요.
호색적인 생활로 귀도의 놀림감이 되고,
조롱당하고 조롱하면서, 추방되어

- 28행의 문과 창문이 달려 있는 절벽은 이 탑을 가리킨다. 아라비아적인 것을 풍기지만, 풍우에 시달리기 전 이 탑의 원래 모습을 말한다.(Harris 104) / 이는 요르단의 고대도시 페트라Petra를 염두에 둔 것 같다.(Albright 587)
- 30행의 베두인 족은 아라비아의 유목민. 떠돌아다니는 인간의 '보편적인 꿈'의 무상함을 말하고 있다.(Harris 104)
- 31행의 돌 같은 얼굴이었을지 모르는 모습은 이 탑의 가장 두드러진 모습이다. '돌 같은 얼굴'은 자기 정체를 잃지 않고 최대한 순수한 본질로 돌아갈 수 있는 인류를 말한다.(Harris 104)

To climb that stair and eat that bitter bread,
He found the unpersuadable justice, he found
The most exalted lady loved by a man.

Hic. Yet surely there are men who have made their art
Out of no tragic war, lovers of life,
Impulsive men that look for happiness
And sing when they have found it.

Ille. No, not sing,
For those that love the world serve it in action,
Grow rich, popular and full of influence,
And should they paint or write, still it is action:
The struggle of the fly in marmalade.
The rhetorician would deceive his neighbours,
The sentimentalist himself; while art
Is but a vision of reality.

- 35행의 저 계단은 단테가 마치 이 탑의 계단을 올라간 것처럼 상상하는 것이다. '일레'의 명상의 핵심은 이 탑에 단테를 조상으로 모시려는 것임을 말하고 있다.(Harris 103)
- 37행의 가장 고귀한 여인은 베아트리체Beatrice Portinari(c. 1266-1290).(*NC* 171; Albright 587)
- 45행의 마멀레이드 속에서 허덕이는 파리는 행동적인 사회개혁자를 가리킨다.(Thurley 148) / 자신을 인류와 동일시하는 시인들의 운명을 가엾게 생각하고 있다.(Harris 205)
- 46-51행은 시인의 역할을 말하는 대목. 개혁자적인 역할이나 충동적인 행복 추구의 기쁜 노래를 거부하고 있다.(Thurley 148)

저 계단에 올라가 그런 쓰디쓴 빵을 먹고,
설득하기 불가능한 올바름을 발견했고,
인간의 사랑을 받는 가장 고귀한 여인을 발견한 거지요.

힉. 그렇지만 비극적인 전쟁이 아닌 것을 소재로,
인생을 사랑하는 사람들, 행복을 찾고 그것을 발견했을 때
노래하는 충동적인 사람들을 소재로 예술을 창작해온
그런 사람들이 확실히 있어요.

일레. 아니에요, 노래하는 게 아니지요.
왜냐하면 현세를 사랑하는 자들은 행동으로 현세에 봉사하고,
부를 모으고, 인기 얻고 영향력이 엄청나니까요.
그리고 그림을 그리거나 글을 쓰더라도 여전히 그건
행동입니다.
마멀레이드 속에서 허덕이는 파리의 버둥거림과 같지요.
사변가들은 이웃사람들을 기만하려 하고,
감상주의자들은 자신을 속이려 하지요.
그 반면, 예술이란 실체의 관조일 따름이죠.

- 46행의 사변가들은 세속적인 효과를 노리는 행동적인 예술가.(Albright 587)
- 48행의 실체의 관조a vision of reality란 리얼리즘의 주장이 아니고, 무엇이 진실인가에 대한 비전의 추구를 뜻한다.(O'Neill 131) / 실체의 관조란, 예술가의 길은 청중을 향하는 것도 자신을 향하는 것도 아니라 실체reality를 향하는 것이라는 것. 비전과 실체의 두 낱말은 보통 상반되지만 두 낱말을 결합함으로써 예이츠는 그들을 피차의 거울로 만들었다.(Vendler 253-254) / 실체의 관조는 참다운 예술이란 자신이나 타인의 정서나 견해를 다루지 않고 자아가 아닌 반자아를 향한 투쟁이라는 것.(Albright 587)

What portion in the world can the artist have
Who has awakened from the common dream
But dissipation and despair?

Hic. And yet
No one denies to Keats love of the world;
Remember his deliberate happiness.

Ille. His art is happy, but who knows his mind?
I see a schoolboy when I think of him,
With face and nose pressed to a sweet-shop window,
For certainly he sank into his grave
His senses and his heart unsatisfied,
And made—being poor, ailing and ignorant,
Shut out from all the luxury of the world,
The coarse-bred son of a livery-stable keeper—
Luxuriant song.

Hic. Why should you leave the lamp
Burning alone beside an open book,

• 52-53행은 히크가 키츠를 단테와 마찬가지로(18-22행) '자아'의 시의 모델로 보려는 것이다.(Rosenthal 193) / 키츠John Keats(1795-1821)는 영국 낭만파 시인. 미적 감수성이 뛰어난 시인이다.

평범한 꿈에서 방탕과 절망밖에
일깨우지 못하는 그런 예술가는
세상에서 어떤 몫을 차지할 수 있을까요?

히크. 하지만
아무도 키츠가 현세적 사랑을 거부했다고 하진 않아요.
그분의 교묘하게 의도된 행복을 기억해 보세요.

일레. 그의 예술은 참 좋아요. 하지만 그의 마음을 누가 알겠어요?
나는 그분을 생각할 때, 과자 가게 창문에
얼굴과 코를 박고 있는 어린 학생을 떠올려요.
왜냐하면 틀림없이 그분은 그의 감각과 마음을
만족시키지 못하고 무덤에 들어갔으니까요.
또한—가난하고, 병약하고, 무지하고,
세상의 온갖 사치함으로부터 소외된,
아무렇게나 양육된 전세마차 관리인의 자식인지라—
화려한 노래를 지었으니까요.

히크. 당신은 왜 펼쳐 놓은 책 옆에다
램프 혼자 밝히고 있도록 버려두고서는

- 55-56행은 키츠의 시에 시인은 세속적인 사치에 참여할 수 없다는 말이 있음을 떠올리는 말이다.(Albright 588)
- 61행은 키츠의 동시대 사람들은 키츠의 비천한 출신과 시를 결부시켜 그를 조롱했음을 말한다.(Albright 588)

And trace these characters upon the sands?
A style is found by sedentary toil
And by the imitation of great masters.

Ille. Because I seek an image, not a book.
Those men that in their writings are most wise
Own nothing but their blind, stupefied hearts.
I call to the mysterious one who yet
Shall walk the wet sands by the edge of the stream
And look most like me, being indeed my double,
And prove of all imaginable things
The most unlike, being my anti-self,
And, standing by these characters, disclose
All that I seek; and whisper it as though
He were afraid the birds, who cry aloud
Their momentary cries before it is dawn,
Would carry it away to blasphemous men.

1917

- 64행의 이런 형체들these characters은 7행의 '마술적인 형체들'을 가리킨다.(Rosenthal 194) / 자아와 반자아를 따로따로 쳐서 복수로 표현한 것이다.(역자)
- 65행의 한자리에 앉아서는 앉아서 시를 쓰는 일을 말한다.(Albright 588)

모래 위에서 이런 형체들을 추적하는 거지요?
글이란 한자리에 앉아서 꾸준히 탁마함으로써,
그리고 거장들의 글을 모방함으로써 터득하는 것인데.

일레. 왜냐하면 나는 책이 아니라 이미지를 찾거든요.
자기 글 속에서 아주 현명한 그런 분들은
그들의 멍청한 맹목적인 마음밖에 가진 것이 없어요.
나는 시냇가 젖은 모래 위를 언젠가 걸어다닐
신비로운 이미지,
나의 진짜 분신이라, 나와 아주 비슷하게 보이고,
나의 반자아反自我라서,
온갖 상상되는 것들 중에서 가장 닮지 않은 그 이미지를 불러요.
나는 이런 형체들 옆에 서서, 내가 추구하는 모든 걸
털어놓아요.
나는 작은 소리로 속삭여 줘요,
새벽이 되기 전, 새들이 시시각각 큰 소리로
불경한 인간들에게 그걸 전할까봐
마치 그가 두려워하는 것처럼.

1915. 10. 5.

- 67행의 책이 아니라 이미지를 찾는다는 것은 시의 근원이 과거 시의 모방이 아니라, 성업의 영역 바깥에 있다는 주장이다. 즉, 반자아에 의하여 시인은 자신의 뮤즈가 될 수 있다는 것이다.(Albright 588) / 책은 과거 거장들의 모방을 암시한다.(O'Neill 131)
- 70행의 젖은 모래는 2행의 '얕은 시냇물'과 1행의 '잿빛 모래'가 결합한 것. 이는 파묻힌 그의 '반자아'가 땅에서 나와 물과 흙이 결합하여 '젖은 모래'가 되듯, '일레'가 정신적인 전체성에 도달하리라는 것을 시사한다.(Harris 103)

The Hawk

'Call down the hawk from the air;
Let him be hooded or caged
Till the yellow eye has grown mild,
For larder and spit are bare,
The old cook enraged,
The scullion gone wild.'

'I will not be clapped in a hood,
Nor a cage, nor alight upon wrist,
Now I have learnt to be proud
Hovering over the wood
In the broken mist
Or tumbling cloud.'

- 매는 예이츠의 연극에서 쿠훌린과 연관된다. 쿠훌린은 예이츠의 가면.(Unterecker 140)
- 1연은 모든 실용적인 인간의 주장. 매에서부터 시인에 이르기까지 모든 것에 공리적인 기능을 발견하려는 사람들의 주장이다.(Unterecker 140) / 예이츠는 자기 아버지에게서 '존재의 통합'Unity of Being이라는 용어를 듣고 그 내용을 아버지가 현악기에 비유하여 설명하는 데서 터득했다고 말하고, 통합의 적은 추상abstraction이라고 지적하면서, 추상이란 직업이나 계층이나 능력을 구분하는 행위가 아니고, 상호 격리시키는 일이라고 규정하고, 이 시구(1연)를 거기에다 인용하고 있다.(*Autobiographies* 190-191) / 따라서 1연에서 말하는 주제는 인간의 오만한 욕망이 인간의 다른 온갖 감성에서 따로 분리됨으로써 인간(시인) 내부에서 온갖 마찰을 일으키고 응어리를 만들어 낸다는 것이다.(Albright 573)

매

'하늘에서 내려오라고 매에게 일러라.
노란 눈이 부드러워질 때까지
두건을 씌우거나 새장에 가두어라.
식품저장소와 구이용 쇠꼬챙이가 바닥나고,
늙은 요리사가 화를 내고,
부엌 하인이 거칠어졌으니까.'

'두건을 쓰거나 새장에 갇히거나
손목 위에 올라앉아 박수 받지 않을래요.
난 이제 숲 위의, 흩어지는 안개 속에서
혹은 뭉게구름 속에서
훨훨 날아다니면서
도도하게 구는 것을 배웠거든요.'

- 4행은 지성이 분리되어 시인이 빈곤한 처지에 놓이게 됨을 말한다.(Albright 574)
- 2연은 매의 대답이다. 자유를 발견한 매가 자신에 대한 인간의 요구를 거절하고 있다.(Unterecker 140)

'What tumbling cloud did you cleave,
Yellow-eyed hawk of the mind,
Last evening? that I, who had sat
Dumbfounded before a knave,
Should give to my friend
A pretence of wit.'

- 3연은 세속사회에 살지 않으면 안 되는 예술가의 문제를 다루고 있다. 시인의 입지에 대한 예이츠의 자문.(Unterecker 140-141)

'노란 눈을 가진 마음의 매여,
너는 어젯밤
무슨 뭉게구름을 갈랐는가?
악한 앞에서 말문이 막혀
앉아 있었던 내가 친구에게
재치 있는 척 뻐기다니.'

1916. 2. 발표

- 16행의 악한은 실용적인 주장을 하는 사람.(역자)
- 18행의 재치 있는 척 뻐기는 것은 예이츠의 가면Mask 이론의 암시이다. / 재치 있는 척하는 것이 시인이 할 수 있는 유일한 행위라는 것이다.(Albright 574)

The Balloon of the Mind

Hands, do what you're bid:
Bring the balloon of the mind
That bellies and drags in the wind
Into its narrow shed.

1917

• 중등과정의 학창 시절, 몽상적인 상념에 사로잡혔던 일과 관련된 것이다.

마음의 풍선

손이여, 명령대로 하여라.
바람에 부풀어 끌고 가는
마음의 풍선을
그것의 좁은 창고에 집어넣어 다오.

1917 이전

- 「매」The Hawk와 유사한 주제이다. 일상생활에서 유리된 지성을 다루기가 어려움을 말하고 있다. 예이츠의 학생 시절의 회고담을 참조. 그는 자기 생각이 아주 충격적이지만, 그것들을 다루어보려고 하는 것이 마치 세찬 바람이 불 때 풍선을 창고에 집어넣는 일과 같다고 하였다.(Albright 579)

Tom O'Roughley

'Though logic-choppers rule the town,
And every man and maid and boy
Has marked a distant object down,
An aimless joy is a pure joy,'
Or so did Tom O'Roughley say
That saw the surges running by,
'And wisdom is a butterfly
And not a gloomy bird of prey.

'If little planned is little sinned
But little need the grave distress.
What's dying but a second wind?
How but in zig-zag wantonness
Could trumpeter Michael be so brave?'

- 제목의 톰 오로클리Tom O'Roughley는 '로클리 마을의 톰'이라는 사람 이름이다.(*NC* 146) / 상상적인 인물이다. 예이츠의 거지와 바보 계층에 속하는 사람. 논리가 없고, 신중함이나 일관성이나 책임감이 없는 인물이다. 학자들과 대비된다.(Albright 564) / 로클리는 슬라이고 주의 리서델Lissadell 서쪽 로시즈Rosses 가까이에 있는 곳의 이름이면서 동네 이름이다. 그곳 주민들은 수염을 깎거나 손질할 줄을 모른다.(Albright 564) / 톰은 가공의 인물로서 소박한 어민, 바보이다. 'Tom'은 'Fool'과 같은 뜻. 바보의 일반적인 이름이다.(Albright 564) / 따라서 'Fool'과 마찬가지로 달의 28상에 소속된다.(*NC* 146)
- 1행의 논리의 도끼를 휘두르는 자들은 뉴턴Newton, 홉스Hobbes와 로크Locke일 것이다. 학자들 역시 여기에 속한다.(Unterecker 137; *NC* 145)

톰 오로클리

‘논리의 도끼를 휘두르는 자들이 동네를 지배하고,
성인과 처녀와 머슴애 모두가
아득히 먼 대상에다 표를 해놓았지만,
목적 없는 기쁨이야말로 순수한 것이야.’ 하고
톰 오로클리가 이렇게 말했다,
물너울들이 달려오는 것을 바라보던 그가.
‘그리고 지혜라고 하는 것은 나비이지,
우울한 맹금류 새가 아니야.

계획성이 없으면 거의 죄가 없어
크게 걱정할 필요가 거의 없다.
죽음이란 두 번째 굽이 외 무엇이겠는가?
변덕스러운 기분이 아니고서야 어떻게
나팔수 미카엘이 그렇게 멋질 수가 있겠는가?’

- 7행의 나비는 직간이 굽은 길. 곧, 지혜이다.(Unterecker 137; *NC* 145)
- 7-8행은 예이츠가 애용하는 문구이다.(Albright 565)
- 8행의 맹금류는 논리의 똑바른 길(예이츠의 말).(Unterecker 137; *NC* 146)
- 11행의 죽음이란 두 번째 굽이라는 것은 영혼의 재생은 인간 삶이 직선이 아니라는 사실을 암시한다.(Albright 565)
- 13행의 미카엘은 대천사의 하나. 용과 싸웠고 사탄의 군사를 쳐부수었으며 아담과 이브를 낙원에서 추방했다. 여기선 최후의 심판 때의 나팔수라고 썼지만, 이는 가브리엘의 소임이고 미카엘은 죄의 부세를 다는 저울을 가지고 있다. 그러나 예이츠는 미카엘이 죽은 자를 재생시키는 트럼펫을 가지고 있는 대천사라 하고 있다.(Conner 122, *NC* 84; Suzuki 144)

Or something of that sort he said,
'And if my dearest friend were dead
I'd dance a measure on his grave.'

1918

그는 이렇게 그런 투로 말했다.
'그리고 만약 내 가장 친한 친구가 죽는다면
그의 무덤에 가서 한바탕 춤을 출 거야.'

1918. 2. 16.

- 16행은 감상적인 추모에 대한 반발이다.(Ellmann 7)

Nineteen Hundred and Nineteen

I

Many ingenious lovely things are gone
That seemed sheer miracle to the multitude,
Protected from the circle of the moon
That pitches common things about. There stood
Amid the ornamental bronze and stone
An ancient image made of olive wood—
And gone are Phidias' famous ivories

- 발표 당시의 제목은「현 세계정세에 대한 성찰」Thoughts upon the Present State of the World이었고 창작시기가 1921년 5월이었던 것인데, 제목을 1919년이라고 고친 것은 1919년이라는 연도의 중요성을 고려한 것으로 보인다.(Albright 651) / *New Commentary*에는 창작연대가 1919년으로 기록되어 있으나(*NC* 229), 1920-1921년이라고 한다.(Albright 256)
- 제목의 1919년은 1918년 11월에 제1차 세계대전이 끝난 그다음 해. 따라서 아일랜드의 문제가 어떻게 해결될 것인가가 초미의 관심사로 주목받은 시기이다. 종전 뒤에 시행된 총선거에서 당선된 '신페인'Sinn Fein 당원들은 하원 의회에 들어가기를 거부하고, 1919년 여름에 대안 정부를 세웠다.(Tuohy 171) / 작품 창작 계기는 소위 말하는 '거르트Gort 사건'이다. 이 사건은 완전 주권국가인 아일랜드 공화국의 건설이 아닌 자치정부Home Rule 수립에 반기를 든 IRA와 이를 진압하려는 영국 육군 및 아일랜드 치안대(Royal Irish Constabulary) 간에 벌어진 전투 기간에 있었던 민간인에 대한 폭력사건이다.(*NC* 229) /「조각상들」The Statues과 더불어 근대 아일랜드의 역사적인 압박에서 비롯된 작품으로서, 한 시대의 종말을 명상하는 작품이다.(Whitaker 222)
- 원래의 제목이 풍겨주듯이 다분히 정치적인 주제같이 보이나, 실은 예술론을 전개하는 시이다.(역자) / 예술의 실패담. 예술은 현실도피도, 통찰력도 장식적인 기능도 할 수 없다는 내용의 시이다.(Albright 651)

1919년

I

정교한 수많은 아름다운 것들이 사라졌다.
그야말로 대중들에게는 기적 같았던 것들,
평범한 것들을 사방 던져버리는
달 회전의 주기로 보호받은 것 같은 것들이.
청동과 돌로 장식한 것들 사이에
올리브 나무의 옛 조각상이 서있었지—
그리고 유명한 페이디아스의 상아 작품들과

- I부는 그리스 문명과 기독교 문명의 두 문명 말기에 나타난 파괴적인 폭력현상을 거론하고 있다.(Unterecker 182)
- 1연(1-8행)은 역사는 진보하기보다 순환한다는 것을 대담하게 보여 주는 대목이다.(Rosenthal 238) / 그리스 문명 말기에 자행된 폭력의 예이다.(역자)
- 4행의 달 회전은 예이츠의『비전』에서 말하는 변하는 달의 여러 위상. 여기서는 마지막 위상이다.(역자)
- 6행의 올리브 나무로 만든 이미지는 아테네의 아크로폴리스Acropolis에 세워진 에렉테이온 신전Erechtheum에 있었던 아테나 폴리아스Athena Polias 조각상.(*NC* 230) / 올리브 나무는 신성한 나무. 포세이돈Poseidon과 아테나Athena 여신이 아티카Attica의 수호 문제로 다투었을 때 아테나 여신이 올리브 나무를 자라게 하여 승리하였다.(Albright 652)
- 7행의 페이디아스Pheidias, Phidias(c. 480-430? B.C.)는 기원전 5세기 그리스 고전주의의 최고 조각가이자 건축가. 파르테논Parthenon 신전 건립을 총감독하였다. 신전 장식 조각 작품으로서 상아와 황금으로 아테나 여신상을 만들고, 그 둘레에 황금의 여치와 꿀벌을 조각하였다. 그의 올림피아 제우스 상은 고대세계의 7대 불가사의 중 하나이다. 이들 절반은 17세기 후반 터키와 베네치아 간의 전쟁 중에 파괴되었다. 예이츠는 페이디아스를 예술의 최고조 시기인 달의 15상에 자리하도록 했다.(Conner 148; Suzuki 173)

And all the golden grasshoppers and bees.

We too had many pretty toys when young:
A law indifferent to blame or praise,
To bribe or threat; habits that made old wrong
Melt down, as it were wax in the sun's rays;
Public opinion ripening for so long
We thought it would outlive all future days.
O what fine thought we had because we thought
That the worst rogues and rascals had died out.

All teeth were drawn, all ancient tricks unlearned,
And a great army but a showy thing;
What matter that no cannon had been turned
Into a ploughshare? Parliament and king
Thought that unless a little powder burned
The trumpeters might burst with trumpeting
And yet it lack all glory; and perchance

- 8행의 황금의 여치는 페이디아스의 작품으로 알려져 있다. 당시 유행했던 아테네 여인들의 머리 장식 핀(브로치)이다.(*NC* 230) / 아테네 여인들이 여치 모양의 브로치로 머리를 묶었다.(Albright 652) / 꿀벌에 대한 언급은 월터 페이터Walter Pater의 저서 『그리스 연구』*Greek Studies*(1879)에 나온다.(*NC* 230)
- 2-4연(9-32행)은 1914년 이전의 사건들이나 보어 전쟁Boar War 이전의 일들이다.(*NC* 230) / 역사는 정의와 평화로운 세계로 진보해 왔다는 낙관론이 지배했던 제1차 세계대전 이전의 상황이다.(Rosenthal 238)

황금의 여치들과 꿀벌들 모두 사라졌다.

우리 또한 젊을 때 예쁜 장난감들 여럿 갖고 있었다.
비난이나 칭찬, 회유나 위협과는 무관한 법률,
햇빛 받은 밀랍인 양 과거의 잘못을
녹여버리는 관습들 말이지.
오랜 세월에 성숙되는 대중들의 생각,
그것은 언제까지나 생존하리라고 생각했다.
오, 우리는 얼마나 멋진 생각을 했던가,
천하의 불량배들, 악한들은 사멸되었다고 여겼으니.

이빨은 다 빠졌다. 온갖 옛 잔꾀들은 익히지 않았고,
엄청난 군대가 있지만 전시용일 뿐.
대포가 보습으로 변한 것
전혀 없었다 한들 어떠랴?
의회와 왕은 얼마간의 화약을 태우지 않으면
나팔수들이 나팔 불며 폭발할지 모른다고 생각했고,
그것으론 모든 영광 미흡할지 모르나,

- 16행은 1880년대의 낙관적인 시대 현상을 말한다.(*NC* 230)
- 3연(17-24행)은 현대 영국 문화에 대한 비판이다.(Whitaker 224)
- 17행의 이빨은 32행에 나오는 '족제비'의 것이다.(역자)
- 19행의 대포가 보습으로는 『구약성서』의 『이사야』 2장 4절에 있는 말이다. 『미가』*Micha* 4장 3절과 『요엘』*Joel* 3장 10절 참조.

The guardsmen's drowsy chargers would not prance.

Now days are dragon-ridden, the nightmare
Rides upon sleep: a drunken soldiery
Can leave the mother, murdered at her door,
To crawl in her own blood, and go scot-free;
The night can sweat with terror as before
We pieced our thoughts into philosophy,
And planned to bring the world under a rule,
Who are but weasels fighting in a hole.

He who can read the signs nor sink unmanned
Into the half-deceit of some intoxicant
From shallow wits; who knows no work can stand,
Whether health, wealth or peace of mind were spent
On master-work of intellect or hand,
No honour leave its mighty monument,

- 4연(25-32행)은 잠복된 무의식이 발동한 현상을 말한다.(Whitaker 224)
- 25행의 용은 영국의 상징이다. 아일랜드와 영국 간의 자치법(Home Rule) 실시에 관한 협약이 맺어지기 전인 1919년의 신페인당Sinn Fein의 반란을 진압하기 위하여 아일랜드에 파견된 영국경비대(Black and Tans) 약 6,000명과 제1차 세계대전 시 참전했던 장교로서 예비군에 소집된 대원들(Auxiliaries)을 말한다.
- 27-28행의 술 취한 병사의 행태는 쿨 파크Coole Park 근처의 거르트Gort에 있었던 잔혹한 일을 말한다. 한 부인(Mrs. Ellen Quinn)이 세 살짜리 아기와 함께 영국경비대에 의해 피살되고, 한 형제(Loughnane)가 살해되어 수족이 절단되었다.(*NC* 231)

위병들의 졸리는 군마들 설마 날뛰지는 않으리라 생각했다.

그런데 지금 시절은 대낮에도 용에 짓밟히고,
악몽이 잠을 타고 지나간다.
술 취한 병사가 어머니뻘 여인을 문간에서 살해하고
피투성이로 뒹구는 걸 방치해도 처벌받지 않는구나.
우리가 생각들을 모아 철학으로 엮어서,
세상을 법 아래 통제하려 했던 그전처럼
밤은 공포감으로 진땀을 흘릴 수 있겠구나,
지금 세상은 굴속에서 싸우는 족제비에 지나지 않는구나.

징표들을 읽고 어떤 얕은 지식의 마취제에
반쯤 속아 맥없이 빠지지 않는 사람,
건강이나, 재산이나 마음의 평화가
지식이나 손의 걸작 만드는 데에 소모되었건 아니건,
어떤 작품도 오래갈 수 없다는 것을 아는 사람,
어떤 명예도 강인한 기념비를 남길 수 없다는 것을 아는,

- 32행의 굴속에서 싸우는 족제비는 예이츠가 쿨 파크에서 이런 장면을 본 일이 있었다고 한다. 족제비는 인간의 양면 중 부정적인 측면이다.(Unterecker 182)
- 5연(33-40행)은 영혼은 고독한 존재로서 소멸될 운명이라는 인식이다.(Rosenthal 238)
- 33행의 징표들은 거의 판독하기 어려운 불길한 징표들을 말한다. 화자인 시인은 그것들을 알고 일깨워 주려고 한다.(Albright 653)

Has but one comfort left: all triumph would
But break upon his ghostly solitude.

But is there any comfort to be found?
Man is in love and loves what vanishes,
What more is there to say? That country round
None dared admit, if such a thought were his,
Incendiary or bigot could be found
To burn that stump on the Acropolis,
Or break in bits the famous ivories
Or traffic in the grasshoppers or bees.

- 40행은 일종의 후렴이다. III부의 20행 참조.(Albright 653) / 유령의 고독은 III부 1-2연에 서술되어 있는 시인을 가리킨다.(Whitaker 226) / 부서질은 'break'의 번역이다. 블룸은 'create'와 'mar'를 암시한다고 보고 있다.(Bloom 360)
- 6연(41-48행)은 족제비에 대비되는 인간의 긍정적인 측면을 말하고 있다. 이것은 하나의 위안거리이다.(Unterecker 182)
- 42행의 사라지는 것은 덧없음, 무상함. III부 18행, VI부 5행 참조.(Albright 653)

그런 사람에겐 오직 하나의 위안거리가 남아 있다.
온갖 성취감은 유령의 고독 위에선 부서질 뿐이리라는 것.

그렇지만 눈에 띌 어떤 위안거리는 있을까?
인간은 사랑에 빠지고 사라지는 것을 좋아한다.
그 이상 더 말할 게 있겠는가?
비록 그런 생각이 인간의 생각이라 하더라도,
선동가나 미신가가 아크로폴리스의 그 조각상을 불태우거나,
유명한 상아 조각품들을 박살내거나,
여치나 꿀벌들을 거래하다가 발각될 수 있다는 것을
그 나라 통틀어 어느 누구도 감히 받아들이지 않았었다.

- 45행의 그 조각상은 'that stump'의 번역이다. 이는 6행의 '올리브 나무의 옛 조각상'. (*NC* 229-230)
- 47행의 여치나 꿀벌들은 여치와 꿀벌을 조각한 작품들이다.(역자)
- 48행의 그 나라는 그리스이다. 그러나 여기서 말하고자 하는 바는 아일랜드에서 내란이 벌어지기 전에는 저택들을 불태운다는 것은 생각할 수 없었던 일이라는 것.(Jeffares 221)

II

When Loie Fuller's Chinese dancers enwound
A shining web, a floating ribbon of cloth,
It seemed that a dragon of air
Had fallen among dancers, had whirled them round
Or hurried them off on its own furious path;
So the Platonic Year
Whirls out new right and wrong,
Whirls in the old instead;
All men are dancers and their tread
Goes to the barbarous clangour of a gong.

- 1행의 로이 풀러Loie Fuller(1862-1928)는 미국 여성무용가. 1890년대에 파리의 극장에서 기발한 상징적인 무용으로 말라르메 같은 시인들을 매혹하였다. 천과 빛을 이용한 동양적인 무용을 선보였다.(*NC* 232; Conner 66)
- 3행의 하늘의 용은 I부 25행의 용에 짓밟힌 시절을 아름다운 이미지로 표현한 은유이다.(Albright 653) / 용은「재림」The Second Coming 21행의 '사나운 짐승' 이미지에 해당하는 카오스의 도래를 말한다.(Unterecker 183) / 용의 무용은 문명의 역사 주기를 상징한다.(Rosenthal 239)
- 6행의 '플라톤의 해'the Platonic Year는 고대 천문학자 프톨레마이오스Ptolemaeos가 지칭한 3만 6,000년의 주기.(*Vision* 1937, 248) 성좌들이 황도대zodiac를 한 바퀴 완전히 도는 기간이다.(Albright 653) / 2,000년을 주기로 하여 문명이 태어나 절정에 이르렀다가 몰락한다고 추정하는 해이다.(Rosenthal 239)

II

로이 풀러의 중국 무용수들이
피륙을 번쩍번쩍 휘감았다가 리본을 휘날렸을 때,
하늘의 용이 그들 사이에 내려와
그들을 흩날리게 하거나 용 자신의 광포한 길로
그들을 몰아가는 것 같았다.
그와 같이 '플라톤의 해'가
옳고 그름의 새것을 휘저어 몰아내고,
대신 옛것을 휘지어 끌어들인다.
모든 인간은 무용수, 그들의 발걸음은
요란한 야만적인 공 소리 쪽으로 향한다.

- 7-8행의 휘저어 몰아내고, … 끌어들인다는 무질서한 혼돈.(O'Neill 159)
- 9행의 모든 인간은 무용수에서 말하는 무용은 초기 시의 경우, 영원한 삶의 주된 즐거움의 상징이었으나, 후기 시에서는 인생의 끊임없는 활동을 축소한 상징이다. 아서 시먼스Arthur Symons는 '소유와 폐기라는 지상 생활의 형태와 상징'이라고 지적하였다.(Ellmann 167)
- 「모히니 채터지」Mohini Chatterjee 28행의 '인간들이 죽지 않는 발로 춤을 출지 모른다'는 것과 유사한 말이다.(Albright 654)

III

Some moralist or mythological poet
Compares the solitary soul to a swan;
I am satisfied with that,
Satisfied if a troubled mirror show it,
Before that brief gleam of its life be gone,
An image of its state;
The wings half spread for flight,
The breast thrust out in pride
Whether to play, or to ride
Those winds that clamour of approaching night.

A man in his own secret meditation
Is lost amid the labyrinth that he has made
In art or politics;
Some Platonist affirms that in the station

- 1연(1-10행)은 유령 같은 고독(I부 40행)에 대한 정의이다.(Whitaker 226)
- 1-2행의 고독한 영혼을 백조에 비유한 시인은 셸리Shelley.(Albright 654) / 그는 틀림없이 예이츠 자신이다.(Rosenthal 241) / 백조는 용의 머리를 가진 군중과는 대조적인 고독한 영혼이다.(Unterecker 183)

III

도덕적이랄까 신화적인 어떤 시인은
고독한 영혼을 백조에 비유한다.
나는 그것에 만족한다.
어지러운 거울이,
짧은 생명의 섬광이 사라지기 전의
그의 상황의 모습을 보여준다면 말이다.
비상하려고 절반쯤 펼친 날개,
놀이하기 위함이든,
임박한 밤을 외쳐대는
저 바람들을 타기 위함이든, 당당하게 내민 가슴.

은밀한 명상에 잠긴 사람은
자신이 만든 예술이나 정략의
미궁 속에서 길을 잃는다.
어느 플라톤주의자의 주장은

- 4행의 어지러운 거울은 역사.(Whitaker 226) 영국군과의 전쟁(the Balck and Tan War)이라는 거울이다.(Lynch 76) / 어지러운 거울은 백조. 백조는 역사 변화라는 수면의 물결에 비친 자신의 이미지를 연구한다.(Albright 654)
- 9-10행의 밤과 바람은 II부 3행의 하늘의 용.(Whitaker 226)
- 2연(11-20행)은 유령 같은 고독의 재정의 및 결말이다.(Whitaker 227)
- 14행의 어느 플라톤주의자는 토마스 테일러Thomas Taylor일 것이다.(*NC* 233) / 1연 1행에서 말하는 '시인'이다.(Rosenthal 241)

Where we should cast off body and trade
The ancient habit sticks,
And that if our works could
But vanish with our breath
That were a lucky death,
For triumph can but mar our solitude.

The swan has leaped into the desolate heaven:
That image can bring wildness, bring a rage
To end all things, to end
What my laborious life imagined, even
The half-imagined, the half-written page;
O but we dreamed to mend
Whatever mischief seemed
To afflict mankind, but now
That winds of winter blow
Learn that we were crack-pated when we dreamed.

- 19행의 다행스런 죽음이란 마음을 비우는 것은 쉬운 일이 아니니까, 죽음과 함께 사라질 수 있다면, 순수한 고독 속에 영혼을 자유롭게 하므로 다행이라는 것이다.(Rosenthal 241)
- 20행은 고독한 시인이 결국 압도당한다는 것이다.(Whitaker 227)
- 3연(21-30행)은 작품 전체가 풍기는 자조적인 면을 보여준다.(Whitaker 228)

육신과 하던 일을 버려야 할 단계에는
옛 습성이 남아 있는 법인데,
우리가 해놓은 것들이
오직 숨결과 더불어 사라진다면,
그건 다행스런 죽음이라는 것.
왜냐하면 성취감은 고독을 망칠 수 있을 뿐이니까.

백조가 황량한 하늘로 뛰어올랐다.
그 모습은 모든 것을 끝장내려는,
힘겨웠던 내 일생이 상상했던 것을,
반쯤 상상하던 것마저,
반쯤 쓰다 만 것마저 끝장내려는 무모함,
그런 격한 심정을 가지고 올 수 있다.
오, 우리는 인류를 괴롭힌다고 여겨진
어떤 악의라도 고쳐 보려고 오로지 꿈을 꾸었지.
하지만 이제 겨울바람이 불어오니
꿈꾸었던 그때의 우리 머리가 이상했다는 걸 알려무나.

- 21-25행은 고통을 수용하여 초월하지 못하고 괴질로 말미암은 파멸에 대한 욕망이 표현이다.(Whitaker 228)
- 26행의 격한 심정은 'rage'의 번역. 이런 번역의 근거는「초자연의 노래들」Supernatural Songs V부「리브가 기독교적인 사랑은 불충분하다고 생각하다」Ribb considers Christian Love insufficient 3-5행, '증오는 … 영혼으로부터 … 청소할 수 있는 … 인종의 싸리비'의 '증오'hatred와 비교되기 때문이다.(Albright 654) / 격한 심정은 자살의 열망.(Rosenthal 241)

IV

We, who seven years ago
Talked of honour and of truth,
Shriek with pleasure if we show
The weasel's twist, the weasel's tooth.

- IV부는 초월에 대한 시도의 실패담이다.(Whitaker 228) / 1914년 이후로 나타난 영국의 도덕적 해이를 말하는 대목이다. 족제비와 같은 우리의 행위에 대한 자신의 견책.(Rosenthal 242)
- 1행의 칠 년 전은 1912년의 얼스터Ulster 사건 때를 말한다.(*NC* 233)

IV

칠 년 전, 명예와 진실을
얘기했던 우리가
족제비의 왜곡, 족제비의 이빨을 드러내면
즐겁게 비명을 질러댄다.

- 2행의 우리는 영국 사람이나 아일랜드 사람을 불문하고 영국 땅의 문명인들이다. / 족제비의 왜곡은 'weasle's twist'의 번역이다. 1912년 당시와 상반된 말을 하는 것. 'twist'는 구어로 '식욕'이라는 뜻도 있다.(역자)
- 3행의 족제비의 이빨은 I부 32행(4연 8행)의 '굴속의 족제비' 참조. 이것은 위선적인 가장과 꿈들을 벗어 버리고 족제비로 화하는 시인을 가리킨다.(Albright 655)
- 4행은 자신과 동료도 '굴속에서 싸우는 족제비'와 유사하다는 것이다.(Whitaker 228)

V

Come let us mock at the great
That had such burdens on the mind
And toiled so hard and late
To leave some monument behind,
Nor thought of the levelling wind.

Come let us mock at the wise;
With all those calendars whereon
They fixed old aching eyes,
They never saw how seasons run,
And now but gape at the sun.

Come let us mock at the good
That fancied goodness might be gay,
And sick of solitude
Might proclaim a holiday:
Wind shrieked—and where are they?

- V부는 블레이크가 볼테르와 루소를 조롱했듯이, 1연에서 위대한 사람들, 2연에서 현명한 사람들, 3연에서 선한 사람들을 조롱하고, 4연에서는 조롱하는 사람들을 조롱하고 있다.(Bloom 358)

V

자, 위대한 사람들을 조롱합시다,
마음에 무거운 짐들을 지고
열심히 밤늦게까지 애써 일해서
후세에 어떤 기념비를 남기려고 하지만,
쓰러뜨리는 바람을 생각 못하는 사람들을.

자, 현명한 사람들을 조롱합시다,
늙은 아픈 눈일랑
온갖 달력에 고정시키고선,
계절이 어떻게 돌아가는지를 보지 못하고,
이제 멍하니 태양을 쳐다보기만 하는 사람들을.

자, 선한 사람들을 조롱합시다,
선함이 즐거울지 모른다고 상상했던 사람들,
그리고 고독이 진저리나서
휴일을 선포할지 모르는 사람들을.
바람이 비명을 질렀는데—그들은 어딜 갔는가?

• IV부와 마찬가지로 초월에 대한 시도의 실패담이다.(Whitaker 228) / 위기 시절에 우리보다 잘난 사람을 천박하게 조롱하는 데 대한 자책이다.(Rosenthal 242)

Mock mockers after that
That would not lift a hand maybe
To help good, wise or great
To bar that foul storm out, for we
Traffic in mockery.

• 16행의 조롱하는 자들을 조롱하라는 것은 III부의 30행과 IV부의 4행과 같이, 시인의 격분은 시인 자신에게 되돌아가는 것임을 말한다. 즉 파멸에 대한 욕구는 쉽사리 자신의 파멸 욕구로 향하게 한다는 것.(Albright 654)

다음에는 조롱하는 자들을 조롱하라,
사악한 태풍을 막기 위하여
선하고, 현명하고, 혹은 위대한 자들을 도와주려고
보나마나 손도 까딱하지 않으려는 자들을.
왜냐하면 우리는 조롱을 거래하니까.

- 19행의 손도 까딱하지 않으려는 자들은 시인들이다. 시인은 행동적인 인간을 내심 부러워한다.(Albright 655)
- 20행은 자신을 포함한 조롱하는 이들도 문화재 밀거래자들(1부 47행)보다 지체 낮은 인간이라는 것이다.(Whitaker 228-229)

VI

Violence upon the roads: violence of horses;
Some few have handsome riders, are garlanded
On delicate sensitive ear or tossing mane,
But wearied running round and round in their courses
All break and vanish, and evil gathers head:
Herodias' daughters have returned again,
A sudden blast of dusty wind and after
Thunder of feet, tumult of images,
Their purpose in the labyrinth of the wind;
And should some crazy hand dare touch a daughter
All turn with amorous cries, or angry cries,
According to the wind, for all are blind.
But now wind drops, dust settles; thereupon
There lurches past, his great eyes without thought

- VI부는 예언적인 비전이다.(Rosenthal 242)
- 1-5행은 내란 시의 상황이다.(Rosenthal 243)
- 3행은 시골 사람들의 유령에 관한 얘기 중에 말을 타고 다니는 유령도 있는데, 이럴 때 말에 치장한 것들을 말한다.(Albright 655)
- 6-12행은 요정 쉬들과 헤로디아Herodias의 딸 살로메Salome의 출현이 겹치는 장면이다.(Rosenthal 242-243)

VI

거리에서의 폭력, 기마병들의 횡포.
몇몇 말은 멋쟁이 기수들을 태우고,
무척 민감한 귀나 너풀거리는 갈기에 꽃이 달려 있다.
하지만 경마장 코스를 빙빙 도느라 기운이 빠져
모두 자취를 감추고, 악이 창궐한다.
헤로디아의 딸들이 돌아와
갑작스레 먼지바람이 일어나고
천둥 같은 발자국 소리 뒤엔, 어지러운 이미지들,
바람의 미궁 속, 그들의 의도가 드러난다.
어느 미친 손이 감히 딸을 건드리면
바람 부는 데 따라 모두가 애정 어린
혹은 성난 고함을 질러댄다. 모두가 눈이 멀기 때문.
그러나 이제 바람이 자고, 먼지가 가라앉는다.
그러자 거기에 뻔뻔스러운 악령 로버트 아티슨이,

- 6행의 헤로디아는 기원 전후의 유대 나라 왕 헤롯Herod의 후처. 그녀는 전남편의 딸 중 하나인 살로메를 부추겨, 헤롯 왕으로 하여금 그들이 결혼을 비난한 세례자 요한의 목을 치게 하였다. 중세시대에는 바람을 그녀 딸들의 춤이라고 생각했다. 예이츠는 여기서 고대 아일랜드 여신의 바람과 연관시키고 있다.(*NC* 234; Suzuki 106) / 헤로디아의 딸들의 복귀는 문명의 몰락을 가지고 오는 파괴적인 열정의 집단적인 광증이다.(Whitaker 230)
- 14행의 뻔뻔스러운 악령 로버트 아티슨Robert Artisson은 14세기 초, 킬케니Kilkenny에 나타난 악령이다. 고양이, 개, 흑인 등의 모습으로 변신하여 잠자는 여자를 범한다는 악마incubus이다.(*NC* 235; Conner 10; Suzuki 14)

Under the shadow of stupid straw-pale locks,
That insolent fiend Robert Artisson
To whom the love-lorn Lady Kyteler brought
Bronzed peacock feathers, red combs of her cocks.

[1920 - 1921] 1921

• 14-18행은 새로운 유령의 등장을 말하고 있다. '재림'의 스핑크스와 유사하지만, 인간의 형태를 취한지라, 그보다 더 불길한 징조이다.(Rosenthal 243)

밀짚 같은 희끄무레한 머리카락 그늘 밑,
멍청한 큰 눈을 갖고, 비틀거리며 지나간다.
남편을 잃어버린 키텔러 부인이 그에게
공작새 청동색 깃털과 수탉들의 붉은 볏을 바쳤지.

1919

- 17행의 키텔러 부인Lady Kyteler은 돈이 많은 미모의 14세기 마녀. 네 번 결혼하였다. 셋째 남편까지는 독살되고, 넷째 남편은 미쳐서 죽었다. 마녀라는 소문이 나서 재판을 받고 악마인 아티슨이 붙었다는 판결이 났다. 화형에 처하기로 했으나, 처형 전날 밤에 영국으로 도망쳐 소식이 끊어졌다. 집에는 여러 가지 기름과 약초 및 악마에게 바치는 아홉 마리의 붉은 닭과 아홉 마리의 공작새 눈이 있었다고 한다.(Suzuki 124-125; Conner 103-104)
- 18행의 공작새는 무한한 상상력의 상징이지만, 여기서는 미美가 공허하게 된 것을 말한다.(Ellmann xxi)

On a Picture of a Black Centaur by Edmund Dulac

Your hooves have stamped at the black margin of the wood,
Even where horrible green parrots call and swing.
My works are all stamped down into the sultry mud.
I knew that horse-play, knew it for a murderous thing.
What wholesome sun has ripened is wholesome food to eat,
And that alone; yet I, being driven half insane

- 이 시는 싱Synge이 머물면서 글을 썼던 아일랜드 글랜맬류어Glenmalure의 한 시골집에서 1920년 예이츠가 마담 맥브라이드Madame MacBride와 그녀 아들 및 그들이 잘 아는 솔켈드Cecil Salkeld라는 화가와 함께 잠깐 머물렀을 때, 솔켈드가 그린 수채화를 본 데서 비롯된 것이다.(Jeffares 226) / 처음 발표되었을 때의 제목은 'Suggested by a Picture of a Black Centaur'. 그러나 예이츠 부인에 따르면, 애초에 예이츠가 뒤락의 그림과 관련해 쓴 시를 나중에 이 여자의 그림을 보고 수정한 것이라고 하였다.(*NC* 249) / 예이츠 자신의 예술 진척과 부인의 자동기술 계시에 대한 만족감을 반영하는 격언적인 시이다.(Ellmann 264)
- 에드먼드 뒤락Edmund Dulac(1882-1953)은 프랑스 태생의 삽화가이자 음악가. 1912년경에 예이츠와 만나 함께 작업을 많이 하였다. 예이츠는 1933년의 시집『나선계단과 기타 시편들』*The Winding Stair and Other Poems*을 그에게 바쳤다.(Conner 51; Suzuki 65) / 1937년판『비전』39쪽에 나와 있는 상상적인 예지인인 기랄두스Giraldus의 초상화는 그가 만든 목판을 찍은 것이다.(Albright 666)
- 제목의 켄타우로스는 상반신은 인간, 하반신은 말인 야만의 종족. 예이츠는 인간과 말의 결합에서 보여 주는, 자연에 내장된 원시성에 주목하였다.(Suzuki 33) / 모든 예술은 민담에 등장하는 '켄타우로스'처럼 등과 튼튼한 다리를 가진 것이라야 한다는 것을 말하는 작품이다.(Unterecker 189)

에드먼드 뒤락의 검은 켄타우로스 그림에 관하여

그대의 발굽은 숲의 검은 가장자리를 뚜벅뚜벅 밟았다.
심지어 무서운 초록빛 앵무새들이 지저귀며 뛰어돌아다니는 거기.
내 작품들은 모두 짓밟혀 숨막히는 진흙 속에 묻힌다.
나는 그런 난장판을 알고 있었고, 그걸 살인적이라고 알고 있었다.
강한 태양이 성숙시킨 것은 건강한 식품, 그것만이 먹거리이다.
하지만 나는 어느 초록 날개 때문에 반쯤 미치다시피,

- 1행의 그대는 켄타우로스. 켄타우로스는 예이츠가 한때 토대를 구축하려 했던 아일랜드의 문화와 일치시키려 했던 것. 이 시가 쓰인 1920년에는 예이츠가 영국과 미국에서는 대접을 받았으나, 아일랜드에서는 그렇지 못했다. 당시의 민족주의자들이 벌인 난장판(Nationalist horse-play)은 살인적이었다(4행 참조).(Unterecker 189-190) / 켄타우로스는 상상력, 시의 뮤즈.(Ellmann 265) 2행의 앵무새와 대조적인 뮤즈로서, 자연발생적인, 즉흥적인, 역동적인 종류의 예술이다.(Albright 666) / 켄타우로스는 이상화된 또 하나의 반자아이다. 스위프트의『걸리버 여행기』에 나오는 인간과 유사한 이성을 가진 말 휘늠Houyhnm과 유사하다.(Bloom 366-367) / 숲은 일상적인 경험의 바깥 영역이다.(Ellmann 265) / 숲은 스위프트의 '어두운 숲'dark grove이다.(Bloom 367)
- 2행의 무서운 초록빛 앵무새들은 예이츠의 가족을 위협한다고 느낀 마귀 같은 세력들.(Unterecker 190) 그들은 딴 세상이 시인을 매혹하는 독소들이다.(Ellmann 265) / 미친 세상의 시적 폭력을 나타내는 악몽의 이미지이다.(Bloom 367) / 앵무새는 실체의 창조 대신에 현상만을 묘사하는 노예적인 모방 예술을 말한다.(Albright 666)
- 4행의 그런 난장판은 예이츠가 처음부터 명백하게 알고 있었던 위험한 상상력의 난장판이다.(Ellmann 265)
- 6행은 특히 연극계에서의 사실적인 모방 연극에 대한 예이츠의 반론에 대한 언급일 것이다.(Albright 666)

Because of some green wing, gathered old mummy wheat
In the mad abstract dark and ground it grain by grain
And after baked it slowly in an oven; but now
I bring full-flavoured wine out of a barrel found
Where seven Ephesian topers slept and never knew
When Alexander's empire passed, they slept so sound.
Stretch out your limbs and sleep a long Saturnian sleep;
I have loved you better than my soul for all my words,
And there is none so fit to keep a watch and keep
Unwearied eyes upon those horrible green birds.

1922

- 7행에서 언급하는 광기 어린 추상적 암흑mad abstract dark은 「단편적인 생각들」Fragments II부 4행의 '숲속의 양토'forest loam와 5행의 '암흑의 밤'dark night의 좀더 자연스러운 현상인 암흑과 혼동해서는 안 되는 암흑이다.(Ellmann 265) / 추상적 암흑은 『비전』 이면에 숨어있는 은밀한 신탁들이다. 예이츠는 『비전』이 지나치게 추상적인 것에 대해 자주 염려했다.(Albright 666) / 이집트의 밀알은 미라의 관 속에서 발견된 옛 이집트의 밀이다. 수천 년 뒤에도 싹이 틀 수 있는 씨.(Albright 666) / 전통적인 지혜이다.(Ellmann 265) / 씨가 뿌려진 뒤 수백 년 만에 익는 숨은 지혜를 암시한다. 예이츠가 이 시를 썼을 때 그는 『비전』에 담을 생각으로 가득 차 있었다. 그것들은 감추어진 숨은 진리로서 암흑으로부터 밝은 세상으로 드러내는 것이라고 생각했다.(*NC* 250)
- 9행의 일곱 에베소 술고래는 예이츠의 창작이다. 실은 '잠을 잔 일곱 에베소 사람'이다. 이들은 3세기경, 로마 시대에 기독교 박해를 피하고자 동굴에 숨어든 일곱 에베소 사람을 가리킨다. 그들이 약 200년간 잠을 자다가 깨어났을 때, 로마제국은 이미 기독교화되어 있었다. 에베소는 에게 해에 면한 소아시아의 고대 이오니아 도시. 초기 기독교 활동의 중심지였다.(*NC* 250; Conner 57; Suzuki 194)

광기 어린 추상적 암흑 속에서 이집트의 밀알을 수집하여,
한 알 한 알 빻아서는 그걸 오븐에 넣어 천천히 구웠다.
그러나 이제 나는 일곱 에베소 술고래들이
알렉산드로스의 제국이 지나가는 것도 모르고
그렇게 깊이 잠들었던 곳에서 발견된 술통에서
완전히 숙성된 포도주를 가지고 나온다.
그대의 사지를 죽 뻗고 기나긴 황금시대의 잠을 취하라.
나는 형언할 수 없으리만큼 내 영혼보다 그대를 사랑했었다.
그런데 저 무시무시한 초록빛 새들을 감시하고
지치지 않는 시선을 유지하는 데 걸맞는 자 없구나.

1920. 9.

- 10행은 시대착오적인 기술이다. 알렉산드로스의 제국은 기원전 356년에서 323년 사이이기 때문이다.(Albright 667)
- 12행의 완전히 숙성된 포도주는 예이츠가 완성한 『비전』을 말한다.(Unterecker 190) / 포도주는 자연적이고 본능적이며 생명의 근원에 가깝다.(Ellmann 265) / 완전히 숙성된 포도주는 이집트의 밀알로 상징되는 것보다 메마른, 철학적인 면이 적고 더 즐길 수 있는 종류의 시이다.(Albright 666)
- 13행의 그대는 상상력을 의미하는 켄타우로스이다.(Ellmann 265) / 기나긴 황금시대의 잠은 토성Saturn이 황금시대를 지배했고, 로마 시인 베르길리우스가 토성의 시대가 다시 올 것이라고 예언했던 것을 토대로, 화자인 시인 예이츠는 켄타우로스가 기본의 시대primary age가 가고 대립의 시대antithetical age가 다시 올 때까지 잠을 자기를 기대하고 있다.(Albright 667)

Meditations in Time of Civil War

I

Ancestral Houses

Surely among a rich man's flowering lawns,
Amid the rustle of his planted hills,
Life overflows without ambitious pains;
And rains down life until the basin spills,
And mounts more dizzy high the more it rains
As though to choose whatever shape it wills
And never stoop to a mechanical
Or servile shape, at others' beck and call.

- 연작시 제목 중, 내전the Civil War은 1922년 6월에서 1923년 5월까지 1년간 계속된 아일랜드의 내전을 말한다. 이는 1921년 12월에 영국과 아일랜드 대표 간에 조인되고, 1922년 1월 7일에 아일랜드 국민의회가 비준한, 북아일랜드를 제외한 26개 주의 자치령(Home Rule)에 대한 찬반으로 신페인당Sinn Fein 내부에서 분열되어, 양자 간에 벌어진 내전이다. 찬성파는 임시정부군the Regulars(Nationalist)이 되고, 반대파는 데 발레라(1882-1975)가 이끈 반임시정부군the Irregulars(IRA)이 되었다. 내전은 전국적인 규모로 벌어졌으나, 차츰 게릴라전으로 발전되었다.(*NC* 223; Suzuki 37, 114) / 내전은 예이츠가 밸릴리 탑에 머물러 있을 때 발발했으므로, 한동안 그는 외부세계와 단절되었다.(Jeffares 229) / 이 연작시는 내전 동안 주로 밸릴리 탑에서 쓴 것들이다.(*NC* 227)
- 이 시는 연작시 「1919년」Nineteen Hundred and Nineteen의 주제를 전반에 걸쳐 확장한 작품이다.(Jeffares 227) / 「재림」The Second Coming과 같이 달의 23상인 과도기(1927년)에 대한 또 하나의 비전을 제시한 작품이다.(Brooks, *Modern* 179)

내전 시기의 명상들

I

조상 전래의 저택들

어느 부유한 사람의 잘 가꾼 언덕들의 나무들이
살랑거리는 한가운데의, 꽃 피는 잔디밭 사이에는
야심찬 고통 없이도 생명력이 넘쳐난다.
그리고 생명력은 푹푹 쏟아져 분수대에 넘치고,
쏟아지면 쏟아질수록 더 아슬아슬하게 솟구친다,
어떤 형태로든 제 마음대로 선택하고,
타인의 명령에 결코 기계적으로나 굴종된 모습으로
몸을 숙이지 않으려는 것처럼.

- 개인적인 것과 역사적인 갈등의 합주곡이다.(Whitaker 171) / 예술은 여전히 폭력과 비극을 표현하는 것이지만, 그 폭력과 비극은 질서나 안정에 대한 어떠한 시도도 압도하려고 위협한다는 내용이다.(Albright 651) / 또 하나의 정치적인 연작시. 시사성을 띤 구절은 후반(VI)에 나온다.(Vendler 64)
- I부는 예이츠가 1921년에 방문한 적 있는 옥스퍼드 근처의 모렐 여사Lady Ottoline Morrell의 가싱턴Garsington 저택과 정원에서 시상을 얻은 것이지만, 아일랜드의 옛 저택도 염두에 두고 쓴 작품이다.(Jeffares 227) / 내전이 시작되기 전에 쓴 작품이다. 영원히 잃어버린, 소중하게 격식을 차린 옛 문명의 예시이다.(Albright 643) / 연작시의 전반적인 바탕에 깔린 정신과 토양의 상응관계를 설정하는 샘물의 이미지를 드러내고 있다.(Whitaker 171)
- 7행의 기계적으로나 굴종된 모습은 현대의 특징이다.(Albright 643)

Mere dreams, mere dreams! Yet Homer had not sung
Had he not found it certain beyond dreams
That out of life's own self-delight had sprung
The abounding glittering jet; though now it seems
As if some marvellous empty sea-shell flung
Out of the obscure dark of the rich streams,
And not a fountain, were the symbol which
Shadows the inherited glory of the rich.

Some violent bitter man, some powerful man
Called architect and artist in, that they,
Bitter and violent men, might rear in stone
The sweetness that all longed for night and day,
The gentleness none there had ever known;
But when the master's buried mice can play,
And maybe the great-grandson of that house,

- 9행의 풍요롭게 번쩍이는 분출은 샘물의 분출 또는 분수를 말할 것이다.(역자) / 샘물과 샘물의 분출은 예이츠의 상징으로서, 살아 있다는 격렬한 즐거움의 표상이다.(*NC* 224) / 그는 여기서 샘물의 분출을 앵글로 아이리시Anglo-Irish 계의 이 집에 넘치는 생명력에 비유하고 있다.(Jeffares 227)
- 13행의 샘물fountain은 힘들이지 않고 풍요롭게 자신을 늘 새롭게 만드는 중요한 상징이다.(Albright 643)

꿈일 뿐, 꿈이로다! 하지만 풍요롭게 번쩍이는 분출이
삶 자체의 희열에서 솟아나온다는 사실이
꿈보다 훨씬 더 확실하다는 걸 발견하지 않았더라면
호메로스는 노래하지 않았으리라.
비록 지금은, 샘물이 아니라, 풍성한 조수의
미지의 암흑에서 튕겨 나온,
어떤 놀라운 속 빈 조개껍데기가 부유한 계층의
상속된 영광의 그림자를 상징하는 듯 보이지만.

이는 격렬하고 비통했던 양반, 강직했던 어떤 분이
건축가와 예술가를 불러들여,
똑같이 비통하고 격렬했던 그들이
돌에다가 모두가 밤낮으로 동경했던 아름다움을,
아무도 몰랐던 우아함을 배양하게 했던 것.
하지만 주인이 죽어 매장되면 생쥐들이 날뛸 수 있고,
그 집 증손자는 청동과 대리석 작품에도 불구하고,

- 15행의 속 빈 조개껍데기는 셸리Shelley에게서 빌려 쓴 이미지. 셸리의 경우(『이슬람의 반란』*The Revolt of Islam*, Canto 4, 1) 붉은 삶(존재)의 상징이다.(*NC* 224) / 조수에 의해 해안으로 밀려온 조개껍데기는 부자의 영광과 같은 것이다. 쿨 파크의 경우도 이와 같은 사정이다. 예이츠는 여기서 조개껍데기를 만들게 하는 거센 힘violence을 생각하고 있다.(Jeffares 227-228) / 여기서 조개껍데기는 아름다운 부의 공허를 나타낸다.(Ellmann 169) / 속 빈 조개껍데기는 샘물과는 상반되는 상징이다. 생명이 죽고 난 뒤의 번드레한 외부의 잔해일 뿐이기 때문이다.(Albright 643)
- 22행과 24행의 생쥐는 구어로서 경멸의 뜻을 가지고 있다.(O'Neill 149)
- 23-24행은 자손의 퇴화현상을 말한다.(Albright 643)

For all its bronze and marble, 's but a mouse.

O what if gardens where the peacock strays
With delicate feet upon old terraces,
Or else all Juno from an urn displays
Before the indifferent garden deities;
O what if levelled lawns and gravelled ways
Where slippered Contemplation finds his ease
And Childhood a delight for every sense,
But take our greatness with our violence?

What if the glory of escutcheoned doors,
And buildings that a haughtier age designed,
The pacing to and fro on polished floors
Amid great chambers and long galleries, lined
With famous portraits of our ancestors;

- 25-29행은 모렐 여사의 저택과 정원에 대한 기억이다.(*NC* 225) 그 집은 20세기 초반에 당대의 쟁쟁한 문인과 철학자 및 유망한 인사들의 사교장이었다. 그녀의 남편은 당시 자유당 국회의원이었다.
- 25행의 공작새는 귀족적인 정원의 귀족적인 새. 화려한 모습, 아름다움, 허영, 불멸, 귀족적인 것의 상징이다.(Suzuki 170)
- 28행의 유노Juno는 남편인 주피터의 여자관계를 눈이 백 개인 아르고스Argus로 하여금 감시하게 하였으나 피살되자, 그의 죽음을 슬퍼하여 그 눈을 사랑하는 공작새의 꼬리 깃털에 이식하였다. 이런 연유로 유노는 여자의 수호자이며, 공작새는 불사의 상징으로서 그녀에게는 성스러운 존재가 되었다.(*NC* 170) / 따라서 도자기 단지로부터 보여 주는 모든 것은 공작새의 꼬리 깃털에 이식된 아르고스의 눈, 곧 공작새이다.(역자)

생쥐에 지나지 않게 될지도 모를 일이다.

오, 만약 오래된 테라스 위로 공작새가
곱상한 발로 서성대는 정원들이,
혹은 무관심한 정원의 신들 앞에
유노가 도자기 단지로부터 보여 주는 모든 것이,
오, 슬리퍼 신은 '지체 높은 분'이 편안함을 발견하고,
'유년시절' 모든 감성의 즐거움을 발견하는
평평하게 조성된 잔디밭과 자갈길이, 우리의 폭력과 더불어
우리의 위대함을 오로지 차지하기만 한들 어쩌겠느냐?

만약 가문家紋을 새겨놓은 문들의 영광과
보다 고답적이었던 시대가 설계한 건물들이,
우리 조상의 유명한 초상화들이 줄지어 전시된
넓은 방과 긴 회랑들의 광택 나는 바닥 위를 거니는 일이,
만약 인류의 가장 위대한 사람이 무엇보다 크게

- 29행은 밀턴Milton에 대한 암시이다. '지체 높은 분'은 'Contemplation'을 편의상 번역한 것이다. 이 말은 '조상 전래의 저택들'과 어울리게끔 밀턴의 시 「명상하는 사람」Il Penseroso 54행의 'The cherub Contemplation'에서 따온 말이다.(Albright 644) 'cherub'(케루빔cherubim)은 아홉 천사 중 둘째 천사이다. 보통 어린아이 모양으로 그려지지만 어린아이 천사가 아니다.
- 31행의 폭력은 내전 당시의 상황이다. 그레고리 여사도 위협적인 것을 경험했다.

What if those things the greatest of mankind
Consider most to magnify, or to bless,
But take our greatness with our bitterness?

[1921] 1923

찬미하거나 축복하려고 생각하는 그런 것들이,
우리의 비통한 심정과 더불어 우리의 위대함을
오로지 차지하기만 한들 어쩌겠느냐?

II

My House

An ancient bridge, and a more ancient tower,
A farmhouse that is sheltered by its wall,
An acre of stony ground,
Where the symbolic rose can break in flower,
Old ragged elms, old thorns innumerable,
The sound of the rain or sound
Of every wind that blows;
The stilted water-hen
Crossing stream again
Scared by the splashing of a dozen cows;

A winding stair, a chamber arched with stone,
A grey stone fireplace with an open hearth,
A candle and written page.

- II부는 꿈꿔 왔던 세계(I부)로부터 소유하게 된 세계로의 이행이다.(Whitaker 172) / 밸릴리 탑을 만든 노르만 정복기 병사들의 행동적인 적극성과 화자 자신의 마음속에 창조적인 격렬한 상상력을 다시 불러일으켜 보려는 명상적인 안간힘이 한 덩어리가 된 것을 암시하는 작품이다.(Albright 644)
- 1행의 오래된 탑은 밸릴리 탑. 지속성의 상징이다.(Tuhoy 181)

II

우리 집

오래된 다리, 그리고 그보다 더 오래된 탑,
돌담으로 둘러싸인 농가 한 채,
한 에이커 넓이의 돌 많은 땅,
거기에는 상징적인 장미가 꽃을 터뜨릴 수 있는 곳,
울퉁불퉁한 늙은 느릅나무들, 수없이 많은 산사나무들,
비 오는 소리, 혹은
불어오는 온갖 바람소리.
열두 마리 암소들의 물벼락에 겁을 먹고
다시 냇물을 가로지르는
긴 다리 도요새.

나선형 계단, 석조 아치의 침실,
아궁이 넓은 회색 돌 벽난로,
촛불과 글이 적힌 페이지.

- 4행의 상징적인 장미는 아일랜드를 가리킨다. 그 외에 여러 가지 복합적인 것이 있다. 그중의 하나는 모드 곤이다.(역자)
- 10행의 긴 다리 도요새는 'stilted water-hen'의 번역. 'water-hen'은 글자 그대로 물 근처에 사는 새들의 통칭이다. 'stilted'는 막대기에 올라탄 듯 다리가 긴 것을 말한다.(역자)
- 11행의 나선형 계단은 밸릴리 탑 내부의 나선형 구조의 계단.

Il Penseroso's Platonist toiled on
In some like chamber, shadowing forth
How the daemonic rage
Imagined everything.
Benighted travellers
From markets and from fairs
Have seen his midnight candle glimmering.

Two men have founded here. A man-at-arms
Gathered a score of horse and spent his days
In this tumultuous spot,
Where through long wars and sudden night alarms
His dwindling score and he seemed castaways
Forgetting and forgot;
And I, that after me
My bodily heirs may find,
To exalt a lonely mind,
Befitting emblems of adversity.

[1922] 1923

- 14행의 '명상하는 사람'*Il Penseroso*은 밀턴의 시(1631). 시의 주인공은 탑에서 밤이 깊도록 불을 켜놓고 책을 읽는 플라톤 연구가이다.
- 15행의 신들린 열정은 'daemonic rage'의 번역이다.
- 22행의 중기병 한 사람은 'de Burgo' 가문의 한 사람이다.(Albright 644)
- 24행은 내전 시에 예이츠가 밸릴리 탑에서 실제로 경험했던 일과 유사하다.(Albright 644)

'명상하는 사람'의 플라톤주의자가
어떻게 신들린 열정이
모든 걸 상상했던가를 추적하면서
이런 방에서 줄곧 노력했다.
시장과 축제에서 돌아오는
갈 길 저문 나그네들이
한밤중 촛불이 번득이는 걸 보아 왔다.

두 사람이 이 자리에 터전을 잡았다.
중기병重騎兵 한 사람이 이십 명의 기병을 끌어모아
이 어지러운 지점에서 일생을 보냈다.
여기서 긴 전쟁들과 야간 기습 공격으로
줄어든 병사들과 그는
잊고 잊힌 무뢰한이 된 것 같았다.
그런데 나로서는, 내가 죽은 뒤에
내 육신의 상속자들이
역경에 적합한 표상을 발견하여
고독한 마음을 찬미하도록 빈다.

- 28행의 육신의 상속자들은 1919년 2월 26일생의 예이츠 딸 앤Anne과 1921년 8월 22일생의 아들 마이클Michael. / 예이츠는 가문의 번영에 대한 자부심을 느끼고 있었다.(Jeffares 329)
- 29행의 역경에 적합한 표상은 예이츠 자신이 의식하는 표상이다.(Albright 644)

III

My Table

Two heavy trestles, and a board
Where Sato's gift, a changeless sword,
By pen and paper lies,
That it may moralise
My days out of their aimlessness.
A bit of an embroidered dress
Covers its wooden sheath.
Chaucer had not drawn breath
When it was forged. In Sato's house,
Curved like new moon, moon-luminous,

- 또 하나의 소유물인 테이블로 시선을 돌리고 있다.(Whitaker 175) / 역경의 표상 중 하나를 탐색하는 시이다. 즉, 사토의 장검을 명상의 초점으로 하고 있다. 칼의 결단력과 불변성이 목적의식을 선명하게 만들고, 일관성 없는 삶이 완벽한 예술에 의해 삶의 정점에 이르게 되리라는 생각을 하고 있다. 그러나 칼도 언젠가는 변할 수밖에 없는 인간 삶의 고통으로 되돌아가게 한다는 내용을 담은 시이다.(Albright 645)
- 1행의 구각은 탁자 양쪽 두 다리의 아래쪽을 받치는 구조를 말한다.(역자)

III

내 탁자

두 개의 묵직한 구각溝脚과 널빤지,
거기에 사토의 선물인, 변하지 않는 장검長劍이
펜과 종이 옆에 놓여 있다,
나의 하루하루가 목적 없이
허송되지 않도록 막아 주려고.
수놓아 장식한 비단이
목제 칼집을 싸고 있다.
그것이 만들어졌을 때는
초서가 태어나기 전이었다.
그것은 휘어진 초승달마냥 달빛을 발하며,

- 2행의 사토의 선물은 예이츠가 1920년 3월 22일, 미국 강연여행 도중 포틀랜드Portland에 이르렀을 때, 일본정부파견 유학생의 한 사람인 사토 준조(1896년생)란 청년이 강연을 듣고 호텔로 찾아와, 일본의 전통적인 연극 '노'와 '가부키' 등을 얘기하고, 500년 전 조상이 만들었던 것으로 알려진, 가보 중의 하나인 칼을 선물한 것. 예이츠는 이 칼을 보관하면서 예술의 상징으로 삼았고, 사후에는 그것을 사토의 가족에게 돌려주라고 유언을 남겼다.(Suzuki 192; *NC* 226) / 이 장검은 550년 전에 만든 것이다. 500년간 조상 대대로 보존했던 칼이다.(Albright 645) / 변하지 않는 장검은 역경과 고립, 주기적인 변화와 대비되는 것이다.(Whitaker 175) / 지속성의 또 하나의 상징이다.(Tuhoy 180)
- 9행의 초서Geoffrey Chaucer(1343?-1400)는 근대 영시의 아버지이다. 초서를 언급한 것은 칼이 제조된 지 500년이 넘었다는 말을 하기 위해서이다.(*NC* 226) / 계산 착오인 듯하다.(Albright 645)

It lay five hundred years.
Yet if no change appears
No moon; only an aching heart
Conceives a changeless work of art.
Our learned men have urged
That when and where 'twas forged
A marvellous accomplishment,
In painting or in pottery, went
From father unto son
And through the centuries ran
And seemed unchanging like the sword.
Soul's beauty being most adored,
Men and their business took
The soul's unchanging look;
For the most rich inheritor,
Knowing that none could pass Heaven's door
That loved inferior art,
Had such an aching heart
That he, although a country's talk
For silken clothes and stately walk,
Had waking wits; it seemed

사토 가문에서 오백 년간 보관되어 있었다.
하지만 변화가 없다면 달이 없는 법.
오직 쓰라린 가슴만이
불변의 예술품을 잉태한다.
우리의 학식 있는 분들이 주장하기를
그림이나 도자기의 경이로운 성취들은
그것이 제조된 때에,
그리고 그 장소에서
아버지로부터 아들에게 전해지고,
수백 년간 내려와도
그 칼처럼 변하지 않는 것 같다고 했다.
영혼의 아름다움은 가장 칭송받는 것이니,
사람들과 그들이 하는 일은
그 영혼의 불변의 모습을 띠는 것이었다.
왜냐하면 가장 부유한 상속자라도,
열등한 예술을 사랑하는 자는 아무도
천국의 문을 통과할 수 없다는 것을 알고,
비록 비단 옷을 입고 의젓하게 산책을 한다는
시골 사람들의 한담이 있다 하더라도,
깨어 있는 정신을 가지고 있을 정도로
그런 고통스런 가슴을 안고 있기 때문이다.

• 13-14행의 오직 쓰라린 가슴만이 불변의 예술품을 잉태한다는 말은 얼었다가 녹았다 하는 순환의 격언이다.(Albright 645)

Juno's peacock screamed.

[1922] 1923

유노의 공작새가 비명을 지르는 듯했다.

- 32행의 공작새가 비명을 지르는 것은 전통주의자들에게는 역사적인 격변을 고하는 것으로 알려져 있다.(Albright 646) / 『비전』에서는 문명이 조정능력을 상실하면 종말에 이르게 되고 유노의 공작새 비명 같은 계시가 있다는 내용의 말을 하고 있다.(268) / 공작새의 비명이 문명의 종말을 상징한다는 근거는 보이지 않는다.(*NC* 227)

IV

My Descendants

Having inherited a vigorous mind
From my old fathers, I must nourish dreams
And leave a woman and a man behind
As vigorous of mind, and yet it seems
Life scarce can cast a fragrance on the wind,
Scarce spread a glory to the morning beams,
But the torn petals strew the garden plot;
And there's but common greenness after that.

And what if my descendants lose the flower
Through natural declension of the soul,
Through too much business with the passing hour,
Through too much play, or marriage with a fool?
May this laborious stair and this stark tower

- 자식들도 세상의 폭력과 파괴에서 벗어날 수 없겠지만, 자신의 노력으로 이룩한 기념물의 상징 의미는 물질적인 요소보다 더 오래가리라는 신념을 피력한 시이다.(Albright 646)
- 1행의 조상은 아버지, 할아버지, 증조부. 그들은 모두 더블린의 트리니티 대학Trinity College, Dublin에서 교육받았다.(*NC* 227)
- 2행의 딸과 아들은 딸 앤Anne(1919년생)과 아들 마이클Michael(1921년생).

IV

내 후손들

조상에게서 활기 넘치는 정신을 상속받았으니,
나는 꿈을 키우고 딸과 아들에게
그와 같은 활기찬 마음을 남겨 주어야 한다.
그렇지만 현실적인 삶은
바람에게 좀처럼 향기를 뿌려줄 수 없고,
아침 햇살에다 좀처럼 영광을 펼쳐 보일 수 없다.
대신 찢어진 꽃잎들이 정원에 흩어지고,
그다음엔 흔한 초록이 잔뜩 차지할 뿐이다.

헌데 만약 내 후손이 영혼의 자연적인 쇠퇴로 인하여,
시간만 소비하는 일에 너무 많이 매달림으로 인하여,
과도한 놀이나 바보와의 결혼으로 인하여,
그 꽃을 잃어버리면 어찌할 것인가?
오르기 힘든 이 계단과 견고한 이 탑이

- 9-12행은 자치령 통과와 내전으로 자식들의 장래를 많이 걱정하는 영국계 아일랜드 사람들과 관련된 언급이다.(*NC* 227)
- 11행의 비보와의 결혼은 이줄트 곤의 결혼에 대한 언급. 예이츠는 우생학의 신봉자였다.(Albright 646)
- 13-16행은 화자 자신(예이츠)이 초석을 놓은 사람이면서 동시에 최후의 상속자가 될지도 모른다는 생각이다.(Whitaker 177)

Become a roofless ruin that the owl
May build in the cracked masonry and cry
Her desolation to the desolate sky.

The Primum Mobile that fashioned us
Has made the very owls in circles move;
And I, that count myself most prosperous,
Seeing that love and friendship are enough,
For an old neighbour's friendship chose the house
And decked and altered it for a girl's love,
And know whatever flourish and decline
These stones remain their monument and mine.

[1922] 1923

- 17행의 '원동력'Prmum Mobile은 프톨레마이오스의 천문학에서 말하는 천계 운행의 원동력. 프톨레마이오스는 10개의 동심원 구가 지구를 둘러싸고 있고, 제일 바깥(10천)에 항성이 고착되어 있는데, 이들에게 24시간에 지구를 한 바퀴 돌게 하는 우주의 힘이 있다고 보았다.(*NC* 227)
- 18행의 새들의 움직임은 역사를 조정하는 가이어들의 회전을 모방한 것이다.(Albright 647)

지붕 없는 폐허가 되어,
갈라진 돌 사이에 부엉새가 집을 짓고,
황량한 하늘에 구슬픈 울음을 터뜨릴지 모르리.

우리를 만들어낸 우주의 '원동력'이
바로 그 부엉새들을 빙빙 돌게 하는 것.
그리고 나는, 오랜 이웃의 우정이 이 집을 선택해 주었고,
한 여인의 사랑을 위해 이 집을 장식하고 개조해 주었으니,
사랑과 우정은 충분하다고 여기면서
나 자신이 아주 잘 풀렸다고 생각하고,
무엇이 번성하고 무엇이 기울어지든
이 돌들은 그들과 나의 기념물로 남는다고 믿는다.

- 19행의 오랜 이웃의 우정은 그레고리 여사와의 우정.(*NC* 228)
- 20행의 한 여인은 예이츠의 부인 조지 예이츠Georgie Yeats.
- 24행은 최소한의 낙관주의를 피력하고 있다.(Whitaker 177)

V

The Road at My Door

An affable Irregular,
A heavily-built Falstaffian man,
Comes cracking jokes of civil war
As though to die by gunshot were
The finest play under the sun.

A brown Lieutenant and his men,
Half dressed in national uniform,
Stand at my door, and I complain
Of the foul weather, hail and rain,
A pear-tree broken by the storm.

I count those feathered balls of soot

- V부는 반정부군(1연)이거나 정부군(2연)의 행동적인 삶과 대비해본 화자 자신의 명상적인 삶에 대한 회의감을 피력하고 있다.(Jeffares 229) / 시적으로 숭고하게 고립된 밤의 비극적인 세계에서 한낮의 희극적인 현대 무장 군인들의 세계로 시선을 돌리는 대목의 시이다.(Whitaker 177) / 행진곡 가락의 전쟁 시이다.(Vendler 231)
- 1행의 반정부 병사는 'Irregular'의 번역이다. 아일랜드 공화군(IRA) 소속 병사.
- 2행의 폴스타프 장군Sir John Falstaff은 셰익스피어의 희곡『헨리 4세』등에 등장하는 뚱뚱하고 겁 많은 장군이다. 말 잘하고, 자랑이 많고, 호색적인 시끄러운 기사이다.(*NC* 228)

V

내 집 앞의 길

한 상냥한 반정부 병사,
몸집 큰 폴스타프 장군 같은 사람이
마치 총에 맞아 죽는 것이
태양 아래 가장 멋진 놀이인 것처럼
농담 삼아 내전을 떠벌리고 온다.

갈색의 상관과 그의 부하들,
정부군 군복을 반쯤 걸치고 내 문간에 선다.
그리고 나는 궂은 날씨,
싸락눈과 비에 대해 투덜거리고,
폭풍에 부러진 배나무 얘기를 한다.

나는 마음속 부러움을 잠재우기 위해서

- 4행의 가장 멋진 놀이는 폴스타프가 뭡시하듯이, 내전이 일종의 연극으로 보인 것.(Albright 647)
- 6행의 갈색의 상관과 그의 부하들은 사지령에 따른 임시정부군Regulars을 말한다. / 이들은 화자의 반자아에 해당하는 사람들(anti-types)이다.(Whitaker 5)
- 11행의 부러움은 젊은 군인들의 활기찬 행동과 영웅적인 담소가 부럽다는 것.(Albright 647) / 행동적인 인간에 대한 사색적인 인간의 부러움이다.(Albright 647)

The moor-hen guides upon the stream,
To silence the envy in my thought;
And turn towards my chamber, caught
In the cold snows of a dream.

[1922] 1923

- 14-15행은 시인의 절망적인 자화상이다.(Rosenthal 236-237) / 화자의 백조 같은 흰 꿈이 차갑게 마비되어 있음을 말한다.(Whitaker 5)

냇물 위에서 쇠물닭이 이끌고 가는
깃털 달린 그을음 뭉치 같은 것들을 세어 본다.
그러고는 차가운 눈 같은 꿈에 점령된
내 침실로 발길을 돌린다.

- 14행의 차가운 눈 같은 꿈은 화자가 점점 자신의 꿈같은 세계에 염증을 느끼는 것의 은유이다. 꿈이 창조력을 상실하고 있음을 말한다. 눈은 VII부 2행에 다시 등장한다.(Albright 647)

VI

The Stare's Nest by My Window

The bees build in the crevices
Of loosening masonry, and there
The mother birds bring grubs and flies.
My wall is loosening; honey-bees,
Come build in the empty house of the stare.

We are closed in, and the key is turned
On our uncertainty; somewhere
A man is killed, or a house burned,
Yet no clear fact to be discerned:
Come build in the empty house of the stare.

A barricade of stone or of wood;
Some fourteen days of civil war;
Last night they trundled down the road
That dead young soldier in his blood:
Come build in the empty house of the stare.

- 밸릴리 탑 주변에서 실제로 있었던 일을 토대로 쓴 작품.(Albright 648)

VI

내 창가의 찌르레기 둥지

벌어지는 석벽石壁 틈새에 벌들이 집을 짓는 법.
그런데 거기에 어미 새들이
구더기와 파리들을 물고 온다.
내 집 석벽은 갈라지고 있다. 꿀벌들이여,
찌르레기 빈 집에 와서 집을 지어 다오.

우리는 외부와 담을 쌓는다.
불확실한 사태에 자물쇠를 채운다.
사람이 피살되거나 집이 불탔단다.
하지만 분명한 사실은 알아볼 길 없다.
찌르레기 빈 집에 와서 집을 지어 다오.

돌이나 나무로 쌓은 바리케이드.
열나흘쯤의 내전.
간밤에 그들은 피투성이가 된
죽은 젊은 군인을 싣고 쿵쿵거리며 내려갔다.
찌르레기 빈 집에 와서 집을 지어 다오.

• 제목 중 찌르레기의 원문 'stare'는 아일랜드 서부에서 'starling' 대신에 쓰이는 말이다(예이츠의 말).(*NC* 228)

We had fed the heart on fantasies,
The heart's grown brutal from the fare;
More substance in our enmities
Than in our love; O honey-bees,
Come build in the empty house of the stare.

[1922] 1923

- 16-17행에서 비현실적인 환상을 선호했다는 것은 전쟁의 살육행위와 파괴행위에 상대되는 관계이다.(Albright 648)
- 16행의 우리는 시인과 그의 동포. 모두 '적개심'이라는 심리적인 덫에 걸려 있다. (Rosenthal 237)

우리는 환상을 마음의 양식으로 삼았다.
마음은 그걸 먹고 잔인해졌다.
사랑보다는 우리의 적개심에서
더 많은 힘을 얻었다. 오 꿀벌들이여,
찌르레기 빈 집에 와서 집을 지어 다오.

• 19-20행은 꿀벌들에 대한 마지막 호소. 자기충족적인 오만한 꿈에서 벗어남을 말한다.(Whitaker 180-181)

VII

I See Phantoms of Hatred and of the Heart's
Fullness and of the Coming Emptiness

I climb to the tower-top and lean upon broken stone,
A mist that is like blown snow is sweeping over all,
Valley, river, and elms, under the light of a moon
That seems unlike itself, that seems unchangeable,
A glittering sword out of the east. A puff of wind
And those white glimmering fragments of the mist sweep by.
Frenzies bewilder, reveries perturb the mind;
Monstrous familiar images swim to the mind's eye.

'Vengeance upon the murderers,' the cry goes up,

- VII부에서 시인은 자기가 내세웠던 것에서 완전히 물러섰다. 그리하여 어쩔 수 없는 현실에서 벗어나 몽상가로 변신했다.(Rosenthal 237)
- 1연(1-8행)은 화자가 파괴된 옥상에 올라가 희미한 달빛 속에서 불어오는 바람에 구름이 형태를 갖추다가 흩어지는 변화무상한 모습을 보면서 마음이 어지러워짐을 말하고 있다.(역자) / 시인의 정신적인 상태를 반영하고 있다.(Rosenthal 237)
- 8행의 괴물의 낯익은 이미지들은 다음 2, 3, 4연에 하나씩 전개된다.(Rosenthal 237)
- 2연(9-16행)은 환영들의 첫 번째 그룹. 잔혹한 증오를 객관화시킨 환영들이다.(역자)

VII

증오와 마음의 충족 및
닥쳐올 공허의 환영들을 보다

나는 탑 꼭대기에 올라가, 부서진 석벽에 기대선다.
변하지 않을 것 같은 달, 달이 아닌 것 같은 달,
동녘으로부터 나온 번쩍이는 장검 같은 달빛 아래
바람에 날리는 눈 같은 안개가 계곡과 강과 느릅나무 위,
모두를 휩쓸고 간다. 한 줄기 바람과
허옇게 번득이는 저 흰 안개 덩어리들이 휩쓸고 지나간다.
광란이 마음을 어리둥절하게 하고, 환상이 마음을 어지럽힌다.
괴물의 낯익은 이미지들이 마음의 눈에 헤엄쳐 들어온다.

'살인자들에게 복수를, 자크 드 몰레를 위하여 복수를.'

• 9행은 1314년에 있었던 중세시대의 십자군전쟁과 관련된 템플 기사단 단장Grand Master of Knights Templars의 화형에 대한 군중의 항거와 보복심리가 증오심의 상징적인 구호로 활용된 구절이다. 이러한 구호가 나중에는 계층갈등에서 빚어지는 증오심의 구호로 발전된다.(Albright 649) / 자크 드 몰레Jacques de Molay(c. 1244-1314)는 프랑스인으로, 성지수호 기사단의 마지막 단장이다. 프랑스 왕 필립 4세가 기사단의 위세를 두려워하여 1307년에 프랑스에 있는 기사단원 전원을 체포, 재산을 몰수하고 종교재판에 회부하였는데 몰레는 1314년 3월에 이단자로 지목되어 화형에 처해졌다. 이 일은 나중에 계층 간의 증오심을 키우는 계기가 되었다. 컬링포드Elizabeth Cullingford가 밝힌 대로 예이츠는 이 구호를 프랑스혁명과 볼셰비즘과 연관시켰다. 즉, 이런 모든 운동이 군중이 주도하는 방향으로 향하게 한다는 것이다.(Albright 649)

'Vengeance for Jacques Molay.' In cloud-pale rags, or in lace,
The rage-driven, rage-tormented, and rage-hungry troop,
Trooper belabouring trooper, biting at arm or at face,
Plunges towards nothing, arms and fingers spreading wide
For the embrace of nothing; and I, my wits astray
Because of all that senseless tumult, all but cried
For vengeance on the murderers of Jacques Molay.

Their legs long, delicate and slender, aquamarine their eyes,
Magical unicorns bear ladies on their backs.
The ladies close their musing eyes. No prophecies,
Remembered out of Babylonian almanacs,
Have closed the ladies' eyes, their minds are but a pool
Where even longing drowns under its own excess;

- 14행은 파괴하려는 의지이다. 이는 목적의식이 뚜렷하고 생산적인 옛날의 폭력과는 대조되는 현상이다.(Albright 649)
- 15-16행은 화자 자신의 내부의 심연을 말하고 있다.(Whitaker 181) / 이는 복수를 부르짖는 군대의 이미지이다.(Rosenthal 237)
- 3연(17-24행)은 정서적인 마음의 충만감을 드러내는 환영들의 그룹이다. 그러나 이들은 그가 불러낸 꿀벌들의 환영은 아니다. 여인들과 일각수는 궁극적인 해소가 아니라 한동안 처한 곤경을 말하는 영상이다.(Whitaker 182) / 여인들을 등에 태우고 가는 마술적인 일각수들의 이미지이다.(Rosenthal 237)

하고 고함치는 소리가 치솟아 올라간다.
구름같이 파리한 누더기, 혹은 레이스 같은 걸 걸치고,
광란으로 치닫는, 광란으로 신음하는, 광란에 굶주린 무리,
기병과 기병이 욕실을 퍼붓고, 팔이나 얼굴을 물어뜯으면서,
공허를 향하여 뛰어들고, 팔과 손가락을 펼쳐 공허를 껴안는다.
나는 그 모든 무자비한 격동으로 정신을 잃고,
자크 드 몰레 살해자들을 복수하라고 거의 아우성칠 뻔했다.

마술적인 일각수들이 등에다 여인들을 메고 간다.
그들의 다리는 길고, 우아하고 날씬하고, 눈은 남록색.
여인들은 명상에 잠긴 듯 눈을 감고 있다.
바빌로니아의 연대기로부터 기억되는 어떤 예언서들도
여인들의 눈을 감게 하지 않았고, 그들의 마음은
동경도 지나치면 익사하는 웅덩이에 지나지 않는 곳이라 했다.

- 17행의 마술적인 일각수는 서구의 중세 및 근대 미술에 가끔 등장하는 전설적인 동물이다. 마술적인 힘을 가진 굽은 뿔 하나가 머리에 있고, 몸뚱이는 백마와 유사한데, 꼬리는 사자의 꼬리와 비슷하다. 일각수는 처녀에게 온순하다. 성보와 그리스도의 비유로도 쓰인다.(Suzuki 224-225) / 헨Henn에 의하면 예이츠는 구스타브 모로Gustave Moreau의 그림 <여인들과 일각수들>Ladies and Unicorns의 복제품을 밸릴리 탑의 방에 걸어 두고 있었다고 한다.(*NC* 229; Albright 649) / 일각수의 한영은 직관의 상징으로서 논리성을 상징하는 것들(29-32행)과 대조적이다.(*NC* 229) / 예이츠의 일각수들은 「재림」The Second Coming에 등장하는 '사나운 짐승'rough beast의 의미를 어느 정도 담고 있다. 즉, 이들은 강력하고 무서운 '대비 문명'antithetical civilization의 화신들이다. 이들이 앞으로 이 세상을 으스대면서 짓밟을 것이다.(Albright 649)
- 20행의 바빌로니아의 연대기는 기본적인primary 객관의 시대에 속한다.(Albright 650)
- 22행의 웅덩이pool는 I부 12행의 맑은 '샘물'과는 대조적인 시궁창 같은 것이다. (Albright 650)

Nothing but stillness can remain when hearts are full
Of their own sweetness, bodies of their loveliness.

The cloud-pale unicorns, the eyes of aquamarine,
The quivering half-closed eyelids, the rags of cloud or of lace,
Or eyes that rage has brightened, arms it has made lean,
Give place to an indifferent multitude, give place
To brazen hawks. Nor self-delighting reverie,
Nor hate of what's to come, nor pity for what's gone,
Nothing but grip of claw, and the eye's complacency,
The innumerable clanging wings that have put out the moon.

I turn away and shut the door, and on the stair
Wonder how many times I could have proved my worth
In something that all others understand or share;

- 4연(25-32행)의 약탈적인 분노와 자기만족은 더욱 맹목적인 잔혹으로 몰입함을 말한다.(Whitaker 182)
- 29행의 뻔뻔스러운 매들brazen hawks은「재림」2행의 매falcon와 같은 상징이다. 어두워지는 달의 상징과 더불어 달의 23상인 현 시점(1927년)에 대한 비전을 제시하고 있다.(Brooks, *Modern* 179) / 매는 논리와 기계적인 것을 상징한다. 예이츠는 매와 나비가 새겨진 반지를 가지고 있었다고 한다. 전자는 논리의 똑바른 길, 즉 기계적인 것을 상징하고, 후자는 직관의 비뚤어진 길을 상징한다. '지혜라고 하는 것은 나비이지, 우울한 맹금류는 아니야'라는 「톰 오로클리」Tom O'Roughley 7-8행 참조.(Albright 650) / 매는 현대 무기와 같은 순전히 기계적인 것의 상징이다.(Rosenthal 237)
- 30행의 스스로를 즐겁게 해주는 황홀감은 3연의 여인들과 일각수들의 상황이다. (Albright 650)

자신의 향기가 가슴에 가득하고, 아름다움이 육신에 충만할 때는
정적 외에 남을 수 있는 것은 아무것도 없는 법이다.

구름처럼 창백한 일각수들, 남록색 눈들,
반쯤 감은 경련하는 눈두덩, 구름이나 레이스 뭉치 같은 것들,
광란이 불 밝힌 눈, 광란이 수척하게 한 팔들,
이 모든 것이 철없는 군중에게 자리를 내주고,
뻔뻔스러운 매들에게 자리를 내준다.
스스로를 즐겁게 해주는 황홀감도, 미래에 대한 증오도,
과거의 연민도 없는, 오직 발톱의 조임과 눈의 만족감이 있을 뿐,
달을 몰아낸 부수한 날개의 요란한 소리 외에 아무것도 없다.

나는 돌아서서 문을 닫는다. 그리고 계단 위에서
다른 모든 사람이 이해하거나 공감하는 것에
몇 번이나 나의 가치를 증명할 수 있었을까 궁금해한다.

- 30-31행의 미래에 대한 증오도, 과거의 연민도 없는은 느낄 줄 모르는 것을 말한다. 즉, 이 시에 등장하는 병사들은 정서라곤 전혀 없는 객관성의 상태에 도달했음을 말한다.(Albright 650)
- 32행의 달은 순수한 상상의 상징. 완전한 주관적인 지성의 상징이다.(Brooks, *Modern* 179)
- 32행의 날개의 요란한 소리는 공허의 상징. 즉, 다가오는 사이클의 공허의 상징이다.(Unterecker 181) / 달이 상징하는 주관성을 제거하기 때문이다. 달에 의해 주관성이 제거되기 때문이다.(*NC* 229)
- 5연(33-40행)은 화자가 고고한 탑 속에서 등불을 벗 삼아 옛 지혜를 추구함으로써 보상받으려 하고 있다.(Jeffares 230-231) / 자신의 감옥에서 탈출하지 못하고 절반만 갇힌 자신을 인식하는 엉거주춤한 결론에 이르고 있다.(Whitaker 183) / 시인의 상상력이 고통에서 벗어나 소년 같은 상징과 환상의 세계로 인도됨을 말한다.(Rosenthal 237)
- 35행은 자기가 행동적인 인간인 투사가 될 수 있었더라면 좋았겠다고 하는 화자의 은근한 소망을 피력한 말이다.(Albright 650)

But O! ambitious heart, had such a proof drawn forth
A company of friends, a conscience set at ease,
It had but made us pine the more. The abstract joy,
The half-read wisdom of daemonic images,
Suffice the ageing man as once the growing boy.

[1922] 1923

- 38행은 행동적인 인간과 사색적인 인간은 서로 부러워하기 때문에 만족이란 있을 수 없다는 말이다.(Albright 650)
- 39-40행은 시와 행동의 딜레마에 빠진 시인이 젊었을 때부터 추구해온 신령적Daemonic인 이미지를 통하여 시에 정진함으로써 '영원의 암시'intimation of immortality를 터득해야 한다는 결론에 도달하고 있다.(Ellmann 223)

하지만 오, 야심이 충만한 가슴이여, 비록 그런 증거가
한 무리의 친구를 끌어들이고, 양심을 편안하게 했더라도,
그것은 우리를 그만큼 더 안달하게 했을 뿐.
추상적인 환희여, 얼치기로 읽은 신령들의 지혜여,
한때 자라나는 소년에게 그랬듯, 늙어가는 사람에게 만족감을
주라.

1923

- 39행의 추상적인 환희는 예술과 상상력 및 책과 명상에 의한 '지혜' 터득의 즐거움이다.(역자) / 신령의 이미지들 을 얼치기로 읽어 얻은 지혜는 현자라도 이해하기 힘들어 자조할 수밖에 없다. 「달의 제상」The Phases of the Moon 중의 '결코 발견하지 못할 그런 것'what he shall never find(19-20행) 및 '어렵게 보이는 것'what seemed hard(136행)과 유시한 상황을 말한다. 「1919년」Nineteen Hundred and Nineteen III부 25행의 '절반쯤 쓰다 만 것'the half-written page과 비교할 것.(Albright 650-651)
- 40행의 자라나는 소년은 윌리엄 워즈워스의 「영원의 암시」Ode: Intimations of Immortality 68-69행에 나오는 '소년'을 반영한다.(Albright 651)

Sailing to Byzantium

I

That is no country for old men. The young
In one another's arms, birds in the trees,
—Those dying generations—at their song,
The salmon-falls, the mackerel-crowded seas,
Fish, flesh, or fowl, commend all summer long
Whatever is begotten, born, and dies.

- 제목의 비잔티움Byzantium은 기원전 7세기에 그리스의 식민 도시로 건설되었고, 330년 콘스탄티누스 대제에 의해 동로마 제국(비잔티움 제국)의 수도가 되면서 콘스탄티노플Constantinople로 바뀌었다. 현재의 이스탄불.(Suzuki 28) / 비잔티움의 소피아 대성당Hagia Sophia, Holy Wisdom은 천계를 상징하는 돔이 중심이 되는 구조로서, 내부는 모자이크의 성화로 장식되어 있다.(Suzuki 28)
- 예이츠는 기독교의 첫 천 년간의 정점을 '비잔티움 문명'이라고 규정하였다. 예이츠에게 이 시기는 종교생활, 심미생활, 실생활이 하나로 융합된 이상적인 시기이다.(Henn 221) / 예이츠는 비잔티움을 방문한 일이 없으나 1907년, 동로마 제국 시대의 미술품이 많은 이탈리아의 라벤나Ravenna를 방문한 적이 있다.(*NC* 213) / 예이츠는 비잔티움에 대한 많은 책을 읽었다. 그는 이 도시에서의 예술가 지위를 높이 평가했다.(*NC* 211-212)
- 비잔티움은 가장 중요한 두 작품의 중심적인 상징이다.(Henn 220) / 「비잔티움」Byzantium과 플로티노스의 신탁 관련 두 작품과 함께 육체적인 성과 영혼의 문제가 혼합된 내용의 시이다. 감각적인 노래를 버리고 떠나야 하는 화자의 고통과 함께 육신의 노래를 대신할 새로운 형태의 노래에 대한 다급한 탐구를 시도하는 시이다.(Vendler 28-30) / 늙지 않은 지성의 도시이다.(Jeffares 236) / 상상적인 영혼의 도시이다.(Lynch 76) / 비잔티움은 예이츠가 지상에서 시간과 영원이 한데 어울려 순식간에 춤을 추는 '통합된 문화'Unity of culture의 상징으로 삼은 곳이다.(Gorski 180)

비잔티움으로의 항해

I

저기는 늙은이들의 나라는 아니다.
서로 부둥켜안고 있는 젊은이들, 신나게 노래하는
숲 속의 새들—태어나 죽고 마는 저것들—,
연어 뛰어오르는 폭포, 고등어 우글거리는 바다,
물고기나, 동물이나, 새는 여름철 내내,
잉태되어, 태어나고 죽는 건 무엇이든 찬양한다.

- 예이츠가 가장 만족해하는 작품 중의 하나. 인간의 두 가지 주된 욕구, 즉 '감각적인 음악'과 '영적인 삶'의 경합을 다룬 시이다. 세속에 등을 돌리고 나서는 순례자의 향수가 배인 작품. 예술이 현실 생활보다 낫거나 철학이 음악보다 더 보람있다고 말하지는 않는 작품이다. 곧 젊음의 아름다움과 육체적인 삶에 대해 아쉬워하는 늙은이의 시이다.(Lynch 174, 176, 179) / 화자는 젊은이의 체력과 활력에 대한 끈질긴 향수가 있으나, 시적인 성취의 보상으로 늙음을 받아들인다.(Henn 225) / 함축된 주제는 성 문제. 성적 능력을 잃은 늙은이는 세상에 발붙일 곳이 없다는 것.(Albright 630) / 예술과 삶은 비잔티움과 아일랜드가 멀리 떨어져 있듯이 대비되는 관계라는 것이다.(Albright 651) /「비잔티움」과 마찬가지로 예술과 정신을 서로 세련되게 하는 연금술적인 모티브가 내포된 작품이다.(Gorski 179)
- 로마 숫자로 작품을 구분한 것은 공간적인 이동과 관련된다.(Vendler 29)
- I부(1-8행)는 무한한 성적인 열정의 세계 바깥에서 귀를 기울이고 있다.(Rosenthal 219) / 감각적인 음악의 나라 아일랜드를 화자가 비통하게 떠나고 있다.(Vendler 29)
- 1행의 저기는 아일랜드를 지칭한다. 늙은이들은 사랑과 관련하여 불리한 처지에 있는 사람들이다. (*NC* 213) / 늙은이들의 나라는 아니다라는 것은 노인들이 사랑을 하는 데는 불리한 곳이라는 생각.(*NC* 213)
- 3행의 숲 속의 새들은 28행의 황금가지에 올려진 그런 형상과는 대조적인 존재이다.(O'Neill 138)

Caught in that sensual music all neglect
Monuments of unageing intellect.

II

An aged man is but a paltry thing,
A tattered coat upon a stick, unless
Soul clap its hands and sing, and louder sing
For every tatter in its mortal dress,
Nor is there singing school but studying
Monuments of its own magnificence;
And therefore I have sailed the seas and come
To the holy city of Byzantium.

III

O sages standing in God's holy fire
As in the gold mosaic of a wall,

- II부(9-16행)는 성스러운 도시 비잔티움. 화자가 영혼에게 알맞은 노래를 배우기를 희망하는 곳이다.(Vendler 29) / 허수아비 같은 자화상을 이끌고 성지순례차 비잔티움으로 떠나고 있다.(Rosenthal 219). 영혼의 노래이다.(O'Neill 138)

모두가 저런 관능적인 노래에 사로잡혀
늙지 않는 지성의 기념비를 소홀히 한다.

II

육신의 옷 속의 온갖 넝마들을 위하여
영혼이 손뼉치고 노래하고, 더욱 소리 높여
노래하지 않는다면, 또한 오직 웅장한 영혼의
기념비들만 노래하는 곳이 없다면,
늙은이는 보잘것없는 것일 뿐,
막대기에 걸쳐 놓은 누더기에 지나지 않는 것.
그리하여 나는 이 바다 저 바다를 항해하여
성스러운 도시 비잔티움에 왔다.

III

오, 황금 모자이크 벽에 있는 것 같은
신의 성스러운 불 속에 서있는 성자들이시여,

- III부(17-24행)는 성당 안. 영원의 불길을 상징하는 금빛 벽면을 배경으로 한 남성 성인이 모자이크들이 있는 성당 내부이다.(Vendler 29) / 황금 모자이크 벽화의 성인들에게 영혼의 노래의 스승이 되어달라고 바치는 기도이다.(Rosenthal 220; O'Neill 138) / III부는 기도의 형식이나, 하느님이 아니라 원추의 열셋째 단계에 들어간 그의 중재자들에게 바치는 기도문이나. 불과 황금의 이미지들은 연옥의 불을 강조한다.(Gorski 180)
- 18행의 성자들은 예이츠가 관람한 적 있는, 이탈리아 라벤나Ravenna(서로마 제국의 수도) 산타폴리나레 누오보Sant'Appollinare Nuovo 성당 프리즈에 그려진 순교자들일 것이다.(*NC* 214)

Come from the holy fire, perne in a gyre,
And be the singing-masters of my soul.
Consume my heart away; sick with desire
And fastened to a dying animal
It knows not what it is; and gather me
Into the artifice of eternity.

IV

Once out of nature I shall never take
My bodily form from any natural thing,
But such a form as Grecian goldsmiths make
Of hammered gold and gold enamelling
To keep a drowsy Emperor awake;
Or set upon a golden bough to sing
To lords and ladies of Byzantium

- 19행의 훨훨 선회하여는 'perne in a gyre'의 번역이다. 'gyre'는 「가이어들」Gyres 주해 참조.
- 24행의 영원한 예술품은 보이지 않는 영원을 어떤 예술 형태로 눈으로 볼 수 있게 하려는 노력을 나타낸다.(Vendler 33)
- 24행은 예이츠가 「십계명 판」The Tables of the Law이라는 글에서 고도의 예술의 기능을 말하는 대목, 즉 '고도의 예술은 비둘기들이 비둘기 둥지에 들어가듯이 우리는 현실적인 삶에서 끌어와서 영원한 세계에 집어넣는다'that supreme art which is to win us from life and gather us into eternity like doves into their dove-cots(*Mythologies* 300-301)라는 말을 참조할 것. 따라서 영원한 예술품은 정신적인 연금술을 달리 말한 것이다.(Gorski 180-181)

그 성화에서 휠휠 선회하여 내려오시어,
제 영혼의 노래 스승들이 되어 주소서.
제 심장을 불태워 버리소서.
욕망으로 병들고 죽어가는 동물에 묶여
자신의 정체가 무엇인지 모릅니다.
그러니까 저를 영원한 예술품 속에 모아넣어 주소서.

IV

일단 자연에서 벗어나면 나는 결코
어떤 자연물로부터도 육신의 형태를 취하지 않고,
그리스 황금세공인들이 금붙이를 두들기거나
도금으로 만드는 그런 형상을 본떠
졸려 하는 황제를 깨어 있게 하리라.
혹은 황금 나뭇가지에 올려져
비잔티움의 귀족들과 귀부인들에게

- IV부(25-32행)는 황제의 궁전. 황금 새가 남녀의 궁정인들에게 노래하는 곳이다.(Vendler 29) / IV부는 화자가 자신의 미래 모습을 비잔티움의 통합된 문화 속에 올라앉아 있는 변치 않는 황금의 새라고 상상하고 있나.(Gorski 181) / 기도가 받아들여졌을 때의 상황을 상상하고 있다. 순수한 예술품으로 다시 태어나 영원한 세계에서 노래하는 황금 새가 되리라는 것이다.(Rosenthal 220) / 시인 자신이 죽어서 비잔티움 주민에게 노래하는 모습을 그리면서 영혼의 재생을 꿈꾸고 있다.(O'Neill 138-139)
- 28행의 그런 형상은 노래하는 새의 형상. 비잔티움 황제의 궁전에 금과 은으로 만든 나무와 노래하는 인공의 새들이 있었다는 기록을 예이츠가 읽었다고 한다.(*NC* 215)
- 29행의 졸려 하는drowsy이라는 말은 예이츠의 경우, 감각의 징후이다.(Vendler 35)

Of what is past, or passing, or to come.

[26 September 1926] 1927

과거, 현재, 혹은 미래에 대하여 노래하리라.

1927

- 32행의 과거, 현재, 혹은 미래는 시간의 세계에 묶여있는 화자의 영원에 대한 꿈을 밀힌다. 그러나 영원의 세계에서 노래하는 새가 시간에 대하여 역사에 대하여 노래한다는 이러한 결말은 자연으로 되돌아간다는 것을 내비치는 것 같고, 화자 영혼의 재생을 말하는 것같이 보인다.(Albright 632)

The Nineteenth Century and After

Though the great song return no more
There's keen delight in what we have:
The rattle of pebbles on the shore
Under the receding wave.

1932

- 1913-1916년경 에즈라 파운드의 언어절약 시학에 근거해 쓴 일곱 편의 단시 중 하나이다. 「성유와 피」Oil and Blood 주해 참조.(Albright 705)
- 시의 제목은 당시에 발행된 잡지명 중의 하나를 차용한 것이다.(Unterecker 209) / 이 잡지는 1877년에 창간된 월간지 『19세기』*The Nineteenth Century*가 20세기에 접어들자 'And After'를 덧붙여서 개명한 것이다. 1951년에 접어들어 『20세기』*The Twentieth Century*로 개명하였다.(역자)
- 위대한 시의 시대가 끝났다는 생각을 피력한 시이다.(Ellmann 266) / 문학의 쇠퇴를 말하는 시이다.(Harris 214) / 「엎지른 우유」Spilt Milk의 경우와 마찬가지로 상상력의 강도가 상실됨을 말하였다.(Albright 706)

19세기와 그 이후

비록 위대한 노래는 이제 돌아오지 못하지만
우리가 갖고 있는 것에는 짜릿한 즐거움이 있다.
물러가는 파도 밑에서
우르르 밀리는 해변의 자갈 소리.

1929. 1 - 3.

- 1행의 천재의 상실에 대한 주제는「서커스단 동물들의 탈주」The Circus Animals' Desertion의 것과 관련된다.(Albright 707)
- 3-4행은 한 시대의 퇴각을 암시하는 매슈 아널드Matthew Arnold(1822-1888)의 시「도버 해변」Dover Beach(1867)의 9-10행의 시구 참조.(Unterecker 209; Albright 707)

Spilt Milk

We that have done and thought,
That have thought and done,
Must ramble, and thin out
Like milk spilt on a stone.

1932

- 1913-1916년경 에즈라 파운드의 언어절약 시학에 근거해 쓴 일곱 편의 단시 중 하나. 「성유와 피」Oil and Blood의 주해 참조.(Albright 705) / 상상력의 강도 상실을 주제로 한 단시이다.(Albright 706)

엎지른 우유

행동하고 생각했던,
생각하고 행동했던 우리는
돌 위에 엎질러진 우유처럼
맴돌다가 옅어질 것임에 틀림없다.

1930. 11. 8.

- 1930년 11월 7일, 시인 월터 드 라 메어Walter de la Mare(1873-1956)와 함께, 사교계를 이끌었던 모렐 여사Lady Ottoline Morrell의 저택을 방문한 일과 관련된 작품이다.
- 4행의 서술은 1930년대 초의 문단 분위기와는 맞지 않은 상징주의자로서 예이츠의 심정을 토로한 것으로 보인다.(Unterecker 209)

Byzantium

The unpurged images of day recede;
The Emperor's drunken soldiery are abed;
Night resonance recedes, night-walkers' song
After great cathedral gong;
A starlit or a moonlit dome disdains
All that man is,
All mere complexities,
The fury and the mire of human veins.

Before me floats an image, man or shade,

- 제목의 비잔티움Byzantium은 현재의 이스탄불Istanbul. 「비잔티움으로의 항해」Sailing to Byzantium의 주해 참조. / 비잔티움은 이미지들의 도시이면서 내세의 거룩한 도시로 애매하게 제시한 모델이다.(Bloom 389) / 비잔티움은 예이츠가 지상에서 시간과 영원이 한데 어울려 순식간에 춤을 추는 '통합된 문화'unity of culture의 상징으로 삼은 곳이다.(Gorski 180)
- 다양한 읽기를 유발하는 작품이다. 달이 없는 제1상을 말하는 '별빛'과 15상인 만월의 '달빛'이 중심적인 이미지인 '돔'을 비치는 것으로 되어 있어 애매한 작품. 시적 자아에 대한 얘가이다.(Bloom 384)
- 「비잔티움으로의 항해」와는 달리 로마 숫자로 구분되어 있지 않아서 공간적인 이동 없이 무대를 황제의 포장도로 한 군데로 하였다. 그곳은 바닷물이 방파제를 만나는 항구 옆이다. 방파제는 황제의 대장간으로 이루어졌다. 거기서 대장장이들이 비잔티움의 성聖과 속俗의 황금 예술품들을 똑같이 만들고 있다.(Vendler 38)
- 예이츠가 중병을 앓다가 회복하기 시작할 때부터 쓴 시이다.(Vendler 44) / 죽은 자의 망령이 저세상으로 가서 연옥의 과정과 유사하게 거기서 정화되는 것을 다룬 작품이다.(Ellmann 221) / 내세의 안내이다.(Albright 717)

비잔티움

정화되지 못한 낮의 모습들이 물러가고,
황제의 술 취한 군졸들은 잠자리에 든다.
대사원의 공이 울린 뒤, 밤거리 여인들의 노래,
밤의 소음이 물러가고,
별빛 혹은 달빛 비치는 돔은
인간의 모든 것을,
온통 뒤범벅인 모든 것,
인간 혈관의 격정과 욕정을 경멸한다.

사람인지 유령인지, 내 앞에 한 이미지가 떠다닌다.

- 1연(1-8행)은 악몽의 무대 설정. 영원이 혼란한 집단을 내려다보며 경멸하고 있다. 영원과 지상을 경계관계로 대비시켰다.(Gorski 175) / 비잔티움의 소피아대성당Hagia Sophia(혹은 Santa Sophia)의 돔을 지켜보는 장면이다.(Vendler 48) / 소피아대성당은 유스티니아누스 황제Justinan I가 532-537년에 비잔티움에 지었다.(*NC* 295)
- 2행의 술 취한 군졸들은 남성의 육욕과 열정이 바깥으로 드러난 현상이다.(Vendler 39)
- 3행의 공은 'gong'의 한글 표기. 자정에 울린다.(Vendler 39) / 'gong'은 중세 후기에 극동지방에서 유럽으로 건너간 것으로서, 악기 또는 종교적인 목적으로 쓰인다. 따라서 우리나라의 징과 비슷한 것이지만, '징'이나 그 밖의 말로 옮겨보는 것은 무리이다.(역자) / 공 소리는 경고나 임박한 죽음을 암시하거나 정화의식을 알린다.(Wilson 232-233; *NC* 295) / 밤거리 여인들의 노래는 관능적인 음악이다.(Vendler 39)
- 5행의 별빛과 달빛은 비인간적인 순수함 때문에 인간으로서는 경험할 수 없는 극단을 말한다.(Snukal 116) / 돔은 소피아대성당의 돔.
- 8행의 격정과 욕정은 가가 'fury'와 'mire'의 번역이다. 'fury'는 'rage', 'mire'는 'lust'의 의미이다.(Vendler 39)

Shade more than man, more image than a shade;
For Hades' bobbin bound in mummy-cloth
May unwind the winding path;
A mouth that has no moisture and no breath
Breathless mouths may summon;
I hail the superhuman;
I call it death-in-life and life-in-death.

Miracle, bird or golden handiwork,
More miracle than bird or handiwork,
Planted on the star-lit golden bough,
Can like the cocks of Hades crow,
Or, by the moon embittered, scorn aloud
In glory of changeless metal
Common bird or petal

- 2연(9-16행)에서는 정화되지 못한 낮의 이미지보다는 한 단계 높은 수준의 이미지가 등장하고 있다. 이는 창작과정의 첫 단계이다.(Gorski 176) / 2연은 자정의 공 소리 이후, 사후 육신의 비전이다.(Vendler 40-41, 48)
- 9-15행에서 9행의 이미지는 11행에서 13행을 거쳐 15행의 초인이 된다.
- 11행의 미라의 … 실꾸리는 죽은 자의 시신, 유령이다. 이는 12행에서 정화된 혼령이 되고, 13행의 입김도 없고 숨 쉬지도 않는 입이 되어, 15행의 초인이 된다.(Unterecker 218)
- 16행의 살았지만 죽은 것death-in-life은 콜리지Samuel Coleridge가 창안한 이미지의 활용이다. 「늙은 수부의 노래」The Rime of the Ancient Mariner(1798)의 193-194행에 있다.(Albright 719)

사람이기보다는 유령, 유령이라기보다는 이미지에 가까운 것.
미라의 수의에 칭칭 감은 명부의 실꾸리가
꾸불꾸불한 길을 풀고 있는지도 모른다.
입김도 없고 숨 쉬지도 않는 입이
숨을 쉬지 않는 입들을 불러낼지도 모른다.
나는 그 초인에게 소리 질러 반갑게 인사한다.
나는 그걸 살았지만 죽은 것, 죽었지만 산 것이라고 부른다.

기적적인 것, 새인지 황금 세공품인지,
새나 공예품보다 더 기적적인 것이
별빛 비치는 황금가지 위에 올라앉아,
명부의 수탉들처럼 울 줄도 알고,
혹은, 달에 힘입어,
불변하는 금속의 영광 속에서
지상의 새나 꽃잎 그리고

- 3연(17-24행)은 예술적인 결실이다.(Gorski 176) / 3연은 사후 영혼의 비전이다.(Vendler 40-41) / '황금가지의 새'는 인간적인 세계와 연결되어 유전하는 일시적인 사건들과 시간 속의 재생을 노래한다.(Snukal 118-119) / '황금가지의 새'는 변신된 시인 예이츠의 유령이다.(Albright 717)
- 19행의 황금가지는『아이네이스』*Aeneid* VI권에서 주인공인 아이네이아스Aeneas가 황금가지에 의해서 지하세계를 다닐 수 있었다는 사실을 암시할지 모른다.(O'Neill 170)
- 20행의 명부의 수탉들은 지하에서 우는 새들(O'Neill 170). 재생의 사자이다. / 황금가지의 새와 비교된다.(Snukal 118) / 명부의 수탉들은 지상의 수탉들이 새벽을 알리듯이, 자정의 공 소리에 덩달아 나서서 자정을 알린다.(Vendler 42)
- 21행의 달에 힘입어는 'by the moon embittered'의 번역.
- 23행의 지상의 새는 'common bird'의 번역. 여기서 말하는 새나 꽃잎은 죽어 없어질 수 있는 지상의 것들이다.(Vendler 42)

And all complexities of mire or blood.

At midnight on the Emperor's pavement flit
Flames that no faggot feeds, nor steel has lit,
Nor storm disturbs, flames begotten of flame,
Where blood-begotten spirits come
And all complexities of fury leave,
Dying into a dance,
An agony of trance,
An agony of flame that cannot singe a sleeve.

Astraddle on the dolphin's mire and blood,
Spirit after spirit! The smithies break the flood,
The golden smithies of the Emperor!
Marbles of the dancing floor
Break bitter furies of complexity,

- 24행의 육욕은 격정, 돼지우리의 오물 같은 것. 피는 성적인 발동과 호전성의 상징.(Vendler 40)
- 4연(25-32행)은 망령들이 정화되는 장면이다.(Snukal 120) / 정신적인 정화과정을 강조하고 있다.(Gorski 176) / 정화의 불을 상상하고 있다.(Vendler 48)
- 25행의 황제의 포장도로는 '콘스탄티누스 포룸'The Forum of Constantine이다.(*NC* 298) / 불길은 자연을 훼손하지 않으면서 자연의 불길을 정화한다.(Bloom 388)
- 27행의 불길이 잉태시킨 불길들은 혼령들.(Albright 719)
- 28행의 피의 태생인 망령은 인간의 유령.(*NC* 298)
- 28-32행은 단테를 떠올리게 하는 지옥 풍경이기도 하다.(Snukal 122)
- 29행은 정화된 뒤를 말한다.(*NC* 298)
- 30-31행은 춤은 고뇌의 표현이라는 것이다.(Albright 710)

육욕이나 피의 온갖 뒤범벅을 호되게 나무란다.

한밤중, 황제의 포장도로를 불길들이 휙 스쳐간다.
장작이 지피거나 부싯돌이 일으키지 않은 불길들,
폭풍도 아랑곳없는 불길들, 불길이 잉태시킨 불길들,
거기에 피의 태생인 망령들이 찾아오고,
격정의 온갖 혼합물들이 떠나가고,
한바탕 춤 속의
황홀한 고뇌,
소매를 그을리지 못하는 불길의 고뇌 속으로 몰입한다.

돌고래의 욕정과 피 위에 걸터앉은,
잇따른 망령들의 등장! 대장간들이 순화시킨다, 그 물결을.
황제의 황금세공 대장간들이!
무도회장 바닥의 대리석이
뒤엉킨 비통한 격정들을 순화시킨다,

- 5연(33-40행)은 작품은 전존재가 달성되지 않으면 불안정하므로 영원 속에서 머뭇거리지 못하게 함을 말하고 있다.(Gorski 177) / 5연은 정화를 거부하면서 뒤를 돌아보고 바깥의 험한 바다를 기웃거리는 모습이다.(Vendler 44-45, 48)
- 33-34행은 망령들이 정화되려고 애써 들어오는 상황이다.(Bloom 391)
- 33행의 돌고래는 망령들을 실어나르는 매체이다.(*NC* 298) / 신플라톤주의의 신화에 의하면 돌고래는 죽은 영혼을 바로 '축복된 섬'으로 실어나르는 역할을 한다. 「델피의 신탁 소식」News for the Delphic Oracle 참조.(Albright 720)
- 34행과 37행의 순화시킨다는 다 같이 'break'의 번역이다.(역자) / 'break'는 '망쳐놓다'mar와 '창조하다'create의 뜻이다.(Bloom 392) / 일시적인 상실temporal loss과 상실의 부분적인 초월partial transcendance of that loss의 의미이다.(Whitaker 225)

Those images that yet
Fresh images beget,
That dolphin-torn, that gong-tormented sea.

[September 1930] 1932

여전히 새 이미지들을 잉태하는
저 이미지들을,
돌고래에 찢기는, 공 소리에 고통 받는 저 바다를.

1930

• 40행의 돌고래에 찢기는 … 바다는 돌고래가 바닷물을 가르면서 헤엄쳐 오는 장면이다.(역자)

Statistics

'Those Platonists are a curse,' he said,
'God's fire upon the wane,
A diagram hung there instead,
More women born than men.'

1932

- 1913-1916년경 에즈라 파운드의 언어절약의 시학에 근거해 쓴 일곱 편의 단시 중 하나이다. 「성유와 피」Oil and Blood 주해 참조.(Albright 705)
- 당시 문단의 지배적인 경향에 대한 공격이다.(Unterecker 209) / 「엎지른 우유」Spilt Milk와 마찬가지로 상상력의 강도가 상실되고 있음을 말하고 있다.(Albright 706) / 통계가들을 저주하는 내용이다. 그들의 산술적인 요약과 도표들은 일종의 플라톤적인 형상들의 패러디라는 것이다.

통계

'플라톤주의자 저네들은 골치야.' 하고 그는 말했다.
'하느님의 불은 꺼져 가는 판국인데,
그 대신 저기에 도표가 걸려 있군,
남자보다 여자 출생률이 높다는 거지.'

1931

- 1행에 등장하는 화자인 그는 현대인modern man이다. 예이츠는 아니다.(Unterecker 209)
- 3행의 도표는 플라톤주의자들과 마찬가지로 예이츠가 물질계와 정신계를 연결하는 데 꼭 필요하다고 생각한 상징적인 도표들을 가리킨다.(Unterecker 209) / 도표는 객관적인 사실 추적에 짓눌린 현대문명이다.(Albright 707)
- 4행은 통계가들이 종사하는 시시한 일 중의 한 예이다.(Albright 707)

The Choice

The intellect of man is forced to choose
Perfection of the life, or of the work,
And if it take the second must refuse
A heavenly mansion, raging in the dark.
When all that story's finished, what's the news?
In luck or out the toil has left its mark:
That old perplexity an empty purse,
Or the day's vanity, the night's remorse.

1932

- 원래「1931년 쿨 파크와 밸릴리」Coole Park and Ballylee, 1931의 한 연이었던 것을 따로 떼내어 독립된 작품으로 만든 것이다.(Henn 307)
- 젊은 시절에 품었던 위대한 삶과 위대한 예술가의 야심을 다시 생각하고 있다.(Unterecker 215) / 한평생의 업적이 웃음거리로 보인다는 것이다.(Lynch 122) / 예이츠가 오랫동안 명상해 왔던 예술가의 고통스러운 선택의 문제, 즉 눈에 보이는 미와 눈에 보이지 않는 영혼 간의 선택 문제를 다루고 있다. 전자는 자신의 영혼을 무시하고 세상의 혼을 찾고, 후자는 영원한 예술을 제쳐놓고 자신의 영원성을 추구하는 것이다. 예이츠는 육신과 영혼, 양자 중의 선택이라는 가장 힘겨운 문제를 다루었다.(Albright 715)
- 1-2행은 직업에 대한 딜레마를 적은 것이다. 오든W. H. Auden은 이에 대하여 완벽함이란 어느 쪽에도 있을 수 없다고 논평하였다.(Thurley 181-182)

선택

인간의 지성은 선택하지 않으면 안 된다,
완벽한 삶인가 완벽한 작품인가를.
후자를 택한다면 천국의 저택을 거부해야 한다,
암흑 속에서 발광하면서.
그 얘기 모두 끝장나면 무슨 새 소식?
운이 있든 없든 고역은 흔적을 남겨 놓았다.
오래 당황해 왔던 그것은 텅 빈 지갑,
혹은 하낮의 우쭐댐과 한밤의 회한.

1931. 2.

- 2행의 완벽한 삶이란 성인의 삶이다.(Albright 713)
- 3-4행은 두 임금을 섬기지 못한다는 기독교 교리에 의한 양자택일이 가지고 올 결과를 말한다. 즉, 천국의 저택이 아니면 암흑 속의 고통, 그중의 하나라는 것.(Vendler 264-265)
- 4행의 암흑 속에서 발광하는 것은 시를 쓰는 일.(Unterecker 215)
- 6행의 흔적은 성취한 예술적인 업적.(Unterecker 215)
- 7-8행의 2행연구couplet는 6행의 '흔적'에 대한 설명이다.(Vendler 265)
- 7행의 오래 당황해 왔던 그것은 'old perplexity'의 번역. 이는 1행에서 말하는 양자 중의 선택 문제이다. / 빈 지갑은 어느 것을 선택하든 보상이 없다는 결과는 마찬가지라는 뜻. 왜냐하면 본인이 선택하기보다는 운명에 의해서 선택되기 때문이다.(Vendler 265-266)
- 8행의 혹은은 '달리 말하면'의 뜻.(역자)

Three Movements

Shakespearean fish swam the sea, far away from land;
Romantic fish swam in nets coming to the hand;
What are all those fish that lie gasping on the strand?

1932

- 1913-1916년경 에즈라 파운드의 언어절약 시학에 근거하여 쓴 일곱 편의 단시 중 하나이다. 「성유와 피」의 주해 참조.(Albright 705)
- 상상력의 죽음에 대한 짧은 우화이다.『비전』에 의하면 현대는 평범하고 추악한 것을 모방하는 예술을 중요하게 여긴다고 하였다.(Albright 707)

세 갈래 문학사조

셰익스피어의 물고기는 바다를 헤엄쳤다, 육지에서 저 멀리.
낭만적인 물고기들은 손에 끌려오는 그물 속에서 헤엄쳤다.
해변 모래밭에 헐떡이는 저 모든 물고기들은 무엇인가?

1932. 1. 26.

- 1행의 셰익스피어의 물고기는 바다의 큰 물고기.
- 2행의 낭만적인 물고기들은 괴테 이후 낭만주의 말까지의 물고기. 이는 그물에 잡혀 곧 죽을 운명이다.
- 3행은 19세기의 위대한 물결이 물러간 뒤에 드러난 해변의 모습이다. 자갈밭에 남아 헐떡거리는 1930년대적인 모더니스트들을 말한다. 즉, 정기간행물인 문예지『19세기와 그 이후』*The Nineteenth Century and After*가 물러간 뒤의 상황이다.(Unterecker 209)

Those Images

What if I bade you leave
The cavern of the mind?
There's better exercise
In the sunlight and wind.

I never bade you go
To Moscow or to Rome.
Renounce that drudgery,
Call the Muses home.

Seek those images
That constitute the wild,
The lion and the virgin,
The harlot and the child.

- 블레이크로 되돌아간 것 같은 예이츠의 말년 작품이다.(Henn 39)
- 1행의 마음의 동굴은 순수한 지성의 상징.(*NC* 398) / 신플라톤주의적 사유의 산실이라고 본다.(Unterecker 273) / 마음의 동굴은 건강한 사물과 대비되는 건강하지 못한 추상.(Albright 798)
- 5행의 모스크바는 공산주의를, 로마는 파시즘을 가리킨다. 예이츠는 히틀러보다는 무솔리니를 파시즘을 대표하는 자로 인식한 듯하다.(*NC* 398)
- 8행의 뮤즈들을 집으로 불러들여라라고 하는 것은 젊은 시절 시의 방향이 어긋났다고 보는 데서 하는 말이다.(Ellmann 14) / 여기서는 정치에 관여하지 말라는 말이다.(Albright 798)

그런 이미지들

마음의 동굴에서 떠나라고
내가 너에게 명한들 어떤가?
햇빛과 바람 속에
더 나은 일거리가 있는걸.

모스크바나 로마에 가라고
내가 너에게 결코 명하지는 않았다.
그런 고역을 버리고,
뮤즈들을 집으로 불러들여라.

야생 세계를 이루는
그런 이미지들을 추구하라.
사자와 동정녀,
창녀와 어린아이.

- 9행의 야생 세계는 7행의 '고역'과 반대되는 개념이다. '고역'은 정치적으로 길들여진 것. 따라서 자연의 상태와는 대비된다.(Albright 799)
- 11-14행은 자연에 바탕을 둔 참다운 시의 소재를 열거한 것이다. 즉 8행에서 말하는 뮤즈의 소환에 해당한다.(역자) / 열거된 다섯 가지는 인간 경험의 보편적인 것들을 나타내는 구체적인 이미지들이다. 이들은 정치나 추상과는 상반되는, 사물 자체의 구체성의 표상들이다.(Albright 798-799)

Find in middle air
An eagle on the wing,
Recognise the five
That make the Muses sing.

1938

하늘 한가운데 날개 펼친
독수리를 발견하라.
뮤즈들이 노래하게 하는
그 다섯 가지를 터득하라.

1937. 8. 10. 혹은 이전

- 16행의 그 다섯 가지는 사자, 동정녀, 창녀, 어린아이, 독수리를 가리킨다(예이츠의 말). (*NC* 398; Albright 799)

Long-Legged Fly

That civilisation may not sink,
Its great battle lost,
Quiet the dog, tether the pony
To a distant post;
Our master Caesar is in the tent
Where the maps are spread,
His eyes fixed upon nothing,
A hand under his head.
Like a long-legged fly upon the stream
His mind moves upon silence.

- 전쟁, 사랑, 예술이라는 인간의 강렬한 세 가지 욕구를 다룬 시이다. 인간 의식의 속성과 계획의 성격을 가장 아름답게 표현하였다. 인간 의식은 침묵 속에서 조용히 꿈을 추구하지만, 물 위의 소금쟁이와 마찬가지로 그 꿈의 진정한 성격은 알지 못한다.(Thurley 20, 222) / 외부의 영향이 배제된 침묵 속에서 인간의 세 가지 창조력이 형성되는 과정을 담은 세 장면을 제시한 작품이다.(Rosenthal 348) / 1연은 정치, 2연은 신화, 3연은 예술을 주제로 하였다. 각 연의 주인공은 다 같이 고독한 정적 속에서 세계를 창조한다.(Unterecker 282-283) / 카이사르의 전쟁은 한 문명을 구출할지 모르고, 헬레네의 사랑은 새로운 문명의 주기를 전적으로 바꾸어 놓을지 모르지만, 예술에 대한 요구는 더 담대하다audacious는 것이다.(Bloom 451) / 부활한 창조적인 순간을 그린 세 폭의 그림이다. 그중에서 가장 의미심장하게 문명을 멸망하지 않게 하는 사람은 예술가라고 말한다.(Whitaker 122-123) / 위대한 행위와 위대한 작품의 신비스러운 근원을 탐구하는 작품이다.(Albright 830)
- 긴 다리 소금쟁이는 콜리지Coleridge의 『문학평전』*Biographia Literaria*(1817) VII의 한 대목(시냇물에 떠있는 작은 곤충에 대한 묘사)을 활용한 직유이다.(Albright 831)
- 각 연의 3-4행은 시인 자신의 말이다.(Bloom 450)

긴 다리 소금쟁이

큰 전쟁에 패하여
그 문명이 망하지 않도록 하기 위하여
개를 진정시키고, 조랑말은
먼 말뚝에다 붙들어 매어라.
우리 군주 카이사르는 지도가 펼쳐진
막사 안에 계신다.
한 손으로 머리를 받치고
눈은 뜨고 있을 뿐, 보지 않는다.
냇물 위 긴 다리 소금쟁이처럼
그의 마음 정적 위에 움직인다.

- 5행의 카이사르Julius Caesar(c.102-44 B.C.)는 골Gaul 족과의 여러 차례에 걸친 전쟁에서 로마의 영토를 확장한 장군이다.(Albright 831)
- 5-8행에 그려진 등장인물은 카이사르. 전쟁 혹은 인간 행동의 표상이다.(Thurley 222)
- 7행의 한 손으로 머리를 받치고는 결정적인 전투를 구상하는 모습이다.(Rosenthal 348)
- 8행의 보지 않는다는 것은 '마음'이 '침묵' 속에 발동하여 문명을 구출할 초자연적인 힘을 모으는 행위이다.(Unterecker 282)
- 9-10행의 후렴은 2연, 3연의 것과 마찬가지로 침묵 속의 마음 활동을 강조하는 역할을 한다.(Rosenthal 349) / 하느님의 영이 물 위에 움직였다는 성서의 말을 완곡하게 말하였다.(Whitaker 123) / 『창세기』 1장 2절의 구절을 환기하고 있다. 여기서 말하는 정적 위의 움직임에 의한 창조행위는 천지창조에 내린 암시와 대조되고 비교된다. (O'Neill 178)

That the topless towers be burnt
And men recall that face,
Move most gently if move you must
In this lonely place.
She thinks, part woman, three parts a child,
That nobody looks; her feet
Practise a tinker shuffle
Picked up on the street.
Like a long-legged fly upon the stream
Her mind moves upon silence.

That girls at puberty may find
The first Adam in their thought,
Shut the door of the Pope's chapel,

- 11행의 높다란 망루들은 'topless towers'의 번역이다. 말로Christopher Marlowe(1564-1593)의 『파우스트 박사』*Doctor Faustus* 5막 1장 94-95행에서 트로이의 헬레네에게 한 말에 들어 있다.(O'Neill 178) / 「헬레네가 살았던 그 시절에」When Helen Lived의 주 참조.(*NC* 418) / 망루들은 트로이 성의 망루.
- 15-18행에 그려진 인물은 트로이의 헬레네. 사랑의 표상이다.(Thurley 222)
- 16행의 그녀는 모드 곤. 「하찮은 찬사에 대한 반론」Against Unworthy Praise에 이와 유사하게 그려져 있다.(*NC* 418)

높다란 망루들이 불타고
사람들이 그 얼굴을 떠올리도록
이런 고독한 곳에서 움직여야 한다면,
당신은 더없이 조용히 움직이세요.
숙녀라기보다는 어린아이,
그녀는 보는 사람 없다고 생각하고,
거리에서 눈여겨본
틴커 춤을 추어 본다.
냇물 위 긴 다리 소금쟁이처럼
그녀 마음 정적 위에 움직인다.

사춘기 소녀들이 머릿속에서
최초의 아담을 발견하도록,
교황 전용 성당의 문을 닫고,

- 18행의 틴커 춤의 원문은 'tinker shuffle'. 'tinker'(땜장이)는 전통적으로 일정한 주거 없이 떠돌이 생활을 한다. 여기서 집시라는 뜻이 생겨났다. 'shuffle'은 땅에 발을 질질 끄는 동작. 여기서는 그런 동작의 춤을 말한다. 주로 노상에서 추는 춤이라, '집시의 춤'이라고 해도 좋을 것이다.(역자) / 틴커 춤을 추어 본다는 것은 어린 그녀가 장차 높다란 트로이 성의 망루들을 불타게 하고 후세 사람들에게 그 얼굴을 떠올리게 할 수 있도록 능력을 키우고 있음을 말한다.(Unterecker 282)
- 21-22행은 「불벤 산 아래」Under Ben Bulben IV부 13행 참조.(Albright 831)
- 22행의 최초의 아담은 이상적인 남성.(Rosenthal 349) / 성적 감정을 최초로 불러일으킨 장본인이다. 인간에게 내재한 죄를 의미하고 시스티나 성당Sistine Chapel에 그려진 미켈란젤로의 그림을 암시한다.(O'Neill 178) / 미켈란젤로의 아담 그림은 남성의 성적 표현물이다.(Cullingford 246)
- 23행의 교황 전용 성당은 로마교황청의 시스티나 성당Sistine Chapel이다.(*NC* 418)

Keep those children out.
There on that scaffolding reclines
Michael Angelo.
With no more sound than the mice make
His hand moves to and fro.
Like a long-legged fly upon the stream
His mind moves upon silence.

1939

저 애들이 들어오지 못하게 하라.
거기엔 미켈란젤로가
비계에 기대어 서있다.
그의 손이 이리저리 움직인다,
쥐 죽은 듯한 고요 속에서.
냇물 위 긴 다리 소금쟁이처럼
그의 마음 정적 위에 움직인다.

1937. 11. - 1938. 4.

• 25-28행에 그려진 인물은 시스티나 성당의 천장과 벽에 '천지창조' 등의 프레스코 벽화를 그리고 있는 미켈란젤로. 예술의 표상이다.(Thurley 222)

The Circus Animals' Desertion

I

I sought a theme and sought for it in vain,
I sought it daily for six weeks or so.
Maybe at last, being but a broken man,
I must he satisfied with my heart, although
Winter and summer till old age began
My circus animals were all on show,
Those stilted boys, that burnished chariot,
Lion and woman and the Lord knows what.

- 예이츠의 네 '죽음의 시편'의 서곡에 해당하는 작품이다.(Bloom 460) / 고백적인 내용이 담긴 자신에 대한 추도시.(Rosenthal 351) / 자서전적인 명상시. 가장 잘 알려진 것 중의 하나이며 마지막 작품이다.(Lynch 6)
- 서커스단 동물에 대한 착상은 여동생이 경영하고 있었던 출판사(Cuala)를 위하여 동생 잭 예이츠Jack Yeats가 그려준 그림과 삽화에서 암시받은 것이다.(*NC* 424)
- I부는 시를 쓸 능력을 상실한 것을 주제로 한 것. 그러나 전체적으로 보면 사랑의 시로 간주된다.(Cullingford 285)
- 5-8행은 노인이 되기까지의 창작활동을 상징적으로 서술한 것이다.

서커스단 동물들의 탈주

I

나는 주제를 찾다가, 찾다가 허탕을 쳤다.
그것을 여섯 주 동안이나 매일 찾았다.
아마도 필경 망가진 몸인지라,
마음으로 만족하지 않으면 안 된다.
비록 노인이 될 때까지는, 내 서커스단의 동물들이,
장대다리 신고 활보하는 애들, 번쩍거리는 전차,
사자와 여자, 그리고 우리가 모르는 신기한 것들이,
여름, 겨울에 모두 출연하긴 했지만.

- 5행의 서커스단의 동물들은 예이츠 자신의 초기 작품들을 암시한다.
- 6행의 장대다리 신고 활보하는 애들은 'stilted boys'의 번역이다. 흔히 우리말의 '죽마'로 이해될 수 있지만, 죽마는 '죽마고우'竹馬故友가 말하듯이 대나무를 말로 삼아 올라타는 아이들의 놀이를 말하므로 곡마단의 흥행 도구와는 다르다.(역자) / 번쩍거리는 전차는 쿠홀린의 전차일 것이다.(*NC* 424)
- 7행의 사자와 여자는 모드 곤에 관해서 쓴「하찮은 찬사에 대한 반론」Against Unworthy Praise에 대한 기억일 것이다. 거기서는 그녀를 '절반은 사자, 절반은 어린아이'라고 썼다.(*NC* 424) / 사자와 함께 여자를 거론하는 것은 여자도 사자와 마찬가지로 길들일 필요가 있다는 것.(Cullingford 1)
- 8행의 여름, 겨울은 서커스단의 공연기간은 1년 중 절반이라는 것.(*NC* 424)

II

What can I but enumerate old themes?
First that sea-rider Oisin led by the nose
Through three enchanted islands, allegorical dreams,
Vain gaiety, vain battle, vain repose,
Themes of the embittered heart, or so it seems,
That might adorn old songs or courtly shows;
But what cared I that set him on to ride,
I, starved for the bosom of his fairy bride?

And then a counter-truth filled out its play,
The Countess Cathleen was the name I gave it;

- II부는 과거의 창작 활동에 대한 회상이다.
- 1행의 옛 주제들은 1889년 모드 곤과 만나기 전, 1880년대에 쓴 기사도적인 사랑의 극시를 말한다. 특히『오쉰의 방랑기』*The Wanderings of Oisin*(1889).(*NC* 425) / 이는 '옛 주제들' 중 첫 번째의 것이다.(Henn 25)
- 2-5행은 니아브Niamh의 유혹을 받은 오쉰의 방랑행적을 말하였다. 오쉰은 서해 먼 바다에 있는 요정이 사는 낙원인 '청춘의 나라'The Country of Youth에서 건너온 금발의 미녀 요정 니아브에 끌리어 말을 타고 바다를 건너, 세 섬에 각각 100년씩 머물다가 귀국하였다. 그 세 섬은 사랑에 빠진 삶의 '무도의 섬'과 전쟁과 주연이 되풀이되는 '승리의 섬', 그리고 오로지 잠을 즐기는 '망각의 섬'으로 되어 있다. 이는 인간이 추구하는 양립할 수 없는 세 가지 욕구이다. 즉 2행의 헛된 환락, 헛된 싸움, 헛된 안식을 말한다.
- 3행의 우의적인 꿈들은 그 세 가지 욕구이다.(*NC* 425)
- 4행은 영웅인 오쉰 역시 서커스단 동물로 전락한 상황이라는 것.(Albright 841)

II

내가 옛 주제들을 늘어놓는 것 말고 무얼 할 수 있겠는가?
첫째, 헛된 환락, 헛된 싸움, 헛된 안식의
우의적인 꿈들의 마법의 세 섬들을 거쳐
꼼짝없이 저 바다 위로 말 타고 끌려다녔던 오쉰,
가슴 쓰린 얘기들이거나 그와 비슷한 것들.
옛 노래나 궁정의 구경거리 장식할지 모를 것들.
하지만 그를 말 타고 가게 했던 내가 무슨 생각 했던가,
그의 요정 신부의 가슴을 동경했던 내가?

다음에는 이와는 상반되는 사실로 연극을 만들었다.
내가 붙인 이름은『캐슬린 백작부인』.

- 8행의 그의 요정 신부는 니아브를 말한다. 예이츠의 경우, 그녀는 모드 곤에 해당한다. (Unterecker 288)
- 9행의 이와는 상반되는 사실은『오쉰의 방랑기』의 경우에는 꿈이 상상의 한 여인을 데려왔으나, 이번의『캐슬린 백작부인』*The Countess Cathleen*(1892작, 1894 수정, 1899 초연)의 경우는 실존 인물인 모드 곤이 그에게 꿈을 갖다주었다는 사실을 말한다.(Albright 841)
- 10행의『캐슬린 백작부인』은 모드 곤을 위하여 쓴 시극이다. 파우스트 전설 같은 것에 근거한 작품이다. 주인공 캐슬린 백작부인은 자신의 영혼을 악마에게 팔아넘기고, 기근에 시달린 농민이 빵을 살 돈을 구하기 위해 그들의 영혼을 팔지 않도록 한다. 마지막 장면에서 그녀를 모시던 시인 앨릴Aleel이 천사에게서 그녀가 천국에 올라가 성모 마리아의 키스를 받았다는 소식을 듣는다.(Albright 841; Suzuki 47) / 당시 이 작품이 가톨릭계의 반발을 산 것은 영혼을 판 사람이 천국에 올라간다는 것은 있을 수 없었기 때문이다. 이 작품은 모드 곤에게 바친 것이다.(Suzuki 47) / 캐슬린은 모드 곤이며, 시인 앨릴은 예이츠 자신을 암시하는 것으로 보인다.

She, pity-crazed, had given her soul away,
But masterful Heaven had intervened to save it.
I thought my dear must her own soul destroy,
So did fanaticism and hate enslave it,
And this brought forth a dream and soon enough
This dream itself had all my thought and love.

And when the Fool and Blind Man stole the bread
Cuchulain fought the ungovernable sea;
Heart-mysteries there, and yet when all is said
It was the dream itself enchanted me:
Character isolated by a deed
To engross the present and dominate memory.

- 12행의 어른다운 '하늘'은 'masterful Heaven'의 번역이다. 캐슬린이 영혼을 악마에게 팔고 사회사업을 하다 죽자, 천사가 악마들을 물리치고 그녀의 영혼을 천국으로 인도하기 때문에 하는 말이다.(Albright 842; Conner 26)
- 13행의 내 연인은 모드 곤.(*NC* 425; O'Neill 181)
- 14행의 광신과 증오는 모드 곤을 상징한다.(Henn 54)
- 15행의 한 가지 꿈은 13-14행의 내용을 주제로 한 연극 작품의 창작이다.(Unterecker 288)
- 16행의 꿈 그 자체는『캐슬린 백작부인』의 창작과 공연.(Unterecker 288; Henn 54) / 모든 생각은 모드 곤의 불길한 장래에 대한 생각이다.(Vendler 274)
- 17-18행은 쿠훌린을 주인공으로 하는 작품의 요약이다.(Vendler 275)
- 17행의 바보Fool와 장님Blind Man은『볼려 해변에서』*On Baile's Strand*(1901, 1903-1904 수정)의 등장인물들이다. 바보는 장님의 부추김에 따라 먹을 것을 훔치고 장님은 배를 채운다. 이 장님이 쿠훌린에게 그가 죽인 젊은이는 그와 이퍼Aoife 사이에 난 그의 아들이었다는 사실을 증언한다. 사실인즉슨, 그 젊은이는 스코틀랜드에서 자라나 무사가 된 뒤, 쿠훌린의 명성을 듣고, 아버지인 줄 모르고 대적하려고 혼자 건너와 싸우다가 죽은 것이다.(*NC* 425-426)

그녀는 동정심에 미쳐 영혼도 내주었다.
그러나 어른다운 '하늘'이 그녀 영혼을 구하러 개입했다.
나는 내 연인이 자신의 영혼을 파멸시켰으리라 생각했다.
그렇게 광신과 증오가 그녀 영혼을 노예로 만들었지.
그리하여 이런 일이 한 가지 꿈을 낳게 했고
꿈 그 자체가 이내 내 모든 생각과 사랑을 온통 차지했다.

그리고 '바보'와 '장님'이 빵을 훔쳤을 때
쿠흘린은 감당할 수 없는 바다와 싸웠다.
거기엔 마음의 신비들이 있었다. 하지만 따지고 보면
나를 매혹시킨 것은 꿈 그 자체였다.
그건 현재를 수렴하고 미래의 기억을 지배할
행위에 의하여 유달리 드러난 인물의 성격.

- 18행의 쿠흘린의 바다와의 싸움은 아들인 줄 모르고 죽인 뒤에 아들임을 알게 되자 발광한 나머지, 바다에 뛰어들어 거센 파도와 싸우다가 휩쓸려 죽은 것을 말한다. 그러나『쿠흘린의 죽음』*The Death of Cuchulain*(1938)에서는 쿠흘린이 전투에서 치명상을 입고 돌아와 자기가 침대에서 떨어질까봐 스스로 기둥에 몸을 묶어 놓았는데, 장님이 그를 죽인 것으로 되어 있다.(Henn 294)
- 19-20행은 그 작품에 대한 성찰이다.(Vendler 275)
- 19행의 거기엔 마음의 신비들이 있었다는 것은 쿠흘린의 전설에서 예이츠 자신의 개인적인 사실과 들어맞는 점을 꽤 발견했을지 모른다는 사실을 말한다. 예이츠는 아버지의 합리주의와 회의론에 반기를 들고 다툰 일이 있고 아버지와는 여러 가지로 거리감이 있었다.(Albright 843)
- 20행의 꿈 그 자체는 작품 창작을 말한다.(Unterecker 289)
- 21-22행은 쿠흘린의 성격을 말한다. 예이츠의 문학이론을 천명하고 있다.(Vendler 275)

Players and painted stage took all my love,
And not those things that they were emblems of.

- 23-24행은 감각적인 것에 끌리는 것은 시인의 내면적인 의미, 심리적인 진실이 빼앗긴다는 것. 즉, 매체vehicle가 취의tenor를 압도해 버린다는 것이다.(Albright 843) / 23-24행은 예술가에게는 현실적인 삶의 문제보다도 창작활동이 더욱 신이 난다는 것이다.(Unterecker 289)

내 사랑을 차지한 것은 연기자들과 꾸며진 무대,
그들의 상징인 그것들은 아니었다.

- 23행의 연기자들과 꾸며진 무대는 1902년에서 1910년까지 맡아서 했던 애비 극장 경영 업무. 예이츠가 이 일에 전념한 것은 1903년의 모드 곤과 맥브라이드의 결혼에 대한 실의를 극복하기 위한 일이었을 것이다.

III

Those masterful images because complete
Grew in pure mind, but out of what began?
A mound of refuse or the sweepings of a street,
Old kettles, old bottles, and a broken can,
Old iron, old bones, old rags, that raving slut
Who keeps the till. Now that my ladder's gone,
I must lie down where all the ladders start,
In the foul rag-and-bone shop of the heart.

1939

- III부는 예술은 현실적인 삶에 바탕을 두고 거기에 의존함을 말하고 있다.(Ellmann xiv)
- 1행의 잘 다루어진 그런 이미지들은 이제는 다 떠나가고 없지만, 서커스에 출연했던 모든 동물과 사람들이다.(Rosenthal 353)
- 2행의 근원은 혼란스러운 현실적인 경험이다.(Ellmann 207)
- 3-6행의 이미지들은 추악한 현실. 너절한 것들에 대한 과거의 기억을 극적으로 정확하게 묘사한 대목이다.(Jeffares 294) / 이는 8행의 마음의 가게에서 파는 고물들. / 이는 예술 창작의 사다리 밑바닥에 존재하는 부패한 현실.(Unterecker 289) / 이들은 1행의 '잘 다루어진 이미지들'의 '근원'(2행)이 되는 구체적인 예이다.(역자) / 예이츠는 어디서나 존재하는 이러한 부패한 쓰레기 더미에서 잘 다루어진 멋진 이미지들을 창조하는 연금술적인 처방을 제시하고 있다.(Gorski 90)

III

질 다루어진 그런 이미지들은 완전하므로
순수한 마음속에서 성장했다. 하지만 그 근원은 어딘가?
쓰레기 더미나 혹은 길거리 같은 데의 쓰레기들,
헌 주전자, 헌 병, 그리고 쭈그러진 깡통,
고철, 묵은 뼈, 헌 누더기, 돈 궤를 지키는
저 미쳐 날뛰는 창녀. 이제 내 사다리는 사라졌으니,
나는 모든 사다리들이 시작된 곳, 누추한 누더기와
마음의 넝마 가게 안에 누워 지낼 수밖에 없다.

1937. 11. - 1938. 9.

- 4-5행의 헌 주전자는 옛날 종교의식에 사용된 성스러운 솥, 고철은 옛 칼, 묵은 뼈는 피니언 영웅들Fenian heroes의 것, 헌 누더기는 수놓은 그의 옷 등을 가리킨다.(Vendler 278)
- 6행의 사다리는 현실세계에서 상상의 세계인 예술의 세계로 올라가는 도구이다.
- 7-8행은 예이츠의 시 중에서 절망감과 상실감을 가장 처절하게 드러낸 구절이다. (Rosenthal 353)
- 7행의 모든 사다리들이 시작된 곳은 귀족적인 서커스단 감독의 높은 자리가 밑바닥의 낮은 자리로 대치된 것이다.(Vendler 278)

High Talk

Processions that lack high stilts have nothing that catches the eye.
What if my great-granddad had a pair that were twenty foot high,
And mine were but fifteen foot, no modern stalks upon higher,
Some rogue of the world stole them to patch up a fence or a fire.
Because piebald ponies, led bears, caged lions, make but poor shows,
Because children demand Daddy-long-legs upon his timber toes,
Because women in the upper storeys demand a face at the pane,
That patching old heels they may shriek, I take to chisel and plane.

Malachi Stilt-Jack am I, whatever I learned has run wild,
From collar to collar, from stilt to stilt, from father to child.

- 소네트 형식의 마지막 작품이다.(Vendler 148)
- 1행의 장대다리는 'stilts'의 번역. 흔히 '죽마'라고 하지만 실제와 다르다. 「서커스단 동물들의 탈주」The Circus Animals' Desertion I부의 6행 주 참조.(역자)
- 3행은 밀레니엄millenium 말기로 갈수록 인간의 상상력이 줄어든다는 예이츠의 신화(*Vision* 1925, 211-213)와 유사하다.(Albright 836)
- 5행은 예이츠의 동생 잭Jack이 그린 그림을 회상시켜 준다.(*NC* 421)

고담준론

높은 장대다리가 없는 서커스 행렬은 시선을 끌지 못한다.
우리 증조부께서는 이십 피트 높이의 장대다리를 가졌는데,
내 것은 십오 피트밖에 안 되고, 요즘 아무도 그보다 높이 걷지 못하여,
시중의 어떤 놈이 그걸 훔쳐서 울타리를 손질하거나 불을 지핀다면, 어떻게 될까.
얼룩말, 끌려다니는 곰, 우리 안 사자들, 이들은 시시한 구경거리일까,
꼬마들은 장대다리로 걸어다니는 장다리 광대를 보고 싶어 안달하고,
위층의 아줌마들은 헌 양말 뒤축 깁다가 비명을 지르도록
누군가 창문을 기웃거리길 바라니까, 나는 끌과 대패 작업 좋아한다.

난 장대다리 잭 말라키. 목걸이에서 목걸이, 장대다리에서 장대다리,
아버지로부터 자식으로, 배운 건 무엇이든 내 멋대로 했다.

- 9행의 장대다리 잭 말라키의 원문은 'Malachi Stilt-Jack'. 성은 'Stilt-Jack'이고 이름은 'Malachi'라는 뜻이다.(역자) / 발라키는『구약성서』에 나오는 예언자이다. 또한 동명의 12세기 아일랜드의 성인(1095 1148) 이름, 가공인물이거나 예이츠가 어렸을 때 실존했던 슬리이고의 어떤 사람일 수도 있다. 때로는 세례명으로 쓰이는 이름이다.(*NC* 421) / 목걸이에서 목걸이는 곡마단 동물의 목 장식품을 말하는 듯하다.(역자)

All metaphor, Malachi, stilts and all. A barnacle goose
Far up in the stretches of night; night splits and the dawn breaks
loose;
I, through the terrible novelty of light, stalk on, stalk on;
Those great sea-horses bare their teeth and laugh at the dawn.

1938

- 12행의 기러기barnacle goose는 글자 그대로 조개삿갓barnacle과 관계 있는 새이다. 기러기는 조개삿갓에서 나온 것으로 생각했기 때문에 합법적으로 물고기로 간주하여, 중세시대 수도사들이 금식과 단식 때 그 고기를 먹을 수 있었다.(Albright 836)

모두가 은유다, 말라키고, 장대다리고 뭐고 모두.
길게 뻗친 밤하늘에 높이 나는 기러기 한 마리. 밤이 갈라지고
　먼동이 튼다.
나는 무섭도록 신기한 빛 속을 꼿꼿하게 활보한다, 활보한다.
거대한 저 해마들이 이빨을 드러내고 여명을 향해 싱긋 웃는다.

1938. 7. 29. - 8.

• 13-14행은 이 시의 화자인 '장대다리 잭 말라키'가 떠돌이 잭Jack the Journeyman 같은 천방지축의 인물임을 말하고 있다.(Whitaker 234-235) / 떠돌이 잭은 크레이지 제인의 연인. 「크레이지 제인과 떠돌이 장인 잭」Crazy Jane and Jack the Journeyman 참조.(역자)

The Spirit Medium

Poetry, music, I have loved, and yet
Because of those new dead
That come into my soul and escape
Confusion of the bed,
Or those begotten or unbegotten
Perning in a band,
I bend my body to the spade
Or grope with a dirty hand.

Or those begotten or unbegotten,
For I would not recall
Some that being unbegotten
Are not individual,
But copy some one action,
Moulding it of dust or sand,
I bend my body to the spade

- 서식스Sussex에 있었던 웰즐리 여사Lady Wellesley의 저택에 머물 때 쓴 작품이다. (*NC* 397)
- 제목의 영매는 예이츠의 대변자 구실을 한다.(Whitaker 253) / 자연과 초자연의 강렬한 상응관계에서 시가 탄생함을 말하고 있다.(Unterecker 273) / 화자는 예이츠 부인 같은 사람, 즉 정원 가꾸는 사람이면서 영매이거나, 혹은 이미지를 불러오는 행위가 영매적인 것과 얼추 비슷한 시인일 듯하다. 그런 화자의 극적 독백 같은 시이다.(Albright 797)

영매靈媒

시, 음악을 나는 사랑했다.
하지만 내 영혼 속에 들어와
임종의 혼잡을 벗어난
갓 죽은 자들 때문에,
혹은 태어났건 태어나지 않았건
한 무리로 선회하는 자들 때문에,
나는 몸을 굽혀 삽질하거나
흙 묻은 손으로 더듬는다.

그게 아니면 태어나지 않아
개체를 형성하지 못하고
흙이나 모래를 가지고 주물러,
어떤 딴 것의 행위를 모방하는
그런 자들을 불러내지 않을 것이니,
태어났건 않았건 그런 자들 때문에
나는 몸을 굽혀 삽질하거나

- 7-8행의 후렴은 정원 가꾸는 행위. 정원 가꾸는 행위는 혼령이 형성되는 방법의 은유이면서 동시에 은유 이상의 것인 듯하다.(Albright 797) / 후렴은 예이츠의 부인과 웰즐리 여사 두 사람이 겹친 모습이다. 두 사람은 다 같이 정원을 잘 가꾼 사람들이다.(*NC* 397)
- 7행의 삽은 정원 작업과 무덤 파기에 쓰인다.(Unterecker 273)
- 10행에서 개체를 형성하지 못하는 것은 달의 제1상 때의 상황인 것이다. 제1상에는 육신이 초자연적인 환경에 온통 흡수되어 버린다.(*NC* 397)

Or grope with a dirty hand.

An old ghost's thoughts are lightning,
To follow is to die;
Poetry and music I have banished,
But the stupidity
Of root, shoot, blossom or clay
Makes no demand.
I bend my body to the spade
Or grope with a dirty hand.

- 17-18행은 신플라톤주의적인 추상적 사유에 대한 언급이다. 예이츠는 추상적이거나 정치적인 시에서 벗어나려 하고 있다.(Unterecker 273)

흙 묻은 손으로 더듬는다.

늙은 혼령의 생각은 번갯불이니,
따라기는 것은 죽는 길이다.
시와 음악을 나는 추방해버렸다.
그러나 뿌리나 싹이나
꽃이나 흙이 멍청해서
아무런 요구를 하지 않는구나.
나는 몸을 굽혀 삽질하거나
흙 묻은 손으로 더듬는다.

1938 발표

- 19-24행은 시와 음악 대신 삽을 가지고 신비스러운 일을 하는 것같이 보이지만, 예이츠의 마음은 다시 한 번 뮤즈가 노래하게 하려는 것을 말하고 있다.(Unterecker 273)

4

늙음과 지혜의 시편

The Old Men Admiring Themselves in the Water

I heard the old, old men say,
'Everything alters,
And one by one we drop away.'
They had hands like claws, and their knees
Were twisted like the old thorn-trees
By the waters.
I heard the old, old men say,
'All that's beautiful drifts away
Like the waters.'

[before 20 November 1902]

- 늙어가는 아름다운 여인들에 대한 여러 책에 대한 패러디. 희극적인 시이다.(Rosenthal 33) / 반사된 사물을 다룬 작품이다. 반사에 의한 복사물은 점점 격이 떨어지기 마련이라는 것.(Albright 488)
- 1-3행은 무상함의 보편성이다.(Vendler 101)

물에 비친 자신의 모습을 찬양하는 노인들

나는 늙은, 노인들이 말하는 걸 들었다.
'모든 것은 변한다.
우리는 한 사람 한 사람 떨어져 나간다.'
그들은 짐승 발톱 같은 손을 가졌고,
무릎은 물가의 산사나무 고목들같이
비틀어졌다.
나는 늙은, 노인들이 말하는 걸 들었다.
'아름답다는 것은 모두
강물처럼 떠내려가 버린다.'

1903. 1. 발표

- 4-6행은 볼품없는 육신이다.(Vendler 101)
- 5행의 산사나무는 'thorn-tree'의 번역. '가시나무'로 직역하면 가시가 있는 모든 나무를 의미할 것이다. 영시에서 'thorn'은 대체로 'hawthorn'을 말한다.(역자)
- 7-9행은 아름다움의 무상함이다.(Vendler 101)

The Coming of Wisdom with Time

Though leaves are many, the root is one;
Through all the lying days of my youth
I swayed my leaves and flowers in the sun;
Now I may wither into the truth.

1910

- 늙음에 대한 씁쓸한 위안에 관한 많은 작품 중의 하나이다. 원래의 제목은 '젊음과 늙음'Youth and Age이다.(Albright 510)

세월과 더불어 오는 지혜

나뭇잎은 많지만, 뿌리는 하나.
나는 내 젊음의 거짓된 나날 동안 줄곧
햇빛 속에 잎사귀와 꽃을 흔들어댔다.
이제 나는 진실 속으로 시들며 들어가리라.

1909. 3. 21 - 22.

- 2-3행은 젊은 시절의 자신의 표현과 자신의 선전이다.(Albright 510)
- 4행은 잎에서 뿌리로, 다수에서 하나로 귀속되는 것이다.(Albright 510)

Lines Written in Dejection

When have I last looked on
The round green eyes and the long wavering bodies
Of the dark leopards of the moon?
All the wild witches, those most noble ladies,
For all their broom-sticks and their tears,
Their angry tears, are gone.
The holy centaurs of the hills are vanished;
I have nothing but the embittered sun;
Banished heroic mother moon and vanished,
And now that I have come to fifty years
I must endure the timid sun.

1917

- 나이 50이 되어 달에서 벗어나 태양의 국면으로 접어들고 있다는 신념을 피력하였다.(Unterecker 139) / 열정과 비전이 넘쳤던 잃어버린 과거에 대한 애도의 시이다.(Rosenthal 185) / 상상력 고갈에 대해 쓴 많은 작품 중의 하나이다. 나이가 들어 뮤즈의 총애를 끌지 못함을 애도하는 시이다.(Albright 569)
- 제1차 세계대전 발발 후인 1915년에 쓴 시. 결혼하기 전에 쓴 것으로서 여자들에게 버림받았다고 슬퍼하는 시이다.(Cullingford 117) / 1916년 10월경에 쓴 시. 이졸트 곤과의 소통이 막힌 것을 소재로 한 작품이다.(Hassett 115)
- 1행의 달은 주관성의 상징. 이와 대조적으로 '태양'은 객관성을 상징한다.(*NC* 150) / 검은 표범은 달의 이미지이다.(Unterecker 139) 표범은 달의 여신 디아나의 수레를 끄는 표범이다. 디아나의 사냥은 남자 사냥으로 해석된다. / 둥근 초록빛 눈은 보름달을 말한다. 이는 상상력의 상징이다.(Albright 569)

실의에 빠져 쓰게 된 시

내가 달의 검은 표범의 둥근 초록빛 눈과
느릿한 긴 몸뚱이를
마지막으로 본 것이 언제였던가?
야성적인 모든 마녀들, 가장 고귀한 그 여인들은
그들이 선택한 남성적인 활동을 위해,
그들의 눈물, 그들의 분노의 눈물을 위해 가고 없다.
산의 거룩한 반인반마半人半馬의 괴물들도 사라졌다.
나는 고통에 찌든 태양 외에 가진 게 없다.
영웅적인 어머니 달은 추방되고 사라졌다.
나 이제 나이 오십에 이르렀으니
멍청한 태양을 견뎌내지 않으면 안 된다.

1915. 10.

- 4행의 야성적인 마녀들은 달의 이미지이다.(Unterecker 139) / 마녀들은 달의 에너지와 힘과 창조력을 나타낸다.(Cullingford 117)
- 5행의 남성적인 활동은 'broom-sticks'의 번역이다. 이 말은 여자들을 가리키는 'distaff'와 대비되는 말이다.(역자)
- 7행의 거룩한 반인반마의 괴물들은 'holy centaurs'의 번역이다. 이는 달의 이미지이다.(Unterecker 139) / 켄타우로스는 그리스 신화에 나오는 괴물이다. 상반신은 사람이고 하반신은 말이다. 모든 예술은 '튼튼한 등과 튼튼한 다리'를 가진 켄타우로스가 되어야 한다는 예이츠의 말이 있다.(*NC* 150)
- 8행의 고통에 찌든 태양은 인간의 창조적인 요소 파괴자로서의 객관적인 삶을 말할 것이다. 태양은 남성적인 사실주의이다.(Unterecker 139)
- 9행의 영웅적인 어머니 달은 흰 여신The White Goddess이다.(Hassett 115)
- 11행의 멍청한은 'timid'의 번역.(역자) / 태양은 일상생활의 평범한 빛.(Albright 569)

Demon and Beast

For certain minutes at the least
That crafty demon and that loud beast
That plague me day and night
Ran out of my sight;
Though I had long perned in the gyre,
Between my hatred and desire,
I saw my freedom won
And all laugh in the sun.

- 당시 살던 곳(St Stephen Green)과 가까웠던 국립미술관National Art Gallery에 전시된 초상화들을 관람하고 쓴 시이다.(Jeffares 211)
- 제목의 악마와 야수는 각각 상반된 증오와 욕망을 가리킨다.(*NC* 199; Rosenthal 208). / 이 가운데 욕망은 특히 성적인 욕구이다.(Albright 616) / 악마와 야수는 '진정한 마스크'True Mask와 '거짓 마스크'False Mask라는 욕구와 증오의 상징적인 창조물이다.(Unterecker 164) / 악마와 야수는 자신의 내부에 존재하는 두 가지 충동이다.(Thurley 108) / 악마와 야수는 자기도취selfabsorption와 주관성subjectivity의 이미지이다. 이 작품은 '증오의 악마'와 '욕망의 야수'라는 두 열정 간의 싸움을 다룬 것이다(Peter Ure의 견해).(*NC* 199) / 양자의 갈등이 중지될 때 평화가 달성된다는 내용이다.(Thurley 108-109) / 일시적인 세속적 축복momentary secular blessedness을 그린 작품이다.(Ellmann 274)
- 1914년에 예이츠가 열거한 전통적인 서정시인의 마스크는 연인이나 성자, 현자나 관능적인 인간, 아니면 세상의 모든 것에 대하여 오로지 조소하는 사람이었다. 이 중 예이츠에게 알맞은 것은 연인과 현자였다. 그러나 이 작품에서는 성자의 마스크를 쓰려 하고 있다.(Albright 616)

악마와 야수

적어도 몇 분간은
밤낮으로 나를 괴롭히는
저 교활한 악마와 저 시끄러운 야수가
내 시야에서 도망쳐 갔다.
비록 나는 나의 증오와 욕망 사이에서
오랫동안 가이어 속에서 선회했지만
나는 내 자유가 획득되고
햇빛 속에서 모두가 웃는 것을 보았다.

- 『비전』의 계산에 의하면 예이츠가 소속된 17상의 경우는 '운명의 육신'Body of Fate(운명적인 사건들의 총합)이 성자의 상인 27상에서 온다는 것. 『비전』에 의하면 그의 '운명의 육신'은 '상실'Loss이다.(*Vision* 1937, 141) 따라서 이 작품에서 다루는 것은 감정의 상실, 열정의 상실, 세상 사람들이 자기를 받아들이지 않는, 지지자의 상실 문제이다. 이 시는 「실의에 빠져 쓰게 된 시」Lines written in Dejection와 연관되고, 육신의 상실에 대한 보상을 발견해 보려는 주제의 시 「비잔티움으로의 항해」Sailing to Byzantium에 앞선, 선구적이고도 아주 중요한 작품이다.(Albright 616)
- 3행의 교활한 악마와 시끄러운 야수는 5행의 '증오'와 '욕망', 특히 성적인 욕망이다. '인간이 독수리와 어떤 야수에게 두 갈래로 찢긴'(*Vision* 1937, 38) 것으로 그려진 우의적인 상징과 유사한 상황이다.(Albright 616)
- 6행의 가이어는 'gyre'의 표기. 이는 『비전』*A Vision* 체계의 기서가 되는 상징이다.(Suzuki 100) 「가이어들」Gyres 주해 참조.
- 7행의 자유가 획득되고는 생사의 사이클에서 벗어난 영혼을 미리 맛보게 하는 경험이다.(Albright 616)

The glittering eyes in a death's head
Of old Luke Wadding's portrait said
Welcome, and the Ormondes all
Nodded upon the wall,
And even Strafford smiled as though
It made him happier to know
I understood his plan.
Now that the loud beast ran
There was no portrait in the Gallery
But beckoned to sweet company,
For all men's thoughts grew clear
Being dear as mine are dear.

But soon a tear-drop started up,
For aimless joy had made me stop
Beside the little lake

- 9행의 루크 워딩Luke Wadding(1588-1657)은 아일랜드 출신의 프란체스코 수도원의 수도사. 로마에 학교를 세웠다. 그의 초상화가 더블린 국립미술관에 걸려 있다. 명예롭게 죽은 이들의 초상화들은 비잔티움의 모자이크 성화와 유사한 기능을 한다.(Albright 616-617)
- 11행의 오먼드 일족Ormondes은 오먼드 백작들이다. 영국에서 12세기에 건너와 17, 8세기에 이름을 떨친 버틀러Butler 가문. 일족의 초상화가 미술관에 다수 있다. 예이츠와 혈통이 연결된다. 예이츠의 중간 이름은 거기에서 유래하였다.(*NC* 199)
- 13행의 스트래퍼드Sir Thomas Wentworth Strafford(1593-1641, 영국인)는 찰스 1세 때인 1632년 아일랜드 총독이었다. 7년 재임 후 귀국하였다. 아일랜드의 경제적인 번영을 꾀한 공로로 백작 칭호를 받았으나 반역죄로 처형당하였다.(*NC* 199; Conner 177-178)

늙은 시절 루크 워딩의 초상화의
죽은 이의 머리에 박힌 번쩍이는 눈이
반갑다고 인사했고, 오먼드 일족 모두
벽에서 고개를 끄덕였다.
심지어 스트래퍼드도
내가 그의 계획을 이해한 것을 알고서
더 행복해진 것처럼 미소를 지었다.
이제 시끄러운 야수가 도망쳤으니까
'미술관'의 초상화들이 반가운 동무에게
손짓해 부르지 않는 것이 없었다.
내 생각이 소중하듯 모든 사람의 생각이
명백하게 소중해졌기 때문이다.

그러나 이내 눈물이 솟아나기 시작했다.
왜냐하면 목적 없는 기쁨이
나를 작은 호수 옆에 걸음을 멈추게 했고,

- 17행의 미술관은 더블린 국립미술관National Gallery of Dublin. / 반가운 동무는 'sweet company'의 번역. 화자인 예이츠를 가리킨다.(역자)
- 22행의 목적 없는 기쁨은 'aimless joy'의 번역. 어느 하루 잠시 자유로운 시간을 가진 것을 말한다.(Rosenthal 208) / 목적 없는 기쁨은 순수한 기쁨이다. 「톰 오로클리」Tom O'Roughley 4행 참조. 여기서 예이츠는 성자의 27상에서 28상의 바보로 옮겨 간다. 「달의 제상」The Phases of the Moon 118행 참조.
- 23행의 작은 호수는 더블린의 세인트 스티븐 그린 공원St. Stephen's Green에 있는 작은 호수이다. 예이츠는 부인과 함께 당시 그 주변에 있었던 모드 곤의 집에 세들어 살았다.(Jeffares 211)

To watch a white gull take
A bit of bread thrown up into the air;
Now gyring down and perning there
He splashed where an absurd
Portly green-pated bird
Shook off the water from his back;
Being no more demoniac
A stupid happy creature
Could rouse my whole nature.

Yet I am certain as can be
That every natural victory
Belongs to beast or demon,
That never yet had freeman
Right mastery of natural things,
And that mere growing old, that brings
Chilled blood, this sweetness brought;
Yet have no dearer thought
Than that I may find out a way
To make it linger half a day.

- 27-28행에 언급된 새는 그 공원 호수의 오리들 중 하나이다.(*NC* 200)
- 33-36행은, 인간은 악마와 야수에 사로잡혀 있기 때문에 자연인natural man은 존재하기 어렵다는 회의적인 생각을 말하고 있다.(Thurley 109)

공중에 던져 올린 빵 부스러기를
흰 갈매기가 낚아채는 것을 보았기 때문이다.
그 갈매기는 이제 선회하면서 내려와
초록빛 머리의 통통하고 멍청한
새 한 마리가
등에 묻은 물을 털어내는 곳에서 물을 튀게 했다.
더는 악마가 아닌지라
멍청한 행복한 동물 하나가
내 본성 모두를 일깨울 수 있었던 것이다.

하지만 나는 자연의 모든 승리는
야수나 악마에 소속되고,
자유인이 아직도 자연물을
제대로 지배한 일이 결코 없었는데,
냉각된 피를 가지고 오는 노화만이
이런 감미로움을 가지고 왔다는 것을
확신할 대로 확신한다.
하지만 나는 반나절만이라도 그것을
머물게 하는 방법을 찾아내리라는
그 이상의 값진 생각은 하지 못한다.

• 37-39행은, 일시적인 안도감은 나이와 더불어 오는 육신의 허약함과 나약함의 결과라는 것이다.(Rosenthal 209)

O what a sweetness strayed
Through barren Thebaid,
Or by the Mareotic sea
When that exultant Anthony
And twice a thousand more
Starved upon the shore
And withered to a bag of bones!
What had the Caesars but their thrones?

1920

- 43행의 의기양양했던 안토니우스는 이집트인이자 최초로 수도원을 열었던 성 안토니우스Anthony (251-356)이다. 아일랜드에서는 11세기 이전에 세워진 8개의 높은 십자가high cross에 이 성자의 사적이 그려져 있다.(*NC* 200; Albright 618; Conner 8)
- 44행의 이천여 명의 수도사들의 '수도사'는 역자가 편의상 추가한 말이다.(역자) / 수도회가 번영한 것은 성 안토니우스의 영향력에 의해서이다.(*NC* 200)
- 47행의 감미로운 축복은 'a sweetness'의 번역. 44행 이하에서 말하는 수도자가 받은 축복이다. 38행의 '감미로움'과 동일하다.(역자)
- 48행의 불모의 테베 지방Thebaid은 나일 강 상류 지역의 이집트 고대도시 테베Thebes 주변의 사막지역이다. 성 안토니우스가 젊었을 때 금욕생활을 하고 수도원을 창설한 지역이다.(*NC* 200; Suzuki 212)
- 49행의 마레오티스 호수는 알렉산드리아 바로 남쪽에 있는 짠물 호수. 알렉산드리아는 이 호수와 지중해 사이에 건설된 도시이다. 성 안토니우스가 수도원을 창시한 곳이다.(*NC* 200; Conner 119)

의기양양했던 안토니우스와
이천여 명의 수도사들이 굶주리다가
호숫가에서 뼈만 남은 자루로
바짝 여위어 갔을 때,
오 얼마나 감미로운 축복이
불모의 테베 지방을 통해서나
혹은 마레오티스 호숫가에 서성댔던가!
로마 황제들은 옥좌 외에 차지한 게 뭐였지?

1918. 11. 23.

• 50행의 로마 황제들은 예이츠의 역사신화에 의하면, 그리스도와 반대되는 존재이다. 즉, 기본의primary 그리스도가 대비되는antitheitical 로마 황제를 대신한 것이다. 예이츠는 그리스도를 고전시대 전체의 반자아에 해당한다고 보았다. 따라서 테베 지방과 마레오티스 호수의 기독교는 마음껏 호기심을 추구했던 고전시대 사람들에게 재갈을 물린 역할을 한 것이다.(Albright 618)

The Wheel

Through winter-time we call on spring,
And through the spring on summer call,
And when abounding hedges ring
Declare that winter's best of all;
And after that there's nothing good
Because the spring-time has not come—
Nor know that what disturbs our blood
Is but its longing for the tomb.

1922

- 「젊은이와 늙은이」Youth and Age와 「새로운 얼굴들」New Faces과 함께 늙음에 대한 생각을 피력한 시이다. 젊은 시절의 공포는 어느 정도 사라지고 죽음을 거의 수용, 나아가서는 죽음을 동경하게 됨을 말하고 있다.(Unterecker 184) / 다빈치의 생각을 활용한 시이다.(Albright 657; Vendler 401) / 계절에 대하여 불만을 느끼는 것은 모두가 한 해의 주기에서 벗어나려는 동경심이라는 내용의 시이다.(Albright 657)

바퀴

겨울철을 통해서 우리는 봄을 부른다.
그리고 봄을 통해서 여름을 부른다.
그리고 무성한 산울타리가 울려댈 때
겨울이 최고라고 선언한다.
그리고 그다음엔 좋은 것이 없다.
왜냐하면 봄이 오지 않았으니까—
또한 우리는 피를 어지럽히는 것은
무덤을 동경할 뿐이라는 것을 모르니까.

1921. 9. 13.

- 예이츠가 부인과 함께 런던에서 기차를 타려고 역 구내에서 대기하던 중, 발차시간 30분 전에 갑자기 행방을 감추었다가 기차가 떠날 때 나타났다. 이 작품은 그동안에 쓴 것이다.(Hone 365)
- 7-8행은 인간이 안절부절못하는 것은 죽음에 대한 욕망이라는 것이다.(Vendler 208)

Youth and Age

Much did I rage when young,
Being by the world oppressed,
But now with flattering tongue
It speeds the parting guest.

젊은이와 늙은이

젊었을 때 나는 세상의 압박을 받아
무척이나 아우성치기도 했다.
그러나 지금은 세상이 듣기 좋은 말로
떠나는 손님을 재촉한다.

1924

• 늙음에 대한 생각을 피력한 단시 중 하나이다.(Unterecker 184)

At Algeciras—A Meditation upon Death

The heron-billed pale cattle-birds
That feed on some foul parasite
Of the Moroccan flocks and herds
Cross the narrow Straits to light
In the rich midnight of the garden trees
Till the dawn break upon those mingled seas.

Often at evening when a boy
Would I carry to a friend—
Hoping more substantial joy
Did an older mind commend—
Not such as are in Newton's metaphor,

- 제목의 알헤시라스는 스페인 남부의 항만도시로, 지브롤터에서 서쪽으로 6마일 거리에 있다. 바다를 끼고 지브롤터 항구와 마주 보고 있다. 모로코와는 60킬로미터 떨어져 있다. 예이츠가 1927년 가을에 건강회복차 프랑스와 스페인을 전전했을 때 방문한 적이 있다(Jeffares는 1928년 11월이라고 함).
- 1928년 10월에 크게 앓고 난 뒤 죽음에 대한 명상을 적은 작품이다.(Bloom 382-383) / 맨 처음 발표했을 때는「모히니 채터지」Mohini Chatterjee와 함께「죽음에 대한 명상들」Meditations on Death이라는 제목으로 묶어 발표했다.(Albright 715)
- 1행의 황로cattle-bird는 낮에는 아프리카 모로코에서 양과 소의 기생충을 잡아먹다가 밤이 되면 스페인으로 날아온다(2-6행). 따라서 추악한 낮의 생활과 풍요로운 밤을 보내는 새이다. 이는 추악한 이승의 삶과 축복된 저승의 삶의 대비이다.(Vendler 355-356) / 영혼이 삶에서 죽음으로 가는 과정의 상징이다.(Albright 715)

알헤시라스에서—죽음에 대한 명상

왜가리 부리의 새하얀 황로들.
모로코의 양 떼와 소 떼들의
기생충을 잡아먹고 사는 새들.
이들이 좁은 지브롤터 해협을 건너와
뒤섞인 바닷물 위에 동이 틀 때까지
정원수에 내려앉아 풍성한 한밤을 밝게 한다.

내가 소년이었을 때 저녁에 자주
친구에게 가지고 가곤 했다—
나보다 나이 많은 친구가 찬양했던
보다 실질적인 즐거움을 기대하면서—
뉴턴의 은유로 말하는 그런 것 말고,

- 5행의 뒤섞인 바닷물은 대서양과 지중해의 물이 섞인 지브롤터 해협의 바다이다.(Vendler 356)
- 6행의 내려앉아 … 밝게 한다는 'light'의 번역. 'alight'와 'brighten'의 두 가지 의미이다.(Unterecker 215)
- 2연(7-12행)은 머리가 허연 예이츠가 스페인의 해안에서 되돌아갈 수 없는 어린 시절을 회상하고 있다.(Vendler 357)
- 11행의 뉴턴의 은유로 말하는 그런 것은 데이비드 브루스터David Brewster의 『뉴턴 회고록』*Memories … of Sir Isaac Newton*(1855)의 II, 407쪽에서 언급된 것이다. 그 내용은, '세상 사람들의 눈에 내가 어떻게 비치는지 모르지만, 나 자신에게는, 진리의 대양이 모두 발견되지 않고 내 앞에 가로놓여 있는데, 나는 해변에서 놀다가 이따금 자갈 하나 더, 혹은 보통 것보다 더 예쁜 조개껍데기를 찾으면서 심심풀이하는 소년에 지나지 않았던 것 같다.'라는 것이다.(*NC* 292)

But actual shells of Rosses' level shore.

Greater glory in the sun,
An evening chill upon the air,
Bid imagination run
Much on the Great Questioner;
What He can question, what if questioned I
Can with a fitting confidence reply.

[November 1928 - 4 February 1929] 1929

- 12행의 로시즈Rosses는 슬라이고 북서부 8킬로미터쯤에 펼쳐진 길고 넓은 곳이다. 예이츠 외가의 별장이 있었다.(*NC* 292; Conner 163)
- 14행의 저녁은 인생의 저녁이다.(Unterecker 215) / 저녁 하늘의 싸늘함은 죽음의 싸늘함이다.(Bloom 384)

평평한 로시즈 해안의 실제 조가비들을.

햇빛 속의 더욱 큰 영광이여,
저녁 하늘의 싸늘함이여,
상상력을 시켜
'위대한 질문자'와 후다닥 마주치게 하라.
그분이 질문할 수 있는 것, 질문받으면 내가
걸맞은 자신감을 갖고 뭐라고 답할 수 있을까.

1928. 11.

- 16행의 위대한 질문자는 절대자 하느님이다.(Bloom 384)
- 17-18행은 죽은 뒤에 예상되는 질문과 대답할 말을 상상하고 있다.(Vendler 353)

The Results of Thought

Acquaintance; companion;
One dear brilliant woman;
The best-endowed, the elect,
All by their youth undone,
All, all, by that inhuman
Bitter glory wrecked.

But I have straightened out
Ruin, wreck and wrack;
I toiled long years and at length
Came to so deep a thought
I can summon back
All their wholesome strength.

What images are these,
That turn dull-eyed away,

• 친구들의 젊은 시절을 회상하고 젊은 시절의 활기와 현재의 파탄을 대비시키고 있다.(Ellmann 227) / 현실세계reality는 현상appearance에 존재하지 않음을 노래하고 있다.(Unterecker 230)

상념의 결실들

잘 아는 사람, 가까이 지낸 친구,
다정했던 재기발랄한 부인.
재능을 가장 많이 타고난, 선택된 사람들,
모두 젊은 나이에 꺾여버린,
모두, 모두, 무자비한
쓰디쓴 영광으로 난파한 사람들.

그러나 나는 파멸, 파선,
그리고 파탄을 바로잡았다.
나는 오랜 세월 애를 썼고 드디어
아주 깊은 생각에 이르러
지금은 그들의 건전한 힘을
모두 불러낼 수 있다.

이런 모습들은 무슨 모습들인가?
멍청한 눈을 저쪽으로 돌리거나,

- 1-2행에서 거론 된 사람 중에는 그레고리 여사와 올리비아 셰익스피어가 포함될 것이다.(Albright 728)
- 1행의 잘 아는 사람은 누구인지 확실치 않다. / 가까이 지낸 친구는 올리비아 셰익스피어Olivia Shakespear이다.
- 2행의 다정했던 재기발랄한 부인은 그레고리 여사이다.

Or shift Time's filthy load,
Straighten aged knees,
Hesitate or stay?
What heads shake or nod?

[18 - 28 August 1931] 1932

혹은 '시간'의 더러운 짐을 치워 버리고,
늙은 무릎을 곧추세워, 머뭇거리거나
제자리에 서있는 이런 모습들.
흔들거나 끄덕이는 머리들은 무엇인가?

1931. 8.

- 3연(13-18행)은 노쇠한 늙은 육신들은 단지 이미지에 불과하다는 것이다.(Albright 728)

A Prayer for Old Age

God guard me from those thoughts men think
In the mind alone;
He that sings a lasting song
Thinks in a marrow-bone;

From all that makes a wise old man
That can be praised of all;
O what am I that I should not seem
For the song's sake a fool?

I pray—for fashion's word is out
And prayer comes round again—
That I may seem, though I die old,
A foolish, passionate man.

- 에즈라 파운드Ezra Pound의 빈축을 받은 작품이다.(*NC* 348)
- 현명한 사람보다 바보가 낫다는 그의 오랜 주제의 시이다.(Albright 757)
- 회춘수술 후에 쓴 최초의 작품이다. 과거의 신조를 재확인해 보려는 의도가 들어 있다.(Unterecker 245)

노인을 위한 기도

하느님, 인간이 마음속에서만 생각하는
그런 생각으로부터 저를 지켜 주소서.
영원한 노래를 부르는 사람은
골수 속에서 생각을 하나이다.

모든 사람의 칭찬을 받을 수 있는
현명한 노인이 되는 모든 것으로부터 지켜 주소서.
제가 노래를 위한 광대로 보이지 않는다면
오 나는 도대체 무엇이겠습니까?

기도하오니—일상적인 말은 바닥이 나고
기도가 또다시 되돌아오니까—
제가 늙어 죽더라도
바보스러운 열정적인 인간으로 보이게 하소서.

1934

- 4행의 골수 속에서 생각한다는 것은 '생각하는 육체'Thinking Body의 주제. 「호탕하고 영특한 늙은이」The Wicked Old Man의 12행 '골수에 숨겨진 것들'을 참조.(Albright 757)
- 11-12행은 자신을 너무 진지하게 대접하지 않기를 바라는 심정이다.(Jeffares 280)
- 12행의 보이게 하소서는 그의 마스크Mask 추구.(Unterecker 245)

What Then?

His chosen comrades thought at school
He must grow a famous man;
He thought the same and lived by rule,
All his twenties crammed with toil;
'What then?' sang Plato's ghost. 'What then?'

Everything he wrote was read,
After certain years he won
Sufficient money for his need,
Friends that have been friends indeed;
'What then?' sang Plato's ghost. 'What then?'

All his happier dreams came true—
A small old house, wife, daughter, son,

- 제목의 그다음엔?은 후렴에 나오는 말이다.
- 자서전적인 시이다. 고등학교 교우지에 기고한 작품이다.(Albright 782)
- 원문 텍스트 *PR*은 1-3연의 후렴 중 ghost 뒤 마침표를 쉼표로 바꾸되 4연에서는 탈락시키고, 그 뒤의 What은 1-3연은 모두 소문자로 바꾸고 4연은 대문자로 놔두었다.(*PR* 302)
- 2행의 그는 예이츠 자신이다.(역자)
- 5행의 후렴은 니체가 그의 저서 『서광』*The Dawn of the Day*에서 되풀이 질문하는 것을 활용한 것이다.(Jeffares 295) / 후렴은 앞의 진술 내용에 대한 긍정적인 반응이 아니고 오히려 반대 견해를 표명하는 말이다.(Ellmann 202-203) / 후렴은 의미 있는 한평생의 설계와 성취란 궁극적으로는 적절하다고 볼 수 없음을 암시한다.(Unterecker 266)

그다음엔?

학생시절에 선택된 그의 친구들이
그는 꼭 유명인사가 되리라고 생각했다.
그도 그런 생각을 했고 규칙대로 살았다.
그의 이십대 시절은 힘든 일로 메워졌다.
플라톤의 유령이 노래했다. '그다음엔? 그다음엔?'

그가 쓴 모든 것은 읽혀졌다.
몇 해 지난 뒤에 그는
필요한 충분한 돈을 벌었다.
친구로 지냈던 친구들은 진짜 친구였다.
플라톤의 유령이 노래했다. '그다음엔? 그다음엔?'

보다 더 행복한 꿈들이 모두 실현되었다—
작은 고가古家에 아내, 딸, 아들,

- 5행의 플라톤의 유령은 일상생활에서 한층 더 끌어낸 추상이다. 그래서 후렴은 지상에서의 노력이 헛되다는 것을 조롱하는 내면의 목소리이다.(Albright 783)
- 12행의 고가는「한 에이커의 초원」An Acre of Grass에 나오는 집이다. 더블린 주에 있는 정원 딸린 작은 고가이다.(Albright 783)
- 원문 텍스트 *PR*에서 20행의 'that ghost'와 'What then?' 사이의 쉼표를 없애고 1-3연과는 달리 What을 대문자로 한 것은 'that ghost'와 'What then?'의 동격관계를 더욱 명백하게 하고 1-3연의 경우와 차이가 나게 'What then?'을 가시적으로 고유명사화한 것 같다. 그러나 이런 차별화 전략을 쓰지 않더라도 '플라톤의 유령'이 'What then'이라는 이름의 유령이 되는 데 지장이 없어 보인다.(역자)

Grounds where plum and cabbage grew,
Poets and Wits about him drew;
'What then?' sang Plato's ghost. 'What then?'

'The work is done,' grown old he thought,
'According to my boyish plan;
Let the fools rage, I swerved in nought,
Something to perfection brought';
But louder sang that ghost, 'What then?'

1937

자두나무와 양배추가 자라는 뜰,
시인들과 지식인들이 주위에 몰려들었다.
플라톤의 유령이 노래했다. '그다음엔? 그다음엔?'

나이 들어 그는 생각했다. '소년다운 계획 따라
일을 해내었지. 바보들이 아우성치는 대로 버려두자.
나는 조금도 빗나가지 않았어.
완성 단계에 거의 이르렀던 거야.'
하지만 '그다음엔?'이라는 그 유령이 더 큰 소리로 노래했다.

1936

An Acre of Grass

Picture and book remain,
An acre of green grass
For air and exercise,
Now strength of body goes;
Midnight, an old house
Where nothing stirs but a mouse.

My temptation is quiet.
Here at life's end
Neither loose imagination,
Nor the mill of the mind
Consuming its rag and bone,
Can make the truth known.

Grant me an old man's frenzy,
Myself must I remake
Till I am Timon and Lear
Or that William Blake

• 1932년에 예이츠가 세 들어 살게 된 주택의 푸른 초원과 고가를 배경으로 하여 쓴 작품이다. 더블린 주의 라스패냄Rathfanham의 리버스데일Riversdale에 있었다. 정원업자들에게 꽤 알려진 정원이 있었다.(*NC* 376)

한 에이커의 초원

그림과 책도 남아 있고,
바람 쐬고 운동할
한 에이커의 푸른 초원이 있는데,
이제 체력은 떨어진다.
생쥐 외에는 꼼짝하지 않는
한밤중, 고가古家.

나를 유혹하는 것은 잠잠하다.
여기 인생의 종착점에서
느슨한 상상력도,
넝마와 뼈를 태우는
마음의 공장도
그 진상을 알게 할 수 없다.

나에게 늙은이의 광란을 다오,
나는 나 자신을 다시 만들어야 해,
티몬과 리어왕이 되거나
'진리'가 그의 호출에

• 15행의 티몬Timon은 셰익스피어의 비극작품『아테네의 티몬』*Timon of Athens*(1607?)의 주인공. 기원전 5세기 말에 실존했던 아테네의 부자이지만, 인간을 증오한 악명 높은 사람이다. 세상과 동떨어져 살았다.(*NC* 377)

Who beat upon the wall
Till Truth obeyed his call;

A mind Michael Angelo knew
That can pierce the clouds,
Or inspired by frenzy
Shake the dead in their shrouds;
Forgotten else by mankind,
An old man's eagle mind.

1938

• 18행의 윌리엄 블레이크William Blake(1757-1827)는 영국 시인. 예이츠는 에드윈 엘리스Edwin Ellis와 함께 1893년에 그의 작품집 3권을 출판했다. 『비전』에 의하면 그는 달의 16상에 속한다.(Albright 782)

복종할 때까지 벽을 쳐댔던
저 윌리엄 블레이크가 되기까지.

구름을 뚫을 수 있다고
미켈란젤로가 알고 있었던 정신을,
혹은 광란의 영감으로 죽은 자들을
흔들어 깨울 수 있는 정신을 허용해 다오,
달리해서 인류에게 잊혀진다면
늙은이의 독수리 마음을 허용해 다오.

1936. 11.

- 20행의 미켈란젤로는 대천사 미카엘과 같은 이름이다. / 미카엘은 최후의 심판 때 나팔을 불어 사자들을 부활시키는 천사이다.(Whitaker 124)
- 24행의 독수리는 부활 및 화자가 추구하는 새롭게 됨을 뜻한다.(Whitaker 124) / 늙은이의 독수리 마음은 니체의 천재관과 관련된 표현이다.(*NC* 378)

Imitated from the Japanese

A most astonishing thing—
Seventy years have I lived;

(Hurrah for the flowers of Spring,
For Spring is here again.)

Seventy years have I lived
No ragged beggar-man,
Seventy years have I lived,
Seventy years man and boy,
And never have I danced for joy.

1938

• 봄을 찬양하는 일본의 하이쿠haiku의 산문역을 소재로 한 작품이다. 하이쿠는 5, 7, 5음절로 된 3행 시로 총 17음절로 구성된다. 대본으로 삼은 하이쿠는 겟쿄Emori Gekkyo(1745-1824)가 지은 것으로, 다음과 같다.

My longing after the departed Springs
Is not the same every year. (*NC* 366)

일본인을 모방해서

아주 놀라운 일 하나—
내가 칠십 년을 살았던 것.

(와 반갑다 '봄' 꽃들.
여기 '봄'이 다시 왔으니.)

내가 누더기 거지로
칠십 년을 살지는 않았고,
칠십 년을 살긴 살았는데,
어른과 아이로 칠십 년을 살았지,
그런데 즐거워 춤춰본 일은 없네.

1937. 10. 30.

- 일본의 하이쿠를 번역해서 만든, 비극적인 희열의 발견을 다룬 작품이다. (Unterecker 261-262)
- 9행은 춤의 이미지. 통찰과 경험과 연관된다.(Unterecker 262)

The Apparitions

Because there is safety in derision
I talked about an apparition,
I took no trouble to convince,
Or seem plausible to a man of sense,
Distrustful of that popular eye
Whether it be bold or sly.
Fifteen apparitions have I seen;
The worst a coat upon a coat-hanger.

I have found nothing half so good
As my long-planned half solitude,
Where I can sit up half the night

- 1938년 1월, 지중해의 마요르카Majorca에서 앓고 난 뒤에 꾼 일련의 꿈을 바탕으로 한 작품이다.(Henn 149) / 말년에 그를 괴롭힌 죽음에 대한 일련의 꿈을 소재로 한 시이다.(Unterecker 286)
- 1934년, 예이츠가 버지니아 울프Virginia Woolf에게 얘기한 자신의 초자연적인 광경의 목격담을 소재로 하여 쓴 시이다. 그 내용은 어느 날 밤에 옷걸이가 자기 침대 쪽으로 걸어오는데 거기에 코트가 걸리고 그 안에 손이 보이더라는 것. 다음 날 밤에는 재킷 중의 하나가 걸려 나오고, 셋째 밤에는 한쪽 소매 끝에서 손이 하나 나오고, 넷째 밤에는 …. 그러다가 마침내 자기가 건강을 회복했다는 것이다.(Albright 836)

유령들

나는 조롱받을 염려가 없으니,
유령 얘기를 했고 힘이 들지 않았다.
눈이 대담하거나 간교하거나
보통사람들의 그런 눈은 믿지 않는
지각 있는 사람에게 내가 확신시키거나
그럴듯하게 보이게 하는데 말이다.
나는 보았소, 열다섯 유령을.
옷걸이에 걸린 외투가 가장 꺼림칙했지.

나는 오래 계획되어 있는 얼치기 고독만큼
아주 좋지 않은 것을 발견한 적이 없었다.
내가 말귀를 알아듣지 못해도

- 예이츠의 원고집에서는 이 유령이 무척 무시무시한 것으로 기록되어 있으나, 이 시에서는 예사로운 것처럼 담담하게 그려져 있다. 프로이트를 따르면 무시무시한 것은 친근한 것의 전위에 지나지 않겠지만, 이 작품은 예이츠의 시 중에서 가장 무시무시한 시이다. 다시 말하면, 옷의 주인과 운명을 같이할 외투가 죽음의 환상으로 나타난 데에 그 공포가 있다.(Albright 836-837) / 비극적 환희를 주제로 한다.(Unterecker 286) / 죽음을 내다보는 노인은 힘이 필요하다는 고백이다.(Rosenthal 349)
- 7-8행은 소름 끼치는 으스스한 후렴이다.(Rosenthal 349)
- 7행에서 열다섯 유령이라고 말하고 있지만, 올리비아 셰익스피어에게 보낸 편지에는 일곱 유령을 보았다고 하였다.(*NC* 421)
- 8행의 옷걸이에 걸린 외투는 자신이 죽고 난 뒤에 걸리게 될 외투이다.(Unterecker 286)
- 9-14행의 번역은 원문의 'half'의 뜻을 파악해야 한다.(역자)

With some friend that has the wit
Not to allow his looks to tell
When I am unintelligible.
Fifteen apparitions have I seen;
The worst a coat upon a coat-hanger.

When a man grows old his joy
Grows more deep day after day,
His empty heart is full at length,
But he has need of all that strength
Because of the increasing Night
That opens her mystery and fright.
Fifteen apparitions have I seen;
The worst a coat upon a coat-hanger.

1938

- 17행의 즐거움joy과 21행의 '밤'night은「사람과 메아리」The Man and the Echo 42행 '즐거움이나 밤'joy or night 참조.(Albright 837)

안색이 조금도 변치 않는
재치 있는 어떤 친구와 함께
한밤중에 앉아 있을 수 있는 자리에서 말이다.
나는 보았소, 열다섯 유령을.
옷걸이에 걸린 외투가 가장 꺼림칙했지.

사람이 늙어 가면 그의 즐거움이
나날이 더 깊어지고,
마침내 빈 가슴이 가득 차겠지만,
신비와 공포를 펼쳐 보이는
점차 길어지는 '밤'으로 인하여
인간은 그 모든 힘을 필요로 한다.
나는 보았소, 열다섯 유령을.
옷걸이에 걸린 외투가 가장 꺼림칙했지.

1938. 3 - 4.

• 21행의 점차 길어지는 '밤'은 죽음에 대한 이미지이다.(*NC* 422)

John Kinsella's Lament for Mrs. Mary Moore

A bloody and a sudden end,
　　Gunshot or a noose,
For Death who takes what man would keep,
　　Leaves what man would lose.
He might have had my sister,
　　My cousins by the score,
But nothing satisfied the fool
　　But my dear Mary Moore,
None other knows what pleasures man
　　At table or in bed.
What shall I do for pretty girls
　　Now my old bawd is dead?

Though stiff to strike a bargain,
　　Like an old Jew man,
Her bargain struck we laughed and talked

- *PR*의 원문 텍스트에는 많은 수정이 있다.(*PR* 342-343)
- 제목의 두 사람은 가공인물. 킨셀라Kinsella는 오래된 성이다. 존은 건장한 농부. 무어Moore는 흔한 성이다. / 이디스 힐드Edith Shackleton Heald를 방문했을 때 쓰게 된 시이다.(Unterecker 284)
- 삶과 죽음의 중간 지대가 설정된 작품이다.(Whitaker 254) / 건장한 농부가 인생의 짧음과 세월의 변화를 슬퍼하는 시이다.(Unterecker 284)

메리 무어 여사에 대한 존 킨셀라의 추념

총격에 의하거나 올가미에 의하거나
　　인간이 간직하고픈 걸 앗아가고
잃어버리고 싶은 것을 놔두는 '죽음'을 위한
　　피비린내 나는 갑작스런 최후.
그놈은 내 누이를 데려갔을지 모르고,
　　내 사촌은 스물쯤이나 그랬으리라.
하지만 정다운 나의 메리 무어 외에는
　　아무것도 그놈을 만족시키지 못했다.
식탁이나 잠자리에서 그녀 말고는
　　아무도 사내를 즐겁게 할 줄 모른다.
이제 정든 마나님이 죽고 없으니,
　　예쁜 아가씨들에게 난 뭘 해주지?

늙은 유대인 영감처럼
　　거래하는 데는 빡빡했지만,
그녀와 얘기가 잘 되면 우리는

- 예이츠의 마지막 발라드. 최고의 작품이다. 순수하고 추상적인 열정의 위험을 상기시켜 주는 작품이다.(Unterecker 284)
- 7행의 메리 무어Mary Moore는 재치 있고, 입담 좋고, 유머가 있는 아일랜드 여인이다.(Rosenthal 350)
- 11-12행의 후렴은 주제를 요약하고 돋보이게 하는 역할을 한다.(Ellmann 202) / 몸이 튼튼한 농부가 인생의 짧음과 시간에 의한 변화에 대하여 슬퍼하는 코러스이다.(*NC* 420)

And emptied many a can;
And O! but she had stories,
Though not for the priest's ear,
To keep the soul of man alive,
Banish age and care,
And being old she put a skin
On everything she said.
What shall I do for pretty girls
Now my old bawd is dead?

The priests have got a book that says
But for Adam's sin
Eden's Garden would be there
And I there within.
No expectation fails there,
No pleasing habit ends,
No man grows old, no girl grows cold,
But friends walk by friends.
Who quarrels over halfpennies
That plucks the trees for bread?

- 17-20행은 세속적인 것이 교회의 역할을 대신함을 말한다.(Rosenthal 350)

웃고 떠들고 많은 술잔을 비웠다.
그런데 오! 신부 귀에 걸맞은 건 아니지만,
그녀는 오로지 이야기 보따리,
남자의 영혼을 싱싱하게 하고,
나이와 근심을 추방하기 위한 것들을 가졌다.
그리고 그녀는 나이가 들자
이야기에 군살을 더 붙였다.
이제 정든 마나님이 죽고 없으니,
예쁜 아가씨들에게 난 뭘 해주지?

사제들은 책 한 권을 갖고 있었다,
아담의 죄가 없었다면
에덴동산이 거기 있을 것이고
나는 그 안에 있으리라고 말하는 책을.
거기에는 기대가 어긋나는 일이 없고,
즐기는 습성이 끝이 없고,
남자는 늙지 않고, 여자는 쌀쌀해지지 않고,
친구들이 친구들 옆에서 걷는다지.
빵을 얻으려 나무를 찍는
반 페니 돈을 두고 누가 싸움질하랴?

• 22행의 군살을 더 붙였다는 'put a skin'의 번역이다. 이 말은 아일랜드의 관용구로서 'put a finish or polish' 혹은 'make plausible'의 뜻이다.(Albright 835; *PR* 682)

What shall I do for pretty girls
Now my old bawd is dead? 36

1938

이제 정든 마나님이 죽고 없으니,
　　예쁜 아가씨들 위해 난 뭘 해주지?

1938. 7. 21 혹은 29.

A Drunken Man's Praise of Sobriety

Come swish around, my pretty punk,
And keep me dancing still
That I may stay a sober man
Although I drink my fill.
Sobriety is a jewel
That I do much adore;
And therefore keep me dancing
Though drunkards lie and snore.
O mind your feet, O mind your feet,
Keep dancing like a wave,
And under every dancer
A dead man in his grave.
No ups and downs, my pretty,
A mermaid, not a punk;
A drunkard is a dead man,
And all dead men are drunk.

• 세상이 미쳐 가고 만물이 와해하는 상황이 임박했음을 인식하는 사람에게는 술에 취하는 것이 적절하게 처신하는 유일한 방법이라는 것.(Unterecker 271) / 술 취한 것은 비극적인 환희가 저속하게 나타난 현상이다. 술 취한 자는 죽음을 일시적으로 취한 상태로 본다.『비전』에 의하면 죽은 영혼은 재생할 때까지 몽매한 상태나 망각의 상태에서 살고 있다.(Albright 793)

술 취한 자의 맑은 정신 찬양

깜찍하게 예쁜 것, 냉큼 와서
내가 조용히 춤추도록 해줘,
내가 잔뜩 술을 마시지만
맑은 정신으로 있도록 말이야.
맑은 정신은 내가 무척
숭배하는 보석이야. 그러니
주정뱅이들이야 드러누워 코를 골지만
나는 춤을 추도록 해줘.
오 발조심, 오 발조심하고,
파도처럼 춤추게 해줘.
그리고 춤추는 자 발밑에는 모두
죽은 자가 묻혀 있네.
예쁜 것, 올라갔다 내려갔다 하지 마,
실없는 장난꾸러기는 아니구나, 한 마리 인어구나.
술 취한 자는 죽은 자,
죽은 자는 모두 술에 취했지.

1938 발표

- 삶과 죽음의 중간 지대를 설정한 작품 중의 하나이다.(Whitaker 254)
- 13행의 예쁜 것은 'my pretty'의 번역이다. *PR*에서는 'Pretty'로 바꾸어 놓았다.(*PR* 313)

5

존재의 통합

Michael Robartes and the Dancer

He. Opinion is not worth a rush;
In this altar-piece the knight,
Who grips his long spear so to push
That dragon through the fading light,
Loved the lady; and it's plain
The half-dead dragon was her thought,
That every morning rose again
And dug its claws and shrieked and fought.
Could the impossible come to pass
She would have time to turn her eyes,
Her lover thought, upon the glass

- 제목의 마이클 로바티즈는 애초에는 상상력을 내세우는 비세속적인 사람이었다가, 다음에는 예이츠에게 초현실적인 계시를 제시하는 스승The Phases of the Moon, 마지막에는 자신감에 넘치는 예이츠 자신의 가면이 된다. 무희는 이줄트 곤이다.(Albright 604)
- 등장인물은 남녀의 대명사인 'He,' 'She'로 되어 있으나, 편의상 '남자'와 '여자'로 바꾸었다.(역자) / 남자는 예이츠의 견해를 반영하고, 여자는 이줄트 곤의 생각을 나타낸다.(*NC* 184)
- 마이클 로바티즈의 경고이다. 그러나 상대 여성은 가장 현대적인 방법의 교육에 집착하는 상황이다.(Unterecker 158) / 이념에만 투신하려는 상대 여성에게 남자가 총체적인 삶의 길을 열어 주려는 내용이다.(Rosenthal 212) / 아름다운 여자가 대학에 다니려는 것을 반대하고, 예쁘게 꾸미지 않으려는 것을 나무라는 주제이다.(Albright 604)
- 1행의 견해opinion는 추상적인 이념이다.(역자)

마이클 로바티즈와 무희

남자. 견해란 아무런 가치도 없는 것.
제단의 이 그림에서
긴 창을 쥐고 희미한 빛 속에서
저 용을 밀어내려 하는 그 기사는
그 여인을 사랑했지. 그런데 분명한 건,
그녀의 생각에 용은 반은 죽고 반은 살아 있다는 거야.
그 용은 매일 아침 되살아나,
발톱을 갈고 절규하고 싸웠다는 거지.
그녀 연인의 생각은 이러했지.
불가능한 일이 일어날 수 있다면,
그녀가 눈을 돌려 거울 볼 시간을 갖곤 해서

- 2행의 제단의 이 그림은 <성 조지와 용>Saint George and the Dragon.(*NC* 184) / 성 조지가 말을 타고 용을 물리치는 장면의 그림이다. 더블린 국립미술관이 소장한 보르도네Bordone(1500?-1571)의 그림이라고 하나(Jeffares 212), 이탈리아 화가 틴토레토Tintoreto(1518-1594)의 그림으로 볼 수도 있다. 그러나 제대에 걸린 그림이라면 예이츠가 1907년에 관람한 페라라Ferrara 대성당의 제대를 장식한 코시모 투라Cosimo Tura의 작품일 것이다.(Henn 249)
- 4행의 그 기사는 성 조지이다. 르네상스 예술의 공통적인 주제이다.(Albright 604) / 성 조지는 4세기 초의 순교자이다. 용을 퇴치해서 여인 사브라Sabra를 구출했다는 얘기는 6세기 이후의 것이다. 나중에 영국의 수호성인이 되었다.(Conner 69; Suzuki 189)
- 5행의 그 여인은 이줄트 곤이다.(Henn 249)
- 6행의 그녀의 생각에 용은 반은 죽고 반은 살아 있다에서 용은 그녀가 여성의 지성과 동일시하는 은유인데, 그녀는 자기를 구해준 사람에게 고마워하지 않고 그 대신 상처 입은 용과 공감한다는 것이다.(Cullingford 87)
- 8행의 절규하고 싸웠다는 것은 여성참정론자들의 활동을 말한다.(Cullingford 87)

And on the instant would grow wise.

She. You mean they argued.

He.   Put it so;
But bear in mind your lover's wage
Is what your looking-glass can show,
And that he will turn green with rage
At all that is not pictured there.

She. May I not put myself to college?

He. Go pluck Athene by the hair;
For what mere book can grant a knowledge
With an impassioned gravity
Appropriate to that beating breast,
That vigorous thigh, that dreaming eye?
And may the Devil take the rest.

She. And must no beautiful woman be

- 11-12행에서 거울을 보면 현명해지리라는 것은 여성의 미를 가꾼다는 것이다. 이는 「두 모습의 나무」The Two Trees 23행과 「딸을 위한 기도」A Prayer for my Daughter 19행에서 언급한 거울의 부정적인 면을 거론하고 경계의 대상으로 말한 것과는 차이가 있다.(Albright 604)
- 14-15행은 여자가 가꾼 미모가 남성의 보상이라는 것이다.(역자)

즉각 그녀가 현명해지리라는 것.

여자. 그들이 싸웠단 말이네요.

남자. 그렇게 말해도 되지.
그렇지만 명심해 봐요, 당신 거울이 보여줄 수 있는 것이
당신의 연인이 받는 보상이라는 것을,
그리고 거울에 비춰지지 않는 모든 것에는
화가 나 그분이 시퍼렇게 질릴 것을.

여자. 대학에 가면 안 될까요?

남자. 가서 아테나 여신의 머리채나 잡아채요.
저 고동치는 가슴, 저 힘찬 넓적다리,
꿈꾸는 듯한 저 눈과 격이 맞는
열정적인 무게가 실린 지식을
어떻게 책으로만 줄 수 있겠느냐고요?
그러니 더는 말할 게 없지.

여자. 그렇다면 어떤 예쁜 여자도 남자처럼

- 16-17행은 연인의 눈에 여자가 성취한 것이 육신에 드러나야 한다는 것이다. (Albright 605)
- 19행은 아테나 여신을 거부하고 학교에 다니지 말라는 것.(Cullingford 88) / 아테나 여신은 육체미를 자랑하는 지성적인 미인을 연상시킨다. 예이츠가 모드 곤과 연관시키는 여신이다. 지혜의 여신.(Albright 605)

Learned like a man?

He. Paul Veronese
And all his sacred company
Imagined bodies all their days
By the lagoon you love so much,
For proud, soft, ceremonious proof
That all must come to sight and touch;
While Michael Angelo's Sistine roof,
His 'Morning' and his 'Night' disclose
How sinew that has been pulled tight,
Or it may be loosened in repose,
Can rule by supernatural right
Yet be but sinew.

She. I have heard said
There is great danger in the body.

- 26행의 파올로 베로네세Paolo Veronese는 'Paolo Cagliari'(1522-1588)의 별명이다. 베로나Verona 출신으로 1555년 베니스에 정착한 베니스의 마지막 위대한 화가.(*NC* 185; Conner 189; Suzuki 227) / 관능적인 장면의 그림으로 주목받았다.(Albright 605)
- 29행의 초호는 'lagoon'의 번역이다. 초호는 베니스Venice를 가리킨다.(*NC* 185)
- 32행의 시스티나는 1473년에 건립된 바티칸의 로마교황 예배당. 천장과 정면 안쪽에 각각 미켈란젤로(1475-1564)의 <천지창조>와 <최후의 심판>이 그려져 있다.

해박해서는 안 된다는 말씀이세요?

남자. 　　　　　　　　　　　　파올로 베로네세와
성스러운 그의 모든 동료 화가들은
그들의 전성기에
당신이 그렇게 사랑하는 초호礁湖가에서
육체란 모두가 와서 구경하고 만져보아야 할
자랑스럽고 부드러운, 엄숙한 증거라고 생각했지.
한편, 미켈란젤로의 시스티나 성당의 천장 그림과,
그의 <아침>과 그의 <밤>이라는 조각 작품들은
팽팽하게 당겨진 심줄이, 쉴 때는 느슨해지겠지만,
어떻게 초자연적인 권리로 군림할 수 있는가를 보여 주지.
하지만 심줄은 심줄에 지나지 않는다는 사실도 보여 주지.

여자. 　　　　　　　　　　　　저도 들은 적이 있어요,
육신에는 엄청난 위험이 도사리고 있다는 얘기를.

- 33행의 그의 <아침>과 그의 <밤>이라는 조각 작품들은 1907년에 예이츠가 피렌체의 메디치 예배당Medici Chapel에서 본 것이다.(*NC* 185) / 미켈란젤로가 50세 중반(1524-1531)에 만든 작품이다. 피렌체의 로렌초 데 메디치Lorenzo de Medici(1449-1492) 무덤의 부속 예배당에 장식된 한 짝의 대리석 조각 작품. 남자 노인과 젊은 여인이 고개를 들고 한쪽 다리는 펴고 한쪽 다리는 살짝 들고 서로 반대 방향으로 비스듬히 누워 있는 나체상이다. 같은 구도의 <낮과 밤>(1526-1533)도 있다.(Suzuki 149-150) / 노인의 피로한 기색에서 예이츠 자신과 이줄트의 관계를 연상할 수 있다.(역자)

He. Did God in portioning wine and bread
Give man His thought or His mere body?

She. My wretched dragon is perplexed.

He. I have principles to prove me right.
It follows from this Latin text
That blest souls are not composite,
And that all beautiful women may
Live in uncomposite blessedness,
And lead us to the like—if they
Will banish every thought, unless
The lineaments that please their view
When the long looking-glass is full,
Even from the foot-sole think it too.

She. They say such different things at school.

[1918] 1920

- 39행의 하느님이 포도주와 빵을 나누어줄 때는 예수의 최후의 만찬을 말한다. 로마 가톨릭의 미사는 이 만찬의 재현 의식이다. 포도주는 피, 빵은 살을 상징하고 이는 예수의 몸이 변하여 화체化體, Incarnation가 된 것이다. 영국성공회의 고교회high church에서도 같은 의식을 행한다.(역자)
- 41행의 저의 가엾은 용은 자신을 가리킨다. 내 생각 혹은 내 마음이다.(Albright 605)
- 43행의 라틴어의 이 원전은 출처 불명의 옛날 성스러운 기록물이다.(Albright 605)

남자. 하느님이 포도주와 빵을 나누어줄 때 사람에게
그분의 생각만, 아니면 그분의 몸만 주셨던가?

여자. 저의 가엾은 용이 어찌할 바를 몰라해요.

남자. 나는 내가 옳다고 증명하는 원리들을 갖고 있지.
라틴어의 이 원전에 이렇게 나와 있지요,
축복받은 영혼들은 합성된 것이 아니라고.
그리고 아름다운 모든 여성은
합성된 것이 아닌 축복 속에 살 수 있고,
그와 같은 곳으로 우리를 인도할 수 있다고—
만약 그들이 모든 생각을 죄다 추방해 버린다면
긴 거울이 꽉 찰 때 그들의 눈을 즐겁게 해주는
외모 또한 그 생각을 하지 않는다면 말이지,
심지어 발바닥부터라도.

여자. 학교에서도 그런 엇갈리는 말을 하더군요.

1919

- 46행의 합성composite이라는 말은 영혼과 육신이 분리되어 있는 것을 말한다. 따라서 합성된 것이 아닌uncomposite은 양자가 통합되어 하나가 된 것을 말한다.
- 45-46행에서는 '존재의 통합'Unity of Being을 성취한 것을 말하고 있다. 달의 제15상에 접근함을 뜻한다. 정신으로보다는 온몸으로 사고할 수 있어야 도달할 수 있는 축복이다.(Unterecker 158)
- 48행의 생각은 1행의 견해와 같은 말이다.(역자)

The Double Vision of Michael Robartes

I

On the grey rock of Cashel the mind's eye
Has called up the cold spirits that are born
When the old moon is vanished from the sky
And the new still hides her horn.

Under blank eyes and fingers never still
The particular is pounded till it is man.
When had I my own will?

- 제목의 마이클 로바티즈는 예이츠의 대리인persona이다. 이중적 비전은 두 가지 비전을 말하는 것이 아니고 하나의 비전이다.(Vendler 359, 360)
- 제목의 이중적 비전은 인간의 두 가지 극단적인 상반된 성격, 즉 자아의 극단적인 추구와 그것의 전적인 배제를 말한다. 전자는 모든 능력을 최대한 발휘하려는 인간의 세속적인 완성profane perfection을 말하고, 후자는 방향을 바꾸어 그것들을 정신적인 완성spiritual perfection으로 향하려는 것을 말한다. 주인공은 양극 속에 사로잡혀 있지만, 어느 쪽에도 속하지 않고 상황을 명확하게 주시하고 관조한다.(Ellmann 255)
- 3부로 구성된 작품의 배경이 되는 무대는 동일한 장소이다.(Vendler 359)
- I부는 로바티즈의 첫 비전이다.(Ellmann 255) / 달이 사라지고 새 달이 등장하기 전의 달의 제1상을 다루고 있다. 이 시기는 '객관'objectivity의 시기로서 인간 영혼이 제로로 축소되는 상태, 형체가 전혀 없는 상태가 된다.(Albright 599) / 주인공 로바티즈가 달의 암흑세계를 관장하는 정령들spirits을 불러내어 우주는 조물주, 정령, 인간이라는 고리의 자동장치로 구성되어 있다는 것을 제시하고 있다. 따라서 인간은 의지가 없고 어떤 마술적인 힘에 의지해 복종하는 꼭두각시라는 것이다.(Vendler 360-361)

마이클 로바티즈의 이중적 비전

I

하늘에서 헌 달이 종적을 감추고
새 달이 아직도 그녀의 뿔 모습을 숨기고 있을 때,
마음의 눈이 캐셜의 회색 바위산 위로
갓 태어난 차가운 혼령들을 불러내었다.

텅 빈 눈과 마냥 꼼짝거리는 손가락 밑에서
별난 것은 인간이 될 때까지 찧어진다.
내가 내 자신의 의지를 언제 가졌던가?

- 3행의 마음의 눈mind's eye은 비전, 상상력이다.(역자) / 캐셜의 회색 바위산은 높이 약 90미터의 바위산이다.(Suzuki 31) / 12세기 초에 코맥 매카시Cormac MacCarthy(?-1138)에 의하여 복원된(1127-1134) 옛 성당 자리이다.(Albright 600; Suzuki 46) / 지금은 폐허이다.(Ellmann 255) / 예이츠는 캐셜의 이 바위산을 시대의 전환, 문명 순환의 집약적인 표현이라고 보았다. 그는 한 젊은이가 여기서 노인이 될 때까지 익사한 연인을 애도하면서 여러 혼령과 교분을 나누었다고 하는 얘기를 들은 일이 있다.(Albright 600) / 캐셜Cashel은 더블린 남서쪽 120킬로미터에 위치한 티퍼러리Tipperary 주 소재의 고대 아일랜드 왕국의 터전이다.(Rosenthal 199) / 5세기경에는 먼스터Munster 지방의 수도, 왕궁과 성벽이 있었다. 450년 성 패트릭의 방문 시, 왕과 그 일족이 개종, 여기에 로마 가톨릭 교회가 터전을 잡았다.(Suzuki 31)
- 4행의 차가운 혼령들은 5행의 텅 빈 눈과 9행의 철사줄에 연결된 이런 나무 턱과 수족들과 함께 기계적인 힘을 가리킨다.(Rosenthal 198-199)
- 6행의 별난 것은 'the particular'의 번역이다. / 찧어진다는 것은 「여자에 관하여」On Women의 30행 참조.(Albright 600)

O not since life began.

Constrained, arraigned, baffled, bent and unbent
By these wire-jointed jaws and limbs of wood,
Themselves obedient,
Knowing not evil and good;

Obedient to some hidden magical breath.
They do not even feel, so abstract are they,
 So dead beyond our death,
Triumph that we obey.

- 7-8행은 아직도 의지를 갖추지 못하고 잠복된, 마술적인 어떤 숨결(13행)에 자신이 운명적으로 순종하고 있음을 말한다.(Henn 188)
- 9행의 철사줄에 연결된 이런 나무 턱과 수족들은 혼령들의 것이다. 이들은 의지와는 상관없이 운명이 결정된다.(Rosenthal 199)

오 내 삶이 시작된 이래로 가져본 적 없다.

철사줄에 연결된 이런 나무 턱과 수족들에 의해
억압받고 책망당하고, 좌절하고, 굽히고 펴지고 하면서,
그들 스스로가 고분고분해져,
악과 선도 분간 못하고,

잠복된, 마술적인 어떤 숨결에 순순히 따른다.
그들은 아주 희미하고
우리가 죽은 것보다 훨씬 더 죽은 상태라서
우리가 복종하는 위세조차도 감지하지 못한다.

- 13행의 잠복된, 마술적인 어떤 숨결은 조물주이다.
- 16행의 우리가 복종하는 위세는 우리가 복종할 수밖에 없는 달의 기세이다. (Unterecker 154)

II

On the grey rock of Cashel I suddenly saw
A Sphinx with woman breast and lion paw,
A Buddha, hand at rest,
Hand lifted up that blest;

And right between these two a girl at play
That, it may be, had danced her life away,
For now being dead it seemed
That she of dancing dreamed.

- II부의 시간은 제1상의 정반대인 제15상인 보름날 밤으로 설정되었다. '주관'subjectivity의 시기이다.(Albright 599) / 이는 순수한 영혼의 무도를 나타낸다. 육신의 완성 단계이다. 지성(스핑크스)과 사랑(부처)이 함께 작용하여 영혼의 춤을 추게 하고 있다. 육신이 15상에 이르면 육신에 대한 조화로운 영혼의 승리 속에 예이츠가 가장 좋아하는 유기적인 통합organic unity의 이미지인 무희의 상징이 출현한다.(Unterecker 155)
- II부는 I부의 결정론에 맞서는 자유의지free will의 비전이다. 이중적 비전의 두 번째에 해당한다. 자유의지는 세 가지 요소, 즉 스핑크스(2행), 부처(4행), 춤추는 아이(6행)로 드러냈다. 스핑크스는 지성을, 부처는 사랑을, 무용수는 완전함을 의미한다. (Vendler 363)
- 2-4행에 등장하는 스핑크스와 부처는 정신적인 갈등의 양극을 대변한다.(Henn 188)
- 2행의 스핑크스Sphinx는 그리스 신화에서는 여자의 머리와 가슴, 사자의 몸뚱이에 날개 달린 괴물이다.(*NC* 182) / 스핑크스는 지성이다. 지성에 대한 환희, 지혜에 대한 서구의 접근 방식을 보여준다.(Henn 188) / 순수한 명상과 지식이 구현된 것이다. (Rosenthal 199)

II

나는 캐셜의 회색 바위산 위에 갑자기
여자의 젖가슴과 사자 발톱을 가진 스핑크스와,
한 손은 무릎 위에 얹고 한 손은 쳐들어
축복하는 부처를 보았다.

그리고 바로 이 둘 사이에서 춤추는
한 소녀를 보았다. 어쩌면 한평생
춤추며 보냈을 소녀, 왜냐하면 이제 그녀는
죽은 듯 춤추는 꿈을 꾸는 것 같았으니까.

- 4행의 부처Buddha는 감성, 정서이다. 사랑과 슬픔, 지혜에 대한 동양의 접근 방식을 보여준다.(Henn 188) / 어지러워진 사랑과 감정이 구현된 것이다.(Rosenthal 199)
- 5-8행의 스핑크스와 부처 사이에서 아가씨가 춤추는 장면에 등장하는 스핑크스는 인식세계와 몰인식세계를 내다보는 지성을 말하고, 부처는 사랑받는 자와 받지 못하는 자 모두를 지켜보는 심장(감성, 정감)을 말한다. 이 양자 사이에 춤추는 아가씨는 가장 중요한 것으로서 예술의 으뜸가는 이미지이다. 그녀가 그들 사이에서 춤추는 것은 예술이 지성도 정서도 아니라 양자의 균형이라는 뜻이다.(Ellmann 255) / 춤추는 소녀는 행동으로 보여 주는 예술의 이미지이다. 지성과 감성의 결합이자, 양자의 융합에 의한 양자 초월의 이미지이다.(Rosenthal 199) / 무용수가 스핑크스와 부처 사이에서 춤추는 것은 지성mind과 사랑love의 양극 사이를 교류시키는 것이다. 춤은 인간이 창조한 예술image이다.(Vendler 364-365) / 춤추는 여인은 이굴드 곤 혹은 일본 극에서 죽음에 몰입하는 무희이다.(Henn 188)
- 8행의 죽은 듯이라는 말은 열광적인 춤의 지속적인 동작이 일종의 죽음 같다는 것이다.(Ellmann 168)

Although I saw it all in the mind's eye
There can be nothing solider till I die;
I saw by the moon's light
Now at its fifteenth night.

One lashed her tail; her eyes lit by the moon
Gazed upon all things known, all things unknown,
In triumph of intellect
With motionless head erect.

That other's moonlit eyeballs never moved,
Being fixed on all things loved, all things unloved,
Yet little peace he had,
For those that love are sad.

O little did they care who danced between,
And little she by whom her dance was seen
So she had outdanced thought.
Body perfection brought,

For what but eye and ear silence the mind

내가 그 모든 걸 마음의 눈으로 보았지만,
내가 죽을 때까지 이보다 더 확실한 건 있을 수 없다.
지금은 열다섯째 날 밤인지라,
나는 달빛에 본 것이다.

스핑크스는 자신의 꼬리를 쳤다.
달빛에 불 밝힌 스핑크스의 두 눈은
알려진 모든 것, 알려지지 않은 모든 것을 응시했다.
의기양양한 지성으로, 머리를 곧추세우고서.

달빛 어린 부처의 눈알은 꼼짝하지 않았다,
사랑받는 모든 것, 그렇지 못한 모든 것에 고정한 채.
하지만 그는 그다지 평화롭지 않았다.
사랑하는 자들은 슬프기 때문이다.

오 그들은 누가 그들 사이에서 춤추는지 거의 개의치 않았다.
그리고 그녀도 누가 춤을 구경하는지 거의 개의치 않았다.
그리하여 그녀는 생각을 초월해 춤을 춘 것이다.
육신이 완성을 가져왔다.

왜냐하면 눈과 귀 외에 무엇이

• 13-14행의 스핑크스가 꼬리를 치는 동작과 달빛 아래 두 눈을 밝히는 행위는 고양이의 생태와 닮았다.(Henn 188-189)

With the minute particulars of mankind?
Mind moved yet seemed to stop
As 'twere a spinning-top.

In contemplation had those three so wrought
Upon a moment, and so stretched it out
That they, time overthrown,
Were dead yet flesh and bone.

- 25-32행은 보충해설 부분이다. 여기서는「긴 다리 소금쟁이」The Long-Legged Fly에서의 '침묵 위에 마음이 움직이는' 무시간의 한순간인 명상의 순간에 대한 정의를 내리고 있다.(Vendler 365)

세세한 것들을 가진 인간의 마음을 진정시키겠는가?
마음은 움직였다. 하지만 빙빙 도는 팽이처럼
정지한 것 같았다.

그들 셋은 한순간 명상 속에서
그렇게 만들어, 시간이 무너져 죽었지만,
그들은 여전히 살과 뼈로 남아 있도록
그렇게 그 순간을 연장했다.

- 28-32행에서 스핑크스와 부처와 춤추는 아가씨는 죽음과 시간을 초월한 인간 승리의 경지human triumph를 보여준다.(Rosenthal 199)
- 30행의 시간이 무너져 죽었다는 것은 시간의 초월을 뜻한다.(역자)

III

I knew that I had seen, had seen at last
That girl my unremembering nights hold fast
Or else my dreams that fly
If I should rub an eye,

And yet in flying fling into my meat
A crazy juice that makes the pulses beat
As though I had been undone
By Homer's Paragon

Who never gave the burning town a thought;
To such a pitch of folly I am brought,
Being caught between the pull
Of the dark moon and the full,

The commonness of thought and images

- III부의 주제는 육신과 영혼이 혼합된 살아 있는 인간이다.(Unterecker 155) / 참다운 현실의 세계, 관능적인 고통과 철학적인 고통으로 되돌아온 화자가 도달한 통합된 비전이다.(Vendler 369-370)
- 3행의 그 소녀는 춤추는 여인이다. 예이츠의 자기도취적인 예술의 이미지일 뿐만 아니라, 기억할 수 없는 꿈속에서 만났던 여인이다. 트로이의 헬레네같이 손에 잡히지 않는 환희와 욕망의 파괴적인 인물이다.(Rosenthal 200)

III

나는 보았다고, 드디어 내 눈으로 보았다고,
내가 기억할 수 없는 밤들이
꼭 껴안게 해주었던 그 소녀를,
혹은 눈을 부비면 금방 도망치면서도,

불타는 도시를 아랑곳하지 않았던
호메로스의 '절세미인'에 의해
내가 꼼짝 못하게 된 것처럼,
맥박을 고동치게 하는 광란의 즙을

내 육신 안에 넣어주는 걸 목격했다고 확신했다.
나는 깜깜한 그믐과 만월 사이의
양자 사이의 인력에 사로잡혀,
서쪽 바다들의 광란을 간직하고 있는

사상의 보편성과 이미지들 사이에 사로잡혀,

- 6행의 호메로스의 '절세미인'은 트로이의 헬레네Helen of Troy. 헬레네의 상징은 보통 모드 곤을 암시한다.(*NC* 183)
- 8행의 광란의 즙은 'A crazy juice'의 번역이다. 이는 남성의 성적인 것과 관련된다. 즉, 황홀한 비전의 세계에서 벗어나면 마이클 로바티즈도 인간에 지나지 않는다는 사실을 말한다.(Vendler 368)
- 9-12행은 이졸드 곤이 모드 곤의 기억에 연결된 사실이 명확해짐을 말한다.(Henn 188)

That have the frenzy of our western seas.
Thereon I made my moan,
And after kissed a stone,

And after that arranged it in a song
Seeing that I, ignorant for so long,
Had been rewarded thus
In Cormac's ruined house.

[March - April 1918]

- 16행의 돌에다 키스하는 행위는 이중적 비전을 제공해준 성스러운 장소에 대한 경의의 표현이다.(Vendler 368) / 꿈꾸던 화자가 현실세계에다 자기를 다시 적응시키는 몸짓일 것이다.(Albright 603)

그런 어리석음의 극한에 이르렀다.
그렇게 되자 나는 신음했다.
그러고 나서 돌에다 키스했다.

그 뒤 나는 그걸 소재로 한 편의 시를 썼다.
그렇게나 오랫동안 모르고 있다가
폐허가 된 코맥의 집에서
내가 그렇게 보답받았다는 것을 깨닫고 나서.

1919

• 19행의 폐허가 된 코맥의 집은 12세기의 코맥 매카시Cormac MacCarthy 왕이 캐셜에 복원해 건립한 아름다운 성당을 말한다. 아일랜드 최초의 로마네스크 양식의 건물이었는데, 나중에 다시 허물어졌다.(*NC* 183; Suzuki 46) / 예이츠는 허물어진 이 성당을 자신의 밸릴리 탑과 연관시켰다.(Conner 32)

Among School Children

I

I walk through the long schoolroom questioning;
A kind old nun in a white hood replies;
The children learn to cipher and to sing,
To study reading-books and history,
To cut and sew, be neat in everything
In the best modern way—the children's eyes
In momentary wonder stare upon
A sixty-year-old smiling public man.

- 1926년 2월에 상원의원 신분으로 수녀원이 경영하는 워터포드Waterford 소재의 여학교인 성 오테란 학교St Otteran's School를 시찰한 것을 소재로 한 작품이다. 당시 이 학교는 진보적이며 모범적인 학교였다.(*NC* 251; Unterecker 191; Lynch 42-43) / 이 학교는 유치원이다.(Howes 83) / 상원의원으로서 공교육에 관심이 많았던 예이츠가 더블린의 몇몇 학교를 방문하여 교육현장을 시찰한 데서 창작된 부산물이다. 당시 아일랜드의 교육투자는 영국과 대륙에 비하면 절반 정도였다.(Freyer 82)
- 1925년의 '학교교육법안'School Attendance Bill이 상원에서 논의되었을 때를 배경으로 한 작품이다. 교육문제의 대변자로서 예이츠는 상원에서 종교계 학교경영자의 교육 내용에 관한 권리를 침해하지 않고 학생들의 건강증진을 위해 정부가 재정적인 지원을 하자고 연설하였다.(Cullingford 187)

학생들 사이에서

I

나는 질문을 하면서 긴 교실을 걸어간다.
흰 모자 쓴 친절한 늙은 수녀가 답한다.
애들은 셈하기와 노래 공부,
책 읽기와 역사 공부를 하고,
재단과 바느질, 매사에 빈틈없게
가장 좋은 현대적인 방법으로 배운다—
애들의 시선이 일순간 화들짝 놀라
미소 짓는 예순 살 공인에게 쏠린다.

- 일련의 삼위일체적 구조의 시이다. 즉, 젖먹이와 아이와 노인, 연인과 수녀와 어머니가 숭배하는 세 가지 이미지, 플라톤과 아리스토텔레스와 피타고라스 및 기타 셋으로 이루어진 사소한 것들을 거론하면서 이 삼자가 개별적인 것이 아니라 유기적인 전체를 형성함을 역설한 시이다.(Unterecker 191)
- I부는 예이츠의 공식적인 학교 방문 장면이다.
- 2행의 친절한 늙은 수녀는 학교장인 필로메나 수녀Rev. Mother Philomena이다.(*NC* 251)
- 6행은 이 학교가 몬테소리Dr Maris Montessori가 제창한 '몬테소리 교육법'Montessori system을 바탕으로 하고 있음을 말한다.(*NC* 251)

II

I dream of a Ledaean body, bent
Above a sinking fire, a tale that she
Told of a harsh reproof, or trivial event
That changed some childish day to tragedy—
Told, and it seemed that our two natures blent
Into a sphere from youthful sympathy,
Or else, to alter Plato's parable,
Into the yolk and white of the one shell.

III

And thinking of that fit of grief or rage
I look upon one child or t'other there
And wonder if she stood so at that age—
For even daughters of the swan can share
Something of every paddler's heritage—

- II부는 향수에 젖은 낭만적인 회상이다.
- 2행의 레다의 몸에서 나온 한 여인은 'a Ledaean body'의 번역이다. 이는 모드 곤을 가리킨다. 그녀를 레다와 제우스 사이에서 태어난 헬레네로 여겼다.(*NC* 251)
- 4행은 불행했던 어린 시절의 학교생활을 말한다.(Rosenthal 251)

II

니는 사그라지는 난롯불 위에 몸을 숙인
레다의 몸에서 나온 한 여인을 꿈꾼다.
가혹한 책망 얘기, 혹은 어렸던 어느 날을
비극으로 바꾸어 놓은 사소한 일—
듣고 보니, 우리 두 사람의 성품은
젊은 시절의 공감으로 하여 한 구체 속에,
그게 아니면, 플라톤의 우화를 바꾸어,
한 알의 노른자와 흰자로 혼합된 듯했다.

III

그리고 그런 슬픔이나 분노의 북받침을 생각하면서,
나는 이 아이 저 아이를 바라보고,
그녀도 저 또래 때 저렇게 서있었을까 생각을 한다—
왜냐하면 백조의 딸들이라도
물새의 온갖 유산을 다소 공유할 수 있을 테니—

- 7행의 플라톤의 우화를 바꾸어는 「심포지엄」Symposium에 있는 아리스토파네스Aristophanes가 말한 성의 기원에 대한 우화를 말한다. 최초의 인간은 양성을 구비한 달걀 모양의 몸통에 등과 머리가 붙은 샴쌍둥이 같았다. 제우스가 머리카락으로 이를 분리한 뒤 남녀가 되었다. 따라서 양자의 재결합에 대한 욕구가 사랑이라고 해석하였다.(*NC* 251; Conner 149; Suzuki 175)
- III부는 학생들의 얼굴을 보고 모드 곤의 어린 시절 얼굴을 떠올리는 내용이다.

And had that colour upon cheek or hair,
And thereupon my heart is driven wild:
She stands before me as a living child.

IV

Her present image floats into the mind—
Did Quattrocento finger fashion it
Hollow of cheek as though it drank the wind
And took a mess of shadows for its meat?
And I though never of Ledaean kind
Had pretty plumage once—enough of that,
Better to smile on all that smile, and show
There is a comfortable kind of old scarecrow.

V

What youthful mother, a shape upon her lap
Honey of generation had betrayed,
And that must sleep, shriek, struggle to escape

- IV부는 모드 곤의 현재 모습이다.
- 1행의 그녀의 지금 모습은 이 시를 썼을 때의 60대의 모드 곤 모습이다.(*NC* 251)
- 2행의 15세기 화가는 르네상스 초기의 이탈리아 화가에 대한 언급이다.(*NC* 251)
- 6행의 예쁜 깃털은 예이츠의 청년시절 때의 검은 머리이다.(*NC* 251)
- 8행의 늙은 허수아비는「비잔티움으로의 항해」Sailing to Byzantium의 주 참조.

그리고 볼이나 머리카락이 저런 색깔이었을까.
그러자 내 마음은 설렌다.
그녀가 생기 넘치는 아이로 내 앞에 서 있다.

IV

그녀의 지금 모습이 마음속에 떠오른다—
15세기 화가의 손가락이
마치 바람 마시고 고기 대신 그림자 먹은 듯한
홀쭉한 그런 뺨을 만들었을까?
그리고 나는 레다의 종족이 아니지만,
한때는 예쁜 깃털을 가졌었다—그 정도면 되었다.
미소 짓는 모두에게 미소를 지어 주고,
편안한 늙은 허수아비 모습 보여줌이 좋겠다.

V

어떤 젊은 어미가 무릎에다,
전생의 회상이나 약이 결정하는 데 따라
잠을 자고 비명을 지르고 빠져나가려는,

- V부는 자식에 대한 어머니의 환상. 어머니의 우상이다.(Howes 84)
- 2행의 전생의 회상은 'recollection'의 번역. 즉, 태어나기 전의 즐거웠던 기억이다. 약은 망각과 관련된다.(역자)
- 3행의 빠져나가려는 것은 태어나기 전의 자유로운 상태로 되돌아가려는 영혼의 행위이다.(Lynch 47)

As recollection or the drug decide,
Would think her son, did she but see that shape
With sixty or more winters on its head,
A compensation for the pang of his birth,
Or the uncertainty of his setting forth?

VI

Plato thought nature but a spume that plays
Upon a ghostly paradigm of things;
Solider Aristotle played the taws
Upon the bottom of a king of kings;
World-famous golden-thighed Pythagoras
Fingered upon a fiddle-stick or strings
What a star sang and careless Muses heard:
Old clothes upon old sticks to scare a bird.

- 4행의 생식의 꿀의 '꿀'은 생식에 의한 쾌락을 나타내는 고대인의 상징이다.(Suzuki 108) / 생식의 꿀은 신플라톤주의 철학자 포르피리오스Porphyrios(234-305?)의 『님프들의 동굴』*On the Cave of the Nymphs*에서 끌어온 이미지이다.(*NC* 252)
- VI부는 가장 위대한 그리스의 세 철학자에 대한 불만을 담았다. 이들도 모두 자기와 마찬가지로 육체적으로 허수아비가 되고 말았다는 것이다.(Howes 84)
- 1-2행은 플라톤이 살아 있는 육신의 아름다움을 경멸하고 추상을 내세웠다는 것. 그는 눈에 보이지 않는 이상을 추구한 사람이다.(Howes 84)
- 1행의 사물의 유령 같은 형상이 바로 그것이다.(Cullingford 197)
- 2행의 거품spume은 플라톤의 '이데아'와 관련된 것이다. 플라톤은, 자연은 궁극적인 정신적·수학적인 실체를 가리고 있는 현상(거품)에 지나지 않는다고 보았다.

생식의 꿀의 소생인 한 형체를 올려놓고,
육십이나 그 이상의 겨울을 머리 위에 얹힌
그 형상을 상상해 보기만 해도,
자기 아들이 출산의 고통이나 세상에 내보낼 때의
그 불안의 보상이라고 생각할까?

VI

플라톤은, 자연이란 사물의 유령 같은 형상 위에
연출하는 거품에 지나지 않는다고 생각했다.
그보다는 더 견고한 생각을 한 아리스토텔레스는
왕 중 왕의 엉덩이에 가죽 채찍을 쳤다.
세상에 유명한 황금 넓적다리 피타고라스는
별이 노래하고 시신詩神들이 무심히 들었던 곡을
현악기의 활과 현에 연주했다.
새를 겁주려는 헌 막대기들에 걸친 헌 옷가지들.

- 3행의 그보다는 더 견고한 생각은 자연물 속에 형태가 내재하고 있다는 아리스토텔레스의 사상이 플라톤의 사색과 비교해서 더 경험적 사실에 입각한 현실적인 것이라는 것이다. 아리스토텔레스는 자연 자체를 실체라고 보았다.(Conner 9; Suzuki 13)
- 4행은 아리스토텔레스가 어린 알렉산드로스의 몸에 상처를 입혔다는 것이다.(Cullingford 197) / 왕 중 왕은 알렉산드로스 대왕이다. 그는 아리스토텔레스에게 교육받았다.
- 5행의 황금 넓적다리는 피타고라스의 제자들이 그를 신격화한 데서 나온 말이다.
- 8행은 위에 거론한 세 사람을 가리킨다.(Unterecker 192) / 철학자들을 도매금으로 깎아내리는 말이다.(Vendler 281) / 플라톤과 아리스토텔레스는 서구 가부장체제의 철학적인 창시자들로서 문화에서 자연을 몰아내어 인간에게 벌을 주고 굶주리게 한 대행자로서 허수아비라는 것이다.(Cullingford 197)

VII

Both nuns and mothers worship images,
But those the candles light are not as those
That animate a mother's reveries,
But keep a marble or a bronze repose.
And yet they too break hearts—O Presences
That passion, piety or affection knows,
And that all heavenly glory symbolise—
O self-born mockers of man's enterprise;

VIII

Labour is blossoming or dancing where
The body is not bruised to pleasure soul,

- VII부는 인간의 환상이다. 인간이 받드는 우상들이다.(Howes 84)
- 1행의 수녀들과 어머니들은 인간을 보호하는 두 여성 보호자들이다.(Thurley 167)
- 1행의 형상들은 수녀의 경우 예수나 마리아 상이고, 어머니의 경우 자식들에 대한 환상이다. 이들은 실체reality가 아니라 실체에 대한 환상vision이다.(Unterecker 192) / 현실적인 삶이나 사실과 관계없는 독자적인 것이다.(Ellmann 229) / 이러한 이미지들은 한 가지 이념에 대한 지나친 집착을 말한다. 즉, 인간을 속이는 허상이라는 것이다.(Rosenthal 253)
- 5행의 가슴을 찢는다는 것은 다음의 '현존자'들 때문에 시인의 가슴이 아프다는 것이다.(Thurley 167) / '현존자'들은 'Presences'의 번역이다. 연인이나 수녀나 어머니가 숭배하는 이미지들과 철학자들의 사유들을 통틀어서 말한다. 인간의 우상들이다.(Howes 84)
- 6행의 열정은 남녀간의 사랑의 열정이다. 이 열정 역시 허상을 만든다.(Howes 84)

VII

수녀들과 어머니들은 다 같이 형상들을 숭배한다.
그렇지만 촛불이 밝히는 이미지들은
어머니의 몽상을 일깨우는 이미지들과는 달리,
대리석상이나 청동상의 안정을 간직한다.
하지만 그들 역시 가슴을 찢는다—오 '현존자'들이여,
열정이나 경건함, 혹은 애정 그 모든 것을 아는,
또한 하늘의 모든 영광이 상징하는—
오 인간 만사를 조롱하는, 스스로 태어난 자들.

VIII

노고勞苦가 꽃 피우거나 춤을 추고 있다,
육신이 영혼을 즐겁게 하기 위해 상하지 않는 곳에,

- 8행의 스스로 태어난 자들self-born mockers은 5행의 '현존자들'이다. 원문에서 '현존자들'과 달리 소문자로 표현한 것은 신의 차원으로 올려다보지 않고 낮추어 본 것이다. 그 이유는 인간이 완전함을 동경한 나머지 스스로 만들어 위안의 대상으로 삼았기 때문.(Vendler 282) / 스스로 태어난 것은 노고를 치르지 않고 완전함을 이룩했다는 것이다.(Parkinson, *Later* 105)
- VIII부는 예술장소의 최후 방어선. 절망에 대한 대반격이다.(Rosenthal 250, 254) / 저항적인 주장이다.(Lynch 52)
- 1-4행은 예이츠의 성숙한 천국의 묘사이다.(Ellmann 50)
- 1행의 노고는 'labour'의 번역. 여기서 'labour'는 사랑도 포함된다.(Cullingford 95) / 포괄적인 말이다. 출산의 고통을 의미하는 산고는 말할 것도 없고(Cullingford 196), 인간의 육체적·정신적인 정진의 모든 고역을 의미한다.(역자)

Nor beauty born out of its own despair,
Nor blear-eyed wisdom out of midnight oil.
O chestnut-tree, great-rooted blossomer,
Are you the leaf, the blossom or the bole?
O body swayed to music, O brightening glance,
How can we know the dancer from the dance?

[14 June - 24 September 1926] 1927

- 5-6행은 나무의 각 부분이 개별적이지 않고 전체적으로 하나의 생명체를 이루는 것이라는 것. 이는 개별성이 상실된 전체적인 존재를 말한다.(Rosenthal 250)
- 7-8행은 인간과 추상적인 이미지가 융합된 춤의 모습이다.(Ellmann 168)

아름다움이 자신의 절망에서 태어나지 않는 곳에,
흐릿한 눈의 지혜가 한밤중 기름에서 탄생하지 않는 곳에.
오 마로니에여, 거대한 뿌리로 꽃피우는 나무여,
당신은 잎인가, 꽃인가, 줄기인가?
오 음악에 맞춰 흔들리는 육신이여, 오 빛나는 눈빛이여,
우리는 춤추는 자와 춤을 어떻게 구분할 수 있겠는가?

1926. 6. 14.

• 8행의 춤은 예이츠의 인생관을 표명하는 말이다. 그는 인생이란 모든 능력이 조화롭게 합류되는 우주의 춤cosmic dance이라고 보았다.(역자) / 춤은 축복의 경지이다.(Ellmann 79) / 춤은 존재의 통합 이미지이다.(Raine 355)

Colonus' Praise

(From *Oedipus at Colonus*)

Chorus. Come praise Colonus' horses, and come praise
The wine-dark of the wood's intricacies,
The nightingale that deafens daylight there,
If daylight ever visit where,
Unvisited by tempest or by sun,
Immortal ladies tread the ground
Dizzy with harmonious sound,
Semele's lad a gay companion.

And yonder in the gymnasts' garden thrives
The self-sown, self-begotten shape that gives
Athenian intellect its mastery,

- 제목의 콜로누스Colonus는 아테네 북쪽 1마일 거리에 있는 구릉이다. 테베Thebes에서 추방된 노년의 오이디푸스가 와서 죽은 땅이다. 이 작품은 콜로누스 출신의 소포클레스Sophocles(496?-406 B.C.)가 마지막 유작인『콜로누스의 오이디푸스』*Oedipus at Colonus*의 코러스에서 고향의 아름다움을 찬양한 것을 자유롭게 번역한 것이다.(Suzuki 40) / 예이츠가 사용한 텍스트는 프랑스어 번역이었다.(*NC* 255) / 예이츠 번역의 연극은 1927년에 애비 극장에서 공연되었다.(Albright 672)
- 코러스의 이 노래는 늙은 맹인 거지인 오이디푸스를 보호해 주겠다고 나선 테세우스Theseus가 오이디푸스와 숲 한가운데에 이르자 천둥소리가 나고 땅이 열리어 오이디푸스가 그 속에 영혼과 육신을 갖다 놓는 장면을 배경으로 한다.(Albright 672) / 오이디푸스는 예이츠가 동원한 노령의 비극 모델 중의 하나이다.(Albright 673)

콜로누스 찬가

(『콜로누스의 오이디푸스』에서)

콜로누스의 말을 찬양하러 오라, 와서 찬양하라.
아기자기한 숲의 거뭇한 포도주 빛을 찬양하라.
한낮 햇빛이 찾아든다 하더라도
나이팅게일이 대낮 햇빛을 귀 먹게 하는 곳.
거기엔 태풍이나 해가 찾아오지 못하고,
불사의 여인들이 조화로운 소리에 취하여
세멜레의 아들을 즐거운 상대로 하여
대지 위에서 춤을 추는 곳.

그리고 저기 체육인들의 정원에는
아테네의 지성을 관장하는,
스스로 씨 뿌려, 스스로 태어난 형상이 성장하고,

- 1행의 콜로누스는 아테네 북쪽. 인류에게 말을 제공한 포세이돈Poseidon을 숭배하는 성스러운 땅이다.(Albright 673)
- 2행의 거뭇한 포도주 빛은 호메로스가 즐겨 쓴 바다 앞의 수식어이다.(Albright 673)
- 7행의 세멜레의 아들은 주신 디오니소스Dionysus. 제우스와 세멜레Semele 사이에 태어났다.(*NC* 255)
- 9행의 체육인들의 정원은 'gymnasts' garden'의 번역. 케피소스Cephisus 강둑에 있는 아테네의 성스러운 숲을 말한다. 플라톤이 나중에(기원전 386년경) 그곳에 아카데미를 개설하였다.(*NC* 256)

Even the grey-leaved olive-tree
Miracle-bred out of the living stone;
Nor accident of peace nor war
Shall wither that old marvel, for
The great grey-eyed Athene stares thereon.

Who comes into this country, and has come
Where golden crocus and narcissus bloom,
Where the Great Mother, mourning for her daughter
And beauty-drunken by the water
Glittering among grey-leaved olive-trees,
Has plucked a flower and sung her loss;
Who finds abounding Cephisus
Has found the loveliest spectacle there is.

Because this country has a pious mind
And so remembers that when all mankind
But trod the road, or splashed about the shore,
Poseidon gave it bit and oar,

- 12행의 올리브 나무는 아테나 여신이 최초로 아크로폴리스Acrpolis에 자라게 한 나무이다. 그 뒤 아카데미에 제공해 주었다.(Albright 673)
- 19행의 '위대한 어머니'Great Mother는 제우스의 자매인 데메테르Demeter. 올림포스 산의 열두 신 중 하나이다. 곡식의 신이다. 명부의 신 하데스의 부인이 된 딸 페르세포네Persephone를 애도하였다.(*NC* 256; Suzuki 94)

잿빛 올리브 나무도 시퍼렇게 살아 있는 바위에
기적적으로 뿌리내렸다.
어쩌다 찾아온 평화나 전쟁의 발발도
그 오랜 경이로운 것을 시들게 하진 못하리라.
잿빛 눈의 위대한 아테나 여신이 위에서 지켜보니까.

누가 이 나라에 찾아왔는가.
황금빛 크로커스와 수선화가 피는 곳,
'위대한 어머니'가 죽은 딸을 애도하고
잿빛 잎사귀의 올리브 나무 사이에 번쩍이는 물가에서
아름다움에 도취되어 꽃 한 송이 꺾어들고
그녀의 죽음을 노래했던 곳에 누가 왔는가.
풍요로운 케피소스 강을 발견하는 자는
세상에 존재하는 가장 아름다운 풍광을 발견한 것이다.

이 나라는 경건한 마음을 간직하고 있다.
그래서 모든 인간이 길을 걸어갔거나
해변에서 물을 튀기기만 했어도 그럴 때
포세이돈이 재갈과 노를 주었던 일을 기억하기 때문에,

- 23행의 케피소스 강Cephisus은 강의 신의 이름을 딴 강. 그리스 중부의 델피Delphi 지역을 흐르는 성스러운 강이다. 델피는 아폴로 신전이 있는 곳이다.(Conner 26)
- 28행의 재갈과 노는 포세이돈Poseidon이 말과 바다의 신이라는 사실과 연관된다. 포세이돈은 인간에게 말타기와 노 젓기를 가르쳤다.(*NC* 256)

Every Colonus lad or lass discourses
Of that oar and of that bit;
Summer and winter, day and night,
Of horses and horses of the sea, white horses.

1928

콜로누스 젊은이나 처녀는 누구나
그 노와 그 재갈에 대해 이야기한다.
여름과 겨울, 낮과 밤에,
말과 바다의 말, 백마에 관한 이야기를.

1927. 3. 24.

A Dialogue of Self and Soul

I

My Soul. I summon to the winding ancient stair;
Set all your mind upon the steep ascent,
Upon the broken, crumbling battlement,
Upon the breathless starlit air,
Upon the star that marks the hidden pole;

- 예이츠 자신은 이 작품을 장기간 병석에 누워 있었던 1928년 봄에 썼다고 한다.(Unterecker 202)
- 제목의 자아와 영혼은 대비되는 양극이다. 자아는 '자연인'natural man, 영혼은 '절대적인 것'the Absolute이다. 양자의 대화는 예이츠 사유의 변증법적인 방식이다.(Thurley 182) / 영혼은 비교적秘敎的인 예이츠, 자아는 자연인이다.(Bloom 375) / 영혼은 '객관'objectivity. 자아는 '주관'subjectivity이다. 시의 구조는『비전』의 체계를 활용한 가이어 형태의 시이다. 처음에는 '영혼'이 절정에 가 있다가 차츰 힘이 약해지면서 '자아'에게 자리를 내어주고, 마침내 '자아'가 정점에 이르는 형국의 시이다.(Albright 696) / 자아와 영혼의 논쟁이다. '자아'는 지상적인 것에 충실하려 하고, '영혼'은 육신과 사상의 갈등을 초월하는 세계에 치중하고자 한다. 형이상학적인 시이다.(O'Neill 167) / 논쟁은 결과적으로 '영혼'의 패배로 종결된다.(Unterecker 204; Gorski 163)
- 물질 속에 영혼이 내재한다는 전제하에서 구원의 문제를 다루었다. 영혼은 명상을 통해 지상세계의 초월을 모색하고, 자아는 시궁창의 자기 일생을 긍정적으로 수용하는 데서 구원을 꾀하고 있다.(Gorski 163) / 천국과 지상의 영광을 대비시킨 주제이다.(Ellmann 9) / 중세적인 논쟁 형식의 시이다.(Rosenthal 302) / 영구적인 논쟁거리를 다루었다.(Harris 204)
- 무대는 탑이다. 여기서 탑은 밤, 전쟁, 폭력, 철학 지향의 인간의 열망, 문명의 쇠퇴, 총안을 가진 흉벽胸壁이 무너져 내리듯이 와해해가는 고대의식의 상징이다. 탑은 밤에 해당하지만, 공고하게 안정되어 있다. 그 뒤에는 우주가 펼쳐져 있고, 그 속에 영원한 별이 있어, 우주로 향하는 인간 사고의 출발점이 된다. 탑과 대면하고 있는 것은 객관적인 인간이다. 연로한데도 사랑과 전쟁, 장검과 장식의 징표에 집착하고 있다.(Henn 134)

자아와 영혼의 대화

I

내 영혼. 나는 명한다, 옛 나선계단으로 나와,
너의 온 마음을 가파른 계단에다,
부서진 무너져가는 흉벽에다,
바람기 없는 별빛 비친 하늘에다,
보이지 않는 극 표시의 별에다 올려놓고,

- I부는 달이 그믐에 가까워지는 시기이다.(Bloom 373)
- 1연(1-8행)은 영혼이 마치 유령처럼 자아의 의식이 혼미할 때 불쑥 나타나(Harris 204) '자아'를 불러내어 죽음에 관하여 교육하고 있다.(Rosenthal 302) / '영혼'이 육신으로부터 도망치도록 권고한다.(O'Neill 167)
- 1행의 나선계단은 밸릴리 탑Thoor Ballylee의 나선계단. 인생의 고행을 암시한다. 계단을 둘러싸고 있는 탑은 고정된 것fixity을 암시하고 이러한 상징은 각각 가이어gyre와 영역sphere과의 유사 관계를 이룬다. 탑은 밤과 정신적인 실체를 상징한다.(Ellmann 148, 165) / 나선계단은 빠져나가는 길을 상징한다.(Unterecker 204) / 나선계단을 둘러싼 무너져가고 있는 탑은 남성적인 성격이다.(Unterecker 170) / 옛 나선계단은 단테적인 연옥과 블레이크적인 야곱의 사다리이다.(Bloom 373)
- 2행의 너는 '자아'(즉, 육신).(O'Neill 167) / 가파른 계단은 육신의 노쇠와 죽음으로 오르는 길이다.(Rosenthal 302)
- 3행의 흉벽은 밸릴리 탑 옥상 둘레의 구조물이다.
- 5행의 원문은 깜깜한 하늘의 기둥 표시가 되는 별(여자), 즉 북극성을 말한다.(Albright 697) / 보이지 않는은 가로놓여 있는 암흑을 말한다.(Rosenthal 303)

Fix every wandering thought upon
That quarter where all thought is done:
Who can distinguish darkness from the soul?

My Self. The consecrated blade upon my knees
Is Sato's ancient blade, still as it was,
Still razor-keen, still like a looking-glass
Unspotted by the centuries;
That flowering, silken, old embroidery, torn
From some court-lady's dress and round
The wooden scabbard bound and wound,
Can, tattered, still protect, faded adorn.

My Soul. Why should the imagination of a man
Long past his prime remember things that are
Emblematical of love and war?
Think of ancestral night that can,

- 6행의 방황하는은 예이츠의 마음이 왔다갔다하는 것이다.(Thurley 183)
- 7행의 모든 생각이 종결되는 저 영역은 지성이 제거되는 달의 22-28상이다.(Albright 697) / 달의 마지막 상.(O'Neill 168) / 저 영역은 'that quarter'의 편의상 번역이다. 'Quarter'는 『비전』의 전문용어 중의 하나이다. 달의 28상을 4등분한 것. 따라서 4분기分期의 하나를 말한다. 그러므로 위의 경우는 4-4분기에 해당한다.(역자)
- 8행은 밤의 모든 신비를 말하는 구절이다.(Jeffares 249) / 8행의 '영혼'의 질문에 대한 답은 없다. 영혼이 답을 기대하지도 않거니와 '자아' 역시 애써 답을 하려고도 하지 않는다.(Bloom 374)

방황하는 모든 생각을
모든 생각이 종결되는 저 영역에다 붙들어 놓게.
영혼과 암흑을 누가 분간할 수 있겠는가?

내 자아. 내 무릎 위에 봉헌된 칼은 사토의 옛 칼.
지금도 여전히 옛날 그대로,
여전히 면도날처럼 날카롭고, 여전히 거울 같아,
수백 년 지나도 흠집이 없네.
어느 궁중 여인의 옷에서 찢어낸
비단 폭에 수놓은 옛 꽃무늬,
목제 칼집에다 칭칭 묶고 감아 놓은 것이
해졌으나 여전히 감싸고, 바랬지만 장식하네.

내 영혼. 왜 인간의 상상력은
전성기가 훨씬 지나도록 사랑과 전쟁의
표상이 되는 것들을 기억한단 말인가?
만약 상상력이 지상의 세계를 경멸하고

- 2연(9-16행)은 '자아'가 삶의 상징인 '사토의 장검'을 내세워 암흑의 세계로 인도하는 나선계단으로의 소환에 빗시고 있다.(Unterecker 204) / '자아'는 사토의 장검으로 상징되는 성적·예술적인 생활의 오랜 상징을 버릴 수 없음을 말한다.(Rosenthal 302)
- 9행의 사토의 옛 칼은 사토의 선물인 장검이다.「나의 테이블」My Table 2행 참조. 그 칼은 생명과 전쟁, 사랑과 섹스의 남성적인 상징이다.(Unterecker 204)
- 13-16행의 칼집을 싸고 있는 비단포장 장식은 여인의 육신을 상징한다.(Unterecker 205)
- 3연(17-24행)은 육신의 죽음과 탄생으로부터 구원되라는 권고이다.(O'Neill 167)

If but imagination scorn the earth
And intellect its wandering
To this and that and t'other thing,
Deliver from the crime of death and birth.

My Self. Montashigi, third of his family, fashioned it
Five hundred years ago, about it lie
Flowers from I know not what embroidery—
Heart's purple—and all these I set
For emblems of the day against the tower
Emblematical of the night,
And claim as by a soldier's right
A charter to commit the crime once more.

My Soul. Such fullness in that quarter overflows
And falls into the basin of the mind
That man is stricken deaf and dumb and blind,
For intellect no longer knows

- 23행의 죽음과 탄생의 죄는 생의 주기이다.(Rosenthal 303)
- 24행의 태초의 밤은 'ancestral night'의 번역. 이는 영원한 무덤의 암흑, 혹은 영원한 생명으로 가는 암흑계이다.(Rosenthal 303)
- 4연(25-32행)의 '자아'(육신)는 한 번 더 죄짓기를 원하고 있다.(O'Neill 167)
- 25행의 몬타시기(1394-1428)는 사토의 칼을 만든 사람이다. 사토의 조상이다.(*NC* 271)
- 29행의 이 모든 것은 칼, 칼집, 비단 폭 옷, 그 위에 수놓인 꽃이다.(Unterecker 205)
- 32행의 한 번 더 죄를 범하는 특권을 요구하네는 다시 한 번 살아보고 싶다는 말이다.(역자)

여기저기, 온 데로 떠돌아다니는 상상력을
지성이 경멸하기만 한다면,
죽음과 탄생의 죄로부터
해방될 수 있는 태초의 밤을 생각해보게.

내 자아. 가문의 3대째인 몬타시기 씨가
오백 년 전에 그것을 만들었고,
칼 둘레에 무슨 수인지는 모르지만—
심장의 심홍색—꽃무늬들이 있네—
그런데 나는 이 모든 것을
낮의 표상으로 삼아 밤의 표상인 탑에 대비시키고,
군인의 권리에 의한 것으로서
한 번 더 죄를 범하는 특권을 요구하네.

내 영혼. 거기에는 풍요가 가득 넘쳐흘러
마음의 못에 흘러들어
인간은 귀머거리, 벙어리, 장님이 되네.
왜냐하면 지성은 이제 '존재'와 '이상',

- 5연(33-40행)은 제1상에 접근한 상태의 묘사이다.(Bloom 374) / 거기서는 정체가 없어지고, '자아'와 하늘이 하나가 된다.(O'Neill 167)
- 36-37행은 영혼이 인간 능력들이 서로 구분되지 않게 되는 그런 상태에 대하여 하는 말이다. 즉, 윤회를 벗어난 상태이다.(Albright 697) / 존재Is와 이상Ought은 '의지'Will와 '마스크'Mask, 곧 욕망과 그 목적이다. 인식자Knower와 지식Known은 '창조정신'Creative Mind과 '운명체'Body of Fate, 곧 지능과 그 목적이다. 이들 네 가지는『비전』에서 사용하는 인간 능력의 직무 용어들이다.(Bloom 375; Albright 697)

Is from the *Ought*, or *Knower* from the *Known*—
That is to say, ascends to Heaven;
Only the dead can be forgiven;
But when I think of that my tongue's a stone.

혹은 '인식자'와 '지식'을 구분하지 못하기 때문이지—
다시 말하면, '천국'으로 올라가는 것이네.
죽은 자만이 용서받을 수 있지.
하지만 그 생각을 하면 내 혀가 돌처럼 굳어지는군.

• 40행의 혀가 돌처럼 굳는다는 것은 말로 의사소통하기가 어렵다는 뜻.(Lynch 68) 이는 '영혼'의 주장의 한계를 말한다.(O'Neill 167) 따라서 '자아'가 II부의 무대를 독차지하게 된다.(Rosenthal 304) / 혀가 굳는다는 것은 말로 될 일이 아니고nonlinguistic realm 명상에 의존해야 하는 영역이라는 것.(역자)

II

My Self. A living man is blind and drinks his drop.
What matter if the ditches are impure?
What matter if I live it all once more?
Endure that toil of growing up;
The ignominy of boyhood; the distress
Of boyhood changing into man;
The unfinished man and his pain
Brought face to face with his own clumsiness;

The finished man among his enemies?—
How in the name of Heaven can he escape
That defiling and disfigured shape
The mirror of malicious eyes
Casts upon his eyes until at last
He thinks that shape must be his shape?
And what's the good of an escape
If honour find him in the wintry blast?

- II부는 '자아'의 최종적인 진술이다.(Thurley 183) / '자아'의 진술로만 이루어져 있다는 것은 자아의 주장이 '영혼'의 주장을 누르고 있다는 사실을 말한다.(Gorski 163)

II

내 자아. 산 자는 눈이 멀어 자신의 배설물을 마시지.
시궁창들이 더러운들 무슨 상관 있겠어?
내가 한 번 더 온통 그대로 살아본들 어떻겠어?
성장해 나가는 그 힘겨운 일,
소년시절의 수치스러움,
어른으로 변화해가는 소년시절의 번민,
자신의 우둔함과 정면으로 대면하는
미숙한 인간과 그의 고통을 견디어봐.

적들에 둘러싸인 완성된 인간이라니?—
악의에 찬 눈들의 거울이 그의 눈에 비춰주는
그 추악하고 볼썽사나운 모습을
결국에는 그 모습이
자기 것임에 틀림없다고 생각할 텐데,
어떻게 그가 '천국'의 이름으로 벗어날 수 있을까?
그리고 명예가 세찬 북풍 속의 그를 발견한다면
도망쳐본들 무슨 소용 있을까?

- 2행의 시궁창ditch은 배설물에 대한 연금술의 은유이다.(Gorski 163)

I am content to live it all again
And yet again, if it be life to pitch
Into the frog-spawn of a blind man's ditch,
A blind man battering blind men;
Or into that most fecund ditch of all,
The folly that man does
Or must suffer, if he woos
A proud woman not kindred of his soul.

I am content to follow to its source
Every event in action or in thought;
Measure the lot; forgive myself the lot!
When such as I cast out remorse
So great a sweetness flows into the breast
We must laugh and we must sing,

- 17-18행은 통합적인 귀결이다.(Thurley 184) / 시간을 통해 거슬러 올라가는 삶이다. 이는 25-26행에서 다시 거론된다.(Henn 95)
- 19-20행은 전쟁과 사랑에서 실제로 진행되는 일이다. 맹인끼리의 다툼은 피차 다 시궁창에 떨어진다. 시궁창, 개구리 올챙이는 성적인 암시이다.(Vendler 310)
- 21-22행은「어느 한 정치범에 대하여」On a Political Prisoner에 나오는 이미지(9-10행)이다.(Henn 97)
- 22행의 오만한 여인은 모드 곤.(*NC* 272)
- 24행의 가장 기름진 시궁창은 여성의 음부.(Thurley 185)
- 25-26행은 시인의 결심이다.(Thurley 185)

나는 한평생을 온통 다시 살고 싶고,
또다시 살고 싶다. 비록 삶이란,
맹인의 시궁창, 개구리 올챙이 속에
맹인들을 난타하는 맹인을 집어던지는 것일망정,
혹은 인간이 자기 영혼과 닮지 않은
오만한 여인에게 사랑을 호소하면
그가 저지르거나 감당해야 할 어리석음을
가장 기름진 시궁창에 투입하는 꼴이 될망정,

나는 행위나 생각의 모든 일의 근원으로
추적해가는 데에 만족하고,
내 운명을 헤아려보고, 운명을 감수하네!
나 같은 사람이 회한을 던져버릴 때
가슴 속에 엄청난 감미로움이 밀려들어와
우리가 웃고 노래하지 않으면 안 되네.

- 25-32행(4연)은 대결의 절정에서 '자아'가 세속적인 축복이라는 독자적인 축복이 있음을 인식하고, '자아'의 승리로 기울어진다. 결국 '자아'와 '영혼'의 양자 대결은 '자아'에게 새로운 인식과 새로운 힘을 제공한다.(Ellmann 9) / 세속적인 '자아'가 승리하고, 구원의 참다운 권위를 갖게 된다는 것이다.(Rosenthal 305)
- 27행의 운명을 감수하네라는 말은 I부 39행에서 영혼이 '죽은 자만이 용서받을 수 있지', 즉 죽어야만 정화된다고 했지만 자아는 성섬에 이르면 자신의 구원을 위하여 기꺼이 책임을 지려고 한다는 말이다.(Albright 699)
- 30-32행의 우리는 '자아'와 '영혼', 즉 공공적이라는 의미이다.(Lynch 68) / '나'에서 '우리'로 바뀐 것은 공동체 형성의 의미이다.(O'Neill 168)

We are blest by everything,

Everything we look upon is blest.

1929

우리는 삼라만상의 축복을 받고,

우리가 바라보는 삼라만상도 축복받는 것이지.

1927. 7 - 12.

• 31-32행은「동요」Vacillation IV부 9-10행에 유사한 말이 나온다.(*NC* 272)

Symbols

A storm-beaten old watch-tower,
A blind hermit rings the hour.

All-destroying sword-blade still
Carried by the wandering fool.

Gold-sewn silk on the sword-blade,
Beauty and fool together laid.

1932

- 1913-1916년경 에즈라 파운드의 언어절약 시학에 근거해 쓴 일곱 편의 단시 중 하나이다.(Albright 705) / 「자아와 영혼의 대화」A Dialogue of Self and Soul의 최대한의 축소판이다.(Henn 134)
- 1-2행은 영혼의 상징, 3-6행은 자아의 상징이다.(Albright 706) / 1-2행은 지혜, 3-4행은 힘, 5-6행은 사랑을 나타낸다.(Ellmann 266) / 1-2행은 이탈리아 여행 중에 중세시대의 성을 목격한 것을 배경으로 하였다.(*NC* 277)
- 2행은 지혜가 눈먼 은둔자에게 찾아온다는 것이다.(Ellmann 266) / 눈먼 은둔자는 이탈리아의 여행 중에 예이츠가 갑작스럽게 본 환시를 참조할 것. 어느 산 위에 중세 시대의 탑이 구름 속에 서있고, 그 문간에 약간 여윈, 꼿꼿한 노인이 서있는 것을 보았다는 것이다. 그는 시인이었고 언어를 위해 많은 일을 해서 마침내 성인의 경지에 이르렀다고 한다(Yeats, *Essays and Introductions* 291).(*NC* 277-278; Albright 706) / 눈먼은 세상사에 눈이 먼 것.(Unterecker 208)

상징들

태풍에 시달린 오래된 감시탑,
눈먼 은둔자가 시간의 종을 울린다.

떠돌이 바보가 여전히 갖고 다니는
무엇이든 베어 죽이는 장검의 칼날.

칼날 위에 금실로 짠 비단,
아름다움과 바보가 함께 누웠다.

1927. 10.

- 3-4행은 바보가 휘두르는 장검을 말한다.
- 3행의 떠돌이 바보wandering fool는 희곡『볼러 해변에서』*On Baile's Strand*(1904)에 등장하는 허풍 떠는 바보이다.
- 4행의 장검은 예이츠가 기증받은 사토의 칼이다.「내전 시기의 명상들」Mediations in Time of Civil War의 III부「나의 테이블」My Table 2행의 '사토의 선물' 주 참조.(*NC* 278)
- 4행의 무엇이든 베어 죽이는은 남성적이고 파괴적인 생명력이다.(Unterecker 208)
- 5-6행의 칼과 금실로 짠 비단 및 아름다움과 바보는 이율배반이다. 사랑이 이율배반을 해결하리라고 기대하고 아름다움과 바보를 결합하지만 오히려 그것을 깊게 한다.(Ellmann 266)
- 5행의 칼날 위에 금실로 짠 비단은 금실로 짠 비단으로 칼집을 싼 것이다.(*NC* 278) / 이는 여성적 이미지. 아름다움과 생산을 나타낸다.(Unterecker 209) /「자아와 영혼의 대화」I부 9-16행과「내전 시기의 명상들」III부「나의 테이블」2-7행의 비단으로 장식한 사토의 칼집과 비교할 일이다.(Albright 706)

A Stick of Incense

Whence did all that fury come?
From empty tomb or Virgin womb?
Saint Joseph thought the world would melt
But liked the way his finger smelt.

1939

- 제목의 향은 동방박사들의 선물 중 하나일 것이다.(Albright 833)
- 순수한 추상적인 열정의 위험성을 피력한 작품이다. 다음 문명은 우리 자신의 풍부한 경험에서 탄생하리라는 생각을 피력한 작품이다.(Unterecker 284) / 기독교가 세상을 바꾸어 놓았을지 모르지만 그 유래는 미미하다는 것이다.(Albright 833) / 종교는 성을 포용해야 함을 말한다.(Ellmann 181)

한 개비의 향

어디서 그 모든 분노가 터져 나왔는가?
빈 무덤에서인가, 동정녀의 자궁에서인가?
성 요셉은 세상이 풀려나가리라는 생각을 했다.
하지만 손가락이 내는 냄새를 좋아했다.

1938?

- 2행의 빈 무덤은 부활한 예수의 무덤이다. 동정녀는 동정 마리아Virgin Mary, 즉 성모 마리아이다.(*NC* 419)
- 3행의 성 요셉은 성모 마리아의 남편. 예수의 양아버지이다.(*NC* 420)
- 4행의 손가락이 내는 냄새는 인간의 풍부한 경험이다.(Unterecker 284)

6

비극적 환희

Upon a Dying Lady

I

Her Courtesy

With the old kindness, the old distinguished grace,
She lies, her lovely piteous head amid dull red hair
Propped upon pillows, rouge on the pallor of her face.
She would not have us sad because she is lying there,
And when she meets our gaze her eyes are laughter-lit,
Her speech a wicked tale that we may vie with her,
Matching our broken-hearted wit against her wit,
Thinking of saints and of Petronius Arbiter.

[January 1913] 1917

- 제목의 죽어가는 한 여인은 메이블 라이트Mabel Wright(1871-1916). 배우 라이트George Bealby Wright의 아내이고, 화가 오브리 비어즐리Aubrey Beardsley(1872-1898)의 누이이다.(*NC* 163; Albright 581) / 일곱 편으로 구성된 이 연작시는 1912년 1월에서 1914년 7월 사이에 쓴 것이다.
- 원문 제목 중의 여인을 'Woman'이라 하지 않고 'Lady'라고 한 것은 그녀의 귀족적인 성향을 나타내기 위함이다.(Vendler 195) / 40대 초반인 그녀의 암 투병 모습을 그린 시이다.(*NC* 163) / 그녀의 죽음은 예이츠에게는 끔찍하지만, 우아한 의미 있는 죽음 중의 하나로 각인된다. 예이츠는 그녀를 영웅적인 인간 이미지로 창조하였다.(Unterecker 144, 145) / 예이츠의 후기 작품에 제시되는 비극적 희열tragic gaiety이 드러나는 작품이다.(Albright 581)

죽어가는 한 여인에게

I

그녀의 의젓한 품격

옛사람들의 고운 마음씨와 전통적으로 빼어난 우아한 자태로,
그녀는 누워 있다. 베개 위에 받쳐진 푸석한 붉은 머리카락,
그 속의 가여운 예쁜 머리, 창백한 얼굴에 띤 불그레한 빛.
그녀는 거기 누워 있다고 해서 우리를 슬프게 하려 하지 않는다.
그리하여 우리 시선과 마주칠 때, 그녀의 눈은 미소로 반짝인다.
그녀 입에서 나온 말은 우리가 그녀와 겨루도록 짓궂기도 하다.
슬픔에 잠긴 우리의 기지가 그녀의 기지와 맞서게 하고,
성인들과 페트로니우스 아르비테르를 상기시킨다.

1913. 1.

• I부 8행의 페트로니우스 아르비테르Petronius Arbiter(27-66)는 로마의 정치가이자 작가로, 풍자소설『사티리콘』*Satyricon*을 썼다. 네로의 총신이었지만 중상에 의한 모반 혐의로 자살을 권고받아 혈관을 끊어 친구들과 담소하면서 서서히 죽었다는 얘기가 작품화되어 있다(*Quo Vadit?* 1896).(*NC* 164; Albright 581-582)

II

Certain Artists Bring Her Dolls and Drawings

Bring where our Beauty lies
A new modelled doll, or drawing,
With a friend's or an enemy's
Features, or maybe showing
Her features when a tress
Of dull red hair was flowing
Over some silken dress
Cut in the Turkish fashion,
Or, it may be, like a boy's.
We have given the world our passion,
We have naught for death but toys.

[January 1912] 1917

- II부의 창작 연대는 1913년 2월 11일이다.(Unterecker 145)
- 그녀는 상당한 인형 수집가이다. 그녀 자신이 인형처럼 생겼다.(Albright 581)

II

화가들이 그녀에게 인형과 그림을 가지고 오다

우리의 '미인'이 누워 있는 곳에
새로운 모델의 인형이나, 그림을 가지고 오라,
친구의 모습이나 적의 모습을 한 인형,
혹은 푸석한 붉은 머리 다발이
터키 사람들의 옷 모양으로 재단한
실크 드레스 위로
치렁치렁 흘러내리는
그녀 모습을 보여줄지 모르는 것,
혹은 사내아이 옷 모양의 것을.
우리는 이 세상에 우리 열정을 바쳤다.
우리는 장난감 외엔 죽음에게 바칠 것이 없다.

1912. 1.

• 2행의 인형은 그녀의 테이블에 오빠의 그림에 있는 사람들의 모습을 본뜬 인형 넷이 있었는데, 이 인형들을 가리킨다. 얼딩인 비지하림이 여인들과 여자처럼 보이는 소년들 인형이다. 화가 찰스 리케츠Charles Ricketts와 에드먼드 뒤락Edmund Dulac이 만든 것들이다.(Albright 582)

III

She Turns the Dolls' Faces to the Wall

Because to-day is some religious festival
They had a priest say Mass, and even the Japanese,
Heel up and weight on toe, must face the wall
—Pedant in passion, learned in old courtesies,
Vehement and witty she had seemed—; the Venetian lady
Who had seemed to glide to some intrigue in her red shoes,
Her domino, her panniered skirt copied from Longhi;
The meditative critic; all are on their toes,
Even our Beauty with her Turkish trousers on.
Because the priest must have like every dog his day
Or keep us all awake with baying at the moon,
We and our dolls being but the world were best away.

1917

• III부는 미사를 드릴 때 친구들이 가지고 온 인형들을 모두 벽 쪽으로 향하게 하여 속된 것과는 담을 쌓게 하는 상황이다.(Rosenthal 191) / 비어즐리 가족들은 로마 가톨릭 신도였다.(Albright 582)

III

인형들의 얼굴을 벽 쪽으로 돌리다

오늘은 어떤 종교적인 축제일이기 때문에
그들은 사제가 미사를 바치도록 했다. 심지어 일본 인형도
발뒤꿈치를 올리고 발가락에 무게를 실어 벽을 향해야 한다.
—일본 인형은 열정적이며, 전통적인 예절에 밝고,
당차고 기지가 있는 듯했다—. 베니스 여인은 빨간 신에다
도미노 가면을 쓰고, 롱기를 본따, 고래수염으로 펼친
스커트를 입고서 무슨 꿍꿍이를 차리는 것 같았다.
명상적인 비평가다. 모두가 까치발로 서있다,
심지어 터키식 바지를 입은 우리의 '미인'마저도.
사제는 모든 개가 그렇듯이 꼭 자기 멋대로 하는 날이거나,
우리 모두를 깨워 달을 향해 짖게 해야 하기 때문에,
우리와 인형들은 지상물인지라 자리를 뜨는 것이 상책이었다.

- 2행의 그들은 병원 당국자이다.(Rosenthal 191)
- 6행의 롱기Pietro Longhi(1701-1785)는 베네치아 화가. 시민생활, 특히 귀부인을 중심으로 한 상류생활의 정경을 우아하게 그렸다.(*NC* 164)
- 12행은 지상적인 것을 억압해야 사후에 연옥의 영혼이 될 수 있다는 것이다.(Albright 582)

IV

The End of Day

She is playing like a child
And penance is the play,
Fantastical and wild
Because the end of day
Shows her that some one soon
Will come from the house, and say—
Though play is but half done—
'Come in and leave the play.'

1917

IV

하루해가 저물어

그녀는 어린아이처럼 놀고 있다.
참회가 그 놀이이다.
환상적이고 열광적인 놀이.
왜냐하면 하루해가 저물어
누군가가 집에서 찾아와,
—놀이가 절반만 진행되고 있지만—
'그만 놀고 집에 들어가자.'
하고 말하기 때문이다.

• 5행의 누군가는 죽음의 신이다.(Albright 582)

V

Her Race

She has not grown uncivil
As narrow natures would
And called the pleasures evil
Happier days thought good;
She knows herself a woman
No red and white of a face,
Or rank, raised from a common
Unreckonable race;
And how should her heart fail her
Or sickness break her will
With her dead brother's valour
For an example still?

1917

V

그녀의 가문

그녀는 편협한 성품이 그렇듯이
예절에 어긋나게 자라지 않았다.
향락을 악이라고 부르지도 않았고
더 즐거운 나날을 선이라고 생각지 않았다.
그녀는 자신이 평범하고
보잘것없는 집안에서 자라나,
붉고 흰 얼굴도 아닌, 지위가 없는
한 여성이라는 걸 알고 있다.
그런데 그녀의 죽은 오빠의 용기가
여전히 본보기가 되었으니,
그녀의 심장이 그녀를 저버리거나,
병이 그녀의 의지를 어떻게 꺾겠는가?

• 9행의 죽은 오빠인 오브리 비어즐리는 26세의 나이에 결핵으로 죽었다(1898). 예이츠는 그를 고통스러운 비전에 끼어있는 일존의 성자라고 생각했다. 『옐로 북』*The Yellow Book* (1894-1897)의 미술부문 편집자였다(1894).(*NC* 165; Albright 582)

VI

Her Courage

When her soul flies to the predestined dancing-place
(I have no speech but symbol, the pagan speech I made
Amid the dreams of youth) let her come face to face,
Amid that first astonishment, with Grania's shade,
All but the terrors of the woodland flight forgot
That made her Diarmuid dear, and some old cardinal
Pacing with half-closed eyelids in a sunny spot
Who had murmured of Giorgione at his latest breath—
Aye, and Achilles, Timor, Babar, Barhaim, all
Who have lived in joy and laughed into the face of Death.

1917

- VI부는 그녀의 영혼이 사신死神의 얼굴 속으로 웃으며 들어간 영원한 사자死者들의 위대한 자유혼自由魂의 동료가 되도록 기원하는 내용.(Unterecker 146)
- 예이츠는 이교도의 영웅이나 야만적인 정복자까지도 가 있는 천국을 상정하고 주인공이 거기 가 있는 것을 상상하였다. 거명된 사람들 중에 추기경을 빼고는 모두 세속적인 삶을 즐겼던 사람들이다. 따라서 예이츠가 상상하는 천국은 온갖 상반된 것들이 포용된 일종의 멋진 인형의 집같이 보인다.(Albright 583)
- 3행의 디어르마드Diarmuid는 피니언 기사단원Fenians. 5행의 '그로니'의 연인이 됨. 「요정의 노래」A Faery Song의 주 참조.(Conner 47)
- 5행의 그로니Grania는 코맥 매카트Cormac MacArt 대왕의 딸. 아버지보다 나이 많은 핀Finn 왕과의 예정된 결혼 전날 밤, 왕의 아들 오신Oisin에게 구애했으나 거부당하고, 디어르마드에게 접근하여 함께 도주한 여인.(Conner 74-75)

VI

그녀의 용기

그녀의 영혼이 신이 정해준 무도회장으로 날아갈 때
(나는 젊은 시절 꿈속에서 만든 이단의 언어,
상징 외에는 몰라서 그러는데), 디어르마드를 연인으로 만든
숲 속 도주의 공포감은 거의 망각한
그로니의 혼령과 맨 먼저 그런 경이감 속에서 만나 보게 하라.
그리고 마지막 숨을 거둘 때 조르조네에 대해
중얼거린 어느 늙은 추기경, 눈꺼풀을 반쯤 감고
양지바른 지점에서 왔다 갔다 했던 그분도—
그럼, 그리고 아킬레우스, 티무르, 바부르, 바흐람, 즐겁게 살다
　웃으며
'사신'死神의 얼굴 속에 들어간 모든 분들을 만나 보게 하라.

- 6행의 조르조네Giorgione(1477-1510)는 르네상스 전성기의 위대한 베니스 화가.(*NC* 165)
- 9행의 아킬레우스는 그리스의 영웅. 트로이 전쟁 때 트로이의 총사령관인 헥토르Hector 왕자를 죽였으나 동생인 파리스Paris에게 발뒤꿈치에 화살을 맞아 죽음.(*NC* 165) / 티무르Timor는 'Tamburlaine'(c. 1336-1405). 몽골인으로 징기즈칸을 동경하였다. 지중해에서 인도의 갠지스 강에 이르기까지 정복하여 중앙아시아, 서아시아에 이르는 대제국의 황제가 되었다.(*NC* 165; Suzuki 215) / 바부르Babar(1480-1530)는 티무르의 자손이다. 북인도를 거의 다 정복하여 무굴Mogul 제국을 창건하고 초대 황제가 되었다. (*NC* 165; Conner 12; Suzuki 16) / 바흐람은 원문에서는 'Barhaim'으로 표기되어 있으나 'Barham'의 오기로 보인다. 그는 페르시아 왕 바흐람 5세(재위 421-438)이다.(*NC* 165; Suzuki 19)

VII

Her Friends Bring Her a Christmas Tree

Pardon, great enemy,
Without an angry thought
We've carried in our tree,
And here and there have bought
Till all the boughs are gay,
And she may look from the bed
On pretty things that may
Please a fantastic head.
Give her a little grace,
What if a laughing eye
Have looked into your face?
It is about to die.

1917

VII

친구들이 그녀에게 크리스마스 트리를 갖다주다

위대한 적이여, 용서하세요.
우리는 화를 낼 생각도 없이
크리스마스 트리를 들여놓았어요.
그리고 여기저기 물건을 사 모았고
나뭇가지들이 모두 화려해요.
그러니 그녀가 침대에서
환상적인 머리를 기쁘게 할지도 모를
예쁜 것들을 바라볼지도 몰라요.
그녀에게 다소나마 은총을 주세요.
웃는 눈이 당신 얼굴을
빤히 들여다본들 어때요?
그 눈이 곧 죽을 텐데요, 뭐.

1914. 7.

• 1행의 위대한 적은 죽음. 죽음의 신이다.(Unterecker 146)

Vacillation

I

Between extremities
Man runs his course;
A brand, or flaming breath,
Comes to destroy
All those antinomies
Of day and night;
The body calls it death,
The heart remorse.

- 제목의 동요는 IV부의 축복된 가벼운 마음과 V부의 무거운 정신적 부담이라는 상반된 상태 사이에 우왕좌왕하는 상황을 말한다.(Rosenthal 312) / 성자적인 길과 예술가적인 길의 논쟁이다. 구원은 자아의 소멸에 있는 것이 아니라 변모에 있음을 말하는 시이다.(Langbaum 227) / 인간의 모든 일은 어쩔 수 없이 불완전하다는 주제이다. 한쪽을 만족하게 하면 반대쪽을 굶주리게 해서 인간은 양극 사이에서 갈팡질팡하게 되고, 합일을 찾아내거나 해결 가능성을 발견할 수 없지만, 잠정적으로 어느 한쪽을 선택한다는 내용의 연작시이다. 각 시편이 들쭉날쭉한 단편들로 이루어진 것도 이를 반영한 것이다.(Albright 722-723) / 예이츠는 이 시에서 기적은 수용하지만 인간적인 것을 거부할 수 없음을 말한다. 그 이유는 예술가적 삶을 포기할 수 없기 때문이다.(Unterecker 220)
- 처음에는 「예지」Wisdom라는 제목으로 발표된 시이다.(*NC* 299) / 기독교에 대한 매혹과 거부감 사이의 갈등을 주제로 한 시이다. 기독교 신앙을 받아들일 수 없는 이유를 특별히 진술한 작품이다.(Brooks, *Hidden* 58) / 불가지론적·회의론적인 측면을 보여준 시이다. 이런 면에서 예이츠는 블레이크보다는 셸리적인 시인이다.(Bloom 393) / 변증법적인 시. 고백적인 시의 중요한 단계의 작품이다.(Thurley 187-188) / 부분적으로 자서전적인 시이다.(Unterecker 221)

동요動搖

I

양극 사이에서 인간은
제 나름의 길을 달린다.
횃불, 아니 불길 같은 숨결이,
낮과 밤의
그 모든 이율배반을
파괴하러 나선다.
육신은 그것을 죽음이라 칭하고,
마음은 그걸 회한이라고 한다.

- I부는 65세를 넘긴 시인의 잃어버린 즐거움을 토로한 대목이다.(Bloom 396) / 인간 양극의 변증법을 제시하였다.(Thurley 187) / 애초「즐거움은 무엇인가」What is Joy라는 제목으로 발표된 작품이다.
- 1행의 양극은 탄생과 죽음, 낮과 밤, 사랑과 증오, 선과 악, 천국과 지옥 같은 상반된 개념이다.『비전』의 이중으로 된 원추의 양단이다.(Unterecker 220)
- 3-6행은 모든 상반되는 것들을 녹여 단순한 초월적인 상태를 만드는 불의 능력을 말한다.(Albright 723)
- 3행의 아니는 'or'를 '선택'의 의미가 아니고 '동의어'로 본 번역이다.(역자) / 불은 정신적인 것의 상징이다.(Wilson 72)
- 8행의 마음은 'The heart'의 번역. '자아'the Self에 해당한다.(Albright 723) / 회한remorse은 지상의 삶에서의 가장 절실한 순간을 다시 살아가는 연옥의 삶의 한 단계이다. 이때 연옥의 불길이 수반된다.(Albright 723)

But if these be right
What is joy?

[November 1931] 1932

그렇지만 이들이 옳다고 한다면
즐거움이란 무엇일까?

1931. 12.

- 10행의 질문은 시집『나선계단』*The Winding Stair*의 핵심적인 질문이다.(Harris 201) 이 질문에 대한 답은 호메로스의 길을 선택하는 것(VIII부의 10행)이다.(Cullingford 220) 이 질문에 대한 직접적인 답은 제시되지 않고 암시적으로 드러나다가, 마지막 VIII부에 가서 풍성한 가락으로 나타난다.(Bloom 395) / 즐거움joy은 그가 장차 제시하려는 '비극적인 환희'tragic joy이다.(역자)

II

A tree there is that from its topmost bough
Is half all glittering flame and half all green
Abounding foliage moistened with the dew;
And half is half and yet is all the scene;
And half and half consume what they renew,
And he that Attis' image hangs between
That staring fury and the blind lush leaf

- II부는 젊은 시절을 말하고 있다.(Unterecker 221) / 애초에 III부와 합쳐 「불타는 나무」The Burning Tree라는 제목으로 발표되었다.(*NC* 299) / 삶의 두 측면을 다룬 「두 모습의 나무」The Two Trees와 비교되는 작품이다.(Ellmann 165)
- 1-3행의 나무 이미지 출처는 웨일스의 서사시 『마비노기온』*The Mabinogion*. 그 나무는 강가에 있었고, 절반은 뿌리에서 꼭대기까지 불길에 싸여 있었으며, 절반은 푸른 잎이 무성했다.(Henn 258-259) / 신비한 이 나무는 예이츠가 좋아하는 상징 중의 하나이다. 출처는 여러 군데이다.(Unterecker 220) / 이 나무는 예이츠가 아티스Attis 축제에 쓰인 소나무를 임의로 바꾸었다.(Ellmann 171)
- 5행은 초고에서 '한쪽이 소멸시킨 것을 상대방이 새롭게 할 수 있다'What one consumed the other can renew라고 쓴 것을 참작할 것.(Ellmann 272)
- 6행의 두리번거리는 분노는 2행의 나무 한쪽의 '불꽃'이다.(역자) / 이는 파괴적인 위험을 안고 있는 불꽃이다. 그런 위험을 안고 있는 죽음 및 지식과 일치된다.(Parkinson, *Later* 229; *NC* 301)
- 6행의 눈먼 무성한 잎은 세속적인 것이다.(역자) / 슬픔을 넘어선 계시를 추구하는 신앙인들에게 위협적이다.(Parkinson, *Later* 229; *NC* 301)

II

나무 한 그루가 있다. 맨 위 가지에서부터
절반은 번쩍이는 불꽃, 절반은 온통 초록인데,
풍성한 잎사귀들이 이슬에 젖어 있다.
그리고 절반씩이지만 전체적으로 한 모습,
절반과 절반은 새로워지는 것을 피차 소멸시키고,
두리번거리는 분노와 눈먼 무성한 잎 사이에
아티스 모상模相을 거는 자는 자기가 아는 게 무엇인지

- 7행의 아티스는 소아시아 지역의 식물의 신. 그리스의 아도니스Adonis에 해당한다. 땅의 어머니 신인 키벨레Cybele가 그와 사랑에 빠져 그를 스스로 거세하게 함으로써 그의 정절을 확실하게 했다.(Albright 724) / 아티스 모상Attis' image은「비잔티움」Byzantium의 예술작품이나「학생들 사이에서」Among School Children의 어머니와 연인과 수녀가 숭배하는 이미지와 유사하다.(Ellmann 229) / 모상을 걸고 있는 자는 사제이지만, 여기서는 시인이 그 역할을 담당한다. 아티스 신은 땅의 어머니 신The Great Mother 키벨레가 그를 열광하게 했을 때, 스스로 거세하였다. 따라서 시인은 예술에 정진하기 위하여 목숨을 바치듯 스스로 거세하고, 아티스와 일치함으로써 육신과 영혼이 합일되고, 십자가의 희생을 넘어선 세계를 바라보는 희열을 체험한다.(Ellmann 171-172) / 아티스의 모상을 건다는 것은 그리스도와 대비되는 '아티스'를 그리스도와 마찬가지로 십자가에 매달리게 함을 말한다.(Wilson 72) / 아티스의 모상을 절반 불길과 절반 잎으로 된 그 사이에 건다는 것은 양자 사이의 타협과 화해의 상징이며, 해마다 열리는 아티스 축제에 참가하는 자는(7-8행) 스스로 거세함으로써 일종의 죽음에 이르게 되고, 성적인 고통에서 해방되어 소극적인 희열을 맛보게 된다. 이는 삶을 희생시킨 초월의 주제이다.(Rosenthal 313)
- 7-8행의 의미는 예술가는 창작의 동력을 이해하지 못할지 모르지만, 한 가지 확실한 것은 슬픔을 모른다는 뜻이다.(Unterecker 221)

May know not what he knows, but knows not grief.

[1931 or 1932] 1932

알지 못할 수도 있지만 슬픔을 모른다.

- 8행의 슬픔을 모른다는 말은 아티스 관련 의식에 종사하는 사제는 거세된지라 자연계건 정신계건 완전히 참여하지 못하기 때문에 즐거움도 슬픔도 인식하지 못한다는 것이다.(Albright 724)

III

Get all the gold and silver that you can,
Satisfy ambition, animate
The trivial days and ram them with the sun,
And yet upon these maxims meditate:
All women dote upon an idle man
Although their children need a rich estate;
No man has ever lived that had enough
Of children's gratitude or woman's love.

No longer in Lethean foliage caught
Begin the preparation for your death
And from the fortieth winter by that thought
Test every work of intellect or faith,
And everything that your own hands have wrought,

- III부는 이른 성년시절을 말하고 있다.(Unterecker 221) / 중년시절이다.(Bloom 396) / IV부와 대조적인 육신 의존적인 인간(natural man)의 세계이다.(Thurley 187)
- 1행의 금과 은은 인간이 왔다 갔다 해야 하는 두 영역이다.(Unterecker 221)
- 2행의 무료한 나날은 예이츠가 애비 극장 일을 맡아 연극 활동에 전념했던 시절(1902-1912)이다. 그 시절에는 연극 활동과 관련된 글 외에는 글을 거의 쓰지 못했다.(*NC* 301)
- 원문 텍스트 2행에서 *PR*은 'animate' 앞에 'or'를 끼워 넣었다.
- 3행의 태양은 '금'에 해당한다.(Unterecker 221)

III

할 수 있는 대로 금과 은을 모두 손에 넣어
야심을 만족시키고, 무료한 나날을 생동시키고
그리고 거기에다 태양을 가지고 마구 채워라.
하지만 다음 금언金言들에다 중재를 구해라.
자식들은 많은 재산을 필요로 하지만
여인들은 모두 빈둥대는 사내에게 푹 빠진다.
고맙다는 자식들의 인사와 부인의 사랑을
듬뿍 받고 산 남자는 지금껏 아무도 없었다.

이제는 망각의 숲에 붙들리지 말고
죽음에 대한 준비를 시작해라.
그런 생각을 하고 마흔 번째 해 겨울부터
지식이나 신앙이 만든 모든 작품과
손수 네가 만들어낸 모든 것들을 검증해라.

- 4행의 금언金言의 내용은 금과 은, 즉 햇빛과 달빛 모두가 필요하다는 말이다. (Unterecker 221)
- 6행의 빈둥대는 사내는 시인, 달빛의 사나이, 은의 사나이이다.(Unterecker 221)
- 9행의 망각은 'Lethe'의 번역. 이 말은 그리스어로 망각의 뜻을 가진 강 이름이다. 라틴 시에서 레테 강은 명부의 강이다. 혼령이 이 강물을 마시면 자신의 과거를 망각하고 새롭게 화신한다고 한다.(*NC* 301-302)
- 11행의 마흔 번째 해는 예이츠가 새로운 문체로 굳건히 자리 잡은 1905년. 그해 모드 곤이 남편과 별거하였다. 그리하여 예이츠는 이해가 지적이거나 신비적인 작품들을 검증해 볼 시기라고 생각할 만하다.(*NC* 302)

And call those works extravagance of breath
That are not suited for such men as come
Proud, open-eyed and laughing to the tomb.

[1931 or 1932] 1932

그리고 당당하게 눈 뜨고 웃는 얼굴로
무덤으로 향하는 사람들에게 맞지 않는 작품들은
호흡의 낭비라고 일러라.

- 14-16행은 죽음의 의식을 뛰어넘는 죽음과 희열의 결합을 말한다.(Thurley 188) / 자신에 대한 경고이다.(Harris 245)

IV

My fiftieth year had come and gone,
I sat, a solitary man,
In a crowded London shop,
An open book and empty cup
On the marble table-top.

While on the shop and street I gazed
My body of a sudden blazed;
And twenty minutes more or less
It seemed, so great my happiness,
That I was blessed and could bless.

[November 1931] 1932

- IV부는 III부와 대조적인 정신적인 인간spiritual man의 세계이다.(Thurley 187) / 중년 시절의 경험담이다.(Unterecker 221) / '희열'joy을 다루고 있다.(Ellmann 274)
- 애초「행복」Happiness이라는 제목으로 발표된 시이다.(*NC* 299)
- 1행의 쉰 번째 해는 예이츠의 나이 50세(1915-1916)였던 때이다.「세계령」Anima Mundi XXI에서 말하는 예이츠의 경험담(*Mythologies* 364-365)과 관련된 해이다.(*NC* 302)

IV

쉰 번째 해가 왔다가 갔다.
나는 번잡한 런던의 한 찻집에서
한 고독한 인간으로 앉아
대리석 테이블 위에
빈 찻잔과 책을 펼쳐 놓고 있었다.

내가 찻집과 거리를 주시하는 동안
육신이 갑자기 불길로 타올랐다.
그리고 한 이십 분쯤,
행복감이 너무나 넘쳐 축복받은 것 같았고,
남을 축복할 수 있을 것 같았다.

1931. 11.

- 6-10행은 II부 7행의 '아티스 모상'을 통하여 예술가적 비전의 축복에 도달한 것을 말한다.(Langbaum 227)
- 7행의 육신이 갑자기 불길로 타올랐다는 것은 II부의 '불타는 나무'와 연결된다. (Unterecker 222)

V

Although the summer sunlight gild
Cloudy leafage of the sky,
Or wintry moonlight sink the field
In storm-scattered intricacy,
I cannot look thereon,
Responsibility so weighs me down.

Things said or done long years ago,
Or things I did not do or say
But thought that I might say or do,
Weigh me down, and not a day
But something is recalled,
My conscience or my vanity appalled.

[1931 or 1932] 1932

- V부는 중년시절의 경험담이다.(Unterecker 221) / 노년기의 것이다.(Bloom 396) / '회한'remorse을 다루고 있다.(Ellmann 274) / IV부의 계시적인 것과는 상반되게 흔들리는 감정이다.(Unterecker 222)
- 애초에 「양심」Conscience이라는 제목으로 발표된 작품이다.(*NC* 299)

V

여름 햇살이 하늘의 구름 같은
무성한 나뭇잎들을 금빛 나게 하거나,
혹은 겨울 달빛이
폭풍우에 어지럽힌 들판을 가라앉혀 주지만,
나는 책임감에 하도 짓눌려
그냥 바라볼 수 없다.

여러 해 전에 말했거나 행했던 것들,
행하거나 말하지는 않았지만
그래도 괜찮겠다고 생각했던 일들이,
나를 짓누르고,
양심이나 자부심이 서늘해지는
그런 회상이 떠오르지 않는 날이 없다.

- 1-4행은 울적한 분위기와 관련된다.(Henn 306)
- 5-6행은 과거의 책임감에 대한 기억들이 창작활동을 불가능하게 했다는 것이다.(Unterecker 222) / 아일랜드를 대표하는 영국계 아일랜드 사람이 지녀야 할 책임감과 자기가 하는 일에 대한 정당성을 내세우는 대목이다.(Henn 44)

VI

A rivery field spread out below,
An odour of the new-mown hay
In his nostrils, the great lord of Chou
Cried, casting off the mountain snow,
'Let all things pass away.'

Wheels by milk-white asses drawn
Where Babylon or Nineveh
Rose; some conqueror drew rein
And cried to battle-weary men,
'Let all things pass away.'

From man's blood-sodden heart are sprung
Those branches of the night and day

- VI부는 노년기를 말하고 있다.(Bloom 396) / 인간이 창조능력과 함께 파괴능력을 가지고 있음을 말한다.(Ellmann xix)
- 애초에「정복자들」Conquerors이라는 제목으로 발표된 작품이다.(*NC* 299)
- 3행의 주나라 대공은 주나라 왕조의 한 사람인 주공周公.(*NC* 302)
- 5행의 후렴은 예술의 상징인 나무가 인간의 심장에 뿌리를 두고 있으므로 노래 그 자체도 그것을 만든 인간과 마찬가지로 죽어 없어진다는 생각이다.(Unterecker 222) / 무상함에 대한 씁쓸한 감정이다.(Bloom 396)
- 6행의 니네베Nineveh는 아시리아Assyria의 옛 수도. 기원전 7-8세기에 전성기였다가 기원전 612년에 멸망하였다.(*NC* 247)

VI

아래로는 강물처럼 펼쳐진 들판,
코에는 갓 베어놓은 목초의 향기,
주周나라 대공이
산에 내린 눈을 쓸어내리며 외쳤다.
'삼라만상 사라지게 내버려 두어라.'

바빌로니아나 니네베가 흥했던 곳
유백색 나귀들이 끄는 마차들.
어떤 정복자가 고삐를 끌어 잡고
싸움에 지친 군사들에게 외쳤다.
'삼라만상 사라지게 내버려 두어라.'

피에 젖은 인간의 심장에서
밤과 낮의 저 가지들이 솟아난다.

- 11-12행은 예술이라는 나무가 뿌리를 박고 있는 곳은 인간의 심장이라는 것.「장미 나무」The Rose Tree 17-18행의 '올바른 장미 나무를 키울 수 있는 것은 우리 자신의 붉은 피밖에 없네요'There's nothing but our own red blood. Can make a right Rose Tree와 비교할 것.(*NC* 303) / 인간의 우주 창조 주체에 대해서는「탑」The Tower III부 28-31행 참조.(Albright 726)
- 11행의 피에 젖은 인간의 심장은「한 희곡 작품에서 발췌한 두 편의 노래」Two Songs from a Play II부 16행의 '인간 자신의 기름진 심장'Man's own resinous heart 참조.(*NC* 244)
- 12행의 밤과 낮의 가지들은 나무, 즉 예술이다.(역지)

Where the gaudy moon is hung.
What's the meaning of all song?
'Let all things pass away.'

[January - 5 March 1932] 1932

거기에 현란한 달이 걸려 있다.
모든 노래의 의미는 무엇인가?
'삼라만상 사라지게 내버려 두어라.'

1932. 1 - 3. 5.

VII

The Soul. Seek out reality, leave things that seem.
The Heart. What, be a singer born and lack a theme?
The Soul. Isaiah's coal, what more can man desire?
The Heart. Struck dumb in the simplicity of fire!
The Soul. Look on that fire, salvation walks within.
The Heart. What theme had Homer but original sin?

[3 - 4 January 1932] 1932

- VII부는 예술가의 역할과 성자의 역할은 유사함을 말하고 있다.(Brooks, *Hidden* 59) / 화자는 예술을 상징하는 심장을 선택한다는 것이다.(Bloom 396) / 영혼의 구원과 시인의 소명 간의 갈등을 다루고 있다.(Gorski 27) / 초록빛 푸른 나무의 성장과 소진시키는 불길(II부), 가족과 고된 일(III부), 열광과 실의(IV부와 V부), 승전의 환희와 패퇴(VI부)의 양극을 왔다갔다 한 뒤에 여기서는 가장 대담한, 가장 단순한, 대비되는 양극(영혼과 심장)을 제시하고 있다.(Albright 726)
- 애초에「대화」A Dialogue라는 제목으로 발표되었다.(*NC* 299)
- 1행의 실체는 기독교적인 진리, 허상은 예술 세계이다.(역자)

VII

영혼. 실체를 찾아내고, 그럴듯한 허상은 버려.
심장. 뭐야, 타고난 시인인데 주제를 없애라니?
영혼. 이사야의 석탄 불덩이 말인데, 인간이 뭘 더 바랄 수
　있겠는가?
심장. 불의 단순논리에 기가 막혀 말이 안 나와!
영혼. 그 불을 잘 살펴봐. 그 속에는 구원이 걸어다녀.
심장. 호메로스는 원죄 외에 무슨 주제를 다루었지?

- 3행의 불은 절대자의 것이다.(Thurley 188) / 이사야의 석탄 불덩이는『구약성서』의『이사야』 6장 6-7절에 나온다. 천사가 제단의 불에서 시뻘건 석탄 불덩어리 하나를 꺼내어, 이사야의 입에 물게 하고 이사야의 죄를 사해주었다는 일화이다.(역자)
- 4행의 불의 단순논리는 불을 정화의 불로만 해석하는 일이다. 불은 열정의 불, 예술 행위의 동력이기도 하다.(Unterecker 223)
- 6행은 시인의 주제는 일상적인 행위, 사랑, 전쟁, 예술 등이라는 것이다.(Thurley 188) / 시인은 현실세계를 버리는 성자와는 달리 현실세계에 몸을 적심으로써 값진 일을 한다는 말이다.(Brooks, *Hidden* 59)

VIII

Must we part, Von Hügel, though much alike, for we
Accept the miracles of the saints and honour sanctity?
The body of Saint Teresa lies undecayed in tomb,
Bathed in miraculous oil, sweet odours from it come,
Healing from its lettered slab. Those self-same hands
    perchance
Eternalised the body of a modern saint that once
Had scooped out Pharaoh's mummy. I—though heart might
    find relief
Did I become a Christian man and choose for my belief
What seems most welcome in the tomb—play a predestined
    part.
Homer is my example and his unchristened heart.

- VIII부는 현대 기독교 신비주의자 폰 휴걸에게 아뢰는 말이다.(Brooks, *Hidden* 58) / 운명으로 정해진 시인의 역할에 관한 주장이다.(Bloom 397) / 예이츠 말년의 상황과 성숙된 지혜의 표현이다.(Unterecker 221) / 성스러운 죽음보다 비기독교적인 삶을 찬양하고 있다.(Ellmann 274) / 「영혼과 자아의 대화」A Dialogue of Soul and Self에서와 마찬가지로 예술가가 진정한 인간이라는 주장이다.(Thurley 189)
- 애초에 「폰 휴걸」Von Hügel이라는 제목으로 발표된 것이다.(*NC* 299)
- 1행의 폰 휴걸Friedrich Von Hügel(1852-1925)은 피렌체 태생으로 영국에 귀화한 로마 가톨릭 신학자이자 신비주의자이다. 『종교의 신비적 요소』*The Mythical Element of Religion*(1908, 1923 개정)의 저자. 예술가의 비전은 본질에서 기독교적이라고 하였다. 영혼이 자아를 버리고 생명의 원천과 결합할 때 영원한 즐거움을 얻을 수 있다고 주장하였다. 그는 호메로스와 기독교 사상을 대조시켜 논했다.(Conner 189-190; Suzuki 228)

VIII

폰 휴걸 씨, 성인들의 기적을 수용하고 신성을 존경하니까
우리는 많이 닮아 있지만, 헤어져야 하나요?
성녀 테레사의 시신이 무덤 속에서 썩지 않고 누워 있고,
기적적인 성유가 발려, 감미로운 향기가 나고,
글이 적힌 석판에서는 치유 능력이 나오네요.
일찍이 파라오의 미라를 만들어낸 꼭 같은 저 손들이
아마 근대 성인의 시신을 영원불멸케 했겠지요. —내가 만약
기독교인이 되어 무덤에서 가장 환영받을 것 같은 걸 신앙으로
 택한다면
내 마음은 안도감을 발견할지 모르지만—나는 예정된 운명의
 역을 수행합니다.
호메로스는 나의 본보기, 비기독교적인 그의 심장도.

- 3행의 성녀 테레사Saint Teresa는 1515년에 태어나 1582년에 작고한 스페인의 성녀. 카르멜 수도회를 쇄신한 현대 신비사상의 효시가 되는 사람이다. 1622년에 시성되었다. 19세기 중엽에 무덤이 발굴되었을 때, 관은 진흙탕 속에 있었으나 유해는 사망 때와 조금도 다름없었고, 신기한 성유가 흘러나와 제비꽃 향기를 풍겼다고 전한다.(Conner 183; Suzuki 212)
- 6행의 꼭 같은 저 손들은 시제에 방부처리하고 미라를 만든 사람들이다.(역자)
- 9행의 예정된 운명은 예술가이다.(Unterecker 223)
- 10행의 호메로스는 나의 본보기라는 것은 시인이 자기의 천직이라는 것이다.(Whitaker 160) / 10행은 폰 휴걸이 호메로스를 기독교사상에 대비시킨 데 대하여 예이츠는 그 반대 입장을 취하고 있다.(Rosenthal 314)

The lion and the honeycomb, what has Scripture said?
So get you gone, Von Hügel, though with blessings on your
head.

[3 January 1932]

사자와 꿀벌 집, '성서'는 뭐라고 말했던가요?
그러니 당신은 가세요, 폰 휴걸. 당신 머리 위에는 축복이
　내리지만.

1931, 1932

• 11행의 사자와 꿀벌 집은『판관기』*Judges* 14장 5-18절에 나온다. 삼손이 부모를 모시고 그가 봐두었던 블레셋 아가씨를 만나 보러 가던 중, 사자를 만나 맨주먹으로 죽였다. 블레셋은 이스라엘을 40년간 지배해왔던 종족이다. 삼손이 장가들러 가던 도중, 그가 죽인 사자 시체에 가보니, 거기에 꿀벌이 집을 지어 놓았다. 삼손이 그 꿀을 따서 먹었다.(*NC* 304; 역자) / 이 일화를 소재로 결혼식 날 초청된 그 고장 청년 30명에게 삼손이 수수께끼를 냈다. 그 내용은, 먹는 자에게서 먹을 것(고기)이 나오고, 강자에게서 단 것이 나왔는데, 그게 뭐냐는 것.(Suzuki 132) / 예이츠는 '사자와 꿀벌 집'을 변용하여 '사자'는 옛날부터 내려오는 시인들의 힘과 '긴장된 살과 피'의 상징으로 만들었으며, 꿀벌 집은 시인의 입에서 떨어지는 것은 비탄보다는 꿀이라는 것을 상징하였다.(Ellmann 274)

Lapis Lazuli

(For Harry Clifton)

I have heard that hysterical women say
They are sick of the palette and fiddle-bow,
Of poets that are always gay,
For everybody knows or else should know
That if nothing drastic is done

- 제목의 라피스 라줄리lapis lazuli는 예이츠가 시인 지망생인 해리 클리프턴Caption Harry Clifton(1908-?)(Suzuki 39)에게서 70세 생일(1935년 7월 4일) 선물로 받은 것. 군청색의 돌, 유리瑠璃라고도 하고 옥돌이라고도 한다. 18세기 청나라 고종 시대Ch'ien Lung(1739-1795)에 조각한 골동품(높이 약 30cm)이다. 거기에는 사원(혹은 집), 수목, 산길, 그 길을 오르는 늙은 수행자와 젊은 제자의 모습, 그리고 조금 거리를 두고 밑에 하인이 조각되어 있다.(Albright 773)
- 예이츠의『마지막 시편들』*Last Poems*의 가장 위대한 작품이다.(Langbaum 228) / '비극적 환희' 또는 '비극적 희열'tragic joy을 주제로 하는 시이다.(Henn 322) / 비극적인 고통이 초월적인 희열로 승화함을 말하는 시이다.(Harris 192) / 비극의 본질을 밝히는 시이다. 즉, 인간의 삶은 본질적으로 비극적이라는 것. 죽음은 삶의 고통에서 해방해 주기 때문에 이러한 비극에 대한 반응이 희열로 나타나는 것은 자연스러운 일이라는 것이다.(Howes 122; Gorski 190) / 어느 작품보다도 니체적인 희열을 분명하게 드러낸 작품이다. 철학적인 토대를 가진 희열의 개념이 담겨 있다. 장기간의 명상의 결과이다.(Thurley 223) / 모든 지혜와 모든 예술은 중국의 지혜와 예술의 경지를 열망함을 말하고 서양의 지혜와 동방의 지혜를 화합하고 있다.(Langbaum 229) / 비극에 대한 반응과 그의 예술적 표현을 담은 시이다. 예견되는 세계대전에 대한 아낙네들의 신경질, 예술가의 희열, 현자들의 평정 세 가지 반응이다. 그러나 이 셋은 휘황한 전율과 예술가와 현자들의 궁극적인 반응으로서의 비극적 환희로 갈라 볼 수 있다. 이 작품은 후자에 집중된 주제로 전개된다.(Albright 773)

라피스 라줄리

(해리 클리프턴에게)

나는 들었네, 신경질적인 여인들이 하는 말을,
팔레트와 바이올린의 활,
늘 흥겨워하는 시인들이 역겹다는 그런 말을.
단호한 대책이 없으면
비행기와 체펠린 비행선이 날아와,

- 1연(1-8행)은 제2차 세계대전이 예감되는 국제정세를 배경으로 한다.(Gorski 190) / 전운이 감도는 세상과는 아랑곳없는 시인(예술가)들의 자세에 대한 시중의 불만과 예술의 기능에 대한 명상이 담겨 있다.(O'Neill 173)
- 1행의 신경질적인 여인들은 예술보다는 정치에, 명상보다는 행동에 치중한 모드 곤과 마키에비츠 같은 여인들이다.(Unterecker 258) / 예이츠는 1908년에 이런 시대에 그림을 그리고 시를 쓰는 것은 로마가 불타고 있는데 바이올린 켜는 것과 같다고 어떤 여인이 하는 말을 노상 들었다고 쓴 것이 있다.(Whitaker 328)
- 3행의 흥겨워하는은 'gay'의 번역. 이 말은 처음 나오는 말이다. 낙천적인 마음가짐의 뜻이다. 「가이어들」Gyres에 나오는 '비극적 환희'tragic joy와 유사한 개념이다.(O'Neill 173)
- 4-8행은 당시 유럽의 불안정한 군사적인 상황을 말한다. 즉 1936년의 스페인 내란과 히틀러의 등장.(Rosenthal 347)
- 4행의 단호한 대책은 1936년 독일의 라인란트Rhineland(라인 강 동부지역) 점거, 1935년 이탈리아의 아비시니아Abyssinia(에티오피아) 침공과 1936년의 스페인 내란에 대한 대책이다.(*NC* 363)
- 5행의 체펠린 비행선을 1936년에 거론하는 것은 시대에 맞지 않는다. 예이츠는 제1차 세계대전 때 독일의 비행선이 런던을 폭격한 일을 떠올린 것이다. 그러나 히틀러는 이 시를 쓴 1936년에 위에서 말한 일련의 무력행사를 감행하였다.(Albright 774)

Aeroplane and Zeppelin will come out,
Pitch like King Billy bomb-balls in
Until the town lie beaten flat.

All perform their tragic play,
There struts Hamlet, there is Lear,
That's Ophelia, that Cordelia;
Yet they, should the last scene be there,
The great stage curtain about to drop,
If worthy their prominent part in the play,
Do not break up their lines to weep.
They know that Hamlet and Lear are gay;
Gaiety transfiguring all that dread.
All men have aimed at, found and lost;
Black out; Heaven blazing into the head:
Tragedy wrought to its uttermost.
Though Hamlet rambles and Lear rages,
And all the drop-scenes drop at once
Upon a hundred thousand stages,

- 6행의 빌리 왕은 오렌지 공 윌리엄William of Orange(1650-1702)으로 알려진 윌리엄 3세King William III(재위 1688-1702).(Conner 15) / '빌리 왕'은 제1차 세계대전 시 독일의 빌헬름 2세Kaiser Wilhelm II에 적용시킬 수 있다.(Unterecker 258) / 폭탄은 윌리엄 왕의 군사가 아일랜드의 '보인강 전투'The Battle of the Boyne(1690)에서 그의 장인인 영국 국왕 제임스 2세(재위 1685-1688)의 장막에다 던졌다는 폭발물이다. 민요에 그런 내용이 있다. (*NC* 363-364)

빌리 왕처럼 폭탄을 퍼부어
도시가 납작하게 되리라는 걸
죄다 알고 또 알아야 할 테니까.

모두가 비극적인 연극을 연출하네.
우쭐대고 걷는 햄릿, 리어가 저기 있고,
저건 오필리어, 저건 코딜리어지.
하지만 무대의 거대한 막이 곧 내려질
마지막 장면이 되더라도,
연극에서 제대로 하는 돋보이는 배역이라면,
그들은 뒤죽박죽 읊어대면서 울지 않는다.
그들은 햄릿과 리어가 흥겹다는 걸 알고 있다.
흥겨움이 온갖 두려움을 바꾸어 놓는 법.
인간은 모두 목표를 설정하고, 달성하자 놓친다.
불이 딱 꺼지고 머릿속에 '천국'이 번쩍거린다.
절정에 도달한 비극의 경지.
비록 햄릿이 중얼대고 리어가 분노하고,
수만의 무대 위에 종막이 모두
한꺼번에 내려진다 하더라도,

- 2연(9-24행)은 비극적인 희열을 정당화하기 위하여 서구 비극작품의 주인공들을 거론하고 있다.(Ellmann 185; Whitaker 278)
- 9행 이후는 문명의 전체적인 관점에서 본 예술의 옹호이다.(Rosenthal 347)
- 16행의 햄릿과 리어가 흥겹다는 말은 비극적 희열의 이론이다.(Albright 775)
- 19행의 불이 딱 꺼지고는 'Black out'의 번역.(역자) / 이는 곧 갑자기 암흑천지가 되는 것을 말한다.(Albright 775) / 암흑과 천국은 전적인 상실과 획득을 말한다.(Whitaker 277)

It cannot grow by an inch or an ounce.

On their own feet they came, or on shipboard,
Camel-back, horse-back, ass-back, mule-back,
Old civilisations put to the sword.
Then they and their wisdom went to rack:
No handiwork of Callimachus
Who handled marble as if it were bronze,
Made draperies that seemed to rise
When sea-wind swept the corner, stands;
His long lamp-chimney shaped like the stem
Of a slender palm, stood but a day;
All things fall and are built again,
And those that build them again are gay.

Two Chinamen, behind them a third,
Are carved in lapis lazuli,

• 32행의 칼리마코스Callimachus는 기원전 5세기 말의 아테네 조각가이자 금속공예가. 코린트식 기둥머리와 둥근 기둥의 창시자이며, 대리석에 주름을 새기는 회전식 드릴을 발명한 사람이다.(*NC* 365; Suzuki 29) 그의 작품 중에 남아 있는 것은 대리석 의자 하나뿐이라고 생각되지만, 그것도 확실한 것은 아니다.(Unterecker 259) 예이츠는 그를 페이디아스의 자연주의적인 예술 표현에 뒤이어, 아시아적인 스타일로의 운동에 주도적인 역할을 한 인물로 간주했다.(Albright 775)

비극은 한 치 한 푼도 더할 수는 없는 것.

발로 걸어서 왔건, 배를 타고 왔건,
낙타, 말, 나귀, 노새를 타고 왔건,
그것들로 세워진 옛 문명들은 쇠로 만든 칼에 무너졌다.
그러고는 그들도 그들의 지혜도 고난을 당했다.
대리석을 마치 청동처럼 다루어,
바닷바람이 그리로 휩쓸고 지나가면
주름장식들이 펄럭이듯 만들었던
칼리마코스의 어느 작품도 버티지 못한다.
날씬한 종려나무 줄기 모양의
높다란 등피도 하루밖에 견디지 못했지.
모든 것은 무너지고 다시 세워진다.
그들을 다시 세우는 자들은 흥겹다.

두 중국 사람, 그들 뒤에 또 한 사람이
라피스 라줄리에 새겨져 있구나.

- 34행의 높다란 등피는 아테네 창설자들을 모신 아크로폴리스의 에렉테이온 신전(기원전 421-402년 건설)을 밤새도록 비추는 황금 등 등불의 연기가 올라가는 높다란 종려나무 형태의 황금등피이다. 기록에 의하면 칼리마코스가 제작했다고 한다.(Albright 775; Conner 22)
- 35-36행은 반복되는 패배와 새로운 출발.(Rosenthal 348)
- 36행은 아테네의 아크로폴리스가 기원전 480년에 페르시아의 침공으로 파괴된 것을 다시 재건한 사실과 관련이 있을 것이다.(역자)
- 4연(37-42행)은 라피스 라줄리에 조각된 이미지에 대한 서술이다.(역자)

Over them flies a long-legged bird,
A symbol of longevity;
The third, doubtless a serving-man,
Carries a musical instrument.

Every discoloration of the stone,
Every accidental crack or dent,
Seems a water-course or an avalanche,
Or lofty slope where it still snows
Though doubtless plum or cherry-branch
Sweetens the little half-way house
Those Chinamen climb towards, and I
Delight to imagine them seated there;
There, on the mountain and the sky,
On all the tragic scene they stare.
One asks for mournful melodies;
Accomplished fingers begin to play.
Their eyes mid many wrinkles, their eyes,
Their ancient, glittering eyes, are gay.

1938

- 5연(43-56행)은 동양의 비극적 희열이다.(Ellmann 186) / 중국 현자들에 대한 서술이다.(Whitaker 278) / 여기에 등장하는 인물들은 1행의 '신경질적인 여인들'과는 대조적이다.(Rosenthal 348)
- 43-45행은 예술작품에 끼친 시간의 파괴 흔적이다.(Albright 775)

그들 머리 위로는 장수長壽의 상징인
긴 다리 새 한 마리 날고 있고,
세 번째 사람은 틀림없이 하인인데,
악기 하나 들고 가는군.

돌의 변색된 부분 모두,
어쩌다 터지거나 파인 곳 모두가,
물줄기나 눈사태, 혹은 높은 산비탈 같군.
거기에는 매화나무나 벚나무 가지가
그들 중국 사람이 향하고 있는
중턱의 작은 정자를 향기롭게 하지만,
여전히 눈이 내리는군. 나는 거기에
그들이 자리한 모습을 기꺼이 상상해 본다.
거기서, 그들은 산 위로 하늘로,
모든 비극적 장면 위를 응시한다.
한 사람이 슬픈 가락을 청한다.
숙달된 손가락들이 연주하기 시작한다.
많은 주름 속 그들의 눈, 그들의 눈은,
그들의 늙은, 빛나는 눈은 흥겹다.

1936. 7. 21.

- 46행의 두 나무는 사실과 다르다. 실물에는 소나무였다.(Albright 757)
- 51-54행은 영원히 반복되는 비애에 대한 깊은 인식 속에서 끈질기게 솟구치는 희열을 발견하는 중국인을 말하고 있다.(Ellmann 186)
- 55-56행에서 그들의 눈이 세 번이나 나오는 것은 줄기찬 그들의 시선을 말한다.(O'Neill 175)

The Gyres

The gyres! the gyres! Old Rocky Face, look forth;
Things thought too long can be no longer thought,
For beauty dies of beauty, worth of worth,
And ancient lineaments are blotted out.
Irrational streams of blood are staining earth;
Empedocles has thrown all things about;

- 유고시집인『마지막 시편들』*Last Poems*의 서시이다.
- 제목의 가이어들gyres의 'gyre'는 사전에서는 '자이어'로 발음하는 것으로 되어있으나 예이츠가 '가이어'로 발음해 주기를 희망하고 있다. / 가이어들은 두 개의 원추형으로 구성된 교합원추형咬合圓錐形, double cones.『비전』*A Vision*(1925, 1937) 체계의 기저가 되는 상징 중의 하나이다. 두 원추가 맞물려 서로 반대방향으로 나선형으로 돌면서 깊숙이 교합되다가, 정점이 상대방의 기저에 이르면 물러나 되돌아가, 두 정점이 마주할 때, 다시 교합해가는 운동을 반복한다. 이 두 원추가 서로 물린 상황의 변화는 인생, 인간정신, 역사, 사후의 영혼과 관련된다고 해석하였다. 짝이 되는 한쪽 가이어는 정신의 주관성 또는 대비antithetical를, 다른 한쪽은 객관성 또는 기본primary을 나타낸다.(Suzuki 100) / 가이어들은 현상계를 상징한다. 현상계는 상반되는 의식이 갈등하면서 결합하는 곳이다. 예이츠는 가이어들을 이용하여 보편적인 갈등의 양상을 설명하였다.(Ellmann 153)
- 가이어gyre는 여러 작품에서 언급된다.「거기에서는」There 3행,「재림」The Second Coming 1행,「비잔티움으로의 항해」Sailing to Byzantium 19행,「악마와 야수」Demon and Beast 5행,「불벤 산 아래」Under Ben Bulben IV부 26행 참조.
- 시의 화자는 예이츠 자신이다.(Bloom 435)
- 1-3행 중, 말의 반복들은 변화시키려는 혁명의 주문이다.(Vendler 109)

가이어들

가이어! 가이어! '옛 바위 얼굴'이여, 똑바로 바라보라.
너무 오래 생각된 것들은 더는 생각될 수 없다.
왜냐하면 미는 미로 죽고, 가치는 가치로 죽고,
그리고 옛 모습들은 지워지기 때문.
부조리한 피의 물결들이 땅을 더럽히고,
엠페도클레스는 만물을 사방으로 내던졌다.

- 1행의 옛 바위 얼굴은 바위 틈을 통해 말을 하는 델피의 신탁Delphic Oracle이다. 예언적인 시에 적합한 시신詩神이다.(Ellmann 154) / 옛 바위 얼굴은 옛 동굴 사람old cavern man이다. 정체를 꼬집어 말할 수 없으나, 가이어들을 통제하고 밤의 동굴에서 내다보는 달의 '바위 같은 얼굴'일 것 같다.(Unterecker 257) / 바위의 얼굴은 셸리P. B. Shelley의 『헬라스』*Hellas*에 나오는 동굴에 살았던 유대인의 모습이다.(Jeffares 289; Bloom 435) / 바위의 얼굴은 벤 존슨Ben Jonson의 「스코틀랜드에 남겨 놓은 내 모습」My Picture Left in Scotland에서 말한 자화상을 연상시킨다.(Harris 71) / 바위의 얼굴은 반자아anti-self이다.(O'Neill 171)
- 2행은 지배적인 사상체계는 자신을 파괴하는 메커니즘이 내재하여 있음을 암시한다.
- 6-7행은 과거에 대한 암시라기보다는 현재 상황을 상징한다.(Ellmann 155)
- 6행의 엠페도클레스Empedocles(c. 490-430 B.C.)는 이오니아 학파의 자연철학자. 그는 만물은 4대원소地水火風로 이루어지고 애증愛憎, love and strife의 두 힘의 작용으로 통합 또는 분리된다고 보고 세계의 변화는 이를 토대로 해서 이루어진다고 생각하였다. 이반離反, Discord이 소용돌이vortex의 밑바닥으로 하강하면 화합Concord은 소용돌이의 중심에 이르고, 만물은 하나로 결합하여 집결됨에 따라 이반은 물러간다. 이반과 화합은 짝을 이루어 피차 소용돌이의 폭이 넓어지고 좁아짐에 따라 우세해지고 열세해진다. 예이츠의 가이어 이론은 이 사상과 깊은 관계가 있다.(*NC* 361-362; Conner 57; Suzuki 72-73)

Hector is dead and there's a light in Troy;
We that look on but laugh in tragic joy.

What matter though numb nightmare ride on top,
And blood and mire the sensitive body stain?
What matter? Heave no sigh, let no tear drop,
A greater, a more gracious time has gone;
For painted forms or boxes of make-up
In ancient tombs I sighed, but not again;
What matter? Out of cavern comes a voice,
And all it knows is that one word 'Rejoice!'

Conduct and work grow coarse, and coarse the soul,
What matter? Those that Rocky Face holds dear,
Lovers of horses and of women, shall,
From marble of a broken sepulchre,
Or dark betwixt the polecat and the owl,
Or any rich, dark nothing disinter

- 7행의 헥토르Hector는 트로이 왕 프리아모스의 큰아들. 트로이군의 총지휘관으로, 아킬레우스와의 결투에서 패하여 살해되었다.(Conner 84) / 등불a light은 파괴적인 세속의 불fire이 구원의 빛으로 변모된 것을 말한다.(Whitaker 281)
- 8행의 비극적인 환희tragic joy는 16행의 '즐거워하라'rejoice와 함께 중요한 개념이다. 이러한 가락은「라피스 라줄리」Lapis Lazuli와「불벤 산 아래」Under Ben Bulben로 이어진다.(Lynch 79; Freyer 119)
- 10행의 피와 진창은「비잔티움」Byzantium의 14행 참조.

헥토르는 죽고 트로이에는 등불이 하나 켜있다.
구경꾼인 우리는 비극적인 환희로 웃을 뿐.

감각을 마비시키는 악몽이 정수리에 올라타고
피와 진창이 예민한 육신을 더럽힌들 어떠랴?
무슨 상관이랴? 탄식도 하지 말고, 눈물도 흘리지 말자.
더욱 위대한, 더욱 우아한 시대는 사라졌도다.
고대의 무덤 속 분장한 형체들이나 화장품 상자 보고
한숨 쉬었으나, 다시 그러지 않는다.
무슨 상관이랴? 동굴에서 목소리가 들려온다.
그 목소리가 아는 거라곤 '즐거워하라!'는 말 한 마디.

행실과 작품이 거칠어진다. 영혼도 그러하다.
무슨 상관이랴? '바위 얼굴'이 소중하게 여기는 그들,
말을 사랑하고 여자를 사랑했던 그들이
파괴된 무덤의 대리석에서,
혹은 악취 나는 족제비와 부엉이 사이의 암흑에서,
혹은 암흑 외에 전무한 칠흑 같은 어둠에서

- 13-14행은 예이츠가 다시는 고대를 동경하지 않겠다는 것. 필시 그것이 다시 나타날 것으로 생각하기 때문일 것이다.(O'Neill 172) / 새로운 '대비의 시대'antithetical age가 도래해서 옛 이미지들과 그 주인공들은 차츰 희미해진다는 것이다.(Albright 772)
- 15행의 동굴은 지구의 배꼽에 해당한다.(Whitaker 281) / 예이츠는 자신의 반자아와 동굴의 거주자를 동일시한다.(Albright 772)
- 17행의 작품이 거칠어진다는 것은 현대 시에 대한 언급이다.(Albright 772)
- 21-22행의 암흑은 한 시대가 반대쪽으로 바뀌는 중대한 시기의 이미지이다.(O'Neill 172)

The workman, noble and saint, and all things run
On that unfashionable gyre again.

1938

- 23행의 장인과 귀족과 성인은 각각 일과 행실과 영혼을 지칭한다. '바위 얼굴'이 이들을 죽음에서 부활시킨다.(Gorski 190)

장인匠人과 귀족과 성인을 발굴해낼 것인즉,

만물은 또다시 낯선 저 가이어를 타고 달리리.

1936. 7. - 1937. 1.

- 24행의 낯선은 'unfashionable'의 번역이다. 유행이 지나서 이 시대에는 쓰이지 않는다는 뜻이다.(Ellmann 154) / '장인과 귀족과 성인'은 과거 사회와 연관된 것들이어서 지금은 유행이 지나서 낯설다는 것이다.(Gorski 190)

What Was Lost

I sing what was lost and dread what was won,
I walk in a battle fought over again,
My king a lost king, and lost soldiers my men;
Feet to the Rising and Setting may run,
They always beat on the same small stone.

1938

• 역사를 끊임없는 패배의 반복이라고 보는 비가悲歌. 이는 인간 개체가 일련의 패배라고 보는 「인간의 네 시대」The Four Ages of Man와 유사하다.(Albright 793)

패배

나는 패배한 것을 노래하고 승리한 것을 두려워한다.
나는 되풀이 치르는 전쟁 속을 걷는다.
나의 왕은 패배한 왕, 패배한 병사들은 내 부하들.
인간의 발들이 '떴다 지는 곳'으로 달려갈지 모르지만,
그들은 항시 똑같은 작은 포석 위를 쿵쿵 구른다.

1937. 1.

- 3행의 패배한 왕은 파넬Parnell, 예이츠의 유일한 영웅이다.(Unterecker 271)
- 4-5행은 비극적 환희에 도달하기가 어려움을 말한다.(Whitaker 278)
- 5행의 포석은 'stone'을 'flagstone'으로 보고 번역한 것이다. 'Whitaker 278'에서 암시받았다.(역자)

The Pilgrim

I fasted for some forty days on bread and buttermilk,
For passing round the bottle with girls in rags or silk,
In country shawl or Paris cloak, had put my wits astray,
And what's the good of women, for all that they can say
Is fol de rol de rolly O.

Round Lough Derg's holy island I went upon the stones,
I prayed at all the Stations upon my marrow-bones,
And there I found an old man, and though I prayed all day
And that old man beside me, nothing would he say

- 주정뱅이가 각성하기 위해 순례 길에 오르지만, 결국 무슨 말인지도 모르는 무의미한 소리만 듣고 술집으로 되돌아오는 얘기이다.(Unterecker 271) / 종교적인 진리탐구를 시도하지만 허튼소리 한 마디로 일축되는 가락의 시. 이렇듯 심각하게 뉘우치다가 경박하게 끝나는 것은「라피스 라줄리」Lapis Lazuli의 서두에서 폭탄이 터지는 위기의식이 비극적 희열로 전환되는 것과 유사하다. 이러한 정서는 비극적 희열과 유사한 로마 가톨릭적인 정서일 것이다.(Albright 794)
- 1행의 나는 주인공인 주정뱅이 순례자. / 사십이라는 수는 기독교의 중요한 상징적인 숫자이다. 이스라엘 백성이 이집트에서 나와 40년간 헤맨 일, 예수가 광야에서 40일간 단식한 사실과 연관된다.(역자) / 버터밀크는 우유를 가지고 버터를 만든 뒤에 남겨진 액체. 영양가가 없을 것이다.(역자)
- 5행의 후렴 오 쓰 잘데 없는 소리는 'fol de roll de rolly O'의 번역이다. 이는 죽은 자들의 무의미한 허튼소리이다. 정신이 멀쩡한 순례자는 알아듣지 못하는 군소리로, 번역문에서는 일부러 띄어쓰기를 달리 했다.(Unterecker 271) / 후렴은 비극적인 돌산의 돌(6행)이 더그 호수(6행)를 가로질러 울리는 소리이다. 이는 혼령들이 연옥의 불길에 타버린 상태로 거기에 붙잡혀 있지만, 구출된 혼령들의 환희를 희극적으로 표현한 것이다.(Whitaker 373)

순례자

나는 사십 일쯤 빵과 버터밀크로 연명하며 금식했다.
누더기나 실크, 시골풍 숄이나 파리산 망토 입은 아가씨들과
술을 돌리고 그러다가 내 정신이 빗나갔기 때문이다.
그런데 여자가 무슨 소용인가. 그들이 지껄여대는 것은 모두
오 쓰 잘데 없는 소리 니까.

나는 더그 호의 거룩한 섬을 돌아 돌산으로 올라가,
14처 모두 찾아가 무릎 꿇고 기도했는데,
거기서 한 늙은이를 만났다. 그리고 나는 종일 기도했고
내 옆에서 그 노인도 기도했지만, 아무 말도 하지 않으려 했다,

- 6행의 더그 호Lough Derg는 아일랜드 북서부 도니골 주Co. Donegal와 북아일랜드의 퍼매너 주Co. Fermanagh 접경에 있는 작은 호수.(*NC* 392) / 거룩한 섬은 이 호수에 있는 '스테이션 아일랜드'Station Island를 가리킨다. 섬 이름은 14처의 섬이라는 뜻. 성 패트릭이 이 섬에 있는 동굴 속에서 단식하다가 내세의 환영을 보았다고 한다. 이 섬에는 이를 기념하는 교회가 있고, '성 패트릭의 연옥'St Patrick's Purgatory이라는 동굴이 있다. 이는 아일랜드에서 가장 유명한 성지로서, 매년 7월과 8월 사이의 특정한 3일간에 수많은 순례자가 방문한다. 이 동굴은 중세 때 연옥의 입구로도 알려져 유명해졌다. 셰이머스 히니Seamus Heaney의 동명의 시집(1984)이 있다.(Conner 113; Suzuki 154)
- 7행의 14처Stations는 예수가 십자가를 메고, 골고다 언덕에 올라가서 형을 받기까지의 과정에서 받은, 수난의 14개 장면을 교회 내벽이나 교회 바깥에 시각적인 매체로 마련해 놓은 곳. '십자가의 길'이라고도 한다. 가톨릭 신도들은 14처 앞에서 해당 수난 장면을 묵상하고 기도한다. 더그 호수의 섬에 있는 14처는 교회 바깥에 있다. '스테이션 아일랜드'Station Island라는 지명도 이 말에서 유래하였다.(*NC* 393; Suzuki 206)
- 8행의 한 늙은이는 순례자의 한 사람이다.(Unterecker 271)

But fol de rol de rolly O.

All know that all the dead in the world about that place are stuck,
And that should mother seek her son she'd have but little luck
Because the fires of Purgatory have ate their shapes away;
I swear to God I questioned them, and all they had to say
Was fol de rol de rolly O.

A great black ragged bird appeared when I was in the boat;
Some twenty feet from tip to tip had it stretched rightly out,
With flopping and with flapping it made a great display,
But I never stopped to question, what could the boatman say
But fol de rol de rolly O.

Now I am in the public-house and lean upon the wall,
So come in rags or come in silk, in cloak or country shawl,
And come with learned lovers or with what men you may,
For I can put the whole lot down, and all I have to say
Is fol de rol de rolly O.

• 13행의 연옥은 로마 가톨릭교회가 죽은 자들이 천국에 올라가기 전에 정화되는 곳으로 믿고 있는 곳이다.(*NC* 392)

오 쓰 잘데 없는 소리 라는 말 외에는.

세상에서 죽은 자들은 모두 그 언저리에 붙들려 있다는 것과,
어미가 자식을 찾아도 별수 없을 뿐이라는 걸 죄다 알고 있다.
왜냐하면 연옥의 불이 그들의 형체를 먹어치웠기 때문이다.
하느님께 그들에 대한 걸 물어보겠다고 하니까, 그들의 말은
오 쓰 잘데 없는 소리 라는 것이 전부였다.

배를 탔을 때, 우락부락한 시커먼 큰 새 한 마리가 나타났다.
그 새는 날개 끝에서 날개 끝까지 이십 피트쯤 뻗고,
날개를 퍼덕이고 펄럭이고 하면서 위용을 부렸다.
그렇지만 나는 물어보지 않았지만, 선장이 말할 수 있었던 것은
오 쓰 잘데 없는 소리 라는 것뿐이리라.

나는 이제 술집에 들어와서 벽에 기대어 선다.
그러니 누더기나 실크도, 망토나 시골풍의 숄도 들어오세요.
유식한 연인들이나 어떤 사람들과 함께 들어와도 좋아요.
왜냐하면 나는 이제 다 통제할 수 있고, 내가 할 말이라곤
오 쓰 잘데 없는 소리 라는 말이니까.

1937. 10. 발표

- 16행의 우락부락한 시커먼 큰 새는 한때 더그 호의 동굴 안에 있었다는 새. 깃이 없는 날개와 긴 다리를 가진 새 형태의 악령이다.(*NC* 393) / 예이츠의 부인이 아들을 낳기 전에 보았다는 유령 중의 하나이다.(*Vision* 17)
- 19행의 선장은 순례자의 한 사람이다.(Unterecker 271)

In Tara's Halls

A man I praise that once in Tara's Halls
Said to the woman on his knees, 'Lie still.
My hundredth year is at an end. I think
That something is about to happen, I think
That the adventure of old age begins.
To many women I have said, 'Lie still,'
And given everything that a woman needs,
A roof, good clothes, passion, love perhaps,
But never asked for love; should I ask that,
I shall be old indeed.'
                        Thereon the man
Went to the Sacred House and stood between
The golden plough and harrow and spoke aloud
That all attendants and the casual crowd might hear.
'God I have loved, but should I ask return
Of God or woman, the time were come to die.'

- 제목 중의 티아우르Tara(영어식 발음은 '태러')는 더블린 근처의 마을 이름이다. 미드Meath 주에 있다. 고대의 다난Danaan 족의 요새. 나중에 아일랜드 대왕의 터전이 되었다. 넓은 언덕 위에 유적이 발굴되었다.(Conner 182-183; Suzuki 211)
- 예이츠가「불벤 산 아래」Under Ben Bulben 말미에 삶과 죽음에 던지는 차가운 시선의 모델을 제시하면서 자신의 무덤에 대해 생각한 시이다.(Albright 821)
- 화자가 누구인지 알 수 없다. 예이츠라고 생각할 수도 있다.(Vendler 260)

티아우르의 궁전에서

옛날 티아우르의 궁전에서 무릎 위의 여인에게
이런 말을 한, 한 분을 나는 칭찬한다.
'그냥 누워 있어. 나의 백 살이 끝나가니까.
내 생각에 무슨 일이 일어날 성싶다.
내 생각은 노년의 모험이 시작된다는 거야.
많은 여인들에게 이런 말을 해왔었어, '그냥 누워 있어.'
그러고는 여인이 필요한 건 뭐든 주었지,
집과 좋은 옷, 열정, 아마 사랑도 말이야.
하지만 사랑을 요구하진 않았어. 그걸 요구한다면,
정말이지 나는 늙은 거지.'
그러고는 그분은
'성스러운 집'에 가서 황금 쟁기와 써레 사이에 서서
수행원 모두와 우연히 거기 모인 사람들에게
자기 말이 들리게끔 큰 소리로 말했지.
'신을 나는 사랑했어. 하지만 내가 신이나 여인들의
보답을 요청한다면, 죽을 시간이 찾아왔다는 거야.'

- 2행의 한 분은 티아우르 궁전의 어느 왕.(*NC* 412)
- 10행의 그분은 그 왕. 'the king'으로 된 텍스트도 있다.(*PR* 336; Albright 821)
- 11행의 성스러운 집의 출처는 불확실하다.(*NC* 412)
- 14행의 여인들은 텍스트에서는 단수(woman)로 되어 있으나 내용상으로 보면 복수(women)가 맞을 것 같다.(역자) / *PR*은 복수로 고쳐 놓았다.(Albright 821)

He bade, his hundred and first year at end,
Diggers and carpenters make grave and coffin;
Saw that the grave was deep, the coffin sound,
Summoned the generations of his house,
Lay in the coffin, stopped his breath and died.

1939

그는 백한 번째 해가 끝날 무렵, 하명을 내렸다.
무덤 파는 사람들과 목수들에게 무덤 파고 관 만들라고.
그는 무덤이 깊고, 관이 튼튼하다는 것을 확인하고는,
집안의 자손들을 불러놓고,
관에 누워 숨을 멈추고 죽었다.

1938. 6.

Under Ben Bulben

I

Swear by what the sages spoke
Round the Mareotic Lake
That the Witch of Atlas knew,

- 예이츠 자신에 대한 만가elegy이다.(Unterecker 293) / 공식적인 죽음의 시이다.(Bloom 465) / 후기 철학의 모든 주제를 집결시킨 묘비명이다.(Freyer 121) / 자기 고백적인 작품 중의 하나이다.(Thurley 214) / 묘비명에 대한 서설과 묘비명(마지막 3행)으로 이루어진 시이다. 애초의 산문 원고의 제목은「신조」Creed(Albright 809), 다음에는「그의 신념」His Conviction으로 바꾸었다.(Bloom 466; Rosenthal 344) / 중심적인 주제는 완성completeness이다. III부의 행동적인 인간, IV부의 화가, V부의 시인, VI부의 예이츠 자신, 이들 모두가 완성의 비전을 향하여 정진함을 보여준다.(Albright 808) / 우생학적인 신념이 드러난 작품이다.(Albright 808)
- 제목의 불벤 산Ben Bulben은 슬라이고 북쪽, 대서양을 향하여 우람하게 버티고 서있는 높은 바위산. 이 산은 녹내리 산Knocknarae과 함께 슬라이고 항구를 지키는 산이다. 정상이 평평한 이 산은 핀Finn 왕을 둘러싼 전설로 유명하다.(Conner 14; *NC* 404) / 제목을 불벤 산 아래라고 번역한 것은 현장이 산과는 거리가 좀 있고, 게다가 평지이기 때문이다. '산기슭'은 산 끝자락의 경사지이다. 영어로는 'foot'에 해당한다.(역자) / 불벤 산 밑의 지역은 그의 죽음을 기념하는 곳이다. 이는 그의 삶의 상징인 '밸릴리 탑'과 대비된다.(Ellmann 206)
- I부는 신념의 서약이다.(Unterecker 294) / 명령을 곁들인 고별사의 시작이다.(Whitaker 262) / 죽음에서 재생으로 가는 중간 지점에 있는 혼령들이다.(Freyer 121)
- 전반부(1-4행)는 고대 예언자들에 근거한 신비주의 전통과 셸리의 이상주의에 대한 서약이다.(Unterecker 294)
- 1행의 마레오티스 호수Mareotic Lake, Lake Mareotis는 나일 강 하구 삼각주의 서쪽에 위치한 알렉산드리아 시 남쪽에 있다. 그 주변은 4세기에 기독교 수도원이 많이 있었다고 알려져 있다.(*NC* 404; Conner 119) / 셸리의『아틀라스의 요녀』*The Witch of Atlas*(1820)의 주인공이 나일 강 상류에서 배를 타고 내려와 이 호수에 당도하였다.(O'Neill 177)

불벤 산 아래

I

맹세하고 말하라, 마레오티스 호숫가에서
성현들이 말씀하신 것들을 두고,
'아틀라스의 요녀'가 알고, 말했고,

- 2행의 성현들은 알렉산드리아가 배출한 성현들. 기원전 332년에 마케도니아의 알렉산드로스 대왕이 세운 알렉산드리아 시는 기원전 323년부터 이집트의 수도가 되고 세계 최초의 도서관이 세워지면서 헬레니즘의 중심지가 되었으나, 기원전 30년에 로마의 지배하에 놓였다. 642년에 이슬람교의 지배를 받기까지 오랫동안 정신문화의 중심지로서, 그동안 많은 성현을 배출했다.(Suzuki 8-9; 역자)
- 3행 아틀라스의 요녀는 셸리의 동명의 환상적인 시(1820)에서 지혜의 아름다움을 상징하는 이상의 화신인 아름다운 요녀를 말한다.(*NC* 404) / 그녀는 태양신 아폴로Apollo의 딸로서 어머니는 거인족 아틀라스Atlas의 딸이었다. 따라서 그녀가 태어나고 자란 곳은 외할아버지인 아틀라스가 하늘을 떠받들고 있는 아틀라스 산맥이었다. 그녀는 물의 정精, 짓궂은 장난과 시의 정령이었다. 그녀가 성숙하여 잿빛 바위의 방에 누워 있을 때 아버지인 태양신의 포옹을 받아 구름이 되었다.(역자) / 아틀라스 산맥은 지도상으로 아프리카 서북부의 모로코에서 알제리Algeria 북부에 걸쳐있는 산맥이다. 고전의 지도에 의하면 아틀라스는 나일 강의 한 지류의 원천이었다. 이것이 동쪽으로 흘러 이집트의 남쪽인 수단으로 이어진다고 생각되었다.(역자) / 셸리의 작품에서는 아틀라스에서 자라난 요녀가 남반구로 날아가는 등, 지상을 누비고, 자웅동체인 동반자와 함께 나일 강 상류에서 배를 타고 내려오면서, 그 유역과 마레오티스 호수 주변의 인간 세상에 여러 가지 짓궂은 장난을 치면서 그녀의 뜻을 펼치는 것으로 되어있다.(역자) / '아틀라스의 요녀'가 알고, 말했고라는 것은 그녀가 마레오티스 호수에서 본 것을 말한다. 그것은 '지워지지 않고 늘 흔들리고 있는' 그림자로, 물에 비친 인간 삶의 그림자이다. 이는 인간의 궁극적인 실체를 보았다는 말이다. 그것은 물에 비친 형상들이 지상의 삶을 상징한다는 것. 따라서 2행의 성현들이 말씀하신 것은 이러한 참다운 인간의 모습이다.(Albright 809)

Spoke and set the cocks a-crow.

Swear by those horsemen, by those women
Complexion and form prove superhuman,
That pale, long-visaged company
That air in immortality
Completeness of their passions won;
Now they ride the wintry dawn
Where Ben Bulben sets the scene.

Here's the gist of what they mean.

- 4행의 수탉을 울게 했다는 것은 새벽을 알린다는 것. 즉, 새로운 시대의 도래를 알리게 했다는 것이다.(Albright 809)
- 5-9행은 아일랜드 민중의 신념에 대한 서약이다.(역자)
- 5행의 저 기수들과 저 여인들은 예이츠가 외가의 하녀(Mary Battle)에게서 들었던 환상적인 인물들일 것이다.(*NC* 404)

수탉을 울게 했다는 사실을.

저 기수들과 저 여인들을 두고 맹세하라,
안색과 몸집이 초인임을 드러내고,
그들의 열정이 완성시킨 것을
불사불멸로 과시하는
저 파리한, 긴 얼굴의 무리들을 두고 맹세하라.
이제 그들은 불벤 산이 펼쳐놓은 무대 위에서
말을 타고 겨울 새벽을 달린다.

그들이 의미하는 핵심은 이러하니라.

- 7행의 그들은 5행의 '저 기수들과 저 여인들'. 불벤 산과 관련 있는 핀Finn 왕을 섬겼던 기수들인 피니언 기사단이다.(*NC* 404)
- 8행의 과시하는은 'air'의 번역. *PR*은 이 행을 'That airs an immortality'로 고쳤다.(*PR* 325)
- 9행의 파리한, 긴 얼굴의 무리들은 요정 쉬Sidhe를 환기시킨다.(O'Neill 177) / 예이츠가 요정들과 여신들에게 붙이는 수식어이다.(Albright 809)

II

Many times man lives and dies
Between his two eternities,
That of race and that of soul,
And ancient Ireland knew it all.
Whether man die in his bed
Or the rifle knocks him dead,
A brief parting from those dear
Is the worst man has to fear.
Though grave-diggers' toil is long,
Sharp their spades, their muscles strong,
They but thrust their buried men
Back in the human mind again.

- II부는 인간의 집단과 개체의 성격에 관한 전통적인 지혜에 대한 서술이다.(Whitaker 263) / 죽음은 인간이 만들어냈다는 주장과 죽음의 정복에 대한 것을 담고 있다.(Brooks, *Hidden* 63) / 화신化身을 확신하는 자들의 죽음에 대한 호방한 자세의 찬양이다.(Freyer 121) / 불벤산 근처의 시골 사람들이 보았다는 혼령들에 관한 것을 배경으로 하고 있다.(Jeffares 295)
- 1-3행은 인간은 죽음으로 종결되지 않음을 말한다.(Rosenthal 344)
- 1행의 인간man이라는 총칭은 윤회설과 관련 있다.(Whitaker 263).
- 3행의 두 영원은 상대방의 삶으로 죽고 상대방의 죽음으로 사는 존재라는 인간의 두 가지 의식의 갈등이라는 예이츠의 생각과 관련될 것이다. 인간은 가족의 영원함과 영혼의 영원함 사이에 서있다는 예이츠의 편지 구절도 참조할 것.(*NC* 405) / 이는 프로이트가 말하는 삶의 욕구life-wish와 죽음의 욕구death-wish의 이중적인 의식을 말한다.(Unterecker 293)

II

인간은 여러 차례 살다 죽는다,
종족의 영원과 영혼의 영원,
그 두 영원 사이에서.
고대 아일랜드는 그 모든 걸 알았다.
인간이 제 잠자리에서 죽든,
총탄에 죽든,
정다운 사람들과의 순식간의 이별은
인간이 두려워해야 할 최악의 것.
무덤 파는 사람들의 노역이 오래 걸리고,
날카로운 삽에다, 그들의 근육이 튼튼해도
그들이 매장한 자들을
인간의 정신 속에 도로 밀어 넣어줄 뿐이다.

- 5-12행은 죽음에 대한 두 가지 태도 중의 첫째 것으로서, 죽음이란 인간이 만들어낸 것이며 환상적이라는 것. 또 하나는「라피스 라줄리」Lapis Lazuli에 나온다.(Ellmann 212-213)
- 9-12행은 우리가 죽은 자들을 파묻을 때 그들과 우리 자신을 떼어 놓는다는 것은 어렵다는 것이다.(Whitaker 252)
- 12행에서 말하는 인간의 정신은 보편적인 것과 개체적인 것을 아울러 하는 말. 따라서 '세계령'Anima Mundi이니, '집단무의식'이니, '브라마'Brahma라고 할 수 있을 것이다. 그러나 어디까지나 대치되는 은유에 지나지 않을 것이다.(Whitaker 264)

III

You that Mitchel's prayer have heard,
'Send war in our time, O Lord!'
Know that when all words are said
And a man is fighting mad,
Something drops from eyes long blind,
He completes his partial mind,
For an instant stands at ease,
Laughs aloud, his heart at peace.
Even the wisest man grows tense
With some sort of violence
Before he can accomplish fate,
Know his work or choose his mate.

- III부는 정치적인 관심에서 출발, 19세기의 민족 지도자 미첼John Mitchel(1815-1875)의 기도문으로 시작하여 말보다는 행동을 거론하고 있으나, 이는 다음 IV부와 V부에서 거론하는 예술가에 적용된다.(Rosenthal 344-345) / 어느 시인이건 행동적인 인간으로서의 자신의 이미지, 즉 반자아Anti-Self가 내재해 있다는 것이다.(Henn 19) / 의미 있는 활동에는 폭력이 수반될 수밖에 없다는 주장이다. 니체의 사상과 가깝다.(Brooks, *Hidden* 64) / 강렬한 육신의 투쟁은 궁극적인 정신적 평화의 순간이라는 생각을 피력하였다.(Freyer 121) / 철학적으로 빈곤한 민족주의적인 노호이다.(Thurley 219)
- 1행의 오 주여, 우리 시대에 전쟁을 보내 주소서!Send war in our time, O Lord!는 2행의 '미첼'의 『옥중일기』(1854) 중, 1853년 11월 19일 자에 있는 말이다. 아침 기도문 중의 한 구절인 '오 주여, 저희에게 평화를 주소서'Give peace in our time, O Lord의 패러디이다(예이츠의 인용은 잘못이 있다고 함).(*NC* 405)

III

'오 주여, 우리 시대에 전쟁을 보내 주소서!'
라는 미첼의 기도를 들은 적 있는 당신은,
기도가 끝나고 미친 듯이 싸우고 있으면,
인간은 오랫동안 멀었던 눈에서
무엇인가 떨어져 나가고,
온전하지 못한 마음을 온전케 하며,
잠시 편안한 자세로 서서,
속 편하게 껄껄 웃어 댄다는 것을 알고 있다.
가장 현명한 자라 하더라도
운명을 성취하고, 임무를 깨닫거나
짝을 선택할 수 있게 되기까지는
솟구치는 거센 힘으로 하여 긴장한다.

- 2행의 미첼은 북아일랜드 출신의 변호사, 저널리스트이다. 1843년에 창립한 기관지(*The United Irishman*)에다 영국에 반항하는 폭동을 일으키자고 글을 써서, 1848년 폭동 교사 혐의로 체포되어 호주로 유배, 투옥되었다. 5년 후인 1853년에 탈옥하여 미국으로 도피하였다. 그의『옥중일기』는 뉴욕에서 출판되고, 이 책은 아일랜드 독립운동의 고전이 되었다.(*NC* 405; Suzuki 47)
- 3행의 미친 듯이 싸우고 있으면은 비속한 표현이다.(Thurley 219)
- 6행 온전하지 못한 마음은 릴케Rilke의 말에서 온 듯하다.(*NC* 405)
- 9-12행은 결정적인 순간에는 말보다는 행동으로 주어진 자기 운명을 수행할 수 있다는 말이다.(Rosenthal 345)

IV

Poet and sculptor, do the work,
Nor let the modish painter shirk
What his great forefathers did,
Bring the soul of man to God.
Make him fill the cradles right.

Measurement began our might:
Forms a stark Egyptian thought,
Forms that gentler Phidias wrought.
Michael Angelo left a proof
On the Sistine Chapel roof,
Where but half-awakened Adam
Can disturb globe-trotting Madam
Till her bowels are in heat,

- IV부는 화가들에 대한 당부와 훌륭하게 과업을 수행한 화가들을 말하고 있다.(Unterecker 294) / 서구의 예술가와 아일랜드 시인에게 내리는 훈령이다.(Whitaker 265) / 근대 역사 주기의 이정표들을 고찰하였다.(Freyer 121)
- 4행의 신은 'God'의 번역이다.
- 5행의 요람들을 올바르게 채우게 하라는 예술가들이 꼭 필요한 영웅적인 이미지들을 제공하여 사람들이 각자의 몫을 제대로 하게 하라는 말이다.(Unterecker 294) / 요람들을 채운다는 것은 애를 낳는 것. 따라서 여기서는 화가가 작품을 생산하는 것을 말할 것이다.(Albright 811; 역자) / 여기서 요람은 '관'coffin을 의미할 수도 있다.(Bloom 468) / 요람들은 달의 형상들과 연관된다.(O'Neill 177)

IV

시인과 조각가여, 일을 하라.
현대풍의 화가가 위대한 조상들의 업적을
회피하지 않도록 하라.
인간의 영혼을 신에게 데리고 가,
그의 영혼이 요람들을 올바르게 채우게 하라.

계측計測이 우리 힘의 원천이었다.
엄격한 이집트인이 생각한 형상들과,
그보다는 유연한 페이디아스가 만든 형상들.
미켈란젤로는 시스티나 성당의 천장에다
반쯤 잠이 깬 아담이라도
세계여행 길의
'마나님'의 마음을 뒤흔들어
그녀의 내장이 달아오르게 하고,

- 6행의 계측이 우리 힘의 원천이었다는 피타고라스의 수의 원리가 서구문명의 힘의 원천이 되었음을 말한다.
- 7행의 엄격한 이집트인은 플로티노스Plotinos(204-270)이다.
- 8행의 페이디아스Pheidias(c. 480-430? B.C.)는 그리스 문명의 절정기를 대표하는 고전주의 조각가이자 건축가이다.

Proof that there's a purpose set
Before the secret working mind:
Profane perfection of mankind.

Quattrocento put in paint
On backgrounds for a God or Saint
Gardens where a soul's at ease;
Where everything that meets the eye,
Flowers and grass and cloudless sky,
Resemble forms that are or seem
When sleepers wake and yet still dream,
And when it's vanished still declare,
With only bed and bedstead there,
That Heavens had opened.
                                        Gyres run on;
When that greater dream had gone
Calvert and Wilson, Blake and Claude,

- 17-26행은 르네상스 화가들이 배경 풍경은 자연에서 구했다는 것.(Rosenthal 345)
- 17행의 15세기 화가들은 이탈리아 르네상스 시대 화가들.
- 24행의 '하늘나라'는 'Heavens'의 번역이다.
- 26행의 가이어는 마주 물려 있는 두 개의 '가이어'의 뜻으로 원문에 복수(Gyres)로 되어 있으나, 우리말로는 무의미해서 단수로 처리했다.(역자) / 가이어의 회전은 역사의 변화를 말한다. 즉, 위대한 꿈이 사라지고 부패해 가는 것도 역사의 산물이다.(Unterecker 294) / 여기서 가이어는 계속 회전한다는 것은 르네상스의 대비기antithetical의 절정(15세기)을 지난 이후를 말한다.(Albright 812) / 가이어gyres에 대해서는 「가이어들」Gyres 주해 참조.

내밀한 창작정신을 앞세워 마련한
인류의 세속적 완성이라는
의도가 들어 있는 증거를 남겨 놓았다.

15세기 화가들은 하느님이나
성자상의 배경으로
영혼이 안식하는 정원들을 그렸다.
거기에는 눈에 비치는 모든 것들,
꽃과 풀과 구름 없는 하늘은,
잠이 깨도 여전히 꿈속을 헤맬 때,
그리고 꿈이 사라지고, 침대와 이부자리뿐인데도,
'하늘나라'가 이미 열렸다고 여전히 선언할 때의,
눈에 보이거나 보이는 듯한
모습들과 닮아 있다.
가이어는 계속 회전한다.
더욱 위대한 그런 꿈이 사라졌을 때
캘버트와 윌슨, 블레이크와 클로드는

• 28행의 캘버트Edward Calvert(1799-1883)는 영국의 환상적인 화가. 블레이크의 숭배자로서 '파머'(30행)의 평생친구였다. 에덴동산을 연상시키는 천국의 비전을 영국의 풍경을 담은 지상생활로 표현하였다.(*NC* 406; Conner 23; Suzuki 29-30) / 윌슨은 영국의 풍경화가 리처드 윌슨Richard Wilson(1714-1782)인 듯하다. 영국 근세 풍경화의 선구자이다.(*NC* 406; Albright 812) / 예이츠의 아버지와 잘 아는 화가 조지 윌슨George Wilson(1848-1890)일 수도 있다.(Suzuki 232) / 클로드Claude Lorrain(1600-1682)는 종교화와 역사화가 주류였던 시대에 풍경화의 전통을 수립한 프랑스 화가. 그는 풍경화에 가장 영향력이 있는 화가 중의 한 사람이었다. 18세기 영국 풍경화가 리처드 윌슨은 그의 전통을 이어받은 화가 중의 한 사람이다.(*NC* 406; Conner 28)

Prepared a rest for the people of God,
Palmer's phrase, but after that
Confusion fell upon our thought.

하느님의 백성들을 위하여 안식을 준비했다.
그건 파머의 말이지만, 그 뒤에는
우리의 사고에 혼란이 덮쳤다.

- 30행의 파머Samuel Palmer(1805-1881)는 영국의 풍경화가. 수채화, 동판화로 유명했으며 환상적인 표현이 뛰어났다. 1824년 윌리엄 블레이크를 만나 결정적인 영향을 받았다. 달빛 속의 풍경 시리즈는 신비주의와 이상주의가 결합한 작품이다. 밀턴의「명상하는 사람」Il Penseroso의 외로운 탑을 그린 에칭 삽화 <외로운 탑>The Lonely Tower이 있다.(*NC* 406; Conner 141-142; Suzuki 166)

V

Irish poets, learn your trade,
Sing whatever is well made,
Scorn the sort now growing up
All out of shape from toe to top,
Their unremembering hearts and heads
Base-born products of base beds.
Sing the peasantry, and then
Hard-riding country gentlemen,
The holiness of monks, and after
Porter-drinkers' randy laughter;
Sing the lords and ladies gay
That were beaten into the clay
Through seven heroic centuries;
Cast your mind on other days
That we in coming days may be
Still the indomitable Irishry.

- V부는 아일랜드 시인들의 책무에 대한 언급.(Whitaker 267) / 아일랜드의 영웅적인 전통에 대한 찬양.(Freyer 121) / 존경하는 세 계층인 귀족, 시인, 농민을 거론하였다.(Jeffares 295)
- 5행의 진술은 만년의 예이츠가 드러낸 우생학적인 생각이다.(O'Neill 177)
- 9행의 승려들은 고대 아일랜드의 드루이드.(역자)
- 11-13행은 700년에 걸쳐 쌓아온 옛 봉건주의 시대의 가치들을 말한다.(Rosenthal 346)

V

아일랜드의 시인들이여, 당신들의 직분을 명심하라.
잘 만들어진 것은 무엇이건 노래하라.
요즈음 발끝에서 머리끝까지
흉측하게 성장하고 있는 온갖 것들을,
비천한 침대의 비천한 산물들인 그들의
과거를 기억하지 못하는 가슴과 머리들을 경멸하라.
농민 계층을 노래하고, 그다음엔
열심히 말달리는 시골 양반들,
승려들의 신성함을, 그러고는
흑맥주 술꾼들의 힘찬 웃음소리를 노래하라.
영웅적인 칠백 년 세월에 걸쳐
구박받다 흙 속에 파묻힌
호쾌한 귀족들과 귀부인들을 노래하라.
지나간 세월에다 마음을 쏟으라,
우리가 여전히 다가오는 세월에
불굴의 아일랜드 민족다운 민족이 되게끔.

- 12-13행의 구박받다 흙 속에 파묻힌 호쾌한 귀족들과 귀부인들의 출처는 프랭크 오코너Frank O'Connor가 번역한『킬카시』*Kilcash*의 구절('The earls, the lady, the people beaten into clay.')이다.(*NC* 406)
- 14-16행은 편협한 전투적인 목소리이다.(Rosenthal 346)
- 16행의 불굴의 아일랜드 민족은 11-12행과 모순되는 진술이다.(Thurley 220)

VI

Under bare Ben Bulben's head
In Drumcliff churchyard Yeats is laid.
An ancestor was rector there
Long years ago, a church stands near,
By the road an ancient cross.
No marble, no conventional phrase;
On limestone quarried near the spot
By his command these words are cut:
Cast a cold eye
On life, on death.
Horseman, pass by!

1939

- VI부는 자신의 묘비명이다.(Freyer 121) / 자신의 매장에 대한 지시이다.(Brooks, *Hidden* 66) / 초연한 기상이 드러나 있다.(Rosenthal 346)
- 2행의 드럼클리프Drumcliff는 슬라이고 북쪽 불벤 산 조금 못 미친 곳에 있는 마을이다. 1948년 9월 17일에 예이츠가 증조부의 교회였던 이 마을 교회묘지에 이장되었다.(*NC* 407)
- 3행의 조상 한 분은 존 예이츠John Yeats(1774-1846). 1811년 드럼클리프의 교구목사로 부임하여 1846년까지 35년간 봉직했던 예이츠의 증조부이다.「조상들이여, 용서하소서」Pardon, Old Fathers 5-6행 주 참조.(*NC* 406)

VI

불벤 산의 벌거벗은 봉우리 밑,
드럼클리프 교회 묘지에 예이츠는 누워 있다.
조상 한 분이 오래전 거기 목사.
교회가 가까이 서있고,
길가에는 오래 묵은 십자가.
대리석 묘비도, 상투적인 글귀도 필요 없느니라.
인근에서 채석한 석회암 위에다
당부한 대로 이런 말이 새겨진다.
　　차가운 시선을 던져라,
　　삶과, 죽음에다.
　　말 탄 자여, 지나가라!

1938. 9. 4.

- 9-11행은 묘비명이다. 평범한 것들에 대한 경멸감과 아울러 죽음에 대해 겁을 모르는 숭고한 귀족적인 기상을 표현하였다. 우생학적인 선전의 흔적이 보인다.(Rosenthal 346)
- 9행의 차가운 시선은 예술의 이상적인 완벽과 관련하여 즐겨 쓰는 말이다. / 차가운 시선은 명상의 시선. 그것이 없으면 예술이 창작되지 못한다.(Howes 98) / 그러한 시선은 귀족적인 냉정함이 깃든 웃음.(Henn 335)
- 11행의 말 탄 자는 존경하는 의미가 있고, 심지어 경외감이 깃들어 있는 말. 귀족의 징표이기도 하다.(Henn 336)

The Man and the Echo

Man

In a cleft that's christened Alt
Under broken stone I halt
At the bottom of a pit
That broad noon has never lit,
And shout a secret to the stone.
All that I have said and done,
Now that I am old and ill,
Turns into a question till
I lie awake night after night
And never get the answers right.
Did that play of mine send out

- 제목에 정관사 유무로 논란이 있다. *PR*은 'Man and the Echo'로 했다.(*PR* 345) 이는 '인간과 그 메아리'로 번역될 것 같다. / 애초 이 작품이 미국과 영국의 두 잡지에 실렸을 때(1939년 1월)는 모두 관사 없이 'Man and Echo'였으나, 같은 해 쿠알라프레스Cuala Press 판의 『최후의 시편들과 두 희곡 작품』*Last Poems and Two Plays*과 주석 모음판Variorum Edition에는 양쪽에 다 정관사를 붙였다.(Vendler 404)
- 일생을 되돌아보는 시이다.(Unterecker 290) / 다소 자서전적인 시이다.(Albright 838) / 「서커스단 동물들의 탈주」The Circus Animals' Desertion의 자매편이 되는 작품이다.(Albright 838) / 진정한 자기 고백의 시이다.(Thurley 220) / 자신과 자신의 메아리와의 뉘우침의 대화이다.(Rosenthal 352)
- 등장인물, 사람은 예이츠 자신이다.(Gorski 193) / 초기 원고에 시인Poet으로 되어 있었던 것을 '사람'으로 바꾸었고 어느 정도 자서전적인 시이기 때문이다.(Albright 838)
- 1-4행에서 말하는 동굴의 깊은 바닥은 자아의 심연이며 양심의 요새이다.(Whitaker 297)

사람과 메아리

사람

나는 갈라진 암반 밑
앨트라고 명명된 동굴 속,
대낮에도 빛이 들지 않는
심연 같은 밑바닥에 멈추어 서서
돌에다 비밀을 털어놓아요.
이제 늙고 병들었으니,
내 말과 행동의 모든 것은,
밤마다 잠이 들 때까지,
의문으로 남아 있고
옳은 답을 얻지 못하고 있지요.
나의 그 연극 작품이 영국인에게 사살된

- 2행의 앨트Alt는 협곡이라는 뜻. 슬라이고 남서쪽의 녹내리Knocknarea 산에 있는 바위 협곡이다. 그리스의 델피Delphi 같은 곳을 상정한 바위굴이다.(*NC* 423; Bloom 461) / 예이츠는 불벤 산에 있는 한 동굴도 염두에 두었을지 모른다.(Albright 838)
- 4행의 심연 같은 밑바닥은 델피의 신탁을 예이츠 나름으로 만든 것이다.(O'Neill 180).
- 5행의 동굴 안의 돌에다 비밀을 털어놓는다는 것은 공개할 수 없을 만큼 심각한 비밀이라는 것.(Vendler 240)
- 6-18행은 일생을 되돌아보며 자문하는 것이다.(Ellmann 208)
- 11행의 연극 작품은 1902년에 지은『코흘린 니 훌러핸』*Cathleen ni Houlihan*. 모드 곤을 모델로 한 희곡이다. 동년에 모드 곤을 여주인공으로 하여 더블린에서 공연하였다.(*NC* 423) / '코흘린 니 훌러핸'은 훌러핸의 딸 코흘린이라는 말. 그녀는 아일랜드를 상징하는 전설적인 인물이다.(Conner 25)

Certain men the English shot?
Did words of mine put too great strain
On that woman's reeling brain?
Could my spoken words have checked
That whereby a house lay wrecked?
And all seems evil until I
Sleepless would lie down and die.

Echo

Lie down and die.

Man

That were to shirk
The spiritual intellect's great work,
And shirk it in vain. There is no release
In a bodkin or disease,

- 12행의 어떤 사람들은 1916년의 부활절 봉기를 주도한 사람들일 것이다.(*NC* 423; Albright 839)
- 13행의 그 여인은 마고 러독Margot Ruddock. 「넋이 나간 여자」A Crazed Girl와「아름다운 무희」Sweet Dancer의 주인공이다.(*NC* 423)
- 15행의 집 한 채를 헐게 하는은 쿨 파크Coole Park의 대저택과 관련되는 일이다. 1903년에 발효된 토지매매법The Wyndham Land Purchase Act에 의한 것이다.「1931년 쿨 파크와 밸릴리」Coole Park and Ballylee, 1931 참조.(*NC* 423)
- 17-18행은 절망적인 상황이다.(Whitaker 297)
- 17-36행은 자신의 일생에 대한 군더더기 없는, 적나라한 참모습을 돌이켜보는 대목이다.(Jeffares 296)

어떤 사람들을 내보냈던가?
내 글이 그 여인의 어지러운 두뇌에
엄청나게 부담되는 긴장을 주었던가?
내가 한 말들이 집 한 채를 헐게 하는
그 조치를 막을 수 있었을까?
모든 일이 잘못된 것 같아요,
결국에는 잠 못 이루고 누워 있다 죽겠지요.

메아리

누워 있다 죽겠지요.

사람

그건 지적인 정신의
위대한 업적을 외면하려는 것이었지요.
또 외면한다 해도 그렇게 되질 않았지요.
단검이나 질병으로는 벗어날 길 없고,

- 17행의 모든 일이 잘못된 것 같아요는 비밀을 압축한 말.(Vendler 240)
- 19행의 '메아리'의 누워 있다 죽겠지요라고 맞장구치는 대답은 절망을 부채질하지만, 결과적으로 그의 책무에 대한 신념을 단단하게 한다.(Whitaker 297)
- 22-36행은 더러운 마음의 기록이 모두 정화된 것을 말한다. 이는 모든 이미지가 가장 고통스러운 엄격한 자기 검증을 거치면서 용해되어 온전하게 완성된 순간을 말한다. 이는 '존재의 통합'Unity of Being의 순간이다. 이 순간은 곧 죽음의 순간이다. 죽음은 자신과 대면하는 인간의 연옥적인 과정의 최종적인 단계이다.(Ellmann 214)
- 22행은 자살이나 질병이 해결책이 아님을 말한다.(Rosenthal 352) / 단검bodkin은『햄릿』 3막 1장 76행에서 주인공이 자살 생각을 할 때 나오는 말이다.(O'Neill 180) 자살의 상징이다.(*NC* 424)

Nor can there be work so great
As that which cleans man's dirty slate
While man can still his body keep
Wine or love drug him to sleep,
Waking he thanks the Lord that he
Has body and its stupidity,
But body gone he sleeps no more,
And till his intellect grows sure
That all's arranged in one clear view,
Pursues the thoughts that I pursue,
Then stands in judgment on his soul.
And, all work done, dismisses all
Out of intellect and sight
And sinks at last into the night.

Echo

Into the night.

Man

O Rocky Voice,

- 23-24행은 엄격한 자기비판이다.(Thurley 220)
- 29행의 육신이 죽으면은 'body gone'의 번역. 그러나 이 말은 육신이 노쇠함을 말하기도 한다.(O'Neill 180)

인간 머릿속의 더러운 기록을 깨끗이 하는
그것만큼 위대한 일은 없어요.
인간이 육신을 보유하고 있는 동안은
술이나 사랑이 그를 잠들게 하고,
잠이 깨면 육신이 살아 있고
여전히 멍청하니 주님께 감사를 드리지요.
하지만, 육신이 죽으면 잠을 자지 못하고,
그의 지성은 만사가 한눈에 똑똑히 볼 수 있게끔
배열되어 있다고 확신하게 될 때까지
내가 추구하는 그런 생각을 추적하고는,
자신의 영혼에 대한 재판을 받으러 서있다가
일이 모두 끝나면 지성으로부터
그리고 시야로부터 모든 것을 몰아내고는
마침내 푹 가라앉고 말게 되지요, 밤 속으로.

메아리

밤 속으로.

사람

오 '바위의 소리'여,

- 30-36행은 평생 해온 일을 자랑스럽게 요약하면서 거기에 대해 전적으로 책임을 진다는 말이다.(Thurley 221)
- 37행의 바위의 소리Rocky Voice는 바위의 아들인 '메아리'이다. 「가이어들」The Gyres의 '옛 바위 얼굴'Old Rocky Face과 유사하다. 델피의 신탁 같은 것이다.(Henn 321)

Shall we in that great night rejoice?
What do we know but that we face
One another in this place?
But hush, for I have lost the theme,
Its joy or night seem but a dream;
Up there some hawk or owl has struck,
Dropping out of sky or rock,
A stricken rabbit is crying out,
And its cry distracts my thought.

[July - October 1938] 1939

- 38행은 첫 번째 질문으로서, 한 인간의 최종적인 평가가 긍정적일까 하는 것. 이는 대답할 수 없는 질문이다.(Vendler 240) / 위대한 밤은 죽음의 이미지이다.「유령들」Apparitions 21행의 주 참조.(*NC* 422)

우리는 그 위대한 밤에 즐겁게 뛰놀게 될까요?
이 자리에서 서로 얼굴을 대하는 것 말고는
우리가 아는 게 뭐 있겠습니까?
하지만 쉿, 나는 얘기도 잊어버렸고,
그 즐거움이나 밤도 오직 꿈인 것 같으니까요.
저 위에서 매인가 부엉이인가가
하늘에선가 바위에서 떨어지면서 덮쳤어요.
공격당한 토끼가 요란하게 낑낑대고,
그 소리가 내 생각을 흩어버리네요.

1938. 10.

- 40행의 아는 게 뭐 있겠습니까?라고 하는 두 번째 질문은 수사적인 의문문. 마음속의 생각이 고통으로 전환되는 지레 지점fulcrum이다.(Vendler 241)
- 43-44행에서 이건가 저건가 하는 불확실한 서술은 인간의 사상과 지식이 불확실함을 반영한다.(O'Neill 180)

Cuchulain Comforted

A man that had six mortal wounds, a man
Violent and famous, strode among the dead;
Eyes stared out of the branches and were gone.

Then certain Shrouds that muttered head to head
Came and were gone. He leant upon a tree
As though to meditate on wounds and blood.

A Shroud that seemed to have authority
Among those bird-like things came, and let fall
A bundle of linen. Shrouds by two and three

Came creeping up because the man was still.

- 희곡『쿠흘린의 죽음』*The Death of Cuchulain*(1938)을 탈고한 뒤에 바로 이어 쓴 작품이다.(Langbaum 234) / ‘죽음의 왕국’the Kingdom of the Dead에 들어가는 예언의 시. 단테를 기억하면서 그의『신곡』의 3행 시형terza rima을 활용한 유일한 작품이다.(Henn 327) / 단테의 시형을 활용한 것은 혼령을 만난 이야기이고 종교적인 위엄을 주기 때문이다.(Vendler 374) / 단테의『연옥편』VII장에 그려진 ‘나태한 통치자들의 계곡’The Valley of the Negligent Rulers에 배치된 쿠흘린의 혼령. 전쟁과 사랑(6행의 상처와 피) 때문에 좀더 차원이 높은 정신적인 일을 소홀히 한 자이기 때문이다.(Wilson 246)
- 사후에 대한 체계적인 기록이다.(Bloom 464) / 건강이 기울어지자 쿠흘린을 자신으로 삼아 쓴 자신의 애가이다.(Vendler 375) / 예이츠가 자신의 아름다운 모델로서 창조한 쿠흘린의 죽음 앞에서의 초연한 모습을 그린 시이다.(Rosenthal 291) / 죽음에 도전하는 작품이다.(Freyer 121)

위로받은 쿠흘린

어섯 군데 치명적인 부상을 입은 사나이,
사납고 유명한 사내가 죽은 자들 사이를 뚜벅뚜벅 걸었다.
나뭇가지 사이에서 눈들이 내다보지만 시력이 없었다.

그러자 머리 맞대고 중얼거리는 어떤 '수의들'이
나타났다가는 사라졌다. 그는 나무에 기대섰다,
상처와 피를 어떡할까 생각해 보려는 늣이.

권위를 가진 듯한 '수의' 하나가
새 비슷한 것들 사이에서 나타나,
아마포 한 뭉치를 떨어뜨렸다. 그가 가만있으니까

'수의들'이 둘씩 셋씩 기어들어왔다.

- 1-6행은 쿠흘린이 죽어서 죽은 자들의 골짜기에 가 있는 장면. 그는 아직도 이승에서의 일(전쟁과 사랑)에서 완전히 벗어나지 못하고 있다.(Wilson 247)
- 1행의 여섯 군데 치명적인 부상은『쿠흘린의 죽음』에 언급되었다.(Albright 817)
- 4행의 수의들은 수의를 입은 혼령들. 수의는 연옥의 과정에서 입는 옷이다.(Wilson 250) / 이들은 쿠흘린보다 연옥 과정에서 앞선 자들이다.(Bloom 464)
- 8행의 새 비슷한 것들은 연옥의 마지막 단계에 접근한 상황이나. 완진히 새로 변신하여야 절정에 도달한다.(Bloom 464) / 새 비슷한 것들은 순수한 혼령들.(Wilson 247-248) / 쿠흘린도 이런 것으로 될 것이다.(Rosenthal 139)

And thereupon that linen-carrier said:
'Your life can grow much sweeter if you will

'Obey our ancient rule and make a shroud;
Mainly because of what we only know
The rattle of those arms makes us afraid.

'We thread the needles' eyes, and all we do
All must together do.' That done, the man
Took up the nearest and began to sew.

'Now must we sing and sing the best we can,
But first you must be told our character:
Convicted cowards all, by kindred slain

'Or driven from home and left to die in fear.'
They sang, but had nor human tunes nor words,
Though all was done in common as before;

- 15행의 부스럭거리는 무기소리는 쿠훌린의 거친 동작이다.(Wilson 250)
- 16행의 바늘귀는 낙원에 들어가는 관문을 상징한다.(Wilson 248)
- 18행에서 쿠훌린이 수의를 만들어 입으려는 것은 갑옷 대신에 수의를 입으려는 것이다.(Albright 817)

그러자 아마포 가지고 온 그 혼령이 말했다.
'만약 우리 옛 법도에 따라 수의를 만들면,

당신의 삶은 훨씬 더 행복해질 거요.
우리가 아는 것은 주로 그것뿐이니까
부스럭거리는 무기소리는 우리에게 겁을 줘요.

우리는 바늘귀에다 실을 꿰고, 우리 모두
같이 해야 할 일은 같이 해요.' 그 말이 끝나자,
그는 제일 가까운 것을 가져다 꿰매기 시작했다.

'자 이젠 노래해야지. 할 수 있는 가장 좋은 노래를.
하지만 먼저 우리가 무언지 얘기해 드릴게요.
우린 모두 겁쟁이들, 친족한테 살해되었거나

집에서 쫓겨나 공포 속에 죽도록 버려진 자들이죠.'
그들은 노래했다. 하지만 인간의 가락도, 가사도 아니었다.
비록 전처럼 똑같이 그랬건만.

- 21-22행은 이승에서는 대단한 투사들이었지만 여기서는 그와 반대되는 보잘것없는 무명인사들이 된 것을 말한다. 이들 혼령은 쿠훌린의 수호천사가 되거나, 다이몬Daimon이 된다. 쿠훌린도 이들과 같은 것이 되겠지만, 아직은 그들의 도움이 필요하다 (Wilson 247-248)
- 21행의 겁쟁이는 쿠훌린의 다이몬Daimon, 즉, 반자아Anti-Self에 해당한다.(Langbaum 234)
- 23-25행의 노래는 하느님에게 비치는 단테Dante적인 감사의 노래. 천사들의 노래이다.(Wilson 250)

They had changed their throats and had the throats of birds.

[January 1939] 1939

그들은 이미 목청을 바꾸어 새의 목청이 된 것이다.

1939. 1. 13.

- 25행의 그들은 '복자의 나라'the Country of the Blessed 영혼들이다. 그들은 쿠흘린을 환영한다.(Henn 327) / 새의 목청은 예이츠의 환생사상에 의하여 사람이 죽어서 새로 변신한 것을 말한다.(Henn 236) 3행의 '나뭇가지 사이'의 '눈들', 7행의 '새와 유사한 것들' 참조.

The Black Tower

Say that the men of the old black tower,
Though they but feed as the goatherd feeds,
Their money spent, their wine gone sour,
Lack nothing that a soldier needs,
That all are oath-bound men:
Those banners come not in.

There in the tomb stand the dead upright,
But winds come up from the shore:

- 제목의 검은 탑은 기본적으로 밸릴리 탑Thoor Ballylee을 가리킬 것이다. 과거 한때 그의 위대한 시의 피난처와 보루가 된 탑이다.(Henn 338) / 검은 고탑은 단호하나 희망 없는 군사가 배치된 마지막 보루이다. 과거의 옛 탑의 상징을 다시 활용한 작품이다.(Ellmann 209)
- 작고하기 일주일 전에 쓴 예이츠의 마지막 작품. 극적인 독백 형식dramatic monologue이다.(Harris 247) / 발라드 형식을 선택해서 쓴 마지막 작품이다.(Vendler 142)
- 죽기 전에 선택의 어려움을 보여준 상반된 작품 중의 하나. 즉,「위로받은 쿠훌린」Cuchulain Comforted의 굴종하는 쿠훌린의 마스크 대신 강력한 탑의 의지를 내세운 자기주장의 끈질긴 힘을 드러낸 작품이다.(Vendler 141-142) / 정치적인 선전을 주제로 한, 가장 수수께끼 같은 작품이다. 정치적인 선전의 감언이설을 철저하게 거부해야 함을 말하는 시이다.(Freyer 132) / 중세적인 드라마로서 영국의 침범에 대한 켈트족의 저항을 현대화한 작품, 즉 중세사건의 현대판이다.(Harris 248) / 이미저리와 주제 면에서 로버트 브라우닝Robert Browning의 「롤랜드 공자 암흑의 탑에 오르다」Childe Roland to the Dark Tower Came와 관련된다. 실패했지만 승리한 것을 말하는 시. 명분은 없어졌으나 서약했기 때문에 승리한 것이다.(Langbaum 233)
- 1-6행은 주관적인 인성을 대변하는 군사들이 포위된 상황이다.(Wilson 226) / 소중한 과거의 가치와 충성의 운명에 대한 애도와 굴복의 거부이다.(Rosenthal 349)

검은 탑

이렇게 전하리, 검은 고탑古塔 용사들은
돈이 떨어지고, 술은 시어져,
염소치기처럼 먹을 뿐이지만,
군인이 필요한 것은 없는 것이 없고,
모두가 충성을 서약한 사람들이라,
저따위 깃발들은 들어오지 못한다고.

저기 무덤 속에 죽은 자들이 똑바로 서있다.
하지만 해변에서 바람이 불어온다.

- 1행의 검은 고탑의 출처는 로버트 브라우닝인 듯하나 예이츠의 밸릴리 탑을 암시할 수도 있을 것이다.(*NC* 409)
- 5행의 충성을 서약한 사람들은 성에 남아서 지키는 사람들. 이들은 새 민족주의 가톨릭 국가에 굴복하기를 거부하는, 패배한 앵글로 아이리시Anglo-Irish 계로 보이기도 한다.(Vendler 141)
- 6행의 저따위 깃발들은 정치 선전의 깃발들.(*NC* 409) / 이들은 성을 포위하고 있는 적군이다. 예이츠 부인에 의하면 이들은 시인들로 하여금 자기네들의 속셈을 받아 쓰기를 바라는 사람들이다. 따라서 이 시는 정치적인 선전을 주제로 한 작품이라고 보는 수도 있다.(Vendler 141)
- 7-10행의 후렴은 공동묘지의 이미지로 그려진 죽음의 현장이다.(Rosenthal 349)
- 7행의 무덤 속에 죽은 자들이 똑바로 서있다는 것은 왕이나 우두머리를 적지를 향하여 무장한 채 똑바로 세워 매장하던 옛날의 풍속. 특히 싸우다가 죽은 경우이다. 녹내리Knocknarea 산 위의 영웅들 무덤에 대한 암시일 것이다.(Henn 251) / 고대 아일랜드의 매장 풍속.(Wilson 228) / 사실적인 서술이지만 부활을 암시하기도 한다.(Whitaker 260)
- 8행의 바람은 초자연적인 바람이다.(Wilson 229)

They shake when the winds roar,
Old bones upon the mountain shake.

Those banners come to bribe or threaten,
Or whisper that a man's a fool
Who, when his own right king's forgotten,
Cares what king sets up his rule.
If he died long ago
Why do you dread us so?

There in the tomb drops the faint moonlight,
But wind comes up from the shore:
They shake when the winds roar,
Old bones upon the mountain shake.

The tower's old cook that must climb and clamber
Catching small birds in the dew of the morn

- 9-10행은 바람에 의해 소생하는 기미가 보임을 말한다.(Wilson 228)
- 9행의 부르르 떤다와 10행의 꿈틀거린다는 다 같이 'shake'의 번역이다. 'shake'는 바람이나 격분에 의한 능동적 혹은 수동적인 반응이라고도 하지만,(Whitaker 260) 우리말로는 어쩔 수 없이 달리 표현했다.(역자)
- 11-16행은 정치적인 선전이다.(Jeffares 297) / 음흉한 공산주의 선전.(Wilson 227) / 시 자체에는 특정적인 것을 보증할 증거가 없다.(Harris 248-249)
- 11행은 유럽의 파시즘 진행, 반파시즘 논쟁, 그리고 기독교의 변증론에 대한 언급이다.(Freyer 132)

바람이 으르렁거릴 때 그들은 부르르 떤다.
산 위의 오래된 뼈들이 꿈틀거린다.

매수하거나 협박, 혹은 슬슬 달래 보려고
저런 깃발들이 찾아온다.
모시던 왕이 망각된 존재가 되면
어느 왕이 다스릴까 걱정하는 자는 바보라고.
왕이 죽은 지 오래라면 너희들은
왜 우리를 그렇게 두려워하나?

저기 무덤 속에 희미한 달빛이 들어간다.
하지만 해변에서 바람이 불어온다.
바람이 으르렁거릴 때 그들은 부르르 떤다.
산 위의 오래된 뼈들은 꿈틀거린다.

건장한 우리 사내들이 다리 뻗고 누워 잘 때
아침 이슬 속에 작은 새들을 잡겠다고

- 13행의 왕은 모든 꿈이 압축된 존재. 반면에 적들은 꿈의 파괴자들이다.(Ellmann 209)
- 17행의 달빛이 들어간다는 것은 그믐에 가까워지는 희미한 달빛을 말한다.(Unterecker 293) 이는 인간성의 타락이 영원히 계속되지는 않을 것임을 시사한다.(Wilson 228)
- 21-23행의 주방장의 행위는 순수한 주관성(왕의 귀환에 대한 갈망)과 연관된 현실적인 자연인(새를 잡음)의 모습이다.(Wilson 229-230) / 늙은 주방장은 왕이 돌아와 수비대를 구출해 주리라고 예언하는 사람이다. 그가 시적 상상poetic imagination에 해당한다고 하면 수비대원들은 실제적인 논리적 사유에 해당한다.(Ellmann 209) / 주방장은 증거 없이는 믿지 않는 예수의 열두 제자 중 '토마스'와 같은 사람이다. 그의 정신 상태는 적과 반대, 적들은 증거가 있어도 믿지 않는 사람들이다.(Harris 251)

When we hale men lie stretched in slumber
Swears that he hears the king's great horn.
But he's a lying hound:
Stand we on guard oath-bound!

There in the tomb the dark grows blacker,
But wind comes up from the shore:
They shake when the winds roar,
Old bones upon the mountain shake.

1939

• 24행의 나팔 소리는 『요한계시록』의 나팔의 상징이다.(Wilson 229) / 아서 왕 전설에서 가지고 온 이미저리.(*NC* 409)

기어코 올라가는 탑의 늙은 주방장이
왕의 위대한 나팔 소리가 들린다고 우긴다.
하지만 그는 거짓말쟁이 사냥개.
맹세한 대로 굳세 지키자, 우리는!

저기 무덤 속에 어둠이 짙어진다.
하지만 해변에서 바람이 불어온다.
바람이 으르렁거릴 때 그들은 부르르 떤다.
산 위의 오래된 뼈들은 꿈틀거린다.

1939. 1. 21.

- 25행의 거짓말쟁이는 달이 완전히 없어질 때까지는 나팔 소리가 날 수 없기 때문이다. 27행에서 말하듯, 현재는 어둠이 짙어지고 있는지라, 한 시대의 종말에 가까워지고 있을 뿐이고, 종말은 아니다.(Unterecker 293) / 거짓말쟁이 사냥개라고 지칭하는 것은 섣불리 믿고 자세를 흩뜨리지 않는다는 뜻이다.(Albright 817)
- 27행의 저기 무덤 속에 어둠이 짙어진다는 것이 '검은 탑'의 죽음의 색채라고 보면, 화자인 예이츠가 죽어가면서도 죽음을 거부하는 자신을 그리고 있다고 볼 수 있다.(Vendler 141)

화보

밸릴리 탑

예이츠는 노르만 시대에 축조된 옛 탑인 밸릴리 탑Thoor Ballylee과 부속 건물인 초가집 두 채를 1917년에 구입하였고, 이를 수리하여 부인에게 결혼선물로 바쳤다고 한다.『비전』의 산실이 된 곳이다. 예이츠는 조상들의 신앙세계를 벗어나 제 나름의 상상력을 키웠다. 젊은 시절 일련의 신비사상에 휩쓸리면서 셸리의 낭만주의, 블레이크의 상상력에 매혹되었던 차, 부인 조지의 자동기술과 만나, 마침내 특유의 상상력의 소산인『비전』을 완성하였다. 그리하여 그는 예언자적인 시인으로 우뚝 서게 되었다.

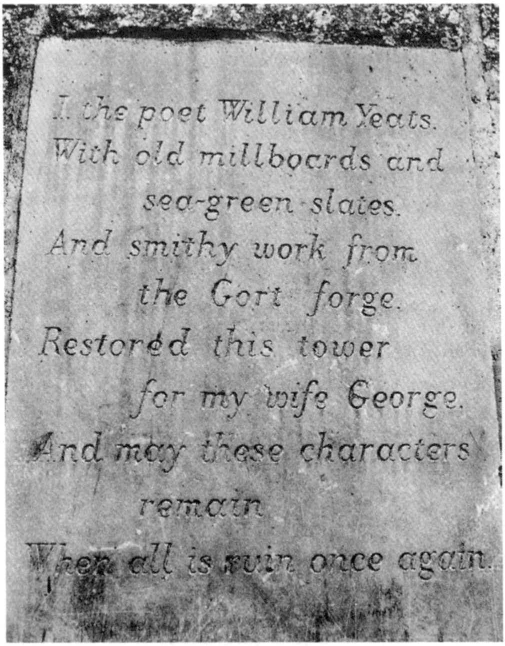

밸릴리 탑의 돌

밸릴리 탑 앞문 옆에 있는 큰 돌에는 예이츠가 부인에게 탑Thoor Ballylee을 결혼선물로 바친다는 내용의 시가 새겨져 있다.

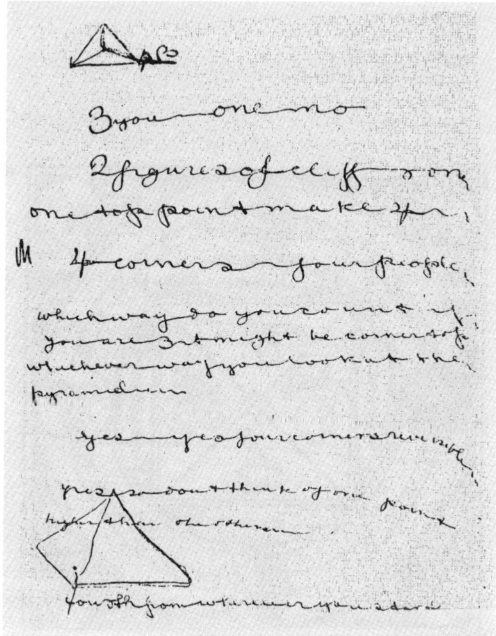
3 you one no
2 figures of cliff on
one top point make 4
4 corners four people
which way do you count if
you are 3 it might be corners of
whichever way you look at the
pyramid
yes yes four corners
yes so dont think of one point
higher than the others
fourth from whichever you stand

조지의 자동기술

1917년 11월 5일 저녁에 작성한 것이다.
피라미드는 남편의 마음속에 있는 세 여인. 즉 모드 곤, 이졸트 곤 및 조지.

큰 바퀴The Great Wheel

생성, 충만, 쇠퇴의 주기를 상징하는 큰 바퀴.
예이츠는『비전』에서 달의 제상의 큰 바퀴도 이를 토대로 설명하였다.

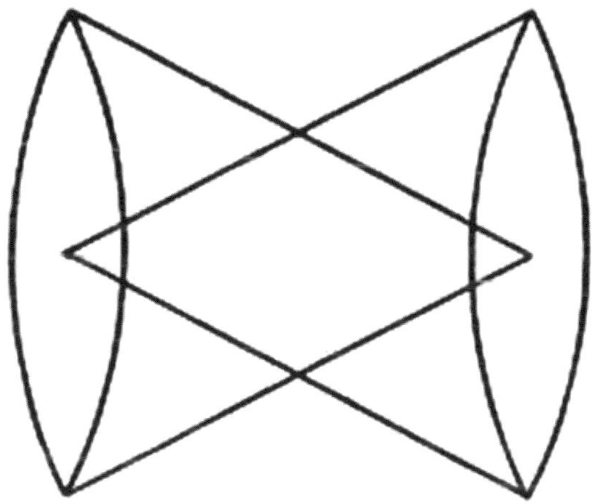

이중의 원추Double Cones

예이츠가『비전』에서 설명한 역사 흐름의 메커니즘을 상징하는 두 원추. 이들은 서로 반대방향으로 회전하는 가이어들Gyres이다. 한쪽이 동질적인 영역으로 조화시켜 나가고, 다른 한쪽은 이를 분산시킨다. 전자는 조화Concord, 후자는 불화Discord를 상징한다. 미세한 원자에서부터 태양계와 우주의 모든 현상은 이중의 원추의 회전현상으로 설명된다. 전자는 기본Primary 원추, 후자는 대립Antithetical 원추이다.
원추의 선은 동적인 시간Time, 주관Subjectivity의 상징이고 단면은 공간Space, 객관Objectivity의 상징이다. 상반된 두 원추는 각각 두 가지 정신적인 기능을 가진다. 이를 네 기능Four Faculties이라고 하는데, 인간이나 역사는 네 가지 기능의 배합의 산물이다.

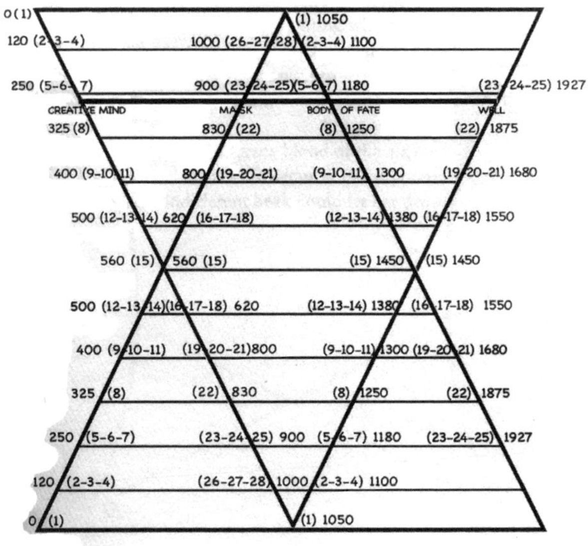

역사의 원추Historical Cones

괄호 안 숫자는 달의 상, 다른 숫자는 연대.
250, 900, 1180, 1927로 이어진 선은 1925년 5월 현재의
네 가지 역사적 기능(창조심, 마스크, 운명체, 의지)을 뜻한다.(*Vision* 266)

만년의 예이츠

예이츠가 묻힌 드럼클리프 교회 묘지

예이츠는 1939년 프랑스에서 73세의 일기로 사망해 로크브륀느Roguebrune에 묻혔다가, 1948년 현재의 슬라이고의 드럼클리프 교회 묘지로 이장되었다. 멀리 불벤 산이 보인다.

예이츠 연보

1865 6월 13일 더블린의 샌디마운트로Sandymount Avenue에서 존 비틀러 예이츠John Butler Yeats와 수전 폴렉스펜Susan Pollexfen의 2남 2녀 중 맏아들로 태어남.

1867 런던의 리젠트 공원 근처로 옮김.
아버지는 법률 공부를 포기하고 화가로 변신함.

1872 향후 2년간 아일랜드의 슬라이고Sligo의 외가에서 외조부모 슬하에서 자람.

1877 1881년까지 런던 근교 해머스미스Hammersmith 소재 고돌핀 학교Godolphin School에서 공부하고, 휴가는 외가에서 보냄.

1881 예이츠 일가, 더블린 근교의 호스Howth로 옮김.
예이츠는 더블린 소재의 학교에 다님.

1884 예이츠, 더블린의 메트로폴리탄 미술학교Metropolitan Art School에 입학.

1885 『더블린대학보』*Dublin University Review*에 첫 시를 발표.
정치적인 귀양살이에서 풀려나 파리에서 돌아온 존 오리어리John O'Leary를 만남.

1888 9월, 『아일랜드 농촌 민담집』*Fairy and Folk Tales of the Irish Peasantry* 편집.
예이츠 가족, 런던(Bedford Park)으로 이사함.
신지학회 비교회神知學會 秘敎會, Esoteric Section of the Theosophical Society에 참여함

1889 1월 런던에서 시집 『오쉰의 방랑과 기타 시편』*The Wanderings of Oisin and Other Poems*을 출간하고, 모드 곤Maud Gonne을 처음 만나 사랑에 빠짐.

1890 3월, '라이머즈 클럽'Rhymers' Club을 공동 창립,
같은 달, 런던 소재 '황금여명회'Hermetic Order of the Golden Dawn에 가입.

1891 3월, 『아일랜드 민담』*Representive Irish Tales* 편집.
9월, 오리어리와 함께 '아일랜드 청년연맹'Young Ireland League 결성.
10월, 모드 곤에게 첫 번째 구혼 거절당함(1894, 1899, 1900, 1901년에도 실패).

1892 1월, 런던의 '아일랜드 문학회'Irish Literary Society 창립에 공헌.
5월, 더블린에 '민족문학협회'National Literary Society 창립.
8월, 『캐슬린 백작부인, 전설 그리고 서정시편들』*The Countess Kathleen and Various Legends and Lyrics* 출간.

1893 2월, 『윌리엄 블레이크 작품집』*The Works of William Blake* 공동 편집.
9월, 영국하원에서 자치령Home Rule Bill 통과, 상원에서 부결.

1895 10월, 『시집』*Poems* 출간.
아서 시몬즈Arthur Symons(1865-1945)와 몇 개월간 한집에서 지냄.

1896 올리비아 셰익스피어Olivia Shakespear와의 사랑(1897년까지).

1897 4월, 시집 『은밀한 장미』*The Secret Rose* 출간.
그레고리 여사Lady Gregory의 쿨 파크Coole Park에 머묾.
그곳에서 민담 발굴과 극장 설립 논의, 그 후 자주 방문.
빅토리아 여왕 즉위 60주년 기념.
더블린 폭동(모드 곤의 반영 연설의 영향도 있음).

1899 4월, 시집 『갈대밭의 바람』*The Wind among the Reeds* 출간.
5월, 『캐슬린 백작부인』*The Countess Cathleen* 공연.
시몬즈, 『상징주의 문학운동』*The Symbolist Movement* 출간.

1900 1월, 어머니 작고.

1903 시집 『일곱 숲 속에서』*In the Seven Woods* 출간.
1월, 모드 곤과 존 맥브라이드John MacBride 결혼.

1904 애비극장Abbey Theatre 개관. 예이츠, 연출 담당.
12월, 예이츠 작 『볼러 해변에서』*On Baile's Strand* 공연.

1907 1월, 존 싱J. M. Synge의 『서역의 인기인』*The Playboy of the Western World*으로
일련의 소동 발생.
12월, 아버지가 뉴욕으로 이주.

1908 6월 1905년에 남편과 결별한 모드 곤과 우정관계 회복.
에즈라 파운드Ezra Pound를 만남.
메이블 디킨슨Mabel Dickinson과 잠시 가깝게 지냄.

1909 싱 작고.

1913 에즈라 파운드와 함께 영국 서식스Sussex의
스톤 코티지 저택Stone Cottage에 거주.
레인 갤러리Lane Gallery 분쟁.
제임스 코널리James Connolly, '아일랜드 시민군'Irish Citizen Army 결성.

1914 시집 『책임』*Responsibilities* 출간.
8월 4일, 제1차 세계대전 발발.
아일랜드 자치령 통과. 단, 전쟁 후 시행하기로 함.

1916 3월, 자서전 『청소년기의 황홀감』*Reveries over Childhood and Youth* 출간.
4월, 더블린에서 '부활절 봉기'Easter Rising 일어남.
5월에 맥브라이드 등 주모자급 처형됨.
7-8월, 프랑스 노르망디의 모드 곤 거처에서 그녀에게 구혼했으나 거절당함.

1917 10월 20일, 조지 하이드리스Georgie Hyde-Lees와 결혼.
11월, 시집 『쿨 호의 백조들』*The Wild Swans at Coole* 출간.

1918 1월, 그레고리 여사의 아들 로버트 그레고리Robert Gregory 전사.
9월, 밸릴리 탑Thoor Ballylee 입주.

1919 2월 26일, 딸 앤Anne Butler Yeats 탄생.
선거에서 '신페인'Sinn Fein(우리끼리) 승리.
'영국 아일랜드 간 전쟁'Anglo-Irish War 시작.

1921 2월, 시집『마이클 로바티즈와 무용수』*Michael Robartes and the Dancer* 출간.
옥스퍼드 연맹Oxford Union에서 영국 정책 공격.
8월 22일, 아들 마이클Michael Butler Yeats 탄생.
12월, 영국 아일랜드 간 조약 체결.

1922 2월, 부친 뉴욕에서 작고.
10월, 자서전『장막의 흔들림』*Trembling of the Veil* 출간.
12월, 상원의원에 지명.
조약 비준으로 아일랜드 내란. 공화국파에 의한 밸릴리 교 폭파.

1923 11월 노벨 문학상 수상. 내란 종식.

1926 1월,『비전』*A Vision* 출간(1937년 11월에 개정판).
11월,『자서전』*Autobiographies* 출간.
상원 조폐위원회 의장.
워터포드Waterford의 성 오테란 여학교St. Otteran's School 방문.

1927 충혈성 폐질환으로 와병(1935년에 재발).

1928 2월, 시집『탑』*The Tower* 출간.
5월부터 다음해 5월까지 이탈리아의 라팔로Rapallo에 머묾.
7월, 상원 마지막 연설.

1929 10월, 시집『나선계단』*The Winding Stair* 출간.
12월, 지중해의 풍토병인 몰타 열로 고생.

1932 8월, 그레고리 여사 사망.

1933 시집『나선계단과 기타 시편들』*The Winding Stair and Other Poems*과
『시 전집』*Collected Poems* 출간.
7-8월에 아일랜드 나치즘 조직인 '오더피 장군의 나치즘'General O'Duffy's Blueshirts에 말려듦.

1934 11월, 『희곡 전집』*Collected Plays* 출간.
4월에 회춘수술Steinach operation 받음.
9월, 젊은 여류시인 마고 러독Margot Ruddock과 만남.

1936 11월, 『옥스퍼드 현대시선』*The Oxford Book of Modern Verse: 1892-1935* 발간. 건강 악화.

1938 5월, 『새 시집』*New Poems* 발간.

1939 1월 28일, 프랑스의 카프 마르탱Cap Martin에서 사망.
로크브륀느Roguebrune에 묻힘.
사후에 『최후의 시편들과 두 희곡 작품』*Last Poems and Two Plays* 출간.
스페인 내란 종식.
9월, 제2차 세계대전 발발.

참고문헌

Albright, Daniel, Ed. *W. B. Yeats: the Poems.* London: Dent, 1992.

Bloom, Harold. *Yeats.* Oxford: Oxford UP, 1970.

Brooks, Cleanth. *The Hidden God: Studies in Hemingway, Faulkner, Yeats, Eliot, and Warren.* New Haven: Yale UP, 1963.

Brooks, Cleanth. *Modern Poetry and the Tradition.* New York: Oxford UP, 1965.

Cullingford, Elizabeth Butler. *Gender and History in Yeats's Love Poetry.* Syracuse: Syracuse UP, 1996.

Ellmann, Richard. *The Identity of Yeats.* London: Faber, 1964.

Finneran, Richard J. *W. B. Yeats the Poems* (revised). London: Macmillan, 1991. (본문에서 *PR*로 표기함)

Freyer, Grattan. *W. B. Yeats and the Anti-Democratic Tradition.* Dublin: Gill and Macmillan, 1981.

Harper, J. Mills. *The Making of Yeats's 'A Vision'.* Carbondale: Southern Illinois UP, 1987.

Harris, Daniel A. *Yeats: Cool Park and Ballylee.* Baltimore: The Hopkins UP, 1974.

Hassett, Joseph M. *W. B. Yeats and the Muses.* Oxford UP, 2010.

Henn, T. R. *The Lonely Tower: Studies in the Poetry of W. B. Yeats.* London: Methuen, 1965.

Hone, Joseph. *W. B. Yeats.* Harmondworth, Middlesex: Penguin Books, 1971.

Howes, Marjorie & Kelly, John, Ed. *The Cambridge Companion to W.B. Yeats.* Cambridge, UK; New York: Cambridge University Press, 2006.

Jeffares, A. Norman. *A New Commentary on the Poems of W. B. Yeats.* London: Macmillan, 1989.(본문에서 *NC*로 표기함)

Jeffares, A. Norman. *W. B. Yeats: Man and Poet.* London: RKP, 1962.

Jeffares, A. Norman, Ed. *Yeats's Poems*, 3rd edition. London: Palgrave, 1996.

Langbaum, Robert. *The Mysteries of Identity: A Theme in Modern Literature.* New York: Oxford UP, 1977.

Lynch, David. *Yeats: The Poetics of the Self.* Chicago: Chicago UP, 1979.

Malins, Edward. *A Preface to Yeats.* London: Longman, 1978.

O'Neill, Michael, Ed. *The Poems of W. B. Yeats: a Sourcebook.* London: RKP, 2004.

Parkinson, Thomas. *W. B. Yeats Self Critic: A Study of His Early Verse and the Later Poetry.* (Two volumes in one) Berkeley: California UP, 1971.

Raine, Kathleen. *Yeats the Initiate: Essays on Certain Themes in the Writings of W. B. Yeats.* Mountrath, Portlaoise, Ireland: Dolmen, 1986.

Rosenthal, M. L. *Running to Paradise: Yeats's Poetic Art.* New York: Oxford UP, 1994.

Rosenthal, M. L. & Gall, Sally M. *The Modern Poetic Sequence: The Genius of Modern Poetry.* New York: Oxford UP, 1983.

Snukal, Robert. *High Talk: The Philosophical Poetry of W. B. Yeats.* Cambridge: Cambridge UP, 1973.

Thurley, Geoffrey. *The Turbulent Dream: Passion & Politics in the Poetry of W. B. Yeats.* St Lucia: Queensland UP, 1983.

Tuohy, Frank. *Yeats.* London: Macmillan, 1976.

Unterecker, John. *A Reader's Guide to William Butler Yeats.* New York: Farrar, Straus & Giroux, 1972.

Vendler, Helen. *Our Secret Discipline: Yeats and Lyric Form.* Cambridge, Massachusetts: Belknap Press of Harvard UP, 2007.

Wilson, F. A. C. *W. B. Yeats and Tradition.* London: Victor Gollancz, 1958.

Conner, Lester I. *A Yeats Dictionary.* Syracuse: Syracuse UP, 1998.

Foclóir Póca English-Irish/Irish-English Dictionary. Angúm, 1986. (본문에서 Póca로 표기함)

Suzuki, Hirosi. *A Dictionary of W. B. Yeats's Poems.* Tokyo: Honno tomo, 1994.

The Oxford Companion to British History. Ed. John Cannon. Oxford UP, 1997.

The Oxord English Reference Dictionary, 2nd edition. Ed. Pearsall, Judy & Bill Tumble. Oxford UP, 1996.

(본문 주석의 출처는 녹색 글씨로 밝힘)

찾아보기

예이츠 서정시 전집 제1권, 제2권, 제3권을 각각 Ⅰ, Ⅱ, Ⅲ으로 구분했다.

한글 제목

영어 제목

『예이츠 서정시 전집』 발간에 부쳐

『예이츠 서정시 전집』의 역자 김상무金相武 교수는 2012년 7월 2일에 타계했습니다. 그가 떠나던 날까지 이 책의 편집일정은 지연되고 있었습니다. 그렇게 지연된 데에는 출판문화원 측의 부득이한 사정도 있었습니다만, 늘 완벽함을 추구하던 역자 자신의 성격도 얼마쯤 탓할 수 있지 않을까 싶습니다.

김 교수는 영문학이 우리에게 외국문학이며 외국문학 연구의 기초는 올바른 텍스트 읽기에 있다고 믿었습니다. 우리나라에서 영문학 공부, 특히 영시를 공부할 때 부실한 텍스트 읽기를 극복하지 못하는 현실을 그는 늘 안타깝게 여겼습니다. 그래서 참으로 오랫동안 그는 후학들이 공부하고 가르치는 데에 도움이 될 수 있도록 예이츠를 비롯한 현대 영국 시인들의 시를 우리말로 옮기는 작업에 열중했습니다. 그리고 역자는 이 책의 머리말에서도 밝혔듯이 '번역 시도 우리말 시와 마찬가지로 읽힐 수 있도록 하는 일'의 중요성을 절감하고 있었습니다. 그뿐만 아니라 어느 한 대목의 허술함도 용납하지 않겠다는 완벽주의 집념에서 그가 자유로웠던 적은 한순간도 없었습니다. 이래저래 그의 작업은 더디기만 했습니다. 출판문화원에 원고를 제출한 후에도 그는 영미의 요로要路와 접촉하면서 관계자료를 구하는가 하면, 번역 텍스트와 각주의 미심한 부분을 꾸준히 손질하고 있었습니다.

그러다가 김 교수는 이 역시집의 초교를 보지 못한 채 우리 곁을 떠났습니다. 그래서 교정을 보는 일은 서울대학교 영문학과 신정현 교수가 맡아서 했고, 손혜숙(성균관대 교수), 손나리(서울시립대 연구교수), 장미정(서울대 영문학과 박사과정 수료), 신승한(서울대 영문학과 박사과정 수료), 이렇게 네 분의 영문학자들이 신 교수를 도왔습니다. 원고가 워낙 깨끗한 편이긴 했습니다만, 이분들의 정성어린 도움이 없었더라면 이 책이 나오기 어려웠을 것이라 생각합니다.

끝으로, 이 책의 출간을 위해 고인의 오랜 벗 김진하金鎭河 님의 후한 재정적 지원이 있었음을 밝혀 둡니다.

2013년 12월

고인의 1954년 대학입학 동기생

이상옥(서울대학교 명예교수)

역주자 소개

김상무(金相武)

1934년 경북 경산에서 출생하여, 일제하에서 소학교를, 해방 후와 6·25 전쟁 기간에 대구에서 중고등 과정을 마쳤다. 휴전 후 서울대학교 영문과에 입학하여 1960년에 졸업하였다. 서울 숭문고와 경북고등학교에서 교편을 잡다가 1968년부터 영남대학교와 인연을 맺어 2000년 정년퇴직할 때까지 영국 문학사와 현대 영시를 가르쳤다. 한국T.S.엘리엇학회 부회장, 한국현대영미시학회 회장을 역임하였고, 2012년에 타계하였다. T. S. 엘리엇, 로버트 프로스트, 1950년대의 영국 '시운동', 톰 건, 필립 라킨, 테드 휴즈에 관한 논문을 썼고, 『서구인의 눈으로』(번역서), 『필립 라킨의 시』 등의 저서가 있다.